rowohlt

Ulla Lachauer

Magdalenas Blau
Das Leben einer blinden Gärtnerin

Rowohlt

2. Auflage Dezember 2011
Copyright © 2011 by Rowohlt Verlag GmbH,
Reinbek bei Hamburg
Lektorat Uwe Naumann
Alle Rechte vorbehalten
Satz Caslon 540 PostScript (InDesign)
Gesamtherstellung CPI – Clausen & Bosse, Leck
Printed in Germany
ISBN 978 3 498 03936 3

Inhalt

Der Papierkorb   7

Januar

Großvaters Farben   19
Pflanzen- und Menschenkunde   26

Februar

Zimmerschule   35
Mein Freiburg   48
Blindgänger   55

März

Böses Kind   70
Ich sterbe nicht   79
Jungmädel mit Sonderaufgaben   85

April

Der Sommer chez Colette   95
27. November 1944   107
Schafe hüten   117

Mai

Lebenstüchtig   135
Ich bin blind   146
Die Liebe zum Wind   156

Juni

Büro und Jazzkeller	169
Im wilden Tal	180
Ich will ein Kind	191

Juli

Frau Lehrer!	207
Gärtnern und Schreiben	218
Guter Hoffnung	233

August

Der Lichtfänger	247
Frostige Zeiten	259
Paradies-Garten	267

September

Haus mit sieben Zimmern	284
Konrads Hände	295
Gegen den Strom	311

Oktober

Ein Hut voll Welt	326
Das große ferne Blau	338

Nachwort von Ulla Lachauer	346
Nachwort von Magdalena Weingartner	352

Der Papierkorb

An einem Morgen vor sehr langer Zeit habe ich meine Mutter gefragt:
«Warum träume ich so oft vom Rascheln? Warum mag ich es so gern, wenn es irgendwo knistert?»
«Ganz einfach», hat sie gesagt. «Du bist als Kind schrecklich lebhaft gewesen. Um dich ruhig zu kriegen, haben wir dich in den vollen Papierkorb gesetzt. Da hast du alles Papier rausgeschmissen, zerknüllt oder zerrissen. Nachher brauchte man nur den Besen nehmen und Magdalena ins Bettchen legen.»
Mir ist heute ganz klar, warum. Weil ich so wenig gesehen habe. Ungefähr nach meiner zweiten Augenoperation muss das gewesen sein, ich war gerade sechzehn Monate alt. Normalerweise ist alles, was der Mensch vor seinem dritten Geburtstag erlebt, dem Erwachsenen nicht mehr zugänglich, so sagen die Gedächtnisforscher. Aber ich schwöre, etwas in mir erinnert sich an diesen Papierkorb unter Vaters Schreibtisch und an etwas Weiches, Haariges gleich daneben. «Ein Dachsfell!», hörte ich etwas später die Eltern sagen, ich war dem Papierkorbalter gerade entwachsen und begann, den Wörtern zu verfallen. Ich saß unter dem großen Schreibtisch auf dem Fußboden, wo mich, wie ich glaubte, keiner sah, und rief Wörter in die Stille: «Dachsssfffell.» Das zischte ganz wunderbar in der Mitte, das gefiel mir. «Bachstelze» gehörte auch in die Gruppe der Laute, die ich liebte. Oder «Kekse», das knackte, da war so ein kleiner Luftzug, der im Rachen anfing und dann mächtig gegen die Zähne drängte. Aber «Dachsfell», diese dichte Folge von Konsonanten, war von allen das beste. Vielleicht weil sie dem Rascheln des Papiers ähnelt? Ich konnte das Wort viel schöner aussprechen als Vater und Mutter, bei ihnen klang es irgendwie flach. Für sie war das Wort nur eine

Mitteilung, eine mehr oder weniger bedeutungsvolle Sache. Dieses zum Beispiel versahen sie gern mit einem Ausrufezeichen. Anscheinend handelte es sich bei dem Dachsfell um eines der Dinge, die den Wert unserer Familie beweisen sollten. Als ich schon fast erwachsen war und den Geheimnissen, die mein Leben umgaben, auf der Spur, fand ich heraus: Es war gar kein Dachs, es war ein toter Hund.

Im Rischel-Raschel des Papiers fühle ich mich bis heute geborgen. Töne aus Papier, in unendlichen Variationen, das war mein erstes großes Glück, und damit verbunden die helle, weiche Stimme meiner Mutter.

Meine Mutter hat mir berichtet, ich hätte schon früh ziemlich genau erfassen können, was um mich herum vorging. Wie ein hellwaches, flinkes Tierchen war ich. Eine meiner Lieblingsbeschäftigungen, kaum dass ich laufen konnte, war, mir eines der Sofakissen zu schnappen. Egal ob Samt oder Seide, und schwupp! saß ich auf der Treppe und bin vier Etagen bis zum Erdgeschoss runtergerutscht. Stufe für Stufe, nach acht Stufen kam immer ein Absatz. Das hat fürchterlich gerumpelt, daran hat meine Mutter gemerkt, dass ihre Tochter mal wieder unterwegs ist. Oft hat sie mich schon im dritten Stock erwischt und mich im Genick gepackt. Sie lachte, steckte mich an mit ihrem Lachen. Und ab in die Küche, wo ich bis auf weiteres unter Aufsicht war. Wenn ich mehr Glück hatte, ging meine Treppenreise bis ins Parterre. Unten angekommen, stand himmelhoch über mir eines der Wunderdinge dieses Hauses, ein auf dem Schlusspfeiler des Geländers angebrachter weißer, geschliffener Glasknauf. Er glitzerte, besonders bei Sonnenlicht. Wenn ich mich satt gesehen hatte, bin ich auf allen vieren, so leise es ging, wieder hochgekrabbelt. Nicht nur wegen meiner Rutschpartien hat meine Mutter viele Ängste ausgestanden.

«Unsere Magdalena hat was mit den Äugle», sagten meine Eltern, wenn Fremde zu Besuch kamen.

«Armes Mädle!», hörte ich manchmal auf der Straße, wenn ich an Großvaters Hand spazieren ging.

Was hatten die Erwachsenen nur? Für mich war die Welt vollkommen in Ordnung. Ich sah doch! Vor dem Fenster im vierten Stock schimmerte es Grün, das waren die Bäume vom Freiburger Schlossberg. Kleine und größere, überragt von einer riesenhaften Kastanie, die im Sommer anders gefärbt war als im Herbst, im Winter nur eine dunkle Silhouette. Alle Menschen, glaubte ich, sehen Bäume so. Und sie erkennen einander vor allem an ihren Stimmen. Jede ist völlig anders, Mutter und Vater, Großvater und Tante Regina waren für mich mühelos zu unterscheiden, selbst wenn sie flüsterten oder sich nur räusperten. Außerdem roch jeder von ihnen anders.

Und dann gab es ja zur Orientierung die Farben. Mutters rote Strickjacke leuchtete, wenn sie sich mir näherte. Auf eine gewisse Entfernung waren sie da, das Rot und das Blau, Orange und Weiß, sprangen mich freundlich an oder belästigten mich. Ganz besonders verabscheute ich das komische Gelbgrün, in dem unser Treppenhaus gestrichen war. Umrisse von Menschen und Dingen nahm ich wahr, deutlich oder weniger deutlich, an einem hellen Morgen mehr, nachts gar nicht. Natürlich nicht, Nacht ist eben Nacht. Vater war dick, ein Zweizentnermann, der Großvater zierlich und ein wenig krumm. Dass ein Mensch einen anderen sehen kann, wenn dieser auf der gegenüberliegenden Straßenseite geht, wusste ich nicht. Auch nicht, dass man ein Gesicht aus der Nähe betrachten kann, wie verschieden Augenbrauen sein können, was Sommersprossen sind. Was für ein Spiel ist das «Mienen-Spiel», das die Erwachsenen manchmal erwähnten? Ich kannte es nicht, und mir fehlte es damals, in meiner Kindheit, nicht. Konnte ich doch alles, was ich brauchte. Zum Beispiel war ich sehr geschickt darin, auf dem Teller das größte Radiesle zu finden. Wenn ich mit der Hand darüberstrich, spürte ich, welcher Stiel am höchsten war, und ich hatte das größte Knübbele erwischt.

In unserem Haus bewegte ich mich absolut sicher. Es hatte vier Stockwerke, nur eines wurde vermietet, ansonsten war es von Verwandten bewohnt. In der vornehmen Beletage lebten die Großeltern, oben unterm Dach wir, Johann und Else Eglin und ich, Magdalena Eglin. Bald nach meinem zweiten Geburtstag zogen wir ins Erdgeschoss um, so waren wir näher am Hinterhof, wo sich das Gärtchen befand und die Malerwerkstatt meines Großvaters, deren Chef nun mein Vater wurde.

Viel Platz für kindliche Abenteuer. Besonders aufregend war das Zimmer der Modistin, einer langjährigen Mieterin. Wenn sie Hüte änderte und der neuen Mode anpasste, war immer etwas übrig: buntes Ripsband, Schleifen und Schleierchen, das schenkte sie mir zum Spielen. In dem großen Haus gab es Zonen der Stille – im Sommer, wusste ich, würde mich auf dem Trockenboden niemand finden – und Orte, wo häufig Spannung in der Luft lag. Meistens konnte ich sie wittern, bevor das Geschrei losging, und rechtzeitig das Weite suchen. Ich erinnere mich an Worte, die mich den Kopf einziehen ließen, und an eine untergründige Traurigkeit.

Die Ursachen habe ich natürlich erst viel, viel später verstanden: Mein Großvater Daniel Eglin hatte als junger Mann, 1894, das Haus als Bauruine erworben und dafür sein ganzes Erspartes, das er als wandernder Malergeselle verdient hatte, eingesetzt, zusätzlich eine Riesenhypothek aufgenommen. Er hatte es tatsächlich geschafft, nicht pleitezugehen, sich hochzuarbeiten, und war ein angesehener Malermeister geworden. Acht Gesellen und ein eigenes Haus in der Erasmusstraße, nach einer geradezu irrsinnigen Anstrengung ein gewaltiger gesellschaftlicher Aufstieg. Weil keine der drei Töchter einen Maler zum Mann nahm, musste schließlich der widerstrebende Sohn, Johann Eglin, das Erbe antreten – für meinen Vater lebenslang ein Unglück. Er hatte mittlere Reife gemacht, eigentlich Buchhalter werden wollen. Sein Traum war, einer Gesellschaftsschicht zuzugehören, wo man saubere Hände hat.

Vater war herrisch, auch in der Familie, und reizbar. Ich kenne ihn nur so, selten habe ich ihn ruhig reden hören. «Magdalena, mach das! Mach es so, wie ich es dir sage, Magdalena!» Mir sind vor allem Befehle im Kopf geblieben.

Eines der hässlichen Wörter, die mit schöner Regelmäßigkeit durchs Haus flogen, lautete: «evangelisch». Am furchterregendsten wirkte es kombiniert mit anderen Wörtern. «Evangelische Schlampe!», kreischte meine Tante Regina über den Flur. Die zweitälteste Schwester meines Vaters lebte mit ihrer Familie im dritten Stock, Rufe von dort fürchtete ich sowieso. «Evangelisch» war meine Mutter Else gewesen. Sie war, während sie mich im Bauch trug, konvertiert, hatte sich im Kloster St. Lioba, nicht weit von hier, das Katholische angeeignet. Ihre evangelische Herkunft galt jedoch nach wie vor als Makel. In meiner väterlichen Verwandtschaft, bei den Eglins, blieb sie eine Fremde. Meine Tanten fingen immer wieder davon an, sie horchten mich aus: Ob meine Mutter uns mit Weihwasser besprenge? Ob sie zu Tisch bete, ob sie auch nicht fluche? Ich beantwortete alles wahrheitsgemäß. Eine seltsame Zeit: Bevor ich richtig von Gott wusste, wurde mir eingebläut, dass es zwei Glauben gab, einen rechten katholischen und einen falschen.

Und ich, Magdalena, war mit meiner ganzen Existenz in diesen Konflikt verwickelt. «Evangelische Schlampe!» ist in meinem Gedächtnis verbunden mit einem anderen Satz, den dieselbe Tante Regina Jahre später auf mich losließ: «Du bist unser Kreuz! Du bist die Strafe Gottes!» Das muss kurz nach dem Krieg gewesen sein, ich war damals in der Pubertät und tief getroffen. Sie wollte offenbar damit sagen, Gott hat meine Eltern für ihre Mischehe gestraft, indem er ihr erstes Kind mit einem Makel versah. Mein Lebtag werde ich diesen Satz nicht verwinden, und würde ich hundert Jahre alt, nicht einmal tausend würden dazu ausreichen. Was kann ein Mensch auf einen solchen Satz entgegnen? Nichts! Du kannst nur davor flüchten, du kannst versuchen, irgendwo Schutz zu finden. «Katarakt» nennen die Mediziner den Makel, ein Wort, das ich mag, obwohl ich medizinische Bezeichnungen hasse. Katarakt: das altgriechische Wort für Wasserfall. In der Antike nahm man an, ein Mensch mit stark getrübter Augenlinse sehe die Welt wie durch einen herabstürzenden Wasserfall. Eine andere Bezeichnung dafür ist «grauer Star». Wann und wie meine Eltern es damals bemerkten, weiß ich nicht genau. Beide werden traurig gewesen sein, besonders meine Mutter, denn sie hatte, bevor sie mit mir schwanger wurde, schon ein Kind verloren und war körperlich und seelisch angeschlagen. Sie stillte mich noch, als ich 1933, im Alter von sieben Monaten, zum ersten Mal in die Freiburger Augenklinik kam. Ein bekannter Arzt, der in Berlin studiert hatte und als Nazi galt, führte die Operation aus. Danach sah ich ein wenig besser, wird berichtet. Bei der zweiten Operation, mit sechzehn Monaten, sollte der sogenannte «Nachstar» entfernt werden. Ich habe mir immer vorgestellt, das ist so, wie wenn man einen Topf auskratzt und man noch einmal nachwischen muss, weil er noch nicht ganz sauber ist. Das Nachwischen misslang. «Das rechte Auge ist tot», sagte der Arzt zu meiner Mutter. Sie hat mir später diesen nüchternen, schockierenden Satz oft zitiert. Damals, nach der Diagnose des Scheiterns, haben meine Eltern davon abgesehen, das andere, linke Auge mit dem kleinen Sehrest nachoperieren zu lassen.

Mit dem bissle Augenlicht konnte ich viel anstellen. Die meisten Spiele, die ich liebte, waren Sehspiele. Wir hatten im Wohnzimmer auf dem Fußboden bunt gemustertes Linoleum und Fensterläden, die man mit Hilfe einer Stange auf und zu schieben konnte. Die kleinste Portion Helligkeit, die reinkam, das war ein Fleck, den ich «Lichtei» nannte. Mit etwas

Geschick konnte ich das Licht auf bestimmte Farbornamente am Boden lenken. Gegen zehn Uhr morgens kam die Sonne ins Wohnzimmer und blieb bis etwa zwölf Uhr da. Das war meine Zeit. Ich musste nur den Schemel vom Radio ans Fenster tragen, damit ich an die Schieber rankam, und dann habe ich sie ganz präzise so gestellt, dass ein ovaler Lichtkegel auf dem Gelb im Linoleum war.

«Was tust du immer mit den Läden?», hat meine Mutter gefragt.

«Ich mache farbige Eier!»

Um diese zu sehen, musste ich wieder vom Schemel runter auf den Boden und nachschauen. Wenn es noch nicht ganz stimmte, stieg ich wieder hoch, den Schieber ein bissle nachjustieren, und dann wieder runter. Hoch und runter, bis endlich die gelben Eier fertig waren. Minutenlang konnte ich meinen Erfolg genießen, dann war die Sonne weitergewandert, ich musste wieder nach oben, sie einfangen. Ein schönes Spiel, das eine halbe Ewigkeit dauerte.

Nachdem meine Eltern mich dabei beobachtet hatten, sind sie auf die Idee gekommen, mir bunte Mosaiksteinchen zu schenken und später einen Bilderbaukasten, der aus Würfeln bestand, die verschiedene Motive ergaben, wenn man sie richtig legte. Auf einer Seite war die Sahara mit einem schönen Kamel, ringsherum die gelbe Wüste mit hohen Dünen, darüber blauer Himmel. Auf der Rückseite der Würfel eine Schwarzwaldlandschaft mit Kuh und Wiese. Eines Tages bin ich darauf verfallen, die Kuh in die Wüste zu bringen. Oder ich hab den grünen Tannenbaum in den afrikanischen Himmel gehängt. Es gab nichts Schöneres als diese Verwirrspiele, grünes Gras und die dreieckigen Sanddünen zu vermischen, dem Kamel einen blühenden, grellgelben Löwenzahn vor die Füße zu legen.

«Du machst es falsch, Magdalena», hieß es.

«Nein, das ist genau richtig!»

Ich war drei – und ganz sicher: Alles geht. Mit drei oder vier Jahren erlag ich auch einer anderen Sucht, die mich seither niemals losgelassen hat. Ich verfiel dem Radio. Es war ein «Körting», Modell «Miros», ein ziemlich feudales Ding, die meisten Leute mussten seinerzeit mit einem Volksempfänger vorliebnehmen. Vater kaufte es 1935 oder 1936, und ich bin mir ziemlich sicher, er tat es meinetwegen. Dieses Superradio thronte auf dem Rollladenschrank im Wohnzimmer, und ich konnte es nur mit dem Schemelchen erreichen. Vorne hatte es rotbraunes Glas, darin ein langer roter Zeiger, der sich bewegen ließ. Beim Drehen des Knopfes wanderte er nach rechts oder nach links, über seltsame, aus dem Inneren des Kastens erleuchtete Zeichen. Teils rund, teils eckig, «Buchstaben», sagte Mutter, «geschriebene Namen von Städten.» Einer fiel mir besonders auf: Bu-da-pest. Mit ihm habe ich mich angefreundet.

Es war nicht wirklich nötig für mich, den Ton aufzudrehen. Wenn ich es riskierte, musste ich damit rechnen, dass schnell ein Erwachsener sich einmischte und etwas anderes hören wollte. Mutter konnte Schlager und Tanzmusik nicht leiden, sie war ein großer Opernfan. Schnell lernte ich zwischen ernster Musik und «Scheißradaumusik» zu unterscheiden. Klaviermusik hat mich sehr angezogen, «die mit dem heiseren Klavier», das Wort Cembalo kannte ich noch nicht. Vater wiederum mochte Marschmusik und noch lieber gar keine, Aus-Knopf gedrückt und fertig.

Manchmal brüllten Männer aus dem Radio. «Äääkch, äääkch», ein entenartiger Singsang – das war der Goebbels. Der andere hieß Adolf Hitler. «Volksgenossen!», so begann er immer. Ein Organ hatte der, wie wenn er den lieben langen Tag nichts anderes tun würde als schreien. Brüllige Stimmen machten mir Angst, also hab ich die Ohren auf Durchzug gestellt, ob es dieser Hitler «in Berlin» war, der brüllte, oder mein Vater. Wenn mich jemand gefragt hätte, welcher Mensch meinen Ohren am angenehmsten war, hätte ich mich, ohne zu zögern, für die behagliche Stimme unseres Münsterpfarrers entschieden.

Bei gutem Wetter spielte ich oft im Garten. Dort gab es ein schmales Beet, da wuchsen Steinpflanzen, auch Phlox und zwei Rosenstöcke. Zu jeder Jahreszeit andere Blumen, mal Maiglöckle, mal Eisenhut. Unter dem Fliederstrauch Walderdbeeren und, wo es schattig war, Farne. Alles schön akkurat angeordnet von der Tante, die Evangelische hasste.

«Mach nichts kaputt, Magdalena!», rief es aus dem Fenster.

Ich musste immer damit rechnen, dass mich jemand von da oben beobachtete. Dabei bewegte ich mich im Garten ganz, ganz vorsichtig. Ich roch an den Blüten, fasste sie an. Besonders liebte ich dieses Zarte, Seidige vom Mohn. An einem Frühsommertag hab ich angefangen, Grünzeug zu essen. Begonienblüten mochte ich unheimlich gern, weil die so schön sauer waren. Das war, was ich mir holen konnte, alles andere wurde mir zugeteilt. Oft hab ich mich mit Blumen geschmückt, dieses Gefühl auf der Haut, das war das Größte. In gewisser Weise bin ich wie eine Wilde aufgewachsen. Einmal hab ich Dodo, meine Puppe, in den Hortensientopf auf der Terrasse eingepflanzt, damit sie so groß wird wie die meiner Cousine. Ich dachte, sie wächst, wenn sie im Regen steht. Und dann ist der Kopf aus Pappmaché aufgeweicht.

Bei Platzregen wurde der Hof immer zu einem gelbbraunen Drecksee, die Treppe zur Waschküche war dann ein kleiner Wasserfall. Während die Erwachsenen mit Eimern rumrannten, ruderte ich in einem kleinen Holzbottich umher, oder ich zog mir leere Farbbüchsen über die Schuhe und stolperte durch die Pfützen.

Es waren einsame Spiele. Diese kindliche Einsamkeit spüre ich heute, mit siebenundsiebzig Jahren, an gewissen Tagen immer noch. Stärker als diese war jedoch der Übermut, das immer Neue, das da draußen und überall auf mich wartete.

Einen Riss bekam meine Welt erst, als mein Bruder geboren wurde und ich kein Einzelkind mehr war, im Sommer 1936.

Die neue Zeit beginnt mit einer seltsamen Szene: Ich sitze in der Schaukel, meiner Schaukel. Mutter ist schon ins Krankenhaus gebracht worden, und eine fremde Frau ist da zum Kochen und Putzen und um mich zu beaufsichtigen. Gerade zieht sie im Schlafzimmer die Betten ab, bemerkt nicht, dass ich entwischt und in die Schaukel geklettert bin. Niemand hat den Schieber vorne zugemacht, und so schaukle ich und schaukle, wild wie gewohnt, und fliege mit dem Kopf zuerst auf den eisernen Fußabkratzer. «Du blutest ja!», schreit die fremde Frau entsetzt. Sie ist meinem Schmerzensschrei gefolgt (im Krieg, im Schwarzwald, werde ich zum ersten Mal einen Esel jämmerlich schreien hören und mich an diesen Julitag 1936 erinnern) und ist nach draußen zu mir gestürzt, das abgezogene Kissen im Arm. Während sie nach meiner Wunde sieht, starre ich auf das große rote Inlet und denke: So viel Blut! Und das ist mein Blut, das in solcher Menge von mir läuft. Meine Verletzung war nicht wirklich böse, eine Platzwunde nur, die sich unter meinen Strubbelhaaren verstecken ließ, sie schmerzte nicht lange. Doch fortan war alles anders: Im Garten stand ein Kinderwagen mit dem schreienden Peter.

Er war ein Junge. Er war blond. Er hatte «gute Äugle».

Januar

Sebastianstag 2010. Es poltert. Schranktüren klappen auf, klappen zu. Beinahe wütend klingt es. Wieso ist Konrad um Mitternacht auf dem Speicher? Später höre ich seine Stiefel im Schnee, er stapft am Gewächshaus vorbei. Bei jedem Schritt ein kleines Krachen, krrrk, krrrk, also ist die Schneedecke überfroren. Jetzt macht er einen Bogen um den alten Apfelbaum herum. Was tut er bloß? Mit einem Mal dämmert es mir, natürlich, das ist es, das ist mein Konrad: Er hat da oben im Dunkel alte Wintermäntel rausgesucht, um die Päonien vor dem schärfer werdenden Nachtfrost zu schützen.

Am anderen Morgen stürzt er, sobald es hell ist, hinaus. Ich hinterher, ganz langsam. Im Winter muss ich draußen besonders achtgeben. Nicht so sehr wegen der Füße, die kennen unsere zweitausend Quadratmeter Garten in- und auswendig – die hohe Türschwelle zur Terrasse, die rauen Platten. Auf dem verschneiten Rasen kann ich mich, wenn nötig, an Bäumen festhalten, weiter hinten am Steintisch. Schwieriger als der rutschige Untergrund ist für mich das Weiß, das Gleißen des Schnees. Da ist kein Kontrast mehr, nicht ein klein wenig Farbe, die meinem Auge Orientierung geben würde.

Vor ein paar Jahren habe ich noch geahnt, wie der Apfelbaum seine Zweige in den kalten Himmel reckt. Baumsilhouetten waren für mich immer die schönsten Winterbilder. Die Bäume erschienen mir in dieser Jahreszeit viel größer, zwischen dem Dunkel von Stamm und Ästen leuchtete es weiß oder hellblau oder knallblau, und ich konnte sogar erkennen, wo die Sonne hängt, manchmal war auch der Mond da. Gelbrot und voll mochte ich ihn besonders.

Neben dem Steintisch blüht schon die Hamamelis. Ich rieche sie. Ihr Duft weckt Erinnerungen an ein Bild von früher: gelbe, spinnenartige Büschelchen, in der Mitte rostrot. Vor mir, etwa zwei Körperlängen entfernt, ist Konrad. Er hat die Mäntel über den Päonien gelüpft. Seinem ruhigen Hantieren nach zu urteilen sind sie unbeschadet über die Nacht gekommen. Ich wüsste zu gern, ob er mich anschaut.

Als Kind reichte mein Sehen immerhin für Schneeballschlachten. «Wie machst du das nur, dass du uns triffst, Magdalena?» – «Wenn ihr schwätzt, weiß ich genau, wo ihr seid.» Ich habe immer auf den unteren Bereich des Körpers gezielt, nie in Richtung Gesicht. Das Beste am Schnee ist das Spontane: Einer schmeißt sich rein, der Nächste daneben, sofort ist eine Rauferei im Gange. Im Schnee ist sie selten böse. Vom Geschrei angelockt, kommen andere Buben und Mädle, und dann fliegen die Bälle. Wir waren oft zwanzig, dreißig Kinder, damals, in Freiburg.

Der Januar ist der große Vorlesemonat, das ist geblieben. Gerade ist wieder der «Oblomow» von Iwan Gontscharow dran, schon zum zweiten oder dritten Mal im Leben. Ein Buch, das so richtig zur Jahreszeit passt, von einem faulen russischen Adeligen, der gern Winterschlaf hält. Jeden Abend liest Konrad daraus vor. Zwischendurch veranstaltet er seine Kerzenorgien – in einer alten Ofenkachel Stumpen verheizen, das liebt er, einen nach dem anderen.

Ich bin ein Januarkind.

Fast wäre ich in diesem Januar 2010 gestorben.

Großvaters Farben

Mit meinen dreieinhalb Jahren wurde mir allmählich bewusst, ich bin anders als andere Kinder. Wenn die Mutter mal wieder mit Spucke meinen Hals bearbeitete und seufzte: «Du bist so dunkel! Man sieht ja nicht, ist das Dreck oder ist deine Hautfarbe so», dann fühlte ich mich fremd in der Familie, mit meinem schwarzen Strubbelkopf und meiner Haut, die im Sommer braun wurde wie Honigkuchen. Mutter war hellblond, mein Bruder Peter auch. Das liebevolle Gerede von meinen «schlechten Äugle» hatte jetzt einen Beigeschmack – der erste Mitleidsschluck, würde ich heute sagen. Natürlich war ich eifersüchtig, jedes erstgeborene Kind, das ein Geschwister bekommt, ist eifersüchtig. Statt mich an Mutter zu hängen, nahm ich jetzt oft den Weg über den Hof und ging zu Großvater.

«Ja, geh nur zum Opa!», sagte Mutter, wenn sie mich nicht brauchen konnte, weil sie sich um den Bruder oder um Vaters Buchhaltung kümmern musste. Nichts lieber als das.

«Komm, Strubele!», rief mir Großvater entgegen. Auf, auf, schnell dorthin, wo die Liebe zu haben ist. Wie ein Hündchen mit wedelndem Schwanz lief ich quer über den Hof.

Schon in der Werkstatttür hatte mich Großvater auf dem Arm. Ich umhalste ihn und krallte meine Hände in seinen seidigen weißen Bart.

«Strubele, was machen wir zwei denn heute?»

Eigentlich spielte der pensionierte Malermeister Daniel Eglin hier nur noch eine Gastrolle. Ganz verzichten auf Arbeit mochte er nicht, er machte ein paar Dinge weiter, die er gern hatte, je nach Laune. Wie seinerzeit bei den Handwerken üblich, war unser Betrieb sehr vielseitig. Küchenschränke anmalen gehörte dazu. Vor Weihnachten stand alles voll mit Kinderkaufläden und Puppenstuben. Auf diese kleinen, kniffligen Aufträge hat sich Großvater gestürzt. Wände dagegen und andere große Flächen waren Vaters Terrain, alles, was außerhalb zu erledigen war. Heilige restaurieren wiederum war natürlich Großvaters Sache. Auf dem halbhohen Sims links von der Eingangstür standen immer Dutzende Antoniusse und Josefe, Madonnenfiguren, große und kleine, und warteten. Alle brauchten sie neue Farbe.

Und zum Farbenanrühren brauchte Großvater mich, Magdalena. Wir hatten einen Farbschrank, der war deckenhoch, er nahm die ganze Seitenwand ein und hatte lauter Schübe, wie Mehlschubladen beim Krämer. Da Großvater herzkrank war und ihm schnell schwindlig wurde, musste ich auf die lange Leiter steigen.

«Hol mir ein Becherle Umbra.» Ich wusste genau, wo sich das Umbra befand. Großvaters Anweisungen, «dritte Schublade von rechts, ganz oben», brauchte ich bald nicht mehr.

«Noch ein bissle rüberlange mit der Hand, da findest du das Siena.»

«Weiß ich doch, Großvater!»

«Und noch ein Becherle Neapelgelb.»

Das mochte ich besonders, wie Eigelb mit Sahne verrührt sah es aus. Es befand sich in der untersten Reihe. Im Zweifelsfall konnte ich die kleine Farbborte sehen. Nase drauf und das linke Auge ein klein wenig fokussieren, ja, das ist «Neapelgelb», ja, das war «Elfenbein schwarz». Mit vier oder fünf Jahren konnte ich die Reihenfolge der Farbläden von oben nach unten und links nach rechts runterbeten. «Zwei Schöpferle Schweinfurter Grün, Magdalena», ordnete Großvater vom Fuße der Leiter an, und ich hielt den kleinen Becher fest am Henkel und fuhr mit ihm in die Schublade hinein. «Das darfst du nicht einatmen, Strubele. Schweinfurter Grün ist giftig.»

So lernte ich die Farben und ihre Eigenschaften kennen und ihnen die geheimnisvollen Namen zuordnen, die die Welt für sie erfunden hat: die Farbpigmente auf natürlicher

Basis, Erdfarben wie Umbra und dessen Schattierungen von Leberbraun bis Kastanienbraun, die Nuancen des Ocker. Die chemischen Farben, giftige Oxyde, zum Beispiel Kadmiumgelb, das an Zitronen erinnerte, das grelle, rosthemmende Mennige rot. Am interessantesten war das Mischen, dabei hab ich, wann immer es ging, zugeschaut.

«Was ist, wenn man Blau ins Grün macht?»

«Dann gibt es Türkis.» Großvater antwortete geduldig.

Was wäre meine Kindheit ohne ihn gewesen? Keine Woche in mehr als siebzig Jahren ist vergangen, ohne dass ich an ihn gedacht hätte. Manchmal erzählte er Geschichten aus anderen Zeiten, etwa von römischen Kaisern, die Purpurrot getragen hätten, um das Volk zu beeindrucken – ein ins Violette gehendes, respektgebietendes, manchmal furchterregendes Rot.

«Auch unser Erzbischof Gröber trägt es zu manchen Festen. Verstehst du, Magdalena?»

Von diesem Conrad Gröber war bei uns zu Hause oft die Rede. Er wohnte ein paar Straßen entfernt von uns, ein hoher Herr, beinahe so alt wie mein Großvater Daniel Eglin.

Natürlich verstand ich nicht immer alles, mir genügte, an Großvaters Seite zu sitzen und ihm zuzusehen. Er konnte mit dem Pinsel bestimmte Maserungen oder Astlöcher imitieren, dass man geglaubt hat, die Möbel wären aus Eiche oder Tanne. Je diffiziler, desto mehr Spaß machte es ihm. Mit Freude und Spannung verfolgte ich, wie er Wirtshausschilder erneuerte. Wie er den verblichenen Mantel einer hölzernen Maria mit strahlendem Blau versah und am Saum ein klares Gelb daransetzte. Der letzte Akt, während die fertige Figur auf dem Sims trocknete, war die Rechnung. Meistens war sie lustig. «Dem Josef den Bart frisch geschwärzt», schrieb er und fragte, ob mir die Formulierung gefalle. «Dem Engel neue Flügel gemalt.» Bei Engelsflügeln war oft Gold gewünscht. Dann durfte ich in der Werkstatt nicht niesen, nicht pusten, nicht lachen, sonst flog das feine, teure Blattgold durch die Gegend.

Äußerlich war Großvater ein Grandseigneur. Niemals ging er ohne seine rötlich goldene Uhrkette und seinen Kastanienstock aus. In der Familie galt er als sturer und brummiger alter Mann. Ein Choleriker, vor dem sich alle fürchteten, außer mir. Nachdem er akzeptiert hatte, dass ich Magdalena bin und wenig sehen kann, mochte er mich. Lieber als meinen Vetter Leo, der schon zur Oberschule ging und schlechte Noten heimbrachte. Lieber als Ulrike, «Ricki», meine etwas jüngere Cousine, ein typisches Mädchen, das nur mit Puppen spielte. Mir gegenüber war Großvater weich und zärtlich, die Geduld in Person, lustig und sogar schwatzhaft, er, der sonst äußerst sparsam mit Worten war.

Er ist der Mann meiner Kindheit, der Herrgott all der Jahre, die für das Wachsen so bedeutsam sind. Ihm gehorchte ich, von ihm habe ich das meiste über die Welt erfahren, sogar meinen Namen habe ich von ihm. Meine Eltern wollten unbedingt, ich solle Annemarie heißen. Woraufhin Großvater, zaghaft unterstützt von Großmutter, ein Donnerwetter losgelassen haben soll: «Annemarie ist ein Soldatenliebchen-Name, er kommt in jedem scheußlichen Schlager vor. Die Kleine kriegt einen anständigen Namen, sie wird Magdalena sein. Magdalena Gertrud Bertha.» So war es üblich, hintendran Zweit- und Drittnamen zu hängen, Gertrud war meine gestrenge Patin vom Dorf, Bertha meine sanfte, liebe Großmutter, Frau des Annemarie-Verächters Daniel Eglin.

Zu mir hat mein Rufname gut gepasst, mit Maria Magdalena, der Sünderin, die Jesus die Füße wäscht und sie mit ihren langen Haaren trocknet, konnte ich gut auskommen. Das ist nicht eine dieser süßlichen, langweiligen, immer korrekten Heiligen. Sie ist oft von Dämonen besessen gewesen, genau wie ich, und hat interessante Aufgabenbereiche – Schutzpatronin der verführten Frauen, der Winzer, der Studenten,

Friseure und Handschuhmacher. Madeleine, die französische Variante, hätte mir noch besser gefallen.

Großvater ruft! Jeden Morgen um halb neun stehe ich vor seiner Tür, Mutter liefert mich dort ab.

«Ist die Kleine fertig? Ist sie sauber?»

Natürlich bin ich fertig! Blitzsauber! Gekämmt und gewaschen, mit einer kleinen Umhängetasche ausgerüstet, die ein Vesper für unterwegs enthält. Und ich weiß, dass er weiß, wie sehr ich auf ihn warte, darauf, dass er seinen Hut aufsetzt und ich an seiner Hand hinaus auf die Straße hüpfen darf. Raus und dann um die Ecke, wo die große Schlossbergstraße verläuft, die zum Schwabentor führt und der entlang eines der vielen Freiburger Bächle fließt. Großvater geht schön langsam, man muss ihm nicht nachrennen. Autos kommen damals nur alle Jubeljahre vorbei, die Lastkarren haben meistens noch Pferde vorgespannt, zum Beispiel der Mann, der Blockeis für die Eisschränke bringt.

«Schauen, Magdalena. Schauen!»

Er sagt nie wie die anderen, dass ich nicht sähe, von ihm höre ich nichts Besorgtes, sondern nur Gescheites und viel Schönes. Beim Spazieren sehe ich schemenhaft die große Villa mit Riesenvorgarten und Kiesweg, vor der der Kutscher den Eiswagen postiert hat. Das Pferd ist braun und das Schild an der Ladefläche blau, darauf steht, wie Großvater mir erzählt, «in deutscher Schrift» das Wort EIS. Galock, galock, setzt sich das Pferd in Bewegung, galock, ganz leicht, anders als der Schritt der schweren Pferde, die den Bierwagen ziehen, die machen ga-lo-ck, ga-lo-ck-ck-ck. Ich hab mir vorgestellt, die haben so dicke Beine wie die Elefanten, die ich im Zirkus gesehen hab. «Elefantenpferde» hab ich sie getauft, «Kaltblüter», die Bezeichnung, die die Erwachsenen benutzen, finde ich ganz falsch. Denn sie fühlen sich warm an, das hab ich selbst überprüft, und die Rossbollen von denen dampfen.

«Warum können Elefanten so leis laufen, Großvater?»

«Weil sie keine Eisenschuhe haben.»
«Und warum quietschen die Schuhe vom Onkel Herbert so?»
«Weil er Gummischuhe hat und es auf dem Trottoir nass ist.»
«Warum knurren die Schuhe vom Kutscher? Grrrr. Grrrr.»
«Weil er sie nicht bezahlt hat.»
«Ist das wahr?»
«Nein, Strubele. Aber sag es niemand.»

Großvater und ich hüten unsere Geheimnisse, ebenso wie wir unsere Gefühle füreinander vor den anderen verbergen. Manchmal legt er mir sachte die Hand auf den Kopf, eine Art der körperlichen Berührung, vielleicht die einzige, die ich uneingeschränkt mochte.

Von allen Fußwegen meines Lebens ist mir der auf den Schlossberg, Hand in Hand mit Großvater, am deutlichsten in Erinnerung geblieben: Die waldige Anhöhe hinauf, durch eine hellere Zone und weiter, pochenden Herzens, durch eine tiefschattige, aus der oft der Waldhüter heraustrat mit seinem riesengroßen, kohlschwarzen Hund. Ein Bekannter von Großvater, also keiner, den ich wirklich fürchten musste. Unser tägliches Ziel war der «Rastewanderer», eine Bank, in deren Rücken sich eine künstliche, bemooste Felswand erhob. Über der Sitzlehne waren Verse eingelassen, die mir Großvater jedes Mal vorlas: «Raste, Wanderer, bedenke …» Er war so außer Puste, dass ich die Worte niemals richtig mitkriegte, es ging um den Wunderbau des Münsters, das man von dieser Anhöhe so gut wie sonst nirgends betrachten konnte. Noch immer außer Atem war er plötzlich mitten im Lobpreis Gottes. Eine schnaubende höchstpersönliche Andacht, dazu ließ er meine Hand für einige Minuten los. Bei Sonne konnte auch ich den Turm erahnen, morgens war er eine spitz zulaufende Fläche aus hellrotem Sandstein, abends, wenn das Maßwerk von Westen durchglüht war, eine schwarze, durchbrochene Silhouette. Beides unvergessliche Bilder, die ich hinübergerettet habe ins Heute, in die beinahe totale Blindheit.

«Weiter!», rief ich Großvater zu. Weiter, ich wollte endlos weiterlaufen, ins Unbekannte, das man nicht sah. Das Entfernte erschloss sich ja nur, wenn ich die Beine benutzte und wenn ich da war, ganz nahe ranging. Großvater verbot mir nichts. «Lauf bis zur nächsten Wegkreuzung, Strubele», forderte er mich auf. «Lauf bis zu dem Baum.» Er setzte mir kleine Ziele. Vor allem der zweite Aussichtspunkt auf unserem Weg gefiel mir sehr. Dort lagen neben der Bank Kanonenkugeln aufgeschichtet, und die konnte ich anfassen. Wie kamen sie nur dahin? Was ist Krieg, und warum streiten sich Länder? Bei diesem Thema war Großvater immer einsilbig, denn er hatte selbst einen Krieg mitgemacht, den Ersten Weltkrieg. Statt Antworten gab es jetzt Vesper. Täglich einen Apfel, «der die Wangen rot macht», und ein wenig Schwarzbrot mit Butter. Ich kaute. Wir schwiegen eine Weile, und dann war er wieder bei den Raubrittern auf ihren Burgen, ich fragte, er erzählte – von Barbarossa, einem Kaiser mit rotem Bart, von Rehen und Eichhörnchen, bis seine Stimme dünn und krächzend wurde.

Im Weitergehen nahm Großvater eine Veilchenpastille zu sich oder ein Karlsbader Tablettchen, das sei «gut gegen Heiserkeit».

«Hast du Halsweh?»

«Ja, Strubele. Ein wenig.»

Sein Halsweh war der Vorbote einer schweren Krankheit. Er würde daran sterben, noch bevor meine Kindheit richtig zu Ende war.

Pflanzen- und Menschenkunde

Meine erste Pflanzenkunde verdanke ich Großvater. Kastanienbäume hat er mir nahegebracht, er hat mir das immergrüne Efeu gezeigt oder wie das Springkraut, das «Rühr-mich-nicht-an», funktioniert.

«Ätsch, wir rühren dich aber doch an!»

Großvater führte meine Hand, und auf die zarteste Berührung hin regnete es klitzekleine Kügelchen auf Haut und Strickjacke, überallhin, bis in die Sandalen hinein. Darüber vergaßen wir die Zeit. Einmal auf unserer Bank hat er mir die geflügelten Früchte des Ahorns erklärt:

«Guck mal, Magdalena, wie wunderbar die Natur ist. Fass mal hin. Hier ist der Flugkörper, zwei schöne Flügel, unten je ein Samenkorn.»

Und ich tastete, hielt mir das grüne Ding ganz nahe ans linke Auge, und sobald ich es fertig inspiziert hatte, teilte er es und ließ mich das Klebrige auf der Innenseite fühlen.

«Jetzt setz es dir auf die Nase.»

Es hielt. «Pinocchio! Du auch, Großvater, du auch! Komm, wir spielen das hölzerne Bengele.»

«Das macht die Natur nicht zu deinem Vergnügen. Diese Flügel sollen den Samen forttragen, dabei hilft ihnen der Wind. Er landet irgendwo, wo es schön ist. Und liegt dort bis in den Herbst oder länger, der Kleber verschließt die Tüte, so lange, bis er reif ist. Dann fällt der Samen raus, die Erde nimmt ihn auf.»

Das war mein Kindergarten. In den anderen durfte ich nicht «wegen der Äugle». Ausgeschlossen sein kann auch Glück sein! Ich konnte ja nicht wie andere wählen, will ich draußen oder will ich drinnen sein, ich war Außenseiterin von Natur aus.

Für Großvater war ich sicherlich auch ein Glück. Bei mir musste er nicht den Herren spielen. Diesen Herren Daniel

Eglin, der seinen Meister noch zu Kaisers Zeiten gemacht hatte, den Familientyrannen, kannte ich durchaus. Das Grollen und Getöse in der Werkstatt, freitagmittags, wenn der Lehrling die Leimfarbe nicht ordentlich ansetzte. Das schreckliche Zeremoniell am Monatsanfang, wenn Vater oder Mutter die Miete fürs Geschäft und die Wohnung bei ihm ablieferten, eine horrende Summe – wie ein böser König saß er hinter seinem Schreibtisch. Das war ein ganz anderer als *mein* Großvater, der vom Schlossberg, der so völlig losgelöst von seinem früheren Leben war, ein schläfriger, herzlicher Mensch, ganz frei. Einer, der seinen Stock tanzen lassen konnte, der sang. «Jetzt gang i ans Brünnele, trink aber nit.» Er hatte eine wundervolle Stimme, das fand nicht nur ich. Vor langer Zeit war ihm der badische Sängerring verliehen worden. Sonntags musste er hoch oben auf dem «Michel», der Chorempore des Münsters, für den lieben Gott singen.

«Für wen singst du lieber, Großvater? Für Gott oder für mich?»

«Für beide. Gott hat dich geschickt. Und wenn ich nicht schon vorher für ihn gesungen hätte, hätte ich deinetwegen damit angefangen.»

Abends hatte Großvater seine Gebetsstunde, das zweite von mir ersehnte Ereignis am Tag: Kurz nach fünf ruft er. Meist habe ich mich schon vorher vom Spielen losgerissen und die Hände gewaschen. Zum Großvater geht man ordentlich, darauf achtet Mutter streng, nicht mit Kies in der Schürzentasche, und pünktlich. Ich hocke mich auf das Schemelchen zu seinen Füßen, neben die Kirschbaumkommode, derweil Großvater mit dem Beten beginnt. Er betet lange und ganz leise, so lange, bis ich alle Fransen der Decke, die von der Kommode runterbaumeln, durcheinandergezupft habe, und ich kaue auf dem mir zugereichten Rosenkranz. Ohne sich um mich zu kümmern, flüstert Großvater weiter. Dann holt er aus seinem Stapel ein ganz besonderes Gebetbuch.

«So, jetzt rufen wir den Judas Thaddäus an. Für dich, Magdalena.»

Für mich. Wie schön, dass es einen Heiligen für mich gibt. Dieser Thaddäus, was so viel heißt wie «der Beherzte», erzählt Großvater, ist ein Mann, der «in Armenien geboren» ist, zuständig für die besonders hoffnungslosen Fälle auf der ganzen weiten Welt. Zum Schluss machen wir beide das Kreuzzeichen, er legt den Zwicker beiseite, und dann kommt der große Moment, dann tritt diese weite Welt auf den Plan: Hokuspokus Fidibus, auf dem Tisch erscheint die gelbgrüne Schmuckdose von Bader-Brezele. Darin verwahrt Großvater seine Post, all die Briefe und Ansichtskarten, die sich in seiner Wanderzeit angesammelt haben. Nach der Gesellenprüfung war er über Österreich ziemlich weit nach Südosten gewandert, genau kenne ich seine Route bis heute nicht, auf jeden Fall ist er in der Schweiz gewesen, auch in Oberitalien.

«Guck, das ist Wien.» Seine Stimme hüpft. «Ein große Stadt. Viel, viel größer als Freiburg.» Und hält mir die Postkarte unters Licht. Darauf kann ich verschwommen einen riesigen bunten Kreis erkennen.

«Das ist das Riesenrad im Prater. Und das ist München. Das Oktoberfest. Da musst du nicht hin, Strubele. Da saufen die nur Bier.»

Wenn Großvater das meint, nun gut, München muss nicht unbedingt sein. Aber reisen, reisen werde ich eines Tages. Entgegen den Vorhersagen der anderen, die immer sagen: «Magdalena bleibt daheim, bei Mutter!» Warum denn? Mit Großvater bin ich doch jeden Abend am Lago Maggiore. Unsere Postkartenreisen enden immer auf der Isola Bella. «Isola Bella im Lago Maggiore» singt er, das ist ein Schlager, den er als junger Mann von dort mitgebracht hat. Obwohl ich mir keinerlei Vorstellung von der Insel und dem See mit seinen palmengesäumten Ufern machen kann, beschäftigen sie mich. Auf dem Karlsplatz kenne ich eine gelbe Bank, postgelb oder quittengelb. Darüber wölbt sich im Herbst das rostgelbe Blätterdach der Kastanien und noch eine Etage drüber der blaue Himmel, das war meine «Isola Bella», und der Platz ringsherum war mein Lago Maggiore.

Um diese Zeit ungefähr, mit vier, entdeckte ich auch den Nutzen von Bildern. Bilder konnte ich ganz nahe ans Auge nehmen und drehen und darauf herumschauen, so lange, wie ich wollte. Aus dem Schrank holte ich mir Vaters Zigarettenbilderalben, wieder eine neue Welt, einen ganzen Winter und noch ein Frühjahr verbrachte ich damit. «Maler des Barock» und «Maler der Renaissance» hießen die Bände. Vater sammelte, er qualmte die Bildchen buchstäblich zusammen mit Zigaretten, Marke «Salem». Je mehr er rauchte, desto mehr Augenfutter für mich. Natur und Geschichte, Katastrophen. Auf den geschichtlichen Bildern waren viele Brände, vor denen habe ich Angst gehabt. Wundersam und erregend waren die Gesichter, Köpfe von Madonnen oder aus der Antike. Beim Betrachten begriff ich, wie verschieden Nasen und Augen sind. Oder Münder, sie waren voll oder schmal, kurz oder lang, geschwungen wie der Rand eines Eichenblatts, mal herzförmig, manche sieht man kaum. Ein Mund kann das Rot von Radiesle haben, von Kirschen oder ähnlich gefärbt sein wie Nüstern des Pferdes vom Eismann, die ich einmal gestreichelt habe. Was ist eine ernste Miene, was ist ein Lächeln? Was unterscheidet Lächeln und Lachen? Lachen kannte ich immerhin als Geräusch, das schallende Lachen meiner Mutter und ihr mädchenhaftes Kichern, Vaters unterdrücktes Glucksen und das dreckige Hahachääää von seinem Kumpel Willi, mein eigenes Lachen natürlich, das den Erwachsenen, wie sie sagten, «zu laut» war, «für Mädle unpassend». Aber wie Lachen sich im Gesicht zeigt, das wusste ich nicht.

Das Lächeln, dieses stille, kleine Verziehen der Mundwinkel, lernte ich erst jetzt, durch die Zigarettenbilderalben, kennen. An eines, das ein Mädchen mit einem blauen Turban zeigt, erinnere ich mich besonders. Ein sehr helles Gesicht. Große Augen, der Mund ganz leicht geöffnet, als ob sie im nächsten Augenblick etwas Liebes zu jemandem sagen wollte. Es muss das Mädchen mit dem Perlenohrring von Vermeer gewesen sein. Einige wesentliche Ausdrücke des Gesichts kannte ich nun und merkte sie mir: Wie es aussieht, wenn ein Mensch furchtbar traurig ist oder sehr, sehr glücklich, milde gestimmt oder böse.

«Der guckt jetzt bös», sagte Mutter einmal im Freibad von einem Buben, den ich nass gespritzt hatte. Wie geht das, das böse Gucken? Sieht der jetzt aus wie der Goliath? Dieses Bild aus Vaters Album – es ist von Caravaggio – ging mir lange Zeit nicht aus dem Sinn: David, fast noch ein Kind, nicht älter als mein Vetter Leo, in seiner Hand der abgehauene, schwebende Kopf. Sein Mund ist grässlich verzerrt, die Augen sind verdreht. Das also war «bös». Schrecklich! Nachts träumte ich von dem Riesen Goliath, und ich bemühte mich seitdem, ihn zu überblättern. Vielleicht würde er ja eines Tages aus dem Album herausspringen?

Mit Hilfe der Bilder habe ich eine ganze Reihe von Rätseln lösen können, zum Beispiel wie Buben pinkeln. Unterwegs, draußen im Freien, musste ich mich hinhocken, Peter nicht. Er nestelte immer an seiner Hose herum. Wieso kann der im Stehen spritzen? Woher der Strahl genau kam, war für mich nicht zu erkennen. Das erfuhr ich durch Apoll – auf den Abbildungen der römischen Statuen konnte ich die Anatomie des Mannes von Kopf bis Zeh studieren. Zwischen den Beinen fand ich das mir fehlende Teilchen. Den Namen dazu verriet Mutter mir: «das Pinkele», das Wort war nicht gerade eine Sensation. «Pinkeln» kannte ich doch längst!

In der Wirklichkeit habe ich zu keiner Zeit einen nackten Mann in Gänze und voller Schönheit sehen können. Mit vier oder fünf und noch ziemlich lange glaubte ich, niemand könnte dies. Manche ein wenig besser als ich, das schon, anderer Leute Äugle waren stärker, meine eben schlechter, wie es große und kleine Äpfel gab, verschieden lange Arme oder Würste. Nur eines irritierte mich zunehmend: Wenn ich heimlich und leise etwas Verbotenes tat, wussten die anderen es trotzdem. Wieso schauen die mich immerzu an, mir nach? Zum ersten Mal sah ich meine Eltern, ihre Gestalt, ihre Gesichter. Dieses Foto in Händen zu halten und zu betrachten ist ein unvergesslicher Moment. Wir drei beieinander: Vater im hellen Trenchcoat, aus dem ein Schlips herausguckt, ein stattlicher Mann, mit glattem, beinahe schwarzen Haar, ein Bürstenbärtchen auf der ausnahmsweise rasierten Haut (ich kannte nur das Stacheltier). Er hat ein Kind im weißen Mäntelchen im Arm, das nur ich sein kann. Und ich, das Kind, verziehe den Mund. Meine kleine Mutter lächelt unter einem ausladenden Hut, unter dem sich das blonde lockige Haar, von einer Dauerwelle gebändigt, herausringelt, auch sie ausgehfein. Ein schönes Paar, Else und Johann – aber sie umarmen einander nicht.

Über diesem Foto von 1934 habe ich im späteren Leben immer wieder gesessen und versucht, zu ergründen, was die beiden zusammengeführt haben mag. Sexuelle Anziehung, vermute ich, ihre Liebe war vor allem körperlich. Mehr fällt mir dazu auch jetzt nicht ein. Aber was wissen wir schon von unseren Eltern.

Als sehr alte Frau hat mir meine Mutter anvertraut, sie hätte schon vor dem Krieg gemerkt, dass ihr Mann Johann es mit der Treue nicht genau nahm. Ein «Schwitier», sagt man im Alemannischen, eines unserer aus dem Französischen hergeflogenen Wörter («suite» = «mehrere»). Dialekte sind wie Staubsauger, sie nehmen alles auf, was sie brauchen können. «Dein Vater ist ein Schwitier!» Ich erinnere mich, das Wort fiel öfter in meiner Kindheit. Meine Mutter muss wahnsinnig unter Druck gestanden haben – evangelisch, betrogene Ehefrau, und das zweite Kind auch nicht «ganz in Ordnung».

Peter brüllte oft das ganze Haus zusammen, angeblich hatte er Rachitis. «Der hat einen zu großen Kopf», tuschelten die Tanten und die Nachbarinnen. «Ausgerechnet der Stammhalter. Und das Mädle sieht nix.»

Mit mir war es wirklich nicht leicht. Mittags trödelte ich am Tisch; statt zu essen, spielte ich mit dem Kartoffelbrei. Wir hatten so hübsche gelbe Teller mit einem schwarzen Huhn in der Mitte. Es war eine Wonne, dieses Huhn mit dem Brei weiß zu machen und dann den Brei wegzuessen, bis nur noch das weiße Huhn in der Mitte übrig blieb.

«Mach doch zu!», sagte Mutter.

«Nein, ich will erst noch das Huhn fertigspielen.»

Mit Eselsgeduld hab ich um die dünnen Beine herum gegessen. Die anderen waren längst fertig mit Essen, und ich hab immer noch gespielt. Trödeln nannten es die anderen, «du trödelst mal wieder». Wenn ich es gar zu toll getrieben habe, wurden die Stimmen um mich herum nervös, irgendwie spitzig. Noch ehe der mahnende Satz fiel, spürte ich den Ärger, der anrollte.

«Warum hockst du so lange in der Badewanne?»

«Weil ich richtig sauber sein möchte.»

Ich wollte bei meinen Seifenblasenfenstern nicht gestört werden. Eines Tages beim Baden hatte ich dieses Spiel erfunden: Man wäscht eifrig die Hände, bis genügend Schaum da ist, und formt sie so, dass zwischen Zeigefingern und Daumen der größtmögliche Zwischenraum entsteht. Und hat eine wunderbare Regenbogenscheibe, das ganze Spektrum von Großvaters Farben, alle sind sie da, in dem kleinen Fenster. Jetzt nur nicht wackeln, erst muss ich bis zehn gezählt haben, vorher darf es nicht zerplatzen. Bis vor nicht allzu langer Zeit habe ich so in der Wanne gespielt, diese Technik vergisst man nicht. Vor sechs oder sieben Jahren konnte ich noch ein ganz klein wenig von dieser zarten, farbigen Insel zwischen meinen Fingern schillern sehen.

Februar

Dieses Jahr ist die Amsel früh. Wir hatten Jahre, da sang sie erst im März. Voller Ungeduld lausche ich in den Morgen, meistens bin ich schon wach, bevor sie loslegt. Lieder mit vielen, vielen Strophen, unterbrochen von rauem Gezwitscher. «E-i-i-i, wi-wi, e-e-e», die richtigen Vokale dafür zu finden ist eigentlich unmöglich, fürs «Amselisch» wäre Notenschrift geeigneter. Ein Franzose soll mal probiert haben, den Gesang der Vögel aufzuzeichnen, Olivier Messiaen, ein Ornithologe und Komponist. Es heißt, er hätte mit Stift und Notenblatt hinterm Busch gesessen.

Eine ganze Handlung wird im Amsellied ausgebreitet. Es war einmal ein schönes Mädchen, das wollte nach Indien, und das hat mich ver-la-ha-has-sen. Mit Hilfe solcher Blödsinns-Sätze versuche ich, mir die Melodie einzuprägen. Ist es derselbe Vogel, der schon letztes Jahr oben im Apfelbaum saß? Konrad meint auch, es ist der Amselmann mit der weißen Schwungfeder, der schon lange in unserem Garten sein Brutrevier hat. Jeder singt ein wenig anders, und die Alten beherrschen die Kunst am besten. Der Mensch hält es für eine süße Romanze, eigentlich ist es ein Kampfgesang: Rivalen! Wer sich mir nähert, der wird in der Luft zerrissen!

Amseltirilieren und der Gestank von Dung, jedes auf seine Weise durchdringend und unverschämt, das ist der Frühling im Markgräflerland. Konrad hat von seinem Freund Edmund drei Schubkarren Kuhmist abgeholt und auf dem Kartoffelacker und dem Gemüsestück ausgestreut, der Boden ist jetzt hinreichend aufgetaut.

Gestern hat er die Tomatensamen in die Erde gebracht. «Hundertfünfzig!», verkündete er stolz, noch halb auf der Speichertreppe. Die Pflanzschalen da oben seien fertig, nach Sorten gekennzeichnet. Berner Rose, Ochsenherz, Harzfeuer, Kirschtomaten und «noch eine von der Nachbarin». Kaum zeigt der Kalender Februar, packt Konrad die Unruhe. Wer im ärmsten Schwarzwald groß geworden ist, der kann es nicht lassen. Wir werden nicht des Hungers sterben! Für die

Tomatenschwemme ist schon gesorgt, die Gurken-Zucchini-Blumenkohl-Salat-Kürbis-Schwemmen werfen ihre Schatten voraus!

Und ich? Brenne auf Sparflamme. In diesem Jahr wird Konrad zum ersten Mal auf meine Fingerfertigkeit beim Tomatenpikieren verzichten müssen. Pflänzchen mit Ballen anreichen – er. Auseinanderzupfen und vereinzeln – ich. In die Erde stecken – er. Unsere alte Arbeitsteilung bei vielen Dingen: Konrad das Grobe, ich das Feine.

Kaum vorstellbar, ein Gartenjahr, in dem ich nichts oder fast nichts tue. Bis zum Oktober, bis zu der großen Operation am Herzen, werde ich Statistin sein. Schrecklich! Dieses Anschwellen der Geschäftigkeit nach der Winterruhe, das hierzulande meist zusammenfällt mit der Fasnet, habe ich immer sehr gemocht. In den Reben sind sie jetzt schon zugange. Höchste Zeit zum Rebholzschneiden, am Südhang, sagt Konrad, treibt der Wein schon aus.

Besonders in den Jahren, als wir noch neu waren im Dorf, haben wir beim Rebholzsammeln mitgemacht. «Wir bruche einander», unter dem Motto lief damals noch vieles. Rebholzsammeln war eine der Gemeinschaftsarbeiten, bei der auch die Kinder mitmachten: das abgeschnittene Holz auflesen, zu Häufle setzen, sogenannte Rebwellen, die dann im Winter in den Schlund der Kachelöfen gesteckt wurden. Dreijährige hoppelten da schon mit. Mit den ganz Kleinen bin ich auf allen vieren durch die Reihen gekrochen. Weil sie so elend lang waren, hat Konrad für die jüngsten Arbeiter alle paar Meter ein Schokolädle hingelegt, oder Weihnachtsbrötle, die noch übrig waren.

Nie habe ich morgens so viel Zeit gehabt, der Amsel zuzuhören. Die Beatles haben mal einen Song über die Amsel gemacht, ich weiß noch, wie überrascht ich damals darüber war. 1968, in dem Jahr, als wir unser Haus bauten.

«Blackbird singing in the dead of night
Take these broken wings and learn to fly
All your life, you were only waiting for this moment to arise.»
Das ist mein Lied.

Zimmerschule

Manchmal steht das Leben still. Das habe ich zum ersten Mal erfahren im Januar 1938, ich war noch kein Schulkind. Krankheit und Tod – die erste Lektion.

Den ganzen Monat über lag ich auf dem Sofa, unterm Daunenplumeau, und grub darin immer neue Mulden für meine schönen, sehr wichtigen Spielsachen: Perlen und die bunten Kugeln zum Muster auslegen, alles, was ich zu Weihnachten geschenkt bekommen hatte, und meinen geliebten Bilderbaukasten. Ich war krank. Eine dicke schmerzende Backe plagte mich, es hieß, ich hätte einen «Eiterherd». Großvater hätte es mir sicherlich genauer erklärt, der kam jedoch nicht, denn auch Großmutter war krank. Man sagte mir, sie würde nicht einmal mehr sprechen.

Eine himmlische Ruhe um mich herum, ich bin allein und trotzdem geborgen. Und dann, an dem Abend, als die Eiterbeule aufgeht, ist alles schlagartig vorbei. Auf einmal ist unsere Wohnung voller Verwandter. Eben noch hat Mutter mir das eklige Zeug aus dem Mund gewischt und mir erlaubt, bis um acht zu spielen, da werden mir die Spielsachen entrissen. Um acht ist komischerweise niemand still. Wenn das Deutschlandlied aus dem «Körting» kommt, muss man doch still sein! Wie es sich gehört, postiere ich mich vor dem Radio und reiße die rechte Hand hoch, so wie auf den Bildern, auf denen der Führer abgebildet ist. Jetzt noch das zweite Lied, «Die Fahne hoch, die Reihen fest geschlossen, SA marschiert». Ich stehe stramm in meinem Pyjama, und die Erwachsenen reden über die Musik hinweg, wild durcheinander.

«Else, Johann! Kommt, es ist so weit», ruft Tante Regina. Sie ruft wie zu Weihnachten, nur ohne Glöckchen und mit zittriger Stimme. Alle verschwinden aus dem Zimmer, und ich bleibe, niemand hat mich an der Hand genommen.

Am anderen Morgen stehe ich am Bett der Großmutter. Meinen kleinen Bruder haben sie nicht zu ihr gelassen, vielleicht weil sie wissen, er wird fragen, und ich bin schon groß und weiß, dass man nicht fragen darf. «Oma ist tot.» Heimlich fasse ich unter ihre Bettdecke, ihr Bein ist kalt, es fühlt sich ganz hart an. Das ist tot? Erschrocken drücke ich mich an Großvater, er zittert.

«Großvater, du wackelst so. Frierst du?»

«Magdalena, sei still», flüstert meine Mutter. «Großvater weint.»

Wenige Monate darauf starb mein Großvater mütterlicherseits, und ich begegnete noch einmal dem Tod. Ich hatte Großvater in dem großen modernen Haus am Alten Messplatz besucht. Noch nie hatte ich ihn in dem hohen Doppelbett gesehen. Die Abendsonne schien herein und erleuchtete das Gelb der Decke, und davon hob sich ganz deutlich seine Hand ab. Meine Güte, hab ich gedacht, Großvater ist doch Schlosser, warum ist die Hand so weiß?

«Opa ist herzkrank.»

Weiße Hände und herzkrank, das eine hat sich mit dem anderen für immer in meinem Kopf verbunden. Unsere Familiengeschichte ist bevölkert von Herzkranken, das Herz ist der schwächste Punkt bei uns.

Den Schlossergroßvater mochte ich, weil er so schön von seinem Handwerk erzählen konnte, vom Bohren und von den Maschinen. Zwei, drei Mal hat er mich in seine Werkstatt mitgenommen, nach Dienstschluss, sonst wären die Sägen und all das zu gefährlich für mich gewesen. Und außerdem gehörte sein Reich ihm nicht allein, es war Teil einer großen Firma für Büromöbel. Es hat dort nach Holz gerochen, nach Lacken vor allem. «Der schafft in der Fabrik», sagte mein Malergroßvater verächtlich über den Schlossergroßvater – ein Lohnsklave in seinen Augen, der nichts zu bestimmen und nichts zu vererben hatte.

Von der Frau meines Schlossergroßvaters, also Mutters Mutter, wurde gemunkelt, sie habe sich eines jungen Mannes wegen das Leben genommen, vor langer Zeit schon. Vor Großvaters zweiter Frau, unserer strengen Stiefoma Wilhelmine, habe ich mich gefürchtet. Sie war hart, sehr genau, verlangte unbedingte Unterordnung. Eine noch ziemlich junge resolute Dame, die den gemütlichen, immer werkelnden Großvater sehr verwöhnte und so verteufelt gut bekochte, dass er binnen kürzester Zeit aus den Nähten platzte. Herzverfettung habe die Todesursache gelautet. «Mord auf Raten», sozusagen, wieder so ein Gerücht, das Familienurteil lautete «schuldig». Mit dem Tod des Schlosseropas verlor ich eines der leuchtenden, schönsten Bilder meiner Kindheit. In dessen Wohnzimmer nämlich war unterm Fenster ein kleines Podest, von dort konnte man runter auf den Freiburger Jahrmarkt gucken, auf die vielen bunten Schirme der Stände, abends auf die Lichter der Karussells, die heulende Achterbahn und die große Fläche, die immer grün wurde, «die Raupe».

Jahrmarkt! Ich war ein Jahrmarktskind! Nicht Achterbahn, nicht Raupe, ich liebte das alte Kettenkarussell. Rote Brettle, wo man drauf sitzt, an vier Ketten, vorne ein Stab, der sorgfältig zugemacht wird wie bei unserer kleinen Schaukel im Hof. Und dann fängt es langsam an, immer weiter nach außen zu trudeln, das ist für mich der größte Genuss. Ich fliege! Die Erde liegt unter mir. Ich hab die Augen aufgerissen, niemals hab ich die Augen zugemacht. Ich fliege! Über die Wiese, über den Bach, jetzt, jetzt bin ich über dem Schlossberg, jetzt über dem Münster.

In unserem Familienhaus in der Erasmusstraße ging das Leben weiter.

«Sei nicht traurig, Großvater. Du hast doch mich!»

«Ja, Strubele. Ich weiß.»

Nach Großmutter Berthas Tod ging Großvater immer in den dritten Stock zu seiner Tochter Regina zum Essen. «Männer müssen versorgt werden!» Mir war nicht ganz klar, warum Männer nicht selber kochen können. Da oben bei Tante Regina und Onkel Anton, dem dummen Leo und der affigen Ricki würde er es gut haben. Es ging feiner zu als in jeder anderen Etage, denn der Onkel war Prokurist bei einer Textilfirma, «ein halber Direktor». Auch das verstand ich nicht, wer reich ist und wer nicht, in dieser Hinsicht war ich das unaufgeklärteste Kind unter der Sonne. Mich interessierten andere Dinge an Onkel Anton. Er war ein «Kriegsverzehrter», vom Ersten Weltkrieg her. Der Krieg hatte etwas von ihm verzehrt. Wie und was? War mir ein Rätsel.

Eines Morgens kamen die Eltern ins Kinderzimmer, sie kamen beide, das passierte sonst nie. Vater sprach leise zu Mutter, er hatte eine ganz andere Stimme als die, die ich kannte, und roch nach Sonntag, nach glattem Gesicht.

«Magdalena, Vater will dir auf Wiedersehen sagen. Er muss fort. Es ist Krieg gekommen.» Auch Mutter klang bedrückt.

Mir fielen sogleich Onkel Anton ein und die Kanonenkugeln am Schlossberg. «Pass auf», riet ich Vater, «vor allem, wenn die ganz großen Bollen kommen.» Er schien gar nicht zuzuhören. Er legte mir Schokolade in die Hand und noch etwas auf den oberen Bettrand «für abends, wenn ich nicht mehr da bin». So ungewöhnlich war es nicht, dass er am Abend nicht zu mir kam, oft genug hatte er Kegelclub, und ich dachte, das wird diesmal auch nicht anders sein. Nachts lauschte ich. Und noch eine Nacht und noch eine, kein Klimpern des Schlüsselbundes. Den hatte ich noch nie überhört, wenn Vater fidel vom Kegeln kam, die Haustür sich öffnete und aus der Masse der Schlüssel ein weiterer herausgezogen wurde, der seine Privatschublade öffnete, in der seine Schokolade war. Vater war ein Nascher, und er teilte fast nie.

Vater kam nicht. Mutter schaltete viel den «Körting» an, der früher hauptsächlich samstags oder sonntags spielte. Im Radio wurde viel geschwätzt, Soldatenmusik gemacht, und

mich störte den ganzen Vormittag niemand beim Spielen. Ich baute schöne, große Sterne am Wohnzimmertisch und murmelte vor mich hin: «Krieg. Krieg. Sieg.» Manchmal grölte ich «Sieg heil» wie die Männer im Radio. Später sagte Mutter: «Gott sei Dank ist Vater bei der Baukompagnie.»
«Bauen die Häuser? Und wo?»
«Fängst du schon wieder mit dem Fragen an!»
«Wo ist Vater?»
Ich erfuhr, dass sie einen «Westwall» machten, einen großen Graben mit Bunkern. Schon wieder ein neues fremdes Wort: «Bunker». Vater war im September 1939 nicht so weit weg. Er musste nicht wie viele andere Männer «nach Polen», sondern war «am Kaiserstuhl, an der Grenze zu Frankreich». Auf der anderen Seite lagen französische Soldaten auf der Lauer, diese saßen momentan nur da und schossen noch nicht.

Nach einer Weile, im Frühjahr, konnten wir ihn sonntags besuchen, auf einem Bauernhof, der ziemlich dreckig war, mit angeschlossener Wirtschaft. Ein Bach floss direkt vor der Tür her. Das genoss ich überaus, wir Kinder konnten dort wunderbar herumrennen und allerhand anstellen. «Der Fuchs geht um» und «Goldne, goldne Brücke» und «Dornröschen war ein schönes Kind» spielten wir. Unweit war das Schloss Neuershausen, wo viele Soldaten und Pferde untergebracht waren. Einmal rief ich in die Menge: «Links, hinterm Hauptmann stinkt's!» Und der lachte und sagte, das seien die Bollen von seinem alten Gaul. Viele Soldaten lachten mit, so fürchterlich laut, dass ich mich schämte.

Im Krieg wurde ich nicht mehr so oft gescholten, weil Vater nicht da war und Mutter viel mehr im Geschäft zu tun hatte und Großvater oft zu müde war, mit mir etwas zu unternehmen. So brachte mir diese Zeit vor allem ziemlich viel Freiheit. Außerdem ging es glücklicherweise nun doch mit der Schule los. Zuerst hatte ich Angst, sie würden mich nicht lassen, ein Jahr war ich schon zurückgestellt worden.

«Magdalena muss auf die Blindenschule», hatte eine Nachbarin zu Mutter gesagt. «Das kann ich nicht aushalten», war Mutters Antwort gewesen, ich hatte es genau gehört, obwohl ich ziemlich weit weg stand. «Mein Mann ist an der Front, und das Kind so weit fort. Nein!»

Eines Tages nahm mich Mutter in ein großes Gebäude mit, ganz in unserer Nähe. «Wir gehen heute ins Schulamt. Sei brav.» Noch bevor die Dame in dem Büro etwas sagen konnte, ergriff Mutter das Wort:

«Mein Mann hat strengstens verboten, dass seine Tochter auf die Blindenschule geht. Sie soll nicht ins Internat!» Nie hatte ich Mutter so energisch erlebt.

«Ja, wenn sie in Freiburg bleiben soll, dann muss sie auf die Hilfsschule in der Rotlaubstraße.»

«Nein, dafür ist die Magdalena viel zu gescheit. Und die bringt dort mit ihrem Temperament nur alles durcheinander.»

Temperament? Das kannte ich doch von unserem alten Doktor, das ist so etwas wie Fieber. Sofort sprang ich auf:

«Ich hab keine Temperatur, da, fühlen Sie doch mal!»

Sie lachten, Mutter und die Dame. Irgendwie spürte ich, die Situation entspannte sich, und dann wandte sich die Schulamtsfrau mir zu.

«Was kannst du sehen?»

«Ich kann Bäume sehen», antwortete ich bestimmt. Ich sagte nicht, dass ich in der Regel alles, was hoch und grün war, für einen Baum hielt. Wenn sie mir einen grünen Elefanten hingestellt hätte, hätte ich den vielleicht auch für einen Baum gehalten.

«Siehst du meine Nase?»

«Ja.» Jetzt durfte ich keinen Fehler machen – und nicht zu viele Worte.

Schließlich fragte die Dame Mutter, ob sie Geld hätte, mich auf eine Privatschule zu geben. Zwanzig Mark im Monat, nicht gerade wenig, dafür sei ich wirklich gut aufgehoben.

«In Sicherheit», fügte sie leise hinzu. Was sollte dieses Wort hier?

«Ja!» Mutter klang erleichtert. «Ich werde sie morgens mit dem Rad dorthin fahren.»

Noch am selben Tag flitzte sie mit mir auf dem Gepäckträger in die Erwinstraße zu Fräulein Pfeiffer, der Lehrerin. Wieder musste ich mich einer Prüfung unterziehen, diesmal schien es nicht gefährlich zu sein. Es erinnerte mich an die Engelsschule: «Wer weiß denn, wie man Kringlein macht?» Fragen der freundlichen Art, wie in dem Büchlein über die Himmelsküche, aus dem uns Mutter zu Weihnachten vorgelesen hatte. Fräulein Pfeiffer wollte wissen, ob ich schon etwas von Dornröschen und Schneewittchen gehört hätte.

«Märchen, die kenn ich alle schon laaaaaaaaaaang!»

«Warst du denn schon mal auf dem Münsterturm?»

«Natürlich, das ist ein gotischer Turm!»

«Wo wohnt der Erzbischof?»

«Am Münsterplatz!»

«Warum?»

«Das muss er doch. Er muss doch sehen, ob alles in Ordnung ist.»

«Möchtest du in die Schule?»

«Ja. Spielen kann ich schon lange. Ich will lernen.»

Ab Ostern 1940 saß ich nun jeden Morgen auf Mutters Gepäckträger. Ungefähr zwei Kilometer waren es von unserer Erasmusstraße in das bürgerliche Viertel Wiehre, wo Fräulein Pfeiffer Schule hielt. Ich sehe mich, an Mutters Rücken gelehnt, noch halb im Schlaf – vor siebzig Jahren war das, fast auf den Tag genau.

So körperlich nahe beieinander waren Mutter und ich nur selten. Manchmal glaube ich, ich kann erst heute ihre Sorge richtig würdigen. Als Kind habe ich meine Mutter eher als ablehnend wahrgenommen. «Ich war das, was sie verbergen musste!», hab ich einmal im Zorn formuliert.

Glücklicherweise ist meine Mutter sehr alt geworden, wir haben es noch geschafft, Frieden miteinander zu schließen. Nach vielen Jahrzehnten, in denen ich die Kränkung nicht überwinden konnte, habe ich schließlich ihre Sicht verstehen können. Viele Mütter damals wären sicherlich über eine so unbändig extrovertierte Tochter erschrocken gewesen und hätten ihr die Zügel angelegt. Und in diesen besonderen Zeiten hatte sie kaum eine andere Wahl. Wenn sie mich schützen wollte, musste sie mich verbergen, mich, die ich überallhin stürmte und hemmungslos neugierig war, bremsen. «Nicht auffallen, Magdalena!» Dazu passten die Kleider in «gedeckten Farben». Ich habe sie gehasst, diese Kleider und Blusen in Beige und Braun, das ganze wüst Karierte, «darauf sieht man die Flecken nicht so», das sie mir anzog. War ich doch in Großvaters Farbenlehre gegangen und wusste genau, was schön war. Im Kleckern war ich natürlich groß, Spezialgebiet: Tomatensauce. Auf der Bluse, schlimmstenfalls bis an die Küchendecke.

Etwas Besseres als die Pfeifferschule hätte mir nicht passieren können. Fräulein Pfeiffer muss damals schon über fünfundsiebzig Jahre alt gewesen sein. Sie trug meist ein dunkelblaues Kleid, daran erinnere ich mich, Spitzen an den Handgelenken, und an ihre sehr feinen, weichen Hände. Wir waren vierzehn Kinder von sieben bis elf Jahren, in nur einem Zimmer, und wir saßen an größeren und kleineren Tischen, die eine schwarze, zerkratzte Oberfläche hatten, auch die Stühle ganz verschieden. Vorn stand eine Tafel auf einem Gestell, daneben eine Landkarte, die meistens ausgerollt war. Es gab einen Globus und einige Vogelkäfige mit fröhlichen Insassen und unendlich viele Bücher in deckenhohen Regalen. Und das Pult der Lehrerin natürlich, mit Stapeln von Lehrmaterial und einer Bleistiftschale, in die ich anfangs oft versehentlich hineinfasste, von meinem Tisch aus, der unmittelbar vor ihr stand, woraufhin ich von der feinen, weichen Hand sanft davon überzeugt wurde, dass dies nicht mein, sondern ihr Schreibtisch war.

Ich lernte. Es war schwer, nicht nur für mich. Die anderen Kinder waren gut im Sehen, manche allerdings ein wenig langsam und schwerfällig im Denken. Kleine Kärtchen mussten zu schönen Bildern gelegt werden, heute weiß ich, das war die modernste Lehrmethode, ihrer Zeit weit voraus. Innerhalb eines Jahres habe ich danach das Alphabet in vier verschiedenen Schriftsorten erlernt. Buchstaben für Buchstaben, immer ganz nahe mit der Nase auf dem Papier, mittags war diese durch die ständige Berührung mit der Druckfarbe schwarz. Dieser Unterricht war so wenig langweilig, dass ich eine ganz gute Schülerin wurde. Nur im Singen hatte ich «ausreichend», weil ich zu tief brummte, wenn das Fräulein auf der Geige spielte. Auch mit dem Zeichnen war sie nicht ganz zufrieden, denn ich konnte die Blumen oder Tiere nicht abmalen, wie es verlangt war.

Weihnachten spielten wir Theater. Ich durfte mitspielen, obwohl die anderen Kinder das nicht sehr schätzten. Ich würde «schielen», hieß es, und ein schielendes Sternchen wäre doch nicht schön. Fräulein Pfeiffer schalt nicht, sie sagte nur: «Unsere Magdalena kann sehr schön sprechen, und alle, die meinen, sie schielt, sollen erst mal das lange Gedicht so gut hersagen wie sie.»

Kleine Quälereien nur und nicht sehr viele, teils wegen meiner Augen, und mehr noch, weil ich als arm galt. Ich war in dieser kleinen Schule in ein Milieu vermögender und gebildeter Familien geraten, ich merkte es an den Kleidern und an der Sprache, niemand dort redete Dialekt. Teilweise sehr verwöhnte Kinder, deren Eltern eigene, große Häuser hatten, die von Erzieherinnen oder Kinderfräuleins, ja sogar mit Autos gebracht und abgeholt wurden. Darunter zwei Mädchen aus einer der besten Buchhändlerfamilien Freiburgs, Arztsöhne, ein Vater war ein berühmter Geiger, einer Sparkassendirektor, einer Universitätsprofessor. Einige Schüler waren hier, weil sie besondere Förderung brauchten, die Mehrheit mied das öffentliche Schulsystem aus anderen Gründen – eine seltsam verschwiegene Gesellschaft, mit der ich erst nach und nach in Kontakt kam.

«Magdalena ist ein armes Kind, das sieht nicht, und sie wohnt in einer Straße mit wenig Sonne.» Das war mein Ruf, und das fuchste mich. Nicht so sehr wegen der Augen, das bedrückte mich kaum, mehr die Abwertung meines Elternhauses.

«Dafür hat Magdalena die besten Ideen zum Spielen», verteidigte mich Fräulein Pfeiffer.

Dieses eine Zimmer, dazu eine Loggia für die Pause mit einem Zitronenbaum, mehr brauchte sie nicht, um uns zu unterrichten. Sie waren Teil einer großen herrschaftlichen Etage, die Fräulein Pfeiffer mit einer Freundin bewohnte, dem Fräulein Elise, einer ebenfalls sehr alten, beinahe tauben Dame, die als Teeköchin in Erscheinung trat. Man sah sie öfters mit ihrem Hörrohr herumlaufen, hin und wieder betrat sie das Klassenzimmer, wechselte sozusagen vom Privatleben in die Berufswelt ihrer Lehrerinfreundin. Oder sie hielt jemanden von uns, der wegen Bauchweh einen Tee brauchte, in der Küche fest.

«Du musst durchs Rohr sprechen, Kindchen.»

Ich trötete, so laut es ging, hinein.

«Du musst normal sprechen.» Sie hat es mir wunderbar erklärt, wie die Worte zuerst ganz klein sind und durch das Rohr in das kaputte Ohr gelangen und dort groß werden. Eine Lektion in Physik, ganz en passant wie vieles in dieser Schule.

«Rulaman» wurde vorgelesen, ein Roman über die ersten Menschen auf der Schwäbischen Alb. Für die Kleineren der «Schmiedledick», eine Geschichte vom wilden, unartigen Sohn eines Schmieds von der Mondwies im Hotzenwald. Ohne viel Aufhebens vom Lateinischen zu machen, sprach

Fräulein Pfeiffer von «Grammatik». Wir sagten Verb, nicht Tuwort, sagten Substantiv, Adjektiv, man würde das ja sowieso bald, auf dem Gymnasium, brauchen.

Im Frühjahr bekam jeder ein Blatt vom Zitronenbaum geschenkt, damit wir dessen Duft ganz genau studierten. Ich roch so lange daran, bis es sich nahezu aufgelöst hatte. Fräulein Pfeiffer verteilte die verlockenden, exotischen Blätter gelegentlich auch als Fleißkärtchen. Vor lauter Freude darüber fühlte ich innendrin eine starke Wärme, und ich glaubte, ich würde im Gesicht knallrot. Dann legte sie leicht ihre Hand auf mein Haar, und ich wurde noch röter und legte den Kopf schief, um noch näher bei ihr zu sein. Dabei umwehte mich ein Geruch wie Buttermilch, ihre Haut roch so, säuerlich und für mich, weil ich ein Milchschorfkind bin, ein bissle grauslich. «So riecht man, wenn man alt ist», sagte sie einmal. Sie hatte wohl bemerkt, dass ich mein Gesicht verzog.

Mit der Tafel kam ich überhaupt nicht zurecht, sie war zu dunkel für mich und der Kontrast zum Weiß des Griffels viel zu schwach. Deswegen ließ mich Fräulein Pfeiffer gleich mit Papier und Tinte üben. Klaus, ein zwei Jahre älterer Mitschüler, linierte mir die Hefte mit einem roten Stift, so dick, dass meine Tintenbuchstaben oben und unten Halt finden konnten.

«Sie kann es! Magdalena kann es!» Klaus freute sich wie verrückt.

Schreiben ging, wenn auch mühsam. Schönschreiben dagegen, ein eigenes Fach, war eine Tortur, es strengte mich so an, dass ich nachts im Schlaf spazieren ging.

Klaus und ich wurden Freunde. Sein Handgelenk war knochig, weiß ich noch, einmal zumindest muss ich es gefasst haben, mitten im Sturz oder in einer plötzlichen Aufwallung von Angst. In meiner Erinnerung nimmt er mich ganz leicht am Arm, nicht dauernd, sondern nur wenn es nötig ist. Mittags laufen wir gemeinsam bis zum Schwabentor – ein Weg, den ich immer noch ganz genau kenne. Tapp-tapp. Ich höre meine Schritte, die eines kräftigen, energischen Mädchens, immer aufmerksam, immer wachsam. Spürt der Fuß ein Hindernis auf, das Ohr eine Gefahr? Bordsteinkanten, ein Fahrrad von rechts – gehen, ausweichen, innehalten, ein ganz eigener Rhythmus, und Klaus passt sich mir an. Manchmal, wenn es ihm zu langweilig wird, denn eigentlich ist er ein Springinsfeld, zieht er mich hinter sich her, und ich vertraue ihm, zockle mit, er wird schon aufpassen. Ich gewöhne mich bald daran, ihm die Führung zu überlassen, so kommen wir schneller vorwärts, vor allem auf dem letzten Stück, wenn die stille Wiehre hinter uns liegt und wir eintauchen in die Welt der Straßenbahn. Von der Dreisambrücke kommt sie, ratternd und quietschend fährt sie durchs Schwabentor. Dort verabschieden wir uns auf dem Gehweg, von dort schaffe ich es gut allein nach Hause. Klaus entfernt sich, schnell und sportlich, im Springschritt, galopp-galopp-galopp-pp-pp, weg ist er.

Klaus und ich kannten uns so lange, bis seine Stimme anfing, kratzig und brüchig zu werden. Nachdem er die Pfeifferschule verlassen hatte, kamen wir noch einmal überraschend zusammen, er war schon Gymnasiast: Über seinen Vater ließ er mir ausrichten, er liege krank im Bett. Ich solle ihn bitte besuchen, ihm etwas erzählen. Sein Zuhause war eine vornehme Villa. In dieser Straße, der Goethestraße, lebten vor allem Ärzte, unter ihnen viele Juden. Klaus hatte eine Gehirnerschütterung. «Deswegen darf ich nicht lesen», sagte er mit einer fremden Stimme, die nicht mehr kindlich war. Lange, lange saß ich bei ihm. Wir sprachen von Tieren, von der Zimmerschulzeit.

Nach dem Krieg habe ich mehrmals versucht, Klaus wiederzufinden. Keine Spur, nicht mal das Haus seiner Familie war geblieben. Sein Nachname, ein Allerweltsname. Vielleicht könnte man ihn heutzutage per Internet finden. In dieser Geschichte – vom Abschied zweier Kinder – ist für mich immer ein Rest von Geheimnis geblieben. Was war damals zwischen uns, würde ich ihn fragen. Und warum hast du mir den Hund schenken wollen?

«Darf ich dir einen Hund schenken?» Er fragte es ganz vorsichtig, anders, als er sonst Dinge fragte. Normalerweise war er nüchtern und zupackend.

«Warum?»

«Wenn ich aufs Gymnasium gehe, hast du keinen, der dich begleitet.»

«Ein Hund?»

«Ja, einen großen Hund, der kann dich über die Straße führen.»

Mir war nicht ganz klar, was das sollte, doch ich freute mich. Es gefiel mir schon deshalb, weil sich jemand Gedanken über mein Leben machte. Und einen Hund als Gefährten, zum Liebhaben und Spielen, hätte ich gern gehabt. Klaus hatte offenbar schon seine Eltern gefragt, ob sie ihm das Geld dafür geben würden, ich fragte meine um Erlaubnis, und die sagten nein. Mutter sofort, und weil ich so sehr bettelte, schrieb sie Vater einen Brief in den Krieg, nach Paris, von dort kam ein ebenso kategorisches Nein: Wir haben kein Geld, so ein Vieh zu füttern.

Der Begriff «Blindenhund» fiel nicht. Oder fiel er doch? Hast du es gesagt, Klaus? Man benutzte das Wort «blind» in meinem Umkreis kaum. Und wenn doch, hab ich dann die Ohren zugemacht? Darüber habe ich oft nachgegrübelt. Dieser Augenblick eines angekündigten, überwältigend lieben Geschenks brachte mich in die gefährliche Nähe, etwas zu erkennen, was mir sehr wehtun würde.

Klaus, der liebe Bursche, wollte mir dann wenigstens einen Kanarienvogel schenken. Vor Vögeln hab ich Angst, wie vor allem, was sich schnell bewegt, was plötzlich auftaucht und verschwindet. Um ihn nicht zu verletzen, flüchtete ich mich in eine Ausrede:

«Ich hab zwei Geschwister, die ich hüten muss.» Gerade war meine Schwester Christel zur Welt gekommen. «Und Mutter sagt, wenn ich die fertiggehütet hab, dann ist keine Zeit mehr für einen Vogel.»

Mein Freiburg

Freiburg ist vor allem Kindheit, Erinnerung an eine Stadt, die ganz mir gehörte. Wo im Frühjahr auf dem Schlossberg alles wie verrückt blühte und sich am Rande des steinernen Gürtels ein langes Band von Düften zog, Jasmin vor allem, und, weniger lieblich, eher dunkel, der von Kastanienkerzen. Allein die Gerüche Freiburgs zu beschreiben würde ein ganzes Buch füllen. Von der Ganter-Brauerei roch es nach Malz, immer bei Ostwind hatten wir es in der Nase. Bei Westwind wehte aus der Färberei der stechende Geruch der Alaune bis in unser Wohnzimmer. Sobald es heiß wurde, fingen die Bächle an zu stinken, ihren Verlauf konnte ich dann riechen. Großvater hatte mir früh die Himmelsrichtungen beigebracht, ich wusste, die Sonne geht hinter dem Schlossberg auf, mittags ist sie am Schwabentor und am Nachmittag ungefähr bei der Uni. Ich nutzte das, lernte Nord und Süd, Ost und West die Gerüche zuzuordnen. In meinem Kopf bildete sich eine Topographie der Gerüche; und nicht nur eine, mehrere, je nach Umständen, Tageszeit, Jahreszeit verschieden. Im Mai etwa, zur Glyzinienzeit, wenn bestimmte Straßenzüge der Altstadt erfüllt waren von der fauligen, durchdringenden Süße, folgte ich auf dem Weg zur Schule ein Stück weit ihrem Duft.

Sobald ich mich im Bereich der Läden bewegte, hatte ich alle paar Schritte etwas anderes in der Nase. Streuselkuchen, dann Räucherwurst, nach Bäckerei und Metzgerei die seifigen

Dunstwolken aus der Wäscherei, sehr intensiv, weil die Tür dort fast immer offen stand. An der Ecke musste das Wirtshaus kommen, eine der wichtigsten Duftmarken: Schweinsbraten mit Soße, und schon war ich am Münsterplatz. Ich spürte die Weite des Vorplatzes, selbst bei Windstille war hier die Luft deutlich frischer als in den Straßen, an manchen Tagen wehte mir aus dem Innern des Münsters schon der Weihrauch entgegen.

Zu keiner Zeit konnte ich ein Straßenschild lesen, trotzdem kam ich überallhin. An meinen Strecken, zwischen unserer Erasmusstraße und dem Münsterplatz, gab es hinreichend viele, für meine schlechten Augen wahrnehmbare Markierungen: ein rotes Haus, rote Postkästen, am Bertoldsbrunnen das Schild der Apotheke, es strahlte bei jedem Wetter blitzblau, küchenschürzenblau. Ein Blickfang war die Außentheke beim Graziani, dem Südfrüchteladen kurz vor der Schwabentorbrücke, auf blauem Tuch Berge von Orange.

«Magdalena, geh schnell zum Markt, ich hab die Petersilie vergessen.» Keinen von Mutters Aufträgen erfüllte ich lieber als diesen, und nie war ich vor halb eins zurück.

«Was hast du so lange gemacht?», fragte sie dann.

«Der Markt ist so schön, Mama.» In solchen Momenten nannte ich sie Mama, nicht Mutter. Auch sie mochte es, und sie akzeptierte die Anrede als eine Art Entschuldigung. «Maaama!» Eigentlich war das unerwünscht, Großvater wollte das nicht, aber mittags war er bei Tante Regina zum Essen, und so erlaubten wir uns diese kleine Zärtlichkeit.

Glücklicherweise fragte Mutter nie nach, was ich vor und nach dem Petersiliekaufen tat. Was sollte ich ihr auch erzählen? Sie hätte es doch nicht verstanden, und ich wiederum hatte mit meinen acht Jahren das sichere Gefühl, dass es Dinge gibt, die Erwachsene nicht wissen müssen. Von den Erlebnissen, diesen heimlichen Vormittagen, zehre ich heute noch.

Nirgends gab es einen bunteren, gastlicheren Ort als den

Wochenmarkt auf dem Münsterplatz – so farbig, so geräuschvoll. «Mädle, halt auf!» Von oben schüttete mir jemand Kirschen oder Pflaumen in die Hände. Da Mutter nicht dabei war, spuckte ich die Kerne einfach auf den Boden. Pffffffffffft! Selbst bei größerem Gedränge schlüpfte ich überall durch, zwischen all den Leibern, den Körben, manchmal sanft gelenkt von einer Hand, die mir auf die Schulter fasste und mich ein wenig nach links oder rechts schob, sodass ich eine Lücke in der träge sich bewegenden Menge fand.

Irgendwann schlich ich mich fort aus dem Trubel, ins Münster.

Eigentlich hätte ich es nicht ohne Begleitung Erwachsener betreten dürfen, ich war nämlich noch kein Kommunionkind. Erst mit neun, wenn der Vorbereitungsunterricht begann, durfte man das. Das Verbotene lockte. Sollte man mich ruhig ertappen, zur Not kannte ich den Sakristan, er würde sich bestimmt an mich erinnern. Großvater und ich hatten ihn ein paar Mal besucht, wir waren zusammen auf den Münsterturm gestiegen.

Ich hatte ein Spiel erfunden, das ging so: Rein ins Münster, ins Dunkle, wieder raus auf den Markt, ins Helle. Wieder ins Dunkle, und wieder ins Helle. Helldunkelhelldunkelhelldunkel – das war eine Seligkeit für die Augen, besonders bei Hitze oder starkem Frost, wenn zwischen draußen und drinnen auch noch ein Temperaturunterschied war. Kühlwarm, kühlwarm, das war ein Gefühl auf der Haut, sie prickelte, und ich glaubte zu spüren, wie das Blut in den Adern fließt, am Handgelenk, da, wo der Puls ist, den die Lehrerin mir gezeigt hat. Helldunkel, kühlwarm.

Bei sehr hellem Licht blieb ich am Ende noch ein wenig drinnen und spielte ein anderes, älteres Spiel. Es stammte aus der Zeit der ersten Gottesdienstbesuche mit etwa drei Jahren, als ich zwischen den Eltern in der riesigen Menschenmenge stand. Immer hinten, wir hatten nie einen Sitzplatz, weil wir,

Vaters wegen, der sonntags mit dem Rasieren einfach nicht fertig wurde, notorisch zu spät kamen. In dieser Enge hatte ich anfangs nur Angst, ich stand stocksteif, selbst die angenehme Stimme des Pfarrers und der Gesang konnten mich nur schwer beruhigen. Bis ich einmal auf dem Rücken einer Frau vor mir leuchtende Farben sah, auf ihrem weißen Kleid tanzten bunte Lichter. Die Sonne beförderte die prächtigen Fenster auf die Kleider der Gläubigen, die Fenster selbst sah ich auf die Entfernung nicht oder nur sehr schemenhaft. Das Farbenspiel war seitdem mein Gottesdienst, ich hatte nun etwas, was ich verstand und was mich freute. An den Markttagen spielte ich das Spiel wieder, suchte auf dem Boden oder auf hellen Flächen wie dem Altartuch den Widerschein der Fenster.

Manchmal reichte die Zeit noch für den Turm, und ich erklomm die Wendeltreppe, die mir Großvater vor Jahren gezeigt hatte. Ich wendelte zügig, Schritt für Schritt, aus dem Dunkel, hier und da unterbrochen von Glühbirnenfunzeln, bis zu den ersten Fenstern, durch die der Tag schien. Dann war ich bereits über den Häusern, noch eine kleine Anstrengung, und ich war auf der Plattform. Die Ankunft da oben war jedes Mal eine Sensation, mit Worten nicht zu beschreiben. Da mir schwindelig wurde, wenn ich den Kopf zu lange im Nacken ließ, legte ich mich auf den Boden. Über mir der Turm aus Sandstein, unermesslich hoch und zugleich fein wie die Spitze an den Rändern von Mutters Sonntagstaschentüchern, zwischen den geklöppelten rötlich braunen Linien strahlendes Himmelsblau. Geborgener als unter dem Turmhelm war ich nie.

Wichtig war für mich auch ein ganz unheiliger Ort, das öffentliche Klo am Münsterplatz. Die Klofrau war eine Freundin von mir, eine alte hutzelige Frau mit lila Kopftuch, die anderen haben immer «Hex» zu ihr gesagt. Einmal kam ich aus der Kabine in der Damenabteilung und machte wohl ein unglückliches Gesicht, und dann hat sie mich angesprochen und mich gestreichelt und mir Dörrobst geschenkt, und so ist es passiert, dass wir uns befreundet haben. Wahrscheinlich hat sie mich genauso gern wie Großvater, dachte ich. An ihre Liebe habe ich mich bald gewöhnt, sie mir bei dieser Gelegenheit immer wieder besorgt – und niemandem etwas davon verraten. Wie sie hieß? Ich weiß es nicht. Ob sie Familie hatte? Ich erinnere mich nur noch an das unbestimmte Gefühl, ich sollte nicht fragen, und an dieses innig Gemeinsame, das wohl mit unser beider Außenseiterdasein zu tun hatte, und an den immer frischen Blumenstrauß, in einer Konservendose vor ihrem Fenster. Morgens auf ihrem Weg zur Arbeit muss sie wildwachsende Blumen und Kräuter gepflückt haben.

Der erste von vielen, vielen Berufswünschen, die ich in den nächsten Jahren hatte, war: Klofrau am Münsterplatz zu werden. Putzen, nein, mit dem Pipi und den «Bumsern» (so sagten wir für die Brocken aus Scheiße) der fremden Leute wollte ich nichts zu tun haben. Ich wollte gemütlich dasitzen und die klimpernden Zehnerle einnehmen.

Um zwölf Uhr beendete das Mittagsläuten meine Ausflüge. Die Marienglocke war es, eine von zehn Glocken im Münster, sie schwang dunkel und gemächlich, so lange, dass niemand sie überhören konnte. Von höchster Stelle, sozusagen, wurde mir bedeutet: Magdalena, es ist Zeit. Schluss mit dem Streunen! Auf dem Rückweg hielt die unbeschwerte Stimmung manchmal noch an. Ich erinnere mich an einen Tag am Ende der Schulferien, an dem die Sonne lange auf meine linke Schulter schien und ich ging und ging und erfüllt war von der Wärme, einfach nur glücklich. Sehr, sehr glücklich. Meistens aber verschwand unterwegs das schöne Gefühl, denn ich musste mich beeilen, und Eile ist nichts für mich. Füße, Ohren, Gedanken, alles verwirrt sich, verknäult sich, und wenn mir noch dazu ein Mensch in die Quere kommt, der dumm fragt, ist es ganz aus. An zwei, drei Stellen musste ich immer jemanden bitten, mich über die Straße zu führen. Bitten ist schwer, dabei konnte man an ziemlich unangenehme Leute geraten.

«Kind, was fehlt dir?»
«Nichts!»
«Bist du denn so geboren?»

Besonders ältere Frauen fragten. Sie wollten oft gar nicht mehr von mir ablassen, sie liefen bis zur Herrenstraße und zum Erzbischöflichen Ordinariat mit. «Ja, und kann man da nichts machen mit den Äugle?» Grauenvoll, diese Neugier, und wenn ich umgekehrt sie etwas fragte, bekam ich keine Antwort. Um Hilfe zu bekommen, muss ich von mir und lauter Dingen erzählen, die Fremde nichts angehen, das hat mich schon als Kind genervt.

Unterwegs drohten auch Gefahren. Überall, wo ich mich befand, war ich auf der Suche nach Liebe, empfänglich für Zärtlichkeit und Schmeicheleien. Ich hörte es gern, wenn der alte Herr aus dem Nachbarhaus «mein braunes Mädchen» zu mir sagte. Das sei ein Ausdruck von dem «großen Dichter Johann Wolfgang von Goethe», er passe zu mir. Dabei wollte er mich immer anfassen. Hätte ich seinen Blick gesehen, wäre ich sicherlich nicht so arglos gewesen. Er sah mich an, möglicherweise begehrlich, und er wusste natürlich, dass ich ihn nicht richtig sehe, und ich, das Kind, sah ihn nicht und wusste damals noch nicht wirklich von seinem Vorteil.

Auf die Bedrohungen der Natur war ich besser vorbereitet, dafür hatte Großvater gesorgt. Zum Beispiel sind wir oft gemeinsam zur Dreisam spaziert, haben oben auf der Brücke gestanden und hinuntergeschaut auf den graugrünen Fluss, wie er schäumte, und dem Mordsgetöse gelauscht, das die Stimmen der Leute, manchmal sogar die Autos übertönte. Nachdem er mir erzählt hatte, die Dreisam habe es mal geschafft, bis zum Schwabentor zu kommen, hab ich Angst gehabt, sie könne eines Tages die Schlossbergstraße hochsteigen und unsere Erasmusstraße überschwemmen. Im Frühjahr bei Schneeschmelze habe ich immer besorgte Blicke auf die Dreisam geworfen. Wie hoch der Wasserstand war, vermochte ich nicht zu erkennen, nur, ob sie weiße Schaumkronen hatte. Ich horchte, ob sie schon brüllte. «Wenn sie brüllt, Magdalena, dann wird es ernst», hatte Großvater mich gelehrt.

Vorsicht! Verbote hier, Gebote dort. Ich wurde mehr reglementiert als andere, und nur weniges davon leuchtete mir wirklich ein. Respekt vor der Dreisam ja, das Verbot, von der Straßenbahn abzuspringen, nein. Das konnte ich doch, das verlockte mich wie alle anderen Kinder. Warum warten, bis sie stand?

Überhaupt: die Straßenbahn. Von allen Fahrzeugen mochte ich sie am liebsten. Sie hatte ihren festen Weg, den sie anders als die Autos nie verließ, und ein berechenbares, damals noch ziemlich gemächliches Tempo. Drinnen gab es unendlich viel zu sehen, Farben vor allem. Ich habe meine Mutter, wie sie mir später oft erzählte, mit meiner Begeisterung fast wahnsinnig gemacht. Einmal stieg eine Frau in einem zart vanillefarbenen Kleid ein, und ich jubelte:

«Maaaama, da kommt Vanilleeis.»

Oder eine in einem weißen Kleid mit dunkelblauen Punkten, das war für mich «Heidelbeeren mit Sahne». Die nächste Dame trug etwas Zartgrünes mit einem leichten Stich ins Graue.

«Jetzt kommt der Gurkensalat!»

Sie habe immer weggeguckt, erzählte meine Mutter später, «es war mir peinlich.» Trotzdem musste sie lachen, ich höre ihr Lachen noch manchmal im Traum, vermischt mit den Geräuschen der Straßenbahn. Das war das Tolle an meiner Mutter, sie konnte sich meinetwegen schämen und gleichzeitig über mich lachen.

Blindgänger

Schnell sein hatte in diesem Alter, zwischen sieben und zehn Jahren, eine unheimliche Faszination für mich. Statische Spiele oder langsame Spiele fallen mir Hunderte ein. Stundenlang konnte ich zum Beispiel hinterm alten Viehbrunnen hocken, ins Gebüsch geduckt, wenn jemand vorbeikam, schnell die Arme lang gemacht und den Daumen auf den Wasserhahn. Was für eine Freude, wenn der Strahl traf!

Doch nichts ging übers Rollerfahren. Ich selbst hatte keinen, natürlich nicht, weder Roller noch Rollschuh, ich musste sie von anderen Kindern stibitzen. Am Wochenende oder in den Schulferien, zur Mittagszeit, war die beste Gelegenheit. Kurz vor zwölf Uhr schallte es über die ganze Straße: «Walterle, komm essen! Irene, komm essen!» Kurz danach war die Luft rein, und ich kroch aus meinem Gebüsch, schnappte mir den nächsten Roller, und ab um die Straßenecke rum und noch eine. Kräftig mit dem rechten Fuß abstoßen, ihn pendeln lassen, stoßen, pendeln, die Hände fest am Lenker. Das Trottoir war um diese Zeit menschenleer. Unebenheiten und kleine Löcher kannte ich, es war mein Schulweg, über den ich hinwegflog. Roller hatten gegenüber Fahrrädle den Vorteil, dass ich sie schnell fallen lassen konnte, wenn einer hinter mir herschrie.

Der Krieg verschaffte mir bald ein weiteres Gefährt. In der Schlossbergstraße wurden Bunker ausgehoben, und dazu brauchte man Loren. Die Gefangenen, die diese Arbeit verrichteten, ließen uns Kinder manchmal aufsitzen und mitfahren. Ein junger Ukrainer hatte mir mal gezeigt, wie man den Drehbolzen löst, seitdem wagte ich es nach Feierabend ab und zu, mir selber eine Lore flottzumachen – ab, den Berg runter mit Karacho. Ausgerechnet der Erzbischof hat mich dabei erwischt. Auf seinen Spaziergängen beobachtete er mich offenbar und kriegte bald heraus, wer das strubbelige, waghalsige Mädchen war und wo es wohnte.

«Gerade war der Conrad Gröber da und hat sich über dich beklagt!» Ich wusste sofort, jetzt war die Kipplore dran. Mutter war doppelt erschrocken, über mein gefährliches Tun wie über den hohen Besuch.

«Ja, Mutter», sagte ich, schuldbewusst. «Aber darf ein Erzbischof petzen?»

«Weißt du, dass das tödlich enden kann?»

Jetzt würde es gehörig was auf den Hintern geben. Mutter hatte wenig Geschick im Hauen, wenn man laut genug brüllte, hörte sie schnell auf. Diesmal jedoch blieb die Tracht mit dem Kochlöffel aus, sie drückte mich an sich.

«Du solltest dem Erzbischof dankbar sein, Magdalena.»

«Ja, Mama.»

Bei der Firmung, einige Jahre später, kriegte ich vom Erzbischof einen stärkeren Backenschlag verabreicht als die anderen Firmlinge. Ein letztes Mal bin ich ihm im Februar 1948 begegnet, kurz bevor ich von Freiburg fortmusste, in eine fremde Stadt. Conrad Gröber war im Münster aufgebahrt. Während ich mit vielen weinenden Gläubigen an ihm vorbeizog, dachte ich an die Kipplore. «Sei nicht so wild, Magdalena!» Zwischen den Schluchzern und dem leisen Singsang der Gebete dieser Satz, klar und eindringlich. Hat sich der Erzbischof meiner erinnert?

Freiburg, das waren furchtbar viele Leute, die auf mich aufgepasst haben. Im Laufe des Krieges nahm diese Aufmerksamkeit allmählich ab, je näher er kam, desto weniger kümmerten sich die Erwachsenen um mich.

Zum achten Geburtstag, 1941, hatte mir Vater aus Südfrankreich Orangen, Mandarinen und Datteln geschickt. Nicht lange davor war er für ein paar Tage bei uns gewesen, schlecht gelaunt und noch stachliger anzufühlen als früher, mit viel Gepäck. Unter anderem fand sich darin eine Puppe,

Jacqueline hieß sie, mit kastanienbraunem Haar und einem himmelblauen Ballkleid. Goldene Schuhe trug sie an den Porzellanfüßchen. Vater hatte allerhand von Paris erzählt, von Parfüms, von Schminke, «Notre Dame», überwiegend Gutes, nur «der Fraß» dort behagte ihm nicht.

Aus dem Elternschlafzimmer hatte ich in der Nacht, auf dem Weg zum Klo, das Wort «Erschießungen» gehört. Erschießungen? Auf wen oder was und womit wurde geschossen? Ich legte das neue Wort in meinem kindlichen Lexikon unter der Rubrik ab, in der sich schon die Wörter «kriegsverzehrt» und «Kanonenkugeln» befanden.

Dahinein kam wenig später auch «Fronturlaub». Bald nach Vaters Besuch sagten die Leute, wenn sie unsere Mutter sahen: «Ach, der Mann war wohl auf Fronturlaub.» Auch Fräulein Pfeiffer flocht dieses Wort in ihre Gratulation zur Geburt meiner Schwester Christel ein: Wie schön, dass mein Vater noch einmal «auf Fronturlaub», gewesen sei, bevor ihn der Krieg von Frankreich nach Russland beordert habe.

Immer mehr Wörter bevölkerten die Abteilung KRIEG, meistens dröhnten sie aus dem «Körting». Man kam jetzt gar nicht mehr vom Radio weg. «Eingenommen» – Großvater nahm ein Herzmittel ein, unsere Soldaten nahmen Städte ein. Sieg heil, Sieg heil, wir Deutschen waren die Sieger, unser U-Boot-Geschwader hatte soundso viel tausend «Bruttoregistertonnen» versenkt. Ein Wort, unter dem ich mir absolut nichts vorstellen konnte. Wir hatten eine Hängeregistratur im Schreibtisch, die hatte mir Mutter mal erklärt. Aber dass ein Schiff tonnenweise solche Mappen mit sich führte und die Heeresleitung stolz war, sie alle versenkt zu haben?

Vater hatte mir mit seinen Erzählungen aus Paris einen neuen Floh ins Ohr gesetzt. Er hatte von Clochards geredet, Männern, die unter Brücken schliefen, und von Straßenmalern. Statt auf Papier, sagte er, malten die französischen Künstler auf dem Pflaster. Beides schien ihm nicht besonders zu gefallen. Mir umso mehr. Wie wäre es, wenn ich «Malclochard» werden würde!

Malen, frei malen, ohne vorgeschriebene Linien wie in der Schule, war damals mein Traum. Malerei studieren würde ich nicht dürfen, das ist viel zu teuer, es gibt ja nicht mal genügend Papier. Aber es wäre doch herrlich, die ganze breite Schlossbergstraße von ganz oben bis unten zum Schwabentor vollzumalen! Man müsste natürlich ein wenig aufpassen, dass einem die Leute nicht auf den Fingern stehen. Farben habe ich mehr als genug in unserer Werkstatt. Alles umsonst! Nicht mal Miete an den Großvater müsste ich als Malclochard zahlen, eine Brücke ließe sich gewiss finden.

Warum nicht? Solche Menschen, die unabhängig leben, gab es. Ich kannte sie aus meinen Büchern. Robinson auf seiner einsamen Insel, «Heidis Lehr- und Wanderjahre» liebte ich, Lisei aus Theodor Storms «Pole Poppenspäler», sie waren meine eigentlichen Spielgefährten. Die Lisei vor allem war mein großes Vorbild, ein schwarzhaariges Mädchen, genauso alt wie ich, das mit seinen Puppenspielereltern über Land fährt. Eines Tages würde ich nicht mehr Malclochard sein und stattdessen mit einem Wanderzirkus umherziehen. Eines Tages würde bei einer Vorstellung ein Paul auftauchen, ein Junge, der mich nicht verachtet, der wie ich begeistert ist von diesem fahrenden Leben.

Lesen zu können war ein Triumph. Schon mit sieben konnte ich es fließend, wenn auch sehr langsam, und verbrachte seitdem einen Großteil meiner Zeit damit. Jedes erreichbare Gedruckte riss ich mir unter den Nagel, oft Schularbeiten vortäuschend: Lexika, Groschenromane, Zeitungen und mancherlei, was von den Erwachsenen versteckt wurde. Es galt als gute Erziehung bei einfachen Leuten, Bücher, die sie selbst nicht verstanden oder die etwas freizügiger waren, wegzuschließen.

«Deine Nase ist schon wieder schwarz, Magdalena.»

In Heimlichkeiten war ich groß, mein Problem war allerdings das Spurenverwischen. Beim Marmeladenaschen ging meist ein Tropfen daneben. Schlich ich ins Schlafzimmer, um aus dem Ofenloch, wo unsere Fettvorräte aufbewahrt wurden, Margarine zu lecken, blieb garantiert etwas davon an der Ofentür hängen. Oder eben die Druckerschwärze an der Nase, die mein heimliches Schmökern verriet.

In den Büchern suchte ich, was ich sonst vermisste, was im wirklichen Leben nicht glücken wollte – vor allem mit anderen Kindern. Meine jüngere Cousine Ricki hat mich nie mit ihren Puppen spielen lassen. «Du machst sie kaputt», schrie sie, sobald ich mich näherte. Sie hatte gesehen, dass ich zu Weihnachten der Puppe, die ich vom Christkind bekommen hatte, mit Mutters Schneiderschere zu Leibe gerückt bin. Ich wollte keine Puppe, ich wollte eine Kasperlefigur zum Theaterspielen haben, und das hat niemand verstanden. Außerdem waren mir Jungenspiele lieber, Jungen überhaupt, aber denen war ich zu langsam, zu ungeschickt.

Bei meiner Tante bin ich mal mit dem Stuhl gegen die Wand gekippelt, dabei ist ein Stückle von der Ölfarbe rausgebrochen. «Du hast unsere Küche versaut», schimpfte mein Vetter Leo. Dann war ich so traurig, dass ich unreife Tomaten essen wollte und mir damit das Leben nehmen. Die sind giftig, hatte ich mal gehört. Unreife Kenntnis der Botanik würde ich heute sagen. Die Wirkung war enttäuschend, ich saß auf dem Klo und hinten kam kaum etwas raus.

Mehr und mehr fühlte ich mich ausgeschlossen. Wenn es tatsächlich mal anders war, war ich unendlich glücklich. Mit Ingrid zum Beispiel, einer Klassenkameradin, die mir wohlgesinnt war – ein Mädchen, noch wilder als ich, das noch mehr Kleider zerriss und auch einen Opa hatte, den sie abgöttisch liebte. Wir prahlten mit unseren Großvätern. Ihrer war Arzt in Afrika und hatte Windhunde. Uns verband vor allem der Forscherdrang.

Einen ganzen Sommer lang durchstreiften wir das Gelände einer stillgelegten Baustelle und machten botanische Studien. Wir sammelten Blumen, probierten, welche gut und welche nicht so gut schmeckten. Beinahe regelmäßig kamen wir zu spät zur Schule, schwindelten unisono und wurden beide rot wie die Radieschen. Wie heiß ist das Gesicht, wenn man schwindelt, diskutierten wir. Einmal brachte sie von ihrer Oma ein Fläschchen Kölnisch Wasser mit, es kühle, behauptete sie fest und tupfte es mir auf Stirn und Wangen. In solchen Augenblicken dachte ich, das Leben ist schön, ich bin doch nicht die «Pechmarie», die in den Brunnen springen muss, um die verlorene Spindel zu retten.

Zur Kommunion ging ich wie alle anderen Kinder in Weiß. Es war ein eiskalter 2. Mai, 1942. Ich hatte weiße Schuhe an den Füßen, ein Geschenk von Fräulein Pfeiffer. Weil wegen des Krieges vieles knapp geworden war, hatte Mutter nichts Passendes mehr für mich finden können, deswegen hatte meine liebe Lehrerin ihre ersten Ballschuhe für mich vom Speicher geholt. Ich spazierte also in weißen Seidenschuhen durch meine Heimatstadt und trat ausnahmsweise in keine Pfütze. Paarweise zogen wir ins Münster ein, neben mir ein Mädchen, das mir ausgesprochen freundlich schien. Bei den Proben hatte ursprünglich niemand an meiner Seite gehen wollen. «Wer geht mit Magdalena?» – «Ich nicht, sie schielt.»

Am großen Tag selbst war alles so, wie es sein sollte. Ich fühlte mich fast heilig und wunderschön, würdig, den Heiland zu empfangen. Trotz des Krieges gab es Geschenke, eine Brosche mit zwei Karneolen von meiner Lehrerin, einen Rubinring von meiner Patin, den ich gleich verlor, und «Peterchens Mondfahrt», ein Buch mit riesengroßen Bildern. Vater war nicht erschienen – von Russland aus, wo er jetzt war, konnte er nicht auf Urlaub kommen. Immerhin hatte er an mich gedacht, er schickte eine hölzerne, bemalte Schale. Sie bezauberte mich.

Noch immer war der Krieg fern, er steckte im Radio, lautstark und mit immer neuen Worten, wie «Judenschwein», «arische Rasse», «Plutokraten», «dem Erdboden gleichgemacht», und auf andere, seltsam freundliche Weise, in Vaters Briefen.

Er hatte im Norden, bei der Stadt Dünaburg, einen guten Dienstposten erwischt, einen ohne Schießen, dafür war er zu alt. Er war Jahrgang 1901, der letzte Jahrgang, der noch eingezogen wurde. Seine Adresse lautete: «Skilager Nord», das klang nach Wintersport. Er und noch ein zweiter Malermeister aus Freiburg mussten die Skier für die Kämpfe an der Ostfront vorbereiten. Überall im Schwarzwald wurden sie eingesammelt und in Waggons dorthin verfrachtet. Manche der Leute, die sie hergeben mussten, erzählte Vater, hatten Zettelchen an die Skispitze gehängt, ein kleines Lebewohl oder eine Bitte an die Soldaten, ihr Opfer zu würdigen und gut auf die schönen Bretter aufzupassen. Zusammen mit einem Trupp ihm untergebener Russen musste Vater Tausende von Skiern neu streichen, in Schneeweiß, der Tarnfarbe für den Winter, und im Frühjahr, wenn sie zurückkamen, die Schäden an Holz und Bindung reparieren.

«Stell dir vor, Magdalena», schrieb Vater, ab und zu wendete er sich direkt an mich, das älteste seiner Kinder. «Stell dir vor», als wüsste er, wie gut ich das kann. Er berichtete vom Polarsommer, den niedrigen Gehölzen und den hellen Nächten.

Ich frage mich, wie viel ich vom Krieg, bevor dieser zu uns nach Freiburg kam, eigentlich mitbekommen habe. Alles? Fast nichts?

Ein Kind lebt in den Tag hinein, und wenn der Tag Dinge bringt, die es nicht kennt, erschrickt es oder es freut sich. Da spielt irgendwo eine Militärkapelle, und ich stehe verzückt am Siegesdenkmal. Dann rastet eine Abteilung Soldaten mit ihren Pferden auf dem Karlsplatz, und einer hebt mich hoch, ich throne stolz auf dem Ross, wo ich mich hingewünscht habe, auf dem schwarzen oder weißen, für braune oder graue bin ich nicht so zu haben.

Nur ein Mal bis dahin hatte es furchtbar gekracht, im Mai 1940. An einem Nachmittag waren ganz plötzlich Bomben auf Freiburg gefallen, unter anderem auf einen Kinderspielplatz. Mein kleiner Bruder Peter und die Stiefoma Wilhelmine waren nahebei, unterwegs zum Friedhof, um Geranien auf dem Grab des Schlosseropas zu pflanzen. Unsere Mutter war beim Fotografen und ich bei Tante Melli, wo ich in dieser Zeit oft war. Als wir uns abends zu Hause wiedertrafen, hat Mutter uns Kinder fest in die Arme genommen und sehr geweint. Ich war in diesem Augenblick froh gewesen, froh wie selten. Aber weinen, warum weinen?

Wahrscheinlich war ich damals dem Simplizius Simplizissimus ähnlich, dem «Bub», der staunend durch den großen Dreißigjährigen Krieg geht, naiv, von den anderen für einen Narren gehalten, und der vielleicht deswegen heil davonkommt.

«Der Bums» hieß es in unseren Kinderspielen. Ab Mai 1940 spielten wir «Bums», wir schrien das Wort lauthals durch den Garten und verschiedene, vorzugsweise verwilderte Gelände und schossen mit Fingern oder Knüppeln auf die schuldigen Piloten oben am Himmel, Franzosen oder Engländer, oder auf den «dicken Churchill», den Verbrecher, der das alles befohlen haben sollte.

Erst lange nach dem Krieg hat sich die Wahrheit über diesen ersten Bombenangriff verbreitet, manche Freiburger wollen es bis heute nicht glauben: Es waren deutsche Flugzeuge, vom Fliegerhorst Landsberg am Lech, welche Dijon angreifen sollten und sich unterwegs verirrten, die Stadt unter sich für eine französische hielten. 69 Bomben warfen sie ab und töteten 24 Zivilisten, was die Propaganda seinerzeit vertuschte. Ich erinnere mich dunkel an Hitlers Rede im Radio, in der Winston Churchill vorkam, er hätte das friedliche Freiburg angegriffen. Bis heute spuckt die Erde Beweise aus. Neulich noch schrieb die «Badische Zeitung», bei Bauarbeiten sei ein Blindgänger von 1940 gefunden worden, mit deutscher Produktionskennzeichnung.

«Blindgänger», auch so eine Schöpfung der Kriegssprache, die mir damals Rätsel aufgab. Unverständlich wie vieles, er beschäftigte meine Phantasie. Das Wort steht für einen ganz bestimmten Tag, für eine der wenigen innigen Begegnungen mit meinem Vater – aber bis dahin geschahen erst einmal noch einige andere Dinge.

«Magdalena ist der Russki!» Anfangs hatte ich in den Kriegsspielen die Rolle, die sonst keiner haben wollte. Der Ruski, der gefangen genommen oder erschossen wurde, von allen Feinden der mieseste, in der Wertschätzung kam er nach dem Franzos, dem Tommie, dem käsfressenden Holländer und noch weit hinter dem Polacken. Natürlich kränkte mich das. Nur, was sollte ich dagegen tun? Wenn ich bei den Buben mitspielen wollte, war dies Bedingung. «Gut, ich mach den Russki. Hurrääääää!» Irgendwann, ohne mein Zutun, wurde ich davon befreit.

Der Krieg selbst kam mir zu Hilfe, mit der «Verdunkelung», die vielen Kindern Angst machte. Ich war die Einzige, der das nichts ausmachte, weil ich durch mein schlechtes Sehen schon immer gut im Dunkeln zurechtkam. Ich konnte am Geräusch sofort erkennen, aus welcher Richtung sie kamen, niemand hörte das Flugzeugbrummen früher, Bomber, Tiefflieger, Armeelastwagen, was auch immer sich auf dem Landweg oder Luftweg näherte. Das imponierte den anderen, verschaffte mir Ansehen. Mit meinem kleinen Bruder konnte ich manchen Handel eingehen. Für einmal nachts zum Klo auf dem finstern Hof bringen musste Peter die Fußkratzer am Hauseingang reinigen oder Mutter den Tisch decken helfen, Arbeiten, die mir nicht gefielen. Ich hab den kleinen Kerl ausgenutzt, nun hatte *ich* einen Diener.

Wir spielten weiterhin mit Leidenschaft Krieg, Straße gegen Straße. Ich hatte mir einen eigenen Wirkungsbereich erobert: Entweder war ich die Versorgungsbasis oder der Funker oder das Rote Kreuz. Nie mehr war ich «der Russki».

Dabei interessierte mich alles Russische brennend. Mir gefiel der starke, beißende Geruch von Machorka, der die russischen Arbeiter umwehte, die in Freiburg viele Bunker bauten. Man begegnete ihnen auf Schritt und Tritt. Von diesen selbstgedrehten Zigaretten hatte auch Vater geschrieben, die Russen würden den Machorka in Zeitungspapier einwickeln, und wenn keines mehr vorhanden sei, in feste Blätter, alles und jedes würden sie verwerten. «Magdalena, wenn du wüsstest, was die Russen können!» Mein Vater Johann Eglin, der so ungern ein Handwerker geworden war, bewunderte ihre praktischen Talente, und er war beeindruckt von der Weite des Landes. «In Russland kann man sich verlaufen.» Der Zug fährt eine halbe Ewigkeit, bis er die nächste Stadt erreicht, berichtete er. Auch die Dörfer sind weit voneinander entfernt, wenige nur gibt es im Vergleich zu unserer süddeutschen Heimat, Punkte nur in den endlos sich ausdehnenden Feldern und Wäldern.

«Erzähl mir von Russland!» Wenn Vater auf Fronturlaub war, durfte ich ihn ausfragen, bei diesem Thema war er ausnahmsweise geduldig. Er erklärte mir, was eine Banja ist, ein Badehaus nämlich, und was ein Birkenbesen, mit dem die Männer beim Schwitzen einander schlagen. Banja und Petschka, der gemauerte, weiß getünchte Ofen, auf dem man liegen konnte, seien die beiden wichtigsten Erfindungen der Russen gegen die Kälte.

«Und wie sind die Sommer da?»

«Mückig! Ganze Schwärme, um dich herum ist es schwarz von Mücken. Wenn man viel draußen schaffen muss, ist das nicht immer lustig. Und der Himmel hell, das ist praktisch. Du kannst an Mitternacht spazieren gehen.»

«Was wächst dort?»
«Die Russen haben Gurken auf Riesenfeldern. Über die zwei Gurkenstöcke bei uns im Garten würden sie lachen. Und sie essen die Gurken wie Äpfel.»
«Einfach reinbeißen?»
Seitdem hab ich Mutters sämtliche Gurken angebissen. «Jetzt bin ich ä Russ und iss e Gurk.» Nach allem, was mir zu Ohren kam, hatten diese Russen genau die Art von Lebenslust, die mir behagte. Reinbeißen, alles einsaugen, kräftig zulangen, etwas schätzen, weil es sich gut anfühlt. Mir gefielen die Dinge, die Vater mitbrachte, die geflochtenen Strohkästchen und die handgeschnitzten hölzernen Sandalen mit farbigem Riemen.

Ich wunderte mich oft über meinen Vater, er schien in Russland Sachen zu lernen, die er zu Hause nicht angefasst hätte. Niemals hätte er hier Tomaten gezüchtet, jetzt versuchte er zusammen mit seinem Freiburger Kameraden, vor der Baracke am Polarkreis Tomaten großzukriegen. Einmal, im Winter, zu Christels Taufe, brachte er aus Russland eine steifgefrorene Gans mit, «Jockele», die er selbst gemästet hatte. Sie roch etwas merkwürdig, fanden wir, vermutlich hatte sie die lange Reise doch nicht so gut überstanden. Obwohl der russische Winter Tiefkühltemperaturen aufwies und Vater sie auf der Eisenbahnfahrt an einer Schnur vor dem Fenster befestigt hatte. Wir befürchteten ernstlich, eine Magenverstimmung zu bekommen, doch es passierte nichts, wir aßen eine ganze Woche an Vaters «Jockele».

Vater ist zu Hause! In dieser Zeit hatten wir meist reichlich zu essen, man konnte sogar Märkchen sparen. Inzwischen gab es nämlich die meisten Lebensmittel nur auf Zuweisung, Fettmarken, Fleischmarken, Brotmarken, Milchmarken, kleine, mit Mengenangaben versehene Zettel, die man von einem großen Blatt abschneiden musste.

An einem dieser Wintertage Ende 1942 nahm Vater uns,

das heißt Mutter, Peter und mich, in sein Wirtschäftle mit. Normalerweise ging er allein «einen zwitschern». Die kleine Speisewirtschaft in der Konviktstraße, Ecke Münzgasse hieß «Wolfshöhle». Was wir gegessen haben, weiß ich nicht mehr, mir ist nur in Erinnerung: Vater hat unentwegt vor sich hin gemeckert, geschimpft über die Politik und den Krieg. Und er ließ sich nicht bremsen von Mutter, zuletzt war sie so verzweifelt, dass sie weinte.

«Du redest dich um Kopf und Kragen, Johann. Hör auf, sonst kommst du vors Militärgericht.»

Daraufhin hat mein Vater den Mund gehalten und ist wütend mit mir fortgegangen.

«Ich sag es trotzdem! Dieser Scheißkerl!» Er konnte einfach nicht aufhören.

«Warum hat Mutter solche Angst?»

«Sie hat schon recht. Es ist schlimm, dass man nichts mehr sagen darf. Aber sonst kommt man ja nicht mehr heim.»

Vater schlurfte so vor sich hin, stieß mehrfach zornig mit dem Fuß gegen eine Laterne. Jeder Ruck seines Körpers ging durch meinen, er ließ, während er so wütete, meine Hand nicht los. Ich wollte ihn gerne trösten und drückte mich an ihn.

«Vater, sei nicht traurig. Gell, ich bin dein Blindgänger.»

Er kam einfach so raus, dieser Satz. Ohne ein Wort hat Vater mir über die Haare gestrichen, und ich hab das Gefühl gehabt, jetzt ist er noch trauriger.

Was ich damit sagen wollte? Ich weiß es nicht, so genau mir ansonsten im Gedächtnis geblieben ist, was in dieser halben Stunde geschah. Was ich ausdrücken wollte, muss mit meinen Augen zu tun gehabt haben, mit etwas Traurigem, das sich in dem merkwürdigen dreisilbigen Wort aus der Abteilung Krieg verbarg: Ich glaube, es war das erste Mal, dass ich selbst das Wort «blind» benutzt habe.

Danach musste Vater ins Skilager zurück. Nach seinem

Verschwinden wurde in unserem Haus noch mehr geflüstert, und draußen wurde es immer lauter – nur noch kurze Zeit, und die Sirenen würden Freiburg beherrschen und den schönen Klang der Glocken verdrängen. An vielen Ecken der Stadt waren große schwarze Bilder aufgetaucht. Darauf war eine schräge, lauschende Männergestalt gemalt, sehr dunkel, mit rundem Hut, die bedeutete: «Feind hört mit!» Wer nun genau der Feind sei, ob der Engländer, der Franzos, der Russ, traute ich mich nicht zu fragen. Als ich es dann doch einmal tat, sagte jemand: «Ist doch egal, keiner traut dem anderen.» Dieser schwarze Mann war mir zutiefst unsympathisch, ich habe ihn geradezu gehasst. Oft, wenn ich allein war, bin ich zu dem Bild, das an der Hauswand nahebei klebte, hab mir irgendein Wurfgeschoss gesucht und hab den bösen Kerl beschmissen mit einem Stein oder einem Klumpen Erde. Oder mit Rossbollen – der Krieg brachte ja Pferde in die Stadt, so viele hatten wir nie, frische Rossbollen waren reichlich. Aufgelesen! Und immer feste drauf!

War ich selbst womöglich der Feind? Ich lauschte ja überall. Je leiser die Erwachsenen sprachen, desto mehr spitzte ich die Ohren. Es schien, dass alle vor mir auf der Hut waren. «Pssst, das Kind!» Ständig bekam ich Vorträge darüber, dass Horchen eine schlimme, unanständige Sache sei. «Horchen ist bös.»

März

Clematis schneiden, das kann ich noch. Das ist und bleibt meine Domäne, dafür hat Konrad nicht die richtigen Hände. Man muss sehr vorsichtig sein mit den dünnen Reisern, sie brechen leicht. Sie fühlen sich wie totes Holz an, manche davon sind auch wirklich tot, die muss ich ausfindig machen und entfernen. Welche haben Austriebe? Es ist schön, die zarten Spitzen zu fühlen. Einen Zentimeter oberhalb setze ich die Schere an, schnipp. Erst in der letzten Phase des Sehens habe ich die Clematis schätzen gelernt, ihrer leuchtenden Farben wegen und weil ich, ohne mich zu bücken, mit dem Auge ganz nahe an die Blüten rankomme.

Vom Haldenberg weht ein kleiner kühler Wind herüber. Hin und wieder lege ich die Schere beiseite und horche auf mein Herz. Schlägt es? Es schlägt! Die kleinste Anstrengung, hat der Arzt gesagt, kann für mich sein «wie den Mount Everest erklimmen». Konrad stiefelt an mir vorbei, vom Komposthaufen zum Frühbeet, bis in die Reben und zurück, mal ist er hinterm Hasenstall zugange. Hier und da liest er trockenes Holz vom Rasen auf, dann räumt er fluchend die Tannenzweige von den Staudenbeeten, brummelt was von «Gewächshaus aufräumen müssen».

Typisch März. Abends müssen wir uns über die Samenkiste hermachen, was ist noch da, was fehlt? Ich frage ab: Salate? Radiesle? Erbsen? Er inspiziert die Tütchen. Gelbe Bohnen als Stangenbohnen, die wären für Gärtner über siebzig praktisch, aber sie sind leider immer noch nicht erfunden.

«Die weißen Narzissen blühen», ruft Konrad herüber. So vieles blüht schon zum Palmsonntag, Vergissmeinnicht, einige Tulpen, sogar der Goldlack, überreichlich ist das Angebot für den Palmen. Es juckt mich in den Fingern! Vor drei Jahren habe ich zuletzt einen Palmen gebunden, eine Riesenprozedur ist das: einen Besenstiel mit buntem Band umwickeln, der Aufbau der vier Bögen aus geschältem Holz, ganz oben das Kreuz. Und dann die Pflanzengarnitur – jedes Dorf

hat seinen eigenen Brauch, hier bei uns nehmen die Frauen sieben trockene und sieben frische Kräuter. So streng hab ich das nicht gehalten. Ich habe immer genommen, was da war im Garten, so bunt, so üppig wie möglich.

Meine Liebe zu diesem Fest hat eine dicke Wurzel in der Kindheit. Palmsonntag im Freiburger Münster, der Beginn der Karwoche, war das Größte. Und ich hatte an dem Tag immer einen Riesenzorn, weil nur die Buben Palmen tragen durften. Mit den zwei Meter hohen prächtigen Stecken zogen sie feierlich durchs Hauptportal bis vor zum Altar, mein langweiliger Vetter Leo war unter ihnen. Wir Mädle durften nur einen öden kleinen Thujazweig dabeihaben und aufs Gebetbuch legen. Trotzdem schmetterte ich mit Begeisterung «Hosanna dem Sohne Davids», man fühlte sich ein wenig wie in Jerusalem.

Ich spüre dieses Freiburger Palmsonntags-Gefühl jedes Jahr um diese Zeit, diese Blumenverrücktheit, gemischt mit Zorn (mein erster Zorn auf die Kirche) und kindlichem Revoluzzertum – wenn ich keinen Palmen tragen darf, dann werde ich einen Sohn haben, der das tut.

Die Stille der Karwoche halten wir heute noch ein. Innehalten, auch in der Gartenarbeit. Die alten Essrituale, Gründonnerstag Spinat mit Spiegelei, Karfreitag Stockfisch, ohne Stinkefisch geht es nicht. An einem Tag werden wir nach Freiburg fahren, noch ein paar Dinge für unsere Goldhochzeit müssen eingekauft werden. Konrad fehlt ein rosa Hemd, zu meinem schwarzen langen Kleid brauche ich unbedingt eine elfenbeinfarbene Stola.

Vor solchen Ausflügen fürchte ich mich, vor dem brausenden, hupenden Freiburg. Ich habe in meiner Vaterstadt völlig die Orientierung verloren. Ohne Konrads Arm und Kommando bin ich dort hilflos. Unbedingter Gehorsam ist die Parole, nicht gerade meine Stärke. Und seine Stärke ist nicht das Führen. Der klassische Grobmotoriker, je älter er wird, desto ungeschickter fasst er mich an. Ich verkrampfe mich dann sofort, er wiederum spürt das nicht und zerrt an mir. Was für einen seltsamen Tanz führen die beiden da miteinander auf, mögen die Leute denken.

Böses Kind

Statt Schulaufgaben zu machen, hab ich mich oft in meine Bücher vertieft. «Heidi» liebte ich besonders. «Heidi brät Käs auf der Alm.» Was die kann, dachte ich, kann ich auch. Ich spielte oft nach, was ich gelesen hatte. An diesem Tag hab ich versucht, einen Gervais zu braten. Es ging nicht besonders gut, statt knusprig zu werden, zerfloss er, und mittendrin wurde Alarm geschrien. Schnell, schnell in den Bunker, das Köfferchen geschnappt! Anschließend ein paar Tage bei Verwandten, die außerhalb und daher sicherer wohnten. Als wir zurückkamen, hat meine Mutter gestaunt über die Fliegen und das vergammelte Zeug in der Pfanne. Das hat mir ein paar Ohrfeigen eingetragen, die mich allerdings nicht vom Käsbraten kurierten.

Noch bevor die Bomben in größerer Menge fielen, hatte der Krieg bei uns vieles verändert, am stärksten die Familie. Die Väter fehlten, und die Frauen und alle, die zu Hause blieben, waren total überfordert. Die Nerven lagen blank, und das übertrug sich auf uns Kinder. Selbst Großvater war nicht mehr derselbe, er wurde schweigsam, auch mir gegenüber war er jetzt oft mürrisch. Wir gingen nur noch selten zusammen spazieren, und wenn, dienten unsere Gänge einem nützlichen Zweck. Im Frühling sammelten wir einmal Tannenspitzle.

«Nimm nur die hellen, Strubele. Und nie zu viel an einer Stelle, damit der Baum nicht leidet.» Noch immer unterwies er mich, immer einen halben Schritt hinter mir, damit ich unter seinem Schutz die Dinge selbst entdecken konnte. Er erklärte, wie man aus den jungen Trieben der Tanne mit Hilfe von Zucker eine Art Honig bereitet – mit sehr brüchiger Stimme, beim Reden seine Karlsbader Pastillchen lutschend.

Unsere Mutter, die seit der dritten Geburt müde und völlig überanstrengt war, hat sich damals eng an ihre Schwester Liesel angeschlossen, die eine stramme Nationalsozialistin war. Liesel war ihre einzige leibliche Verwandte, gutsituiert im Vergleich zu uns, «wohlhabend» sogar. Denn sie hatte ein Versteigerungsgeschäft, das florierte. Ziemlich untypisch für eine Frau, bei öffentlichen Versteigerungen rumzubrüllen. Geraucht hat sie. Auto gefahren ist sie. Ein Mannweib war sie, alles andere als fein.

Damals war gerade ihr zweiter Ehemann weggestorben, und sie hat sich kurz entschlossen den nächsten geschnappt. Sie war einfach fürchterlich lebenstüchtig, die «Versteigerungstante», wie wir sie nannten. Eine Frau, die zuerst Kommunistin war, dann bei den Nazis, nach dem Krieg CDU, und als auch das nichts mehr war, ist sie schließlich zur SPD übergelaufen.

Tante Liesel brachte häufig etwas aus ihrem Geschäft mit. Praktische Dinge zumeist, etwas Geschirr für den Haushalt, oder sie schenkte Mutter einen Korbtisch mit zwei Sesselchen, der ihr unheimlich gefiel. Das Schönste war eine Couch aus grünem Samt, mit goldenen Vögeln und verschiedenartigen bunten Blumen bestickt. Eines Tages stand sie plötzlich im Esszimmer. Ich war hingerissen davon, ich konnte nicht genug davon kriegen, sie zu betasten, die farbigen Motive zu studieren. Auf dieses neue Sofa setzte Mutter Jacqueline, die Puppe aus Paris mit dem himmelblauen Kleid und den goldenen Schuhen, die zum Spielen zu fein war. Beide, Sofa und Puppe, waren anders als die Sachen, die schon immer da waren. Von ihnen ging etwas Fremdes aus, wie aus einem Märchen herausgesprungen schienen sie.

Einige Male bin ich durch den großen Raum gestreift, in dem Tante Liesel ihre ganze Pracht aufbewahrte. Verschiedene Spiegel mit Goldrahmen waren dort, ich sehe mich noch, wie ich mich zwischen den eng gestellten Möbeln hindurchzwänge, staunend vor einer glänzend schwarzen Kommode mit den vielen Schubladen stehe. Woher hatte Tante Liesel das alles? Von Wohnungsauflösungen, hieß es. Wenn Leute fortziehen, verkaufen sie, was sie nicht mehr brauchen, und das wird dann versteigert an andere, die es haben wollen. Aus dem Möbellager, das direkt neben dem Versteigerungszimmer lag, hörte man immer das Getöse. «Zum Ersten, zum Zweiten, zum Dritten.» Wie eine Hexe schrie sie, «Zuschlag!» Tante Liesel krähte so fürchterlich, dass ich mich nicht in den Saal, zu den vielen Leuten, traute. Bumm! fiel der Hammer. Interessant war es schon. Zu Hause im Wohnzimmer habe ich Versteigerung gespielt, ich schrie, und Peter kaufte das Sofakissen oder das Sofa mit den Vögeln.

Bei meiner Jagd nach Gedrucktem habe ich eines Sonntags aus Tante Liesels Handtasche heimlich einige zusammengekniffte Papiere entwendet. Es waren Listen, ellenlange schwarz getippte Kolonnen von Wörtern, deren Großteil ich nicht kannte: Sekretär, Buffet, Rokoko, Art déco, dahinter jeweils ein Preis, eine meist ziemlich hohe Summe in Reichsmark. Eine interessante, fremdartig schöne Lektüre, fand ich. Ich habe mir diese, wann immer sich die Gelegenheit bot, verschafft. Mit diebischem Vergnügen steckte ich meine Nase in Tante Liesels Geschäfte.

Altdeutsch, viktorianisch, Intarsien, Chippendale, Paravent.

Wörter sammeln war eine Sucht. Manche Neuerwerbungen konnte ich immerhin grob in Töpfe einsortieren und bestimmen oder erahnen, aus welcher Rubrik des Wissens, aus welchem Land sie stammten. Das Kamel gehört zu Afrika, wie Sahara, Beduinen, Feldmarschall Rommel. Besonders Afrikawörter nahmen in dieser Zeit enorm zu, gefolgt von Russlandwörtern. Das eine oder andere ließ sich in meinem alltäglichen Wortschatz unterbringen und sofort sinnvoll anwenden. «Mama, ich fahre jetzt ins Abendland.» Das hieß, ich gehe ins Bett, und im «Morgenland» würde ich wieder aufwachen.

Andere Wörter schwirrten total unverstanden in meinem Kopf umher: «erbkrank», «Parasit», weiß der Himmel, was sie bedeuten sollten. Wiederum andere schienen klar und verschwanden dann wieder im Nebel, das waren häufig solche, nach denen man nicht fragen durfte. «Jud» zum Beispiel, ein Wort, das viele und besonders Tante Liesel hart aussprachen und das oft kombiniert wurde: «Saujud», «Judensau».

Zuerst war die Frage «Was ist ein Jude?» im Kommunionsunterricht aufgetaucht. «Juden sind die Menschen in Palästina, die Jesus gekreuzigt haben», war die Antwort gewesen, so stünde es in der Bibel. Aber das war sehr weit weg und sehr lang her, beinahe zweitausend Jahre. Den Juden, die das getan haben, dachte ich, könnte ich heute nicht mehr böse sein, jedenfalls nicht so sehr, wie es andere Leute offenbar waren. Man spürte, dass der Pfarrer und auch die Schwestern von St. Lioba mit dem Wort mehr als vorsichtig umgingen, es vermieden, in Einzelheiten zu gehen. Wie sahen die Juden aus? Wie haben sie gesprochen und gebetet? Derlei neugierige Fragen, die Kinder normalerweise stellen, waren nicht erwünscht.

Es musste auch heute noch Juden geben, vermutete ich, irgendwo in unserem Freiburg. Definitiv gewusst habe ich es erst, als alles vorbei war, 1945: In der Pfeifferschule hatte ich jüdische Mitschüler. Niemand, der mir persönlich nahe war, weder Klaus, er wohnte in der Nachbarschaft von Juden, noch Ingrid, die 1943 von ihren Eltern in ein Internat geschickt wurde und viel zu früh aus meinem Leben verschwand. Auch Imogen nicht, die kleine Baronesse. Ihre Eltern, erfuhr ich später, gehörten einer Widerstandsgruppe an. In dem Haus, in dem ich mehrfach eingeladen war, sprachen die Erwachsenen oft Englisch oder Französisch miteinander. «Weil sie gegen Hitler sind», erzählte mir Imogen, «und wir Kinder das nicht wissen dürfen.» Ihre Familie hatte einen großen schönen Garten, das gefiel mir, und eine Windhündin, die Junge geworfen hatte, gerade als ich dort zu Gast war und mit Imogen Schularbeiten machte.

«Geh doch nach der Schule zu Imogen», ermunterte mich Mutter.

«Ja. Nein.» Ich täuschte Lustlosigkeit vor. Es war mir zu kompliziert, zu erklären, um was für eine Familie es sich handelt und dass ich nicht kommen darf, wann ich will, sondern nur, wenn die mich rufen. Die sozialen Schranken waren damals unheimlich hoch. Ich wurde eingeladen, weil ich gut lernte und für das Kind aus reichem Hause nützlich sein konnte.

Immer öfter wurde ich jetzt zu Verwandten geschickt. «Du bist die Große, das musst du verstehen», sagte Mutter. Auf ihr lastete das Malergeschäft, das, was davon übrig geblieben war. Inzwischen waren die Gesellen alle im Krieg, nur ein Lehrling war noch da, mit dem ging sie Bunker streichen, hier und da mal eine Küche. Wer Bomben auf sein Haus fürchtet, renoviert nicht. Auch marode Heilige blieben ohne Farbe – selbst wenn jemand eine Maria gebracht hätte, Großvater war jetzt ganz außer Dienst, er wollte nicht mehr, und unsere Mutter hätte es nicht können. Außerdem rief Peter ständig nach ihr, Peter, der Angsthase. Christel in ihrem Kinderwagen schrie nach Möhrenbrei. «Magdalena, du gehst zu Tante Melli.»

Vor der Geburt von Christel, 1941, und in den Wochen danach, als Mutter sehr schwach war und sich erholen musste, war ich zum ersten Mal länger dort gewesen. Im Freiburger Stadtteil Güntersthal, in der vornehmen Wohnung mit sieben oder acht Zimmern, wo Tante Melanie, kurz «Melli», die ich nicht mochte, über den Onkel Rudolf herrschte, den ich mochte.

Es hatte nicht lange gedauert, bis ich gerochen hatte, was dort lief. An bestimmten Tagen war die Tante immer für einige Stunden verschwunden. Sie begannen mit geheimnisvoller Geschäftigkeit, ich hörte, wie sie sich im Zimmer vom Dienstmädle schminkte, roch eine Wolke von Parfüm. Dann mussten wir, das Dienstmädle Hedwig, der Scotchterrier Stropp und ich, mit der Tante zu einem Spaziergang aufbrechen. Hinter der nächsten Straßenecke bekamen wir Bonbons und Schokolade ausgehändigt, manchmal auch Geld für Eis und Kaffee, schnell, schnell, und sie verließ uns. Danach stromerten wir durch die Stadt, saßen sinnlos auf Bänken herum, bis sie geruhte, wieder aufzutauchen. Ihr Atem roch seltsam, nach Zigarre und irgendwas Süßem, und ihre Stimme kiekste und piepste wie die eines aufgeregten Kükens. Abends noch, spätestens am anderen Morgen stritten Tante Melli und Onkel Rudolf, aus dem Schlafzimmer zischte es: «szisshiiissssszzzuuusssu». Die Tante muss in dieser Zeit ihrem Mann sehr oft die Treue gebrochen haben. «Ich geh da nicht mehr hin», sagte ich bei meiner Rückkehr zu Mutter. «Sag bloß Großvater nichts», beschwor sie mich.

Und ich musste wieder hin, in diese mir unheimliche Welt, immer wieder. Infolge des Krieges, noch bevor er richtig in Freiburg angekommen war, bekam ich einige wüste Lektionen in Menschenkenntnis verpasst. Onkel Rudolf war Zahnarzt, und schon zur Begrüßung hieß es: «Na, du kleine Hexe, was machen deine Zähnchen?» Schon saß ich in dem großmächtigen Stuhl unter der grünen Lampe.

Wenn die Reparatur erledigt war, wurde die Praxis zu meinem Spielplatz. Jede freie Minute verbrachte ich im Labor. Dort gab es kleine Maschinen, viele Apparate und Apparätchen, und Bunsenbrenner, deren Flämmchen mir anfangs ein wenig Angst einjagten. Auf einem gut erreichbaren Regal lagen lauter Wachsabdrücke von Gebissen. Die Laborantin Irene erlaubte mir, sie zu betrachten, und ließ mich raten, ob sie zu einem Mann oder zu einer Frau gehörten. Wenn sie nicht mehr benötigt wurden, durfte ich sie verändern.

Endlich hatte ich, was ich mir schon lange wünschte: genügend Material zum Kneten. Entweder wärmte ich es mit der Hand, oder ich nahm zum Aufweichen den Bunsenbrenner.

Nachdem ich den Respekt vor ihm verloren hatte, war das der schnellere Weg. Wenn man den Menschen mit schlechten Gebissen hilft, werden sie schöner, und wenn sie schöner sind, werden sie vielleicht auch besser. In diesem Beruf jedenfalls kann man sich viel Dankbarkeit erwerben. Laborantin, wäre das nicht was für mich? Mein dritter Berufswunsch in ganz kurzer Zeit. Oder der vierte?

Überm Laborspielen vergaß ich oft die Schularbeiten. Dort, in der Küche, wo ich sie hätte machen müssen, war es langweilig. Selbst der kleine Hund der Verwandten war entsetzlich langweilig. Stropp konnte nicht viel mehr als kläffen und faul auf dem «Diwan» (so hieß das Sofa bei Onkel und Tante) liegen. Einmal hab ich ihn in einem Anfall von Experimentierwut in den Eisschrank gesteckt, weil ich wissen wollte, ob er da drin Schnupfen kriegt.

«Böses Kind!» War ich bös? «Schlechte Äugle und noch dazu ein Biest!» In dieser Zeit erwarb ich mir den Ruf, einen zweiten Makel zu haben. Dabei hab ich bestimmte Vorgänge einfach nicht verstanden, beim Abschätzen von Ursache und Wirkung fehlte mir manchmal, im wahrsten Sinne des Wortes, der Durchblick. «Der Hund hätte ersticken können, Magdalena!» Was wusste ich davon, ich sah ja weder Tier noch Mensch nach Luft schnappen.

Oft handelte ich impulsiv, reagierte bei Gefahr oder bei dem Verdacht einer Gefahr ungewöhnlich heftig. Mit Tante Melli habe ich sogar mal einen richtigen Zweikampf ausgetragen. Sie wohnte inzwischen bei uns im Haus, eines Tages hatte sie mit dem Fahrrad und einem Koffer obendrauf heulend vor der Tür gestanden. Onkel Rudolf hatte sie endlich rausgeworfen, so zog sie zu Großvater, hat dessen Haushalt übernommen.

Ich war allein zu Haus und besonders wachsam, weil ich wieder ein verbotenes Buch las, als ich die Schritte der Tante auf der Treppe hörte. Sie wolle nachsehen, ob Mutter schon die Tischdecke aus der Reinigung geholt habe. Also ging sie zur Anrichte, wo sowohl Tischwäsche wie Sonderrationen, sprich: Schokolade, aufbewahrt wurden, und schloss auf. Kaum hörte ich das Rascheln, war ich bei ihr, kratzte, biss und schrie, dass ich es der Mutter verraten würde. Bald lag die kleine, ungeschickte Tante Melli mit mir am Boden, ich auf ihr. Ich drohte, ihr das Gebiss einzuschlagen, wenn sie nicht sofort abhauen würde. Es erscheint mir heute unglaublich: Ich als kleines Ding zwinge eine beinahe vierzigjährige Frau auf den Perserteppich. Bislang hatte ich mit den Buben in der Pause hier und da spielerisch gerauft. Jetzt war es Ernst, und ich konnte es! Hurra! Dass Tante Melli meiner Mutter nichts von dem Vorfall erzählte, bewies, ich hatte mich nicht geirrt.

Am 16. Januar 1943 war ich zehn Jahre alt geworden und dabei, ein wehrhafter Mensch zu werden. Am meisten lernte ich außerhalb des Elternhauses, hauptsächlich durch die ausgiebige Begegnung mit meinen diversen Tanten – ein wahres Panoptikum von Typen und Charakteren. Die Ferien verbrachte ich bei meiner Patin, Tante Gertrud, siebzig Kilometer nördlich von Freiburg, im Lehrerhaus der Dorfschule von Zusenhofen, die mein Onkel Robert leitete.

Landleben, wieder etwas Neues. Baden im angestauten Bach mit den Cousinen, von denen die älteste schon für Burschen schwärmte. Und viel, viel Arbeit, im Sommer vor allem Ährenlesen. Das hieß stundenlang barfuß über die Stoppeläcker laufen, ich stolperte oft, abends hatte ich Blasen und Abschürfungen an den Fußsohlen. Meine Cousinen und mein Vetter Gerd, der damals im Stimmbruch war, hatten Hornhaut und neckten mich immer mit meinen «Stadtfüßchen». Sie lachten mich ständig aus, weil ich nichts konnte, nicht einmal schwimmen. Im Dorf erfuhr ich, wie man Käse macht, und ich übte mich im Aushalten von Beschwerlichkeiten, nicht zuletzt deshalb, weil ich Gerd sehr mochte und ihn als Beschützer und Freund haben wollte. Ich hätte alles getan, was er gesagt hätte, doch er sagte nie viel.

An heißen Tagen badeten die Dorfkinder und auch ich, in meinem türkisblauen Badeanzug, im kleinen Teich. Danach wurde Verstecken zwischen den Bäumen und Büschen gespielt, dabei konnte ich nicht mitmachen. Meist blieb ich mit meiner jüngeren Cousine am Ufer sitzen. Sie brachte mir das Flechten und Kränzebinden bei, das gefiel mir derart gut, dass ich nach kurzer Zeit sehr lange, dichte, wilde, kunterbunte Girlanden aus allem machte, was sich so fand: Mohn, Margeriten, Seifenkraut, Kletten und vielerlei Arten von Gräsern und Hälmchen. Daraus entwickelten sich Spiele, mal war ich die Mohnprinzessin, oder ich verwandelte mich in einen Grashüpfer.

Einmal verkleidete ich mich als indische Tempeltänzerin Shakuntala, die ihrem Oberpriester etwas vortanzen wollte und sich dazu schön schmückte. Irgendein Buch, wahrscheinlich ein Groschenroman von Tante Melli, hatte mich dazu inspiriert. Ich bekränzte meinen ganzen Körper mit Blumen, und dazu passte, fand ich, kein blauer Badeanzug. Also ließ ich ihn weg und trat zu meinem Vetter Gerd in die kleine Stube, sang und tanzte, bis Tante Gertrud eintrat und mich energisch hinausschickte. Drinnen ging ein mächtiges Donnerwetter nieder, ich hörte, während ich mich entfernte, was von «Schularbeiten machen» und «Nie mehr verplemperst du mit dem verrückten Ding deine Nachmittage!». Dann knallte die Tür, und die Patin stand hinter mir:

«Das ist eine Sünde, Magdalena.»

«Warum denn, Tante Gertrud?» In meinem Beichtunterricht waren solche Sünden nicht vorgekommen.

Ohne weitere Erklärung wies sie mich an, das «Grünfutter» in einen Eimer zu tun, damit sie es auf den Komposthaufen im Garten werfen könne. «Weißt du nicht, dass Pflanzen auf der Haut Ausschläge verursachen können?» Das jagte mir Angst ein, denn ich hatte, seit meiner Milchschorfgeschichte, immer wieder mit Hautproblemen zu kämpfen.

Seither habe ich mir keine Kränze mehr um den Leib gewunden, geblieben ist allerdings, dass ich mir gern Blumen ins Haar stecke.

Trotz alledem, meine Kindheit war lebendig! Es gab wunderwunderschöne Augenblicke, sogar in Zusenhofen – ich sitze allein auf einer Frühlingswiese, außer Rufweite von Tante Gertrud, und höre den Kühen zu, wie sie die Klauen voransetzen und langsam, genüsslich das Gras um die Zunge wickeln, es fein zermahlen und wieder hochrülpsen. Ein leicht säuerlicher Geruch breitet sich aus, durchtränkt für eine Weile die eben erst von der Sonne erwärmte Luft, unter der noch eine kleine Kühle lauert. Manchmal ein «Platsch!».

Ich sterbe nicht

Manchmal ist das eigene Leben wie ein fremdes Haus. Und manchmal muss man Tonnen von Schutt wegräumen, bis in einem Zimmer etwas sichtbar wird, und noch hundert Mal davor zurückscheuen.

Mit zehn Jahren bin ich dem Tod nahe. 1943, kurz nach Pfingsten. Juni. Erdbeerzeit. Im Alltag geht es drunter und drüber, und die Unbequemlichkeiten hören nicht auf, sie nehmen zu, «Ersatz» ist jetzt ein häufiges Wort, Ersatzkaffee, Ersatzhonig. Die Krankheit, die mich fast umbrachte, ist umgeben von vielen neuen äußeren Umständen, über die ich stundenlang erzählen könnte. Von «Ersatzseife» zum Beispiel, die viel lustiger ist als die bisher gebrauchte, sie schwimmt. Man kann gut Löcher reinbohren und in der Badewanne Schiffchen damit spielen. Es ist die Zeit der kratzigen Strümpfe, die schnell kaputtgehen, Mutter stopft unentwegt an dem Zeug herum, auch an Pullovern, Schürzen,

Blusen. Mir werden dauernd die Röcke zu kurz, und sie müssen «angesetzt» werden, immer ein neues Stück unten dran, rot kariert, grün-gelb gestreift, was gerade vorhanden ist oder besorgt werden kann. In diesem Frühsommer sehe ich aus wie ein «Driller», ein ringelweise bunt angestrichener, spitzer Holzkreisel, den man mit einer Peitsche zum Tanzen bringt.

Auf einem Sonntagsausflug im Juni habe ich irgendwie die Orientierung verloren. Wir sind eine große Gruppe, die morgens zu einer längeren Fußwanderung aufbricht, Mutter und ich, Peter und Christel, zwei Cousinen, Tante Melli. Unser Ziel ist ein Erdbeerdorf im Freiburger Norden. Nachdem wir Unmengen von Erdbeeren verschlungen haben, essen wir in einer Wirtschaft Erbsen und Gelbe Rüben, Fleisch auf Marken. Alles ist gut, besonders gut, ein wenig wie vor dem Krieg. Dann gehe ich mit meiner Cousine aufs Klo. Ein Plumpsklo, es stinkt dermaßen, dass ich mich grause. Unverrichteter Dinge bin ich wieder zum Essen zurück. Zum Nachtisch wieder Erdbeeren, noch vor dem Rückmarsch fängt es an mit den Bauchschmerzen.

«Jetzt geh doch endlich aufs Klo, Magdalena!»
«Ich kann nicht.»
«Du machst dir noch in die Hos!»
«Nein.»

Es ist so schlimm, dass ich kaum laufen kann. Meine Cousine erleichtert sich unterwegs, sie setzt sich auf ein Loch, das im Boden ausgehoben ist, eine Kartoffelmiete oder so was. Ich nicht, ich kann es einfach nicht. Es könnte ja jemand sehen, dass da zwei kleine Mädchen einen Haufen hinsetzen. Wirtshausgäste, die zur selben Zeit wie wir aufgebrochen sind, oder die polnischen Arbeiter auf den Erdbeerfeldern. Gerade noch haben wir im Vorübergehen die fremden Laute gehört, einige Männer und Frauen haben gesungen. Sie könnten meinen nackten Popo sehen und die Spalte zwischen den Beinen, die selbst Aphrodite in den Zigarettenbilderalben mit der Hand oder einem Blatt bedeckt hält.

Mittlerweile habe ich eine gewisse Ahnung davon, wie weit eine Landschaft ist, dass es andere Menschen gibt, deren Auge bis ans Ende des Weges reicht. Sogar der Mond könnte von oben zuschauen. In einer stockfinsteren Nacht, während der Verdunkelung, habe ich ihn sogar einmal gesehen: ein großer runder gelber Käse. Manchmal ist er auch tagsüber am Himmel, so viel weiß ich aus der Schule, ganz blass, weiß beinahe und durchsichtig, auch für Leute mit den «besten Adleraugen» kaum wahrnehmbar, hat Fräulein Pfeiffer gesagt. Trotzdem sei er da. Seit mir diese Dinge klarer geworden sind, bin ich draußen nicht mehr so ungeniert. Pipi im Freien kommt für mich auf gar keinen Fall mehr in Frage. Wenn nicht andere Spaziergänger, der Mond wird mich auf jeden Fall sehen. Oder der Mann im Mond? Schrecklich, denke ich und kneife die Beine und Pobacken zusammen.

«Lauf zu. Der Weg ist noch weit.»

In meinem Leib grummelt es fürchterlich. Zu Hause liege ich auf meinem Bett, ich fiebere. «Wenn es morgen nicht besser ist, hol ich den Doktor.» Tatsächlich kommt er, Magenverstimmung, eventuell eine Darmverschlingung, mutmaßt er, nachdem er meinen prallen, glühend heißen Bauch abgetastet hat. Ich wimmere vor mich hin, versuche, tapfer zu sein. Es dauert noch einen Tag und eine Nacht, bis der Krankenwagen mich ins Josefs-Krankenhaus bringt. Und dort, Gott sei Dank, empfängt mich ein Bekannter, Professor Wolf, der meinen Vater kurz vor dem Krieg am Blinddarm operiert hat. Über die nächsten Stunden weiß ich nichts, «ein geplatzter Blinddarm», wird mir später mitgeteilt, als ich wieder richtig wach bin. Am Bett sitzt Mutter, mit einem rosa Pfingstblumenstrauß, das ist bis dahin niemals vorgekommen, Blumen für mich. Der Professor kommt herein und redet leise auf sie ein, und sie atmet schwer.

«Sie sind spät mit dem Kind gekommen.»
«Ja, wenn der Mann nicht daheim ist. Wir Frauen wissen doch nichts.»
«Ich weiß nicht, ob es wieder gut wird.»
Jeden Tag besucht mich Professor Wolf. «Das hast du aber lang verborgen», sagt er, nicht böse, doch sehr, sehr ernst. «Du musst besser auf dich aufpassen, Magdalena.» Aus meinem Bauch hängen Schläuche, aus denen rinnt übelriechende Flüssigkeit in den Verband. Weil der nur alle zwei Tage gewechselt wird, beträufelt man ihn mit Rosenessenz. Mein Blinddarm ist angeblich weg. Blind-Darm, was für ein komisches Wort!

Nachts kommt das Fieber wieder, ich verirre mich in den Erdbeerfeldern, am Tag versuche ich ab und zu, mich aufzusetzen und das Buch aufzuschlagen, das ich im letzten Moment eingepackt habe. «Es wird heilige Kinder geben», das Buch, das ich zur Erstkommunion geschenkt bekommen habe, jetzt will ich es erneut lesen: die Geschichte der kleinen kranken Nennolina aus Rom, die mit sechseinhalb Jahren stirbt und die Jesus so liebte, dass der Papst vorgeschlagen hat, sie selig- oder heiligzusprechen. Ja, ich bin auch vom Sterben bedroht, glaube ich, deswegen falte ich, sooft es geht, meine Hände und bitte Jesus und die Mutter Maria, mir zu helfen, ein heiliges Kind zu werden.

In diesen Junitagen wurde auch mein liebes Fräulein Pfeiffer krank. Sie hielten es jedoch vor mir geheim, bis die gefährliche Krise vorüber war. Eines Abends zog mich Professor Wolf an den Füßen.

«Magdalena! Hörst du? Magdalenaaaaaaa!» Was sagt er? Ich sterbe doch, sieht der Professor das nicht?

«Du darfst jetzt ganz langsam mit dem Po bis zum Kopfkissen raufrutschen und dich dann wieder runterschaffen.»

Mechanisch gehorchte ich. Aufwärts ging es, wenn auch sehr, sehr mühsam, abwärts nicht mehr, für den Rückweg war ich zu schwach. Daraufhin fasste der Professor mich vorsichtig an den Füßen und zog mich übers Laken, linker Fuß, rechter Fuß, linker Fuß, zentimeterweise, immer nur ein winziges Stückchen. «So, das machst du ab sofort mehrmals täglich. Ein bisschen fahren in deinem Bett. Mehr nicht.» Fahren? Der hatte gut reden. Ihm zuliebe probierte ich es, und tatsächlich schaffte ich es, mit jedem Tag ein wenig besser. Und dann ging es wieder von vorne los mit dem Eiter in der Bauchhöhle. Später schienen mir diese Wochen wie ein klassischer Roman der Genesung. Was alles braucht der Mensch, um vom Beinahe-Sterben ins Leben zurückzukehren?

Auf meinem Nachttisch stand das hölzerne Ding, ein Geschenk meiner Mutter, ein Vogel mit einem Schnabel, den man rauf- und runterklappen konnte. Den hab ich jeden Morgen so gestellt, wie ich aufgelegt war. «Wie geht es deinem Vogel?», erkundigte sich Professor Wolf, bei seiner täglichen Visite sah er immer zuerst nach dem Vogel. «Ach, ich sehe, er hat den Schnabel in der Höh. Es geht dir also gut.»

«Ja, heute habe ich wenig Schmerzen.»

Der Körper machte Fortschritte, nur die Seele nicht. Im Gegenteil, sie trudelte in die andere, entgegengesetzte Richtung. Der Professor schien es mir anzusehen.

«Du willst doch weiterleben, Magdalena?»

«Nicht so arg. Mir ist egal, ob ich lebe oder nicht.»

Er fasste mich sachte bei den Zöpfen. «Das sagst du jetzt so. Du willst schon leben. Du bist doch gut in der Schule. Es geht dir doch gut.»

«Nein» mochte ich nicht sagen. Denn alle hier, der Professor, die Schwestern, die kranken Frauen, die mit mir im Zimmer lagen, wollten, dass es mir gutgeht. Niemals zuvor hatte ich so viel Aufmerksamkeit erfahren, nie war ich so verwöhnt worden. Dabei hatte sich wohl mein Panzer gelöst, das trotzige Was-ich-nicht-kriege-brauche-ich-nicht. Jetzt hatte ich es, das, was alle brauchen, eben auch ich. Mittlerweile fast schmerzfrei, war ich hier wie im Paradies, einem wirklichen Paradies, und ich wollte nicht mehr weg von hier, fürchtete den Tag, an dem ich für gesund erklärt und nach Hause geschickt wurde. Vier Wochen waren bereits vergangen, nach der fünften war es so weit: Ich nahm tränenreich Abschied.

Vorsicht mit Obst und rohem Gemüse, schärften die Schwestern meiner Mutter, die mich abholte, noch ein. Zu Hause schrien die beiden Kleinen wie am Spieß. Anderntags kam der Doktor zu ihnen, Peter und Christel hatten Masern, unsere arme Mutter musste nun drei mehr oder weniger kranke Kinder versorgen, wegen der Ansteckungsgefahr in zwei getrennten Zimmern. Zweimal Krankenkost, die einen Frisches, ich Gekochtes.

Sobald Mutter zwischendurch verschwand, um Arbeiten im Haus oder in der Werkstatt zu erledigen, besuchte ich die Geschwister nebenan. Sie lagen matt und jammernd da, und ich plünderte die Teller mit den verführerisch duftenden Erdbeeren und Kirschen, den feinen Rettichscheiben, die Mutter ihnen hingestellt hatte. Mein Bauch rebellierte nicht, und komischerweise schien ich auch gefeit gegen die Masern. Gegen Ende des Sommers nahm ich die Herumstreunerei wieder auf.

Tief drinnen bewahrte ich die Sehnsucht nach dem verlorenen Paradies. Momentan war damit nichts anzufangen, später vielleicht. Viele Male im Leben habe ich an solchen gefährlichen Wendepunkten gestanden, die Grundfrage war eigentlich immer dieselbe: Bleibe ich das bös gekränkte Kind, oder finde ich einen Weg für meine Sehnsucht?

Jungmädel mit Sonderaufgaben

Freiburg war 1943 in immer größerer Unordnung, und ich wurde ganz und gar in Anspruch genommen von der neuen Schule. Fräulein Pfeiffers langanhaltende Krankheit bedeutete das Ende der Zimmerschule, und die Frage war jetzt, wohin. «Die Magdalena braucht guten Unterricht, aber keine Blindenschule, um Himmels willen nicht.» Wieder dieses schlimme Wort. Mutter hatte sich mit den Schwestern von St. Lioba deswegen beraten, welche die Angell-Schule empfahlen. Ebenfalls eine Privatschule, aber eine viel größere, sie wurde von einem Ehepaar geleitet, Herbert und Charlotte Angell.

Der «Häuptling», Herr Angell, hatte eine Breecheshose an und um den Hals einen aufgelegten weichen Schillerkragen. Er und seine Frau, wurde mir später erzählt, waren Mitglieder der Jugendbewegung gewesen, aus Königsberg beide, und hatten in diesem Geiste und als Fremde in der Stadt diese Schule gegründet, waren dann zum Nazitum gestoßen, aus Überzeugung, sagen einige, vielleicht auch nur zum Schein, um einen Schutzraum für die Schüler zu schaffen. Für mich war es einer, ich fühlte mich wohl, trotz der Strenge, die hier herrschte. Wenn man etwas «ausjefressen» – Herbert Angell sprach ostpreußischen Dialekt – hatte, wurde man nicht vom Lehrer bestraft, sondern musste ins Zimmer 8, also ins Chefzimmer, und bekennen. Um die große Pause herum stand eine lange Galerie von Jungen dort, seltener Mädchen. Die Tür ging auf. Mal fing der Rex vorne in der Schlange an, mal hinten, man konnte sich schwer ausrechnen, ob man noch drankam oder entwischen konnte, weil vielleicht das Telefon klingelte. Auf die Art lernten wir, zu unseren Taten zu stehen.

Ansonsten war Leistung gefordert. Durch den Krieg bedingt, weil so viele Lehrer an der Front waren, ergaben sich aber ungewöhnliche Freiheiten. Wir hatten eine berühmte Bildhauerin als Zeichenlehrerin, Eva Eisenlohr, eine Anthroposophin. Sie war der erste Mensch, den ich kannte, der werktags in langen Kleidern herumlief, vorzugsweise in Rostbraun oder Lila. Diese Dame hat uns einfach eine Geschichte erzählt, die durften wir malen. Zuerst die Sage von Herakles, Sturz der Zentauren, der Augiasstall und so weiter, das war schwierig für mich. Aber die Äpfel der Hesperiden, damit konnte ich etwas anfangen, da hab ich lauter lila gekleidete Frauen mit orangefarbenen Äpfeln gemalt. Sie waren wirklichen Frauen und wirklichen Äpfeln nicht ähnlich, doch die Stimmung, das Orange zum Lila, war mir gelungen, die hat Frau Eisenlohr unheimlich gefallen. Plötzlich bekam ich im Zeichnen eine Eins.

1943 wurde ich, etwas verspätet, Jungmädel. Mein Vater hatte aus Russland geschrieben, er erlaube es mir keinesfalls. Ich musste seinen Brief dem Rex zeigen, der wiederum Mutter einbestellte und ihr erklärte, es wäre nicht günstig, wenn ich mich wegen der Augen entschuldigen ließe. Sonst würden die Behörden, das Oberschulamt und das Gesundheitsamt, bei ihm anfragen, warum ist das Kind nicht in der Blindenschule, und eben das ginge nun gar nicht. Ich selbst wollte unbedingt Jungmädel sein, wollte nicht schon wieder ausgeschlossen sein, zumal meine ganze Clique aus der Pfarrgruppe vom Münster schon dabei war.

Dank dem Rex sah ich bald aus wie alle anderen: dunkelblauer Rock, weiße Bluse, wie ein Bubenhemd geschnitten, die am Rock angeknöpft wurde, braune Wildlederjacke, Ersatz natürlich, nach Möglichkeit braune Schuhe und, wenn es ging, blütenweiße Söckchen an den möglichst sportlich gebräunten Beinen. Ich mochte die Uniform, ich mochte, ehrlich gesagt, das Jungmädel-Leben überhaupt, aus dem einfachen Grund, weil nämlich hier nie ein Unterschied gemacht wurde. Was ich nicht konnte, musste ich eben durch andere Leistungen ersetzen. Wenn Geländespiele gemacht wurden, war ich Feuerwache, oder ich hatte die Schnitzel für die Schnitzeljagd auszulegen, etwas, was im Gehtempo geschehen durfte, die Jagd selbst wäre zu schnell für mich gewesen. Zackig singen «Die Fahne hoch» und einwandfrei im Tritt marschieren waren kein Problem für mich. Grölen, ohne zu denken, herrlich!

«Wildgänse rauschen durch die Nacht,
mit schrillem Schrei nach Norden.
Unstete Fahrt, habt acht, habt acht,
die Welt ist voller Morden.»

Immer häufiger ertönten die Alarmsirenen. Überall in unserem Haus standen auf den Treppenabsätzen große Wasserbottiche und Sandeimer sowie Feuerpatschen, also mit Säcken umwickelte Strohbesen, die man nass machen und mit denen man auf die durch Brandbomben entstehenden Flammen draufhauen konnte. Im Flur hatte jedes Familienmitglied seinen Rucksack, aufgereiht in einer festgelegten Folge, vornean der von Peter, dahinter meiner, Christels Sachen waren in Mutters Gepäck. Wenn die Sirene nur Voralarm blies, dann brauchte man nicht ins Bett, man wartete ab. Bei Hauptalarm schnappten wir Wintermäntel und Rucksack, Schulkinder wie ich auch die Schultasche, und ab in den Luftschutzkeller. Das war so perfekt eingespielt, als wären wir Soldaten.

Meist saßen wir mehrere Stunden im Keller. Die Erwachsenen spielten Karten, wir Kinder schliefen meistens, wenigstens in der Nacht. Kam der Alarm abends sehr spät, fing die Schule anderntags erst mit der zweiten oder dritten Stunde an. Im Glücksfall fiel Mathe aus, fehlende Hausaufgaben wurden nur lässig gerügt.

«Magdalena, nicht abspringen!», rief Mutter mir hin und wieder nach, meistens jedoch vergaß sie es. Ich sprang, wann ich wollte oder es unvermeidlich war, ich war viel geschickter geworden darin. Warum sollte ich etwas nicht dürfen, wenn das, was ich tun musste, genauso gefährlich war, zum Beispiel täglich meine Schwester ausfahren? «Du hast eine große Verantwortung, Magdalena.» Wer sonst, bitte schön, hätte Christel kutschieren sollen? Nachmittags zog ich missmutig mit dem dunkelblauen, rosa ausgeschlagenen Kinderwagen los, dahin, wo «gute Luft» war, auf den Schlossberg. Auf den Schlängelwegen mit den vielen Stufen polterte der Wagen heftig, man musste ihn gut festhalten, damit er nicht kippte. Er kippte wirklich nie, doch spätestens in der dritten, vierten Kurve kam der Gelbe-Rüben-Brei, den ich vorher gefüttert hatte, wieder zum Vorschein. Säuerlich riechende Kotze – sie verdarb das schöne Kissen, wenigstens das hatte ich erreicht. «Christel ist wieder mies geworden», verkündete ich stolz bei meiner Rückkehr.

Im Winter 1943/44 fuhr ich viel alleine Schlitten, «Bob», wie wir sagten, den Serpentinenweg am Schlossberg runter, zwischen dem Dunkel der Sträucher hindurch, dem sich windenden Hellen nach, mit Indianergeheul über jedes Höckele. Die Füße nur zum Korrigieren des Kurses einsetzend, selten, um die Geschwindigkeit zu verringern, nur, wenn jemand am Vortag die Unebenheiten im Gelände zusätzlich vereist hatte. Das ging so: Man häufte dick Schnee auf, und dann pinkelten die Buben ausgiebig drauf. Am Wochenende rasten die größeren Kinder in langer Kolonne die Strecke hinunter, ich war mit von der Partie. «Magdalena muss hinten sein.» Die anderen hatten Angst, ich könnte, wenn ich vorne oder mittendrin führe, im Falle einer Karambolage nicht schnell genug handeln. Deswegen war ich der letzte von sechs oder sieben Schlitten, ich lag bäuchlings, die Hand am vorletzten eingehängt. Und wir rauschten kreischend ineinander.

In der Angell-Schule hatten wir jetzt Rassenkunde. Es ging um die Merkmale der Guten, Auserwählten, und ich fragte entgeistert: «Und was bin ich?» Prompt holte mich der Lehrer nach vorne. Ich, Magdalena, sei durch und durch «ungermanisch», sagte er zur Klasse, dunkle Haare und Augen, hohe Backenknochen, braune Haut. Ich heulte laut auf und stampfte mit den Füßen und wollte fortgehen, nie mehr, nie mehr in diese Schule. Nach der großen Pause wurde ich ins Zimmer 8 gerufen, zusammen mit der blond gelockten Anita. Ich dachte, es käme nun eine Rüge oder Ohrfeige für mein zorniges Betragen. Stattdessen bat mich der Rex, mich hinzusetzen und doch mit dem Weinen aufzuhören. Ich sei doch ein tapferes Mädchen, sagte er freundlich, auch wenn ich nicht wie eine Germanin aussähe. «Das geht vielen Deutschen so, das kommt von den Vorfahren.» Und er fügte tröstend hinzu: «Deine Mutter ist doch blond und blauäugig, und wenn du einen blonden oder rothaarigen Burschen heiratest, wirst du bestimmt blonde Kinder haben.» Ich verstand nicht, was er damit sagen wollte, nicht wirklich. Spielte er auf den rothaarigen Rudi an, meinen besten Raufkollegen, mit dem ich oft in Zimmer 8 erscheinen musste und den ich gern hatte? Den also sollte ich heiraten und nicht Georg, der dunkelhaarig war wie ich und auch gern malte, dessen Beschützerin ich war, den ich mal aus dem schönsten Gewühle, wo er zuunterst lag, rausgehauen hatte und noch lieber mochte als Rudi?

Das Mädchen, das nach mir in Zimmer 8 gerufen wurde, war nicht mehr lange bei uns in der Schule. Eines Tages fehlte die blonde Anita. Von der Englischlehrerin, die wir alle gern hatten, erfuhren wir, Anita wäre «verzogen». Viele verzogen damals, das wusste ich von der Versteigerungstante Liesel. Wohin? Das Gelände, das für Fragen nicht zugänglich war, wurde größer und größer. Selbst ich wurde vorsichtiger, gewöhnte mich daran, Regeln zu beachten, und vor allem, endlich den Mund zu halten.

Nach wie vor ging ich in die Pfarrei. Wir hatten unsere Gruppenstunde in der sogenannten Kooperatur, einem alten Haus, in dem es eine «Raubritterburg» gab, einen urtümlichen Saal mit Steinboden und Balken, auch im Sommer eiskalt. Damals lernten wir die Geschichte vom heiligen Martin:

ein Mann aus Tours, hieß es, ein Franzose. Beim Jungmädel-Treffen wiederum wurden die Franzosen als böse Menschen dargestellt. In der Gruppenstunde beim Pfarrer hörten wir, wir sollten unsere Feinde lieben, beim Jungmädel-Treffen, wir müssen sie hassen, weil sie uns auch hassten. Oft folgten die beiden Stunden aufeinander, wir rannten aus dem Raubrittersaal auf den vor dem Gebäude liegenden Münsterplatz, um zu exerzieren. Wenn es ganz toll kam, gingen wir danach noch in die Maiandacht, in Uniform.

Immer dieses Zweierlei, wir wechselten vom einen ins andere und zurück. Wir gehörten zwei Welten an mit total konträren Geboten. In meinem Kopf waren sie so vollständig und säuberlich getrennt, dass mir bei der Gewissenserforschung für die heilige Beichte nie ein böser Streich aus der Jungmädel-Stunde in den Sinn gekommen wäre. Sündigen tat ich nur in dem Bereich, der zur Kirche gehörte, ich beichtete: «Habe in den Taufbrunnen gespuckt. Habe beim Gottesdienst alte Frauen angerempelt. Habe aus dem Werktags-Gesangbuch die Lauretanische Litanei herausgerissen und verraucht.»

«Verraucht?»

«Ja. Ich mache aus Waldreben oder aus Buchenlaub Zigaretten, da muss doch Papier drum.»

«Mädle, gib acht auf dich.»

Beim «Ego te absolvo» wurde mir leicht ums Herz. Draußen vor dem Münster grölten sie «Heil Hitler!».

Mein Lieblingslied «Meerstern ich dich grühühühüsse» sang ich immer noch mit derselben unschuldigen Freude wie mit vier Jahren, als die Stallschwester von St. Lioba es mir beigebracht hatte. Meine starke Beziehung zum Kloster der Benediktinerinnen war geblieben, besonders zu Schwester Ottilie.

«Was singen wir im Mai, Magdalena?» Wir spielten das vertraute Spiel.

«Salvehe Reeeegiiiina!»

«Und was noch?»
«Rooose ohne Dohohohornen, oho Mahariiiihijahaaa hilf.»
Zur Belohnung durfte ich an den Rosen riechen. Schwester Ottilie bog die Stängel so für mich hin, dass ich mich nicht an den Stacheln verletzen konnte. Kein Jahr, in dem ich nicht zur Himbeerzeit im Klostergarten erschien, sie hatten eine ganze Himbeerplantage dort. Ich durfte, obwohl ich sicherlich dabei allerhand Schaden angerichtet habe, mithelfen beim Zupfen – und essen, so viel ich wollte.

Einige Male habe ich während des Krieges unseren berühmten Conrad Gröber predigen hören. Berühmt deswegen, weil er anfangs einen Versuch gemacht hatte, mit Hitlers Leuten zurechtzukommen, später dann, als er sah, dass es nicht ging, ihr Feind wurde. Unser Erzbischof war ein unerschrockener Prediger. Sprach er, war das Münster gesteckt voll, teils von echten Zuhörern, die sich Mut holen wollten, teils von Neugierigen, und wie alle wussten, waren auch Aufpasser in Zivil anwesend, die auf kritische Äußerungen lauerten.

Rückblickend muss ich mich über unsere Mutter wundern. Ausgerechnet sie, die gelernte Evangelische, hat die katholische Festung wacker verteidigt. Nach wie vor hing bei uns das Kreuz überm Küchentisch, über meinem Bett der Weihwasserkessel und daneben alle Bilder von meiner Kommunion. Nirgends ein Hitlerbild, sehr zum Ärger von Tante Liesel, die uns viel half, Dinge besorgte, die es längst nicht mehr gab, Konzertkarten sogar. Mutter ließ sich ihre Überzeugung jedoch nicht abkaufen, sie gab dem Druck ihrer fanatischen Schwester nicht nach.

Mir erschien sie kämpferischer als früher, ihre Stimme kräftiger. Auch ihr Körper, soweit ich das erkennen konnte. Einmal stand Mutter im Licht, am Küchenfenster, sie stützte sich leicht auf die Anrichte, ich sah den Bogen ihrer Hüften, ganz deutlich, und dachte, wie breit sie sind. Ich erinnere mich an eine Szene, da hat sie einem Kerl, der sie und mich angriff, gehörig den Marsch geblasen. Wir hatten einen neuen Metzger im Viertel, bei dem sie schon zwei, drei Mal gewesen war, zusammen mit Peter und Christel, und an diesem Tag nahm sie mich mit.

«Was ist denn das für ein dunkler Rabe? Ist das auch Ihr Kind?»

«Das ist unsere Älteste, die Magdalena!», erwiderte Mutter bestimmt. In mir krampfte sich alles zusammen, und noch ehe ich mich an sie drücken konnte, fasste sie meine Hand.

«War wohl nen fremder Guller aufm Hof.»

«Das verbitte ich mir!» Mutter war außer sich.

Beim nächsten Fronturlaub schickte sie Vater zu dem Metzger, er solle dort mal ordentlich auf den Tisch hauen. Tatsächlich entschuldigte der Mann sich und schenkte Vater zum Zeichen seiner Reue einen großen Ballen Schwartenmagen. Mutter hatte mich verteidigt, beide, Vater und Mutter, hatten in einer schwierigen Situation zu mir gestanden. Mit dem «fremden Guller» (alemannisch für Gockel) konnte ich natürlich nichts anfangen, auch nach Mutters kurzer Erklärung nicht. «Dieser Idiot», sagte sie zu mir, meint, sie habe mit einem anderen Mann «ebbis g'het».

«Ebbis?» Auf Hochdeutsch: «Etwas». Ich wurde daraus nicht schlau. Als Wörterkind ließ mir das keine Ruhe, bis auf weiteres legte ich das «ebbis g'het» in einer gesonderten Rubrik ab: harmlose, unbestimmte Ausdrücke, in denen sich noch eine Art Geheimtür verbirgt, zu der nur Erwachsene einen Schlüssel ausgehändigt bekommen.

Im Frühjahr 1944 ergab sich erst mal unerwartet ein neues Abenteuer: Ich lernte Französisch.

April

.

Konrad und ich hocken Seite an Seite auf der Steinbank unterm Apfelbaum. Es ist sonnig, beinahe windstill. Eigentlich hatten wir uns vorgenommen, zwei Wochen vor der Goldhochzeit nichts anderes zu tun, als im Garten zu sitzen – nur dasitzen und sonst nichts.

Denn alles ist gut vorbereitet und für richtig befunden worden. Märlingen soll es sein, im Kirschblütenland wollen wir feiern, das Menü im guten alten «Hirschen» ist bestellt. Auch die Sondergenehmigung für die evangelische Kirche ist endlich da, wir sind als Katholiken samt mitgebrachtem Pfarrer (und Organisten, den haben wir in der Familie) willkommen. Roben, Accessoires, alles beisammen, sogar der elfenbeinfarbene Schal, und zu Konrads braunem Anzug das gewünschte Hemd, in Lichtrosa. Spätestens nach den Osterfeiertagen hätte also endlich die Ruhe einsetzen können.

Konrad verschwindet jedoch dauernd irgendwohin. Ich rufe ihn zu Mittag, ich rufe ihn zum Abendbrot. Wie üblich liest er vor dem Essen einen Psalm aus seinem geliebten Qumran-Buch vor.

«Er schuf die Nacht, die Sterne und ihre Bahnen
Und ließ sie leuchten.
Er schuf die Bäume und jede Beere des Weinstocks
Und alle Früchte des Feldes.
Und er schuf Adam mit seinem Weibe.»

Konrad wählt die Texte beziehungsvoll aus. «Und er ordnete die Monate, die heiligen Feste und die Tage.» Spricht's, klappt das Büchlein zu und entwischt wieder, ins Gewächshaus, zu seinen Hasen, mich meinen Grübeleien überlassend. Wir leben nicht leicht miteinander, beide nicht. Wir sind noch lange nicht das gesetzte, über alle Schwankungen erhabene Ehepaar. Konrad ist der Fels, Magdalena ist der Störsender, so war es von Anfang an. Und ich bin, so seltsam das klingen mag, ein visueller Mensch, und er nicht, jedenfalls ist er auf dem Gebiet des Sehens ohne Leidenschaft.

All die Tage vor dem großen 19. April, und auch in der Nacht, bleibe ich unruhig. Um mich zu besänftigen, habe ich die Jagd nach Schlüsselblumen wiederaufgenommen. Als Kopfputz fürs goldene Jubiläum hatte ich mir einen Schlüsselblumenkranz ausgedacht. Wegen der anhaltenden Wärme sind sie vor der Zeit verblüht. Noch einmal frage ich bei den Kindern in der Nachbarschaft herum, ob nicht an einem schattigen Plätzchen noch welche sein könnten, im Talgrund, am Nordhang. «Nein, im Schwarzwald oben vielleicht», aber so weit würden sie mit den Fahrrädle nicht ausschwärmen.

Nun also sind wir endlich am verabredeten Ort, unterm Apfelbaum. «Weißt du noch, dass ich kurz vor der Hochzeit dir zuliebe stricken gelernt hab?» – «Still, Magdalena.» Konrad will schweigen, so ist er. Und ich wünsche mir wie immer, dass er mich anschaut und schön findet.

Hyazinthenduft zieht vom Rande der Terrasse zu uns herüber. Ein Gebrumm und Gesumm, die Luft ist erfüllt von der Geschäftigkeit der Bienen. Sssss, sssss, Anflug, Pause, sssss, Abflug. Einzelne ganz nahe, weiter hinten sind es Hunderte, ihre Flugbahnen gehen kreuz und quer durch unseren Garten, vor allem zum Kirschbaum scheinen sie zu fliegen.

19. April 2010, abends: Einer der glücklichsten Tage meines Lebens ist vorbei. Wir kriegten unerwartet sogar noch ein Geschenk von höchster Stelle. Am frühen Morgen war uns die Stille aufgefallen, und dann wieder auf dem Weg zur Kirche, und wieder, als wir, benommen vom Jubel der deftigen Märlinger Orgel, hinaustraten. Die anderen wendeten ständig ihre Blicke nach oben, fassungslos über die Leere – kein Flugzeug, nicht ein einziger weißer Streifen, weder westwärts in Richtung Paris noch südwärts auf Basel zu. In Island hat sich die Erde geschüttelt, ein Vulkan auf der fernen Insel hat Asche in die Atmosphäre gespien. Ein unmotorisierter Himmel – wann hat es das zuletzt gegeben, einen Himmel, der nur den Vögeln und den Engeln gehört? Von mir aus könnte es so bleiben. Die ganze kleine Festgesellschaft war übrigens dieser Meinung.

Der Sommer chez Colette

In einem Krieg würde ich mich heute nicht mehr orientieren können, ich müsste da sitzen bleiben, wo ich gerade bin. Wie viel Prozent Sehkraft mag ich im letzten gehabt haben? Zwei Prozent auf dem sehenden linken Auge, vielleicht ein wenig mehr, gemessen wurde damals nicht.

Ostern 1944 haben wir noch in Freiburg gefeiert. Etwa um die Zeit herum kam ein Brief von Vater. Nicht mit der Feldpost, ein Kamerad brachte ihn vom Polarkreis mit, «schöne Grüße von Johann Eglin», er sei noch gesund und wünsche frohe Feiertage. Ich weiß noch, dieser Soldat in Kurierdiensten schlief ein paar Nächte auf der feinen grünen Samtcouch mit den goldenen Vögeln. Inzwischen war sie zum Gästebett umfunktioniert, nun ständig mit einer braunen Decke überworfen, mal schliefen Verwandte darauf, oder wir kriegten Einquartierung von Evakuierten. An diesem Ostern waren wir noch einmal im Münster, haben «Das Grab ist leer, der Held erwacht» gesungen. Am Ende sind wir in der weihrauchgetränkten Stille sitzen geblieben und haben Gott gebeten, den Vater zu beschützen.

Vor Pfingsten noch zogen wir nach Kirchzarten um, zu Colette Rojahn. Hier begann für mich eine neue, ganz besonders aufregende Zeit, gefährlich und auch voller Wunder. Schon länger hatte Colette meine Mutter eingeladen, mit der Familie zu ihr zu kommen, raus aufs Land, in ihre Villa mit Garten. Colette war die Dame, bei der Mutter einst den Haushalt erlernt hatte, seitdem waren die beiden so etwas wie Freundinnen. Wir Kinder kannten und liebten das Riesenhaus und die zierliche Französin. Ebenso ihren Gatten, den Herrn Direktor, er war Peters Patenonkel. Zwei Jahre zuvor hatten wir schon einmal da gelebt, weil Madame sich den Fuß gebrochen hatte und Mutter sie im Haushalt unterstützen sollte. Mittlerweile war sie ganz allein, ihr Mann sei im Gefängnis, hieß es. Wir waren bei ihr willkommen. Unsere Mutter, von den Freiburger Verhältnissen zermürbt, folgte entschlossen dem herzlichen «Bienvenus».

Zuflucht de luxe, könnte man sagen. Zwei evakuierte Dortmunder Mädchen, etwas älter als ich, waren noch im Haus, und drei Hunde, eine zusammengewürfelte, fidele Familie. Wir waren alle Madames Kinder, sie hatte keine eigenen. Etwas über fünfzig muss sie damals gewesen sein. Eine niedliche Erscheinung, ein Püppchen wie meine Jacqueline aus Paris, mit schwarz gefärbten, glänzenden Haaren und hohen, zum Trippeln geeigneten Schuhen. Sie bewegte sich so elegant und schön, dass es sogar mir auffiel. Ich versuchte immer wieder, ihren Gang nachzumachen, doch es gelang mir nicht, ich war einfach zu ungelenk. Die Villa in der Höllentalstraße war wie ein kleines Pensionat, auch Mutter gehörte zu uns Zöglingen. «Elseken» rief Madame Colette sie, und sie nannte sie «Mutter».

«Madeleine, viens ici!» Das war ich. Peter war «Pierre» oder «Pierrot». Und die dreijährige Christel «Chou Chou», der Liebling.

Ich sehe heute noch den Kiesweg vor mir, die holprige, lange Lindenallee, über die ich jeden Morgen aufs Gittertor zustürmte. Mir sind einige Narben am Knie geblieben, weil ich meistens so schnell lief, dass die Steine spritzten und ich fiel. Aufstehen, nur rasch wieder auf die Füße, ich musste ja zur Schule, ins zehn Kilometer entfernte Freiburg, ich hörte die anderen schon auf der Höllentalstraße laufen. Ab zum Bahnhof! Zusammen mit etlichen Dorfkindern und einer Gruppe von Dortmundern, die in Kirchzarten untergekommen war, fuhren wir mit dem Zug in die Stadt. Hin war keine große Sache, nur das Heimkommen war schwierig, denn es brausten fast täglich die Tiefflieger durchs Tal. Dort verlief eine wichtige Nachschubstraße, hauptsächlich von Militärlastwagen befahren, parallel dazu die Bahnlinie. Mittags fuhr nur selten ein Zug, erst abends, nach Einbruch der Dunkelheit, krochen die Personenwaggons wieder in Richtung Höllental.

Nach Schulschluss musste ich sehen, wo ich blieb. Ging ich zu Imogen, der kleinen Baronesse? Schularbeiten machten wir nur noch selten zusammen, wir waren Kumpane im Streunen geworden. Von zu Hause brachte sie manchmal geklauten Zucker mit, und mit ihrem Geld, das nicht immer Taschengeld war, besorgten wir uns, was wir so kriegen konnten, zum Beispiel jede Menge Halspastillen. Wir lutschten sie, anstelle von Bonbons, die es nicht mehr gab, irgendwo in den Büschen.

In die Erasmusstraße konnte ich natürlich gehen, den Schlüssel von unserer Wohnung hatte ich stets dabei. Doch es zog mich nichts nach Hause, was sollte ich dort, in den leeren Zimmern? Großvater war so wacklig geworden, er machte die Haustür nicht mehr auf. Nur bei drohenden Fliegerangriffen versuchte ich, möglichst in der Gegend zu sein, bei Alarm sauste ich in den nahen Schlossbergbunker. Als Anwohnerin stand mir ein Platz zu, und mir war die unterirdische Welt dort am besten vertraut. Als Kind war ich schon einmal in den riesigen Naturkellern gewesen, wo Bier und verschiedenste Vorräte lagerten, und ich hatte mit verfolgt, wie über die Jahre ein ganzes System von Tunneln und unterirdischen Räumen entstanden war. Bis unter den Schlossgarten ging der weitverzweigte Bunker inzwischen, und es wurde immer noch weitergegraben. Ich drängte mich zwischen den vielen aufgeregten Menschen durch die Gänge bis zu dem großen Felsensaal. Er war so hoch wie ein Kirchenschiff, der sicherste Platz, hieß es, mit Luftzufuhr von draußen und mit guten, hellen Glühbirnen an der Wand. Kaum dass ich saß, vertiefte ich mich in das Buch, das ich mithatte.

In diesem Sommer 1944 las ich «Die Höhlenkinder», eine

lange Geschichte mit vielen Bänden, die ich mir aus der Volksbibliothek, deren eifriger Kunde ich war, nach und nach auslieh. Ich versank ganz in der Welt von Eva und Peter, in der Einöde des Gebirges, das «Dolomiten» hieß. Die beiden, ungefähr so alt wie ich, waren Waisenkinder, nach dem Tod der Pflegeeltern ganz auf sich gestellt, mutterseelenallein. Durch einen Erdrutsch war ihr Tal von der Außenwelt abgeschnitten. Sie lebten in einer Höhle, und sie mussten alles, was man zum Überleben braucht, lernen. Welche Pflanzen und Pilze essbar sind, wie man eine Steinaxt macht. Ich konnte nicht aufhören mit dem Lesen, ich fror mit ihnen und sehnte mich nach einem wärmenden Feuer. Wie die Steinzeitmenschen leben Eva und Peter, sie müssen die Welt neu erschaffen, und ich fühlte mich ihnen nahe. Solche wie sie hätte ich gern als Schulkameraden gehabt.

Ich war allein. Möglicherweise waren im Bunker Verwandte, die ich nicht sehen konnte, es waren ja viele hundert Leute um mich herum. Einmal glaubte ich in der Ferne die Stimmen von Tante Regina und Ricki zu erkennen. Wir suchten einander nicht, die Verwandten mich nicht, ich nicht sie. Nicht einmal Großvater aufzuspüren, bemühte ich mich. Warum eigentlich lauschte ich nicht, ob da das vertraute Räuspern zu hören ist? Er war ganz bestimmt da, irgendwo im Labyrinth der Gänge oder in einem der Säle, wo sonst sollte er bei Alarm gewesen sein? Wirklich seltsam, ich erinnere mich nicht, ihm je im Bunker begegnet zu sein. Man kann es wohl nur als Symptom einer tiefen Entfremdung in der Familie deuten, und auch ich war in meinen Gefühlen davon beeinflusst, nicht mehr frei.

Von draußen war im Bunker nie etwas zu hören, man wusste nicht, was oben gerade passierte, ob die feindlichen Verbände schon über der Stadt waren.

«Sind wir heute dran?»

«Wir kommen nicht dran, weil wir Lazarettstadt sind.»

Viel geredet wurde nicht, und auch nur über dieses eine

Thema. Gerüchte liefen um, Churchill hätte eine Tante in Freiburg, deswegen wären wir alle geschützt. Es wurde spekuliert, ob der Bunker hält, wenn mal ein voll mit Bomben beladenes Flugzeug gegen den Schlossberg stößt. Leute, die später dazukamen, erzählten: «Der Himmel ist rot.»
«Steht das Schwabentor?»
«Es steht. In der unteren Schlossbergstraße gab es einige Treffer.»
Ich sperrte die Ohren zu und las in meinen «Höhlenkindern». Auf die naheliegende Parallele kam ich nicht: dass ich und wir alle heute oder sehr bald in der Steinzeit landen könnten. Mit elf Jahren ist Weltuntergang undenkbar, und auch der eigene Tod. Natürlich war mir bange. Sobald meine Gedanken vom Buch abschweiften, begannen sie wild zu kreisen, um Mutter, Vater und darum, was alles kaputt sein wird. «Kaputt», alles in meinem Kopf drehte sich um dieses Wort, es drängte auf die Zunge, «kaputttttt», hinter dem «t» stürzte es ab in die Stille. Nach der Entwarnung krabbelten wir aus dem Bunker hinaus, und wenn es draußen ausgesehen hat wie vorher, waren wir froh.

Man hatte die Lazarettstadt respektiert! Die riesenhaften roten Kreuze auf weißem Grund, die auf die Dächer der großen Gebäude gemalt waren, hatten wieder mal gewirkt. Freiburg konnte sich weiterhin um die Verletzten kümmern, die zum Teil von weit her gebracht wurden. Von ihnen war die Stadt voll, von Soldaten an Stöcken, meistens waren es Deutsche, hier und da ein Italiener. Tack, tack, Humpelschritte, tack, tack, überall auf den Straßen. Bei gutem Wetter standen sie in Grüppchen an den Ecken, besonders am Münsterplatz, und rauchten. Ab und zu sprach mich einer an, im fremden Dialekt: «Min Deern.» Oder: «Marjellchen.»

Für mich bedeutete gutes Wetter Herumlungern bis zur Dunkelheit. Am sichersten und bequemsten kam ich bei grauem Himmel heim, besonders bei Regen. Noch besser war Nebel. Dann konnte ich die zehn Pfennig für die Tram und die vierzig Pfennig für die Bahn sparen und suchte mir ein Soldatenauto. Ich musste nur zu der Stelle laufen, wo die Straße aus dem innerstädtischen Verkehr ins Höllental abzweigte. Dort mussten die Militär-LKWs langsam fahren, ganze Konvois waren es, und damit sie richtig abbogen, stand ein Schutzmann auf der Kreuzung. Ich winkte, wenn ich eines dieser braungrünen Ungetüme näher kommen hörte, das erste, spätestens das zweite oder dritte hielt meistens. Ob Führerhaus oder Ladepritsche, egal, man war in einer Viertelstunde in Kirchzarten, völlig umsonst und trocken, oft noch mit Verpflegung. Die Soldaten waren Kinderfreunde, da fiel ein Stück Schokolade, ein Bonbon ab, auch mal ein Stück Brot. «Ach, du siehst nicht gut.» Sie merkten es schon beim Einsteigen, entweder an meinen suchenden Händen, möglicherweise auch, weil ich sie nicht anguckte, und waren umso netter.

Vor Mutter hielt ich diese Touren erfolgreich geheim, bis zu jenem Junitag, an dem kurz hinter Freiburg die Wolkendecke aufriss. Wetterwechsel war das größte Risiko. Unvermittelt konnten «Jabos» auftauchen, Jagdbomber, die kleinen, schnellen, sehr wendigen Flugzeuge. Ihre Piloten steuerten sie tief über die Täler und schossen. Rrettt, rrettt, ich kannte den Ton gut und wusste, was zu tun war. Runter vom Lkw und rein in den Straßengraben oder unter die nächste Brücke. Und warten. Mehrmals an diesem Nachmittag habe ich in Deckung gehen müssen. Nach langem, immer wieder unterbrochenem Fußmarsch kam ich in der Kirchzartener Villa an, zitternd, völlig verdreckt.

Angst und Abenteuerlust wechselten einander ständig ab. Es war ein heißer Sommer, ungewöhnlich beständig, von Schauern und kurzen Eintrübungen abgesehen. Gelegentlich mal ein Hitzegewitter, so heftig, dass ich mich verkroch. War das wirklich Petrus, der da donnerte? Ich genoss die Nachmittage, an denen ich in Kirchzarten sein konnte, und die langen Sonntage dort. Unser Grundstück lag am Ortsrand, ringsum Äcker und Wiesen, ein Bach floss an seiner Südgrenze entlang, vorn stand hoch der Mais. Dichte Hecken schützten es so, dass man nicht hineinsehen konnte. Das Haus von Colette war riesig, ein herrschaftlicher Treppenaufgang, von dem aus man in eine säulengetragene Vorhalle kam, in der nachmittags gemütlich Kaffee getrunken wurde. Anfangs hatte mich das alles eingeschüchtert, doch das war längst vorbei.

Wir Gäste durften uns überall frei bewegen. Ich sauste durch die Räume, Küchentrakt, Halle, Wintergarten, er war voller Vögel und Aquarien mit bunten Fischen, vom Damenzimmer mit Kamin ins Herrenzimmer, Speisezimmer, Musikzimmer, Bibliothekszimmer. Von den meisten Räumen im Erdgeschoss kam man direkt ins Freie, über eine kleinere oder größere Terrasse, in den Garten. Ein «englischer Garten», sagte uns Madame, von imponierenden Ausmaßen. In der Mitte, zwischen Beeten und Büschen und Bäumen, von denen einige Früchte trugen, ein Schwimmbassin mit einer Vorwärmanlage, die man auch als Planschbecken benutzen konnte. Welches Kind wäre da nicht vor Freude verrückt geworden?

«Madeleine!», rief Madame. Ich war Madeleine, der neue französische Name machte mich zu einer würdigen Bewohnerin dieser neuen Welt, in der besondere Gesetze galten. Türenknallen zum Beispiel war darin nicht erwünscht. Im Wiederholungsfall wurde ich zu Madame zitiert, statt der erwarteten Ohrfeige gab es eine Lektion über gutes Benehmen. Schmutzige Fingernägel, zerknüllte Taschentücher zogen einen Rüffel, einen freundlichen, nach sich. Was Toben und Streiche anging, war Madame dagegen von unfassbarer Großmütigkeit. Ob wir Stauwehre im Bach oder beim Forellenkasten bauten, tagelang Matschlöcher aushoben, ob wir mit dem Gartenschlauch Spritzübungen machten – solange wir das Haus unbehelligt ließen und weder Wasser noch Dreck hineintrugen, war alles erlaubt.

Madame Colette war im früheren Leben, bevor sie Hugo Rojahn heiratete, diesen riesenhaften, ernsten Pommern, den es an den Oberrhein verschlagen hatte, Opernsängerin gewesen, in Paris, und zuletzt in Italien. Außerdem war sie eine französische Patriotin und war es immer geblieben, jetzt im Krieg hing sie mehr denn je an ihrem Vaterland.

Bevor ihr Mann im Gefängnis – auch ein anderes Wort wurde mal geflüstert: «KZ» – verschwand, hatte er für seine Möbelfabrik französische Gefangene angefordert, damit seine Frau angenehme Gesellschaft hatte. Oft waren es junge Studenten. Ein Firmenauto brachte sie gegen Abend, sie sollten, hieß es offiziell, im Gemüsegarten helfen, dem alten Gärtner, dem die Arbeit sauer wurde, zur Hand gehen. Madame lud sie ins Haus ein, sie kochte für sie französisch, wusch deren Kleider. Sofern genügend Zeit war, ließ sie ihnen ein schönes Bad ein und legte ihnen die dicksten Handtücher hin. Alles streng verbotene Dinge – auch die Gefangenen waren ihre Kinder.

Es wurde viel Französisch gesprochen, und wir schnappten allerhand auf. «Bonjour, ça va. Au revoir. Bonne nuit.» Ihre «iiiis» klangen heller als unsere, und manches sprachen sie wie durch die Nase. In meinem Gehirn bildete sich eine neue Abteilung mit neuen Vokabeln und Regeln. Gemüse – légumes, gesprochen legüm, spitzer Mund wie bei uns, das «ü» war eine sichere Eselsbrücke. Un rossignol chantait – eine Nachtigall singt. Rossignolnachtigallrossignolnachtigall, sie passten zusammen, wunderschöne Wörter, sie klangen und rollten dahin. Abends vor dem Schlafengehen sagte ich sie mir manchmal vor. Der kleine Satz mit der Nachtigall stammte aus einem Lied, einem «chanson». Seinen Anfang habe ich mir gemerkt und kann ihn heute noch:

«À la claire fontaine,

M'en allant promener
J'ai trouvé l'eau si belle
Que je me suis baigné.
Il y a longtemps que je t'aime
Jamais je ne t'oublierai.»

Jemand promeniert und nimmt ein Bad in einem Brunnen, und das erinnert ihn oder sie an die verflossene Liebe. Genau kann ich den Sinn nicht wiedergeben, denn mein Französisch hat sich seitdem kaum entwickelt. Den ganzen Abend sangen die gefangenen jungen Franzosen von der Liebe. Einer von ihnen, Louis, lud mich scherzhaft nach Frankreich ein, «nach däm Kriesch, Madeleine». Sobald ich sie im Garten hörte, heftete ich mich an ihre Fersen. Und half mit beim Jäten und so weiter.

Ohnehin musste ich mitarbeiten, vor allem mich um die Stalltiere kümmern: Hühner, Enten, Gänse und viele, viele Kaninchen. Futtersuchen, füttern, hüten, abends ins Häuschen sperren. Wir Kinder wurden gebraucht, faulenzen durfte niemand. Bis auf «Chou Chou», Christel war noch zu klein, sie musste selbst noch gehütet werden. Von allen Aufgaben war dies die langweiligste, sie fiel besonders oft mir zu. Da war mir lieber, den Gänsestall auszumisten – Wasserschlauch an, es stank entsetzlich, aber es war schnell getan.

Wir waren Selbstversorger, und deswegen lebten wir besser als viele andere. Übrigens arbeitete auch Madame, man kann ohne Übertreibung sagen, sie schuftete. Dabei schmetterte sie gern Arien, «Ach, wie so trügerisch», «Auf in den Kampf, Torero». Ich fand ihre Stimme grässlich, sie zitterte und quietschte. Aus dem Kaninchenstall hörten wir sie, «Sagt, holde Frauen», sang sie, während sie ausmistete, oder auch aus dem Bügelkeller. In unserer kleinen Welt ging es bei der Arbeit eigentlich nie traurig zu. Und Madame achtete streng darauf, dass irgendwann Schluss war. «C'est fini!» war das Signal, «Fini, fini, les enfants», und wir verzogen uns. Die Dortmunder Mädchen und ich meistens in die Bibliothek, zu den ungeheuren Büchervorräten.

Madame selbst begab sich mit ihrem größten Kind, ihrem «Elseken», unserer Mutter, ins Musikzimmer. Dort saßen sie, nahe beieinander, eine an die Schulter der anderen gelehnt, neben dem Mignonflügel, der im Keller eine Maschine hatte, die machte, dass man mit eingelegten Walzen spielen konnte, ohne selbst Pianist zu sein. Sie lauschten den Walzern, manchmal auch fremden, ruckartigen Melodien, sogenannten Tangos. «Isch bin so schräcklisch faul», sagte die Dame des Hauses aus tiefstem Herzen.

Der Sommer chez Colette hinterließ eine tiefe Spur. Wie schon die gute Zeit auf der Krankenstation im Jahr davor nährte er meine Sehnsucht nach einem Leben, das meins ist. Eines Tages würde ich es in Worte fassen können: Ich möchte willkommen sein und, wenn es geht, ein Haus haben, in dem ich andere willkommen heißen kann. Maßzuhalten habe ich außerdem von Madame Colette gelernt, Kräfte schonen, die Anfangsgründe einer Disziplin, für die ich schrecklich unbegabt bin und die ich doch, wenn ich überleben will, unbedingt brauche.

Pfirsichzeit 1944, und danach Beerenzeit. Die großen Ferien hatten begonnen, und ich musste nun nicht mehr nach Freiburg. Ruhe, endlich Ruhe und keine Jabos, unsere Villa lag ein paar hundert Meter entfernt von ihren Flugrouten. «Ich musste in Deckung gehen, Mama. Die Jabos ...», wurde *die* Ausrede des späten Sommers, wenn ich zu kurz sprang und mal wieder in den Bach fiel. Oder wenn ich in den Maisfeldern herumgekrochen war oder ich mich mit Quastel, dem Dackel, gebalgt hatte. Die Jabos waren schuld an schmutzigen Schürzen, Blusen, aufgeschürften Knien. Wir lachten zusammen über mein Geflunker, Mutter und Madame Colette und ich. Wir lebten auf einer Insel, und alles, was wir taten, erschien leicht.

Mit meinem Bruder Peter ging ich auf die Jagd, ich hatte ihn für meine Höhlenkinderspiele als Gehilfen angeworben. Aus Sonnenblumenstielen und scharfen Steinen, nach denen wir vorher tagelang gesucht hatten, bauten wir Äxte, und wir fühlten uns als richtige Steinzeitmenschen. Nie waren wir beide ohne Pfeil und Bogen unterwegs, nur in der Laubhütte schlief ich nachts allein. Der alte Gärtner machte uns zuliebe ab und zu ein Feuer. Wir stocherten darin herum, tanzten um die Glut.

Mir fiel dabei der Käse auf der Alm wieder ein, auch diesen Wunsch erfüllte mir der Sommer. Mutter hatte von meinem Missgeschick in der Freiburger Wohnung erzählt, wie ich den Gervais zugerichtet hatte, worauf sich Madame von mir «Heidis Lehr- und Wanderjahre» bringen ließ. Abend für Abend vertiefte sie sich darein, vor lauter Eifer verpasste sie die Stelle mit dem Käse. «Du musst zurückblättern», drängte ich. «Der Almöhi macht Heidi das Bettlein aus Heu, gleich danach kommt der Käs.» Schließlich hatte sie es gefunden, wir rätselten gemeinsam an dem Satz herum, in dem der Almöhi «ein großes Stück Käse auf die Gabel spießte, es über das Feuer hielt und hin und her drehte, bis es auf allen Seiten goldgelb war». Madame befand, es müsse ein Emmentaler gewesen sein, jedenfalls so etwas Ähnliches. Bei der nächsten Zuteilung von Hartkäse erhielt jeder wie üblich seine Miniportion, nur ihr Stückchen und meines hielt Madame zurück. «Morgen, Madeleine, morgen», flüsterte sie mir ins Ohr. Anderntags kam der Gärtner, unser Mann fürs Lagerfeuer. Wegen der Affenhitze warteten wir noch bis zum Abend und noch einmal eine Stunde, bis ordentlich Glut da war. Wir hielten den aufgespießten Käse hinein. Er wurde goldgelb und knusprig und schmeckte.

Ein Hundstag folgte auf den anderen. Um uns herum war es still und friedlich, wir lebten hier ohne Radio. Eines Mittags waren mein Bruder und ich in der Nähe des

Schwimmbassins, und plötzlich hörte ich die Jabos. «Los, Deckung!», rief ich Peter zu und hechtete unter den Gartentisch. Mein Brüderchen, vom Kampfgeist gepackt, nahm den Wasserschlauch und wollte die Engländer beschießen. «Kchch, kchch», machte er, «kchch.» Da knallte es schon über uns. Peter heulte laut auf und flüchtete zu mir unter den Tisch.

Mutter kam angelaufen, es war alles in Ordnung, niemand verletzt. Der Spuk war vorbei. Peter musste hoch und heilig versprechen, künftig auf jegliche Heldentaten zu verzichten. Am selben Nachmittag fand ich eine tote Ratte. War sie von den Maschinengewehren getroffen worden? Oder vor Schreck gestorben? Sie war noch warm, Blut konnte ich in ihrem Fell nicht entdecken. Ich bettete sie sorgsam auf Zweige und brachte sie zu Mutter und Madame auf die Terrasse, wo gerade Kaffee getrunken wurde.

«Pfui, Magdalena.»

«Arrête, Madeleine.»

Unisono schrien sie. Schaudernd vor Ekel erklärte mir Madame, was für Gefahren von toten Ratten ausgingen, sie gebrauchte das Wort «Aas», und ich möge das Tier sofort in die Tonne bringen, in die alle Sachen kamen, die verbrannt wurden. Noch während sie redete, erschienen die Jabos wieder, diesmal hörte ich «wumm, bumm», und ich wusste, dass es nun Bomben waren. Wir stürzten in den Keller und legten uns platt auf die Erde. Sie bewegte sich, hob und senkte sich unter großem Getöse. Wenig später klirrten die Scheiben. Hatte es unser Haus erwischt? Wir machten die Münder weit auf, damit die Lungen nicht platzten. Wieder rumste es, von überall kam Staub herein, Flaschen sprangen vom Regal. Jetzt waren wir dran!

Die halbe Nacht waren wir mit dem Aufräumen im Dunkeln beschäftigt. Strom gab es keinen mehr, die Tiere waren unruhig. Außer ein paar zersprungenen Scheiben und etwas

Dreck war zum Glück nichts geschehen, wenn man das Bombenloch im angrenzenden Maisacker nicht mitzählte.

«Elseken, hier könnt ihr nicht bleiben, die Kinder und du», sagte Madame. «Ich werde hier allein auf Hugo warten.» Ich stand zufällig neben ihr. Bei dem Versuch, ihre Hand zu tasten, stieß ich an ihre Hüfte und spürte, wie ihr Körper sich steif machte. Nicht bewegen, dachte ich, jeder bleibt so stehen, wie er gerade steht, wie bei Dornröschen.

Madame Colette war zweifellos traurig, am Vorabend hatte sie angedeutet, sie fürchte sich vor dem Alleinsein. Auch wir wollten nicht Abschied nehmen. Es musste jedoch sein, der Krieg war uns auf den Fersen. Wir Eglins fuhren erst einmal nach Freiburg zurück. Die Dortmunderinnen wurden weitergeschickt in ein anderes Dorf, tief im Schwarzwald. Bald kam aus Kirchzarten die beruhigende Nachricht, per Telefon: Hugo Rojahn sei aus dem Gefängnis zurück, Gott sei Dank.

Schon lange hatte niemand mehr «armes Kind» gesagt.

27. November 1944

Die Angell-Schule fing wieder an, der Unterricht lief spärlich. Oft war Alarm. Gruppenstunden der Pfarrei wurden abgesagt, auch Marschieren, Exerzieren, Geländespiele: alles stockte. Wir Kinder suchten in diesem Herbst Heilkräuter und Kastanien, was eigentlich immer sehr schön war, meistens mit der ganzen Klasse. Ich jedenfalls tat es lieber, als auf der Straße mit der roten Henkelbüchse fürs Winterhilfswerk zu sammeln. Abends ging man mit Leuchtplaketten umher. Das waren mit Leuchtfarbe bemalte, fünfmarkstückgroße Ansteckplaketten, damit die Leute in der Finsternis wenigstens merkten, dass da wer kam. Es gab auch Dynamotaschenlampen, die zwar kaum Licht machten, dafür aber schön surrten. Mehr und mehr packten die Menschen ihre Wertsachen, Schmuck, Silber, Bettwäsche in Koffer. Teils wurden die Dinge bei Verwandten auf dem Lande verborgen, andere vergruben sie, in Ölpapier eingewickelt.

In meinem elfjährigen Leben passierte zu jener Zeit noch etwas Merkwürdiges. Zwischen meinen Beinen fühlte ich eines Nachts etwas Warmes heraussickern. Es tröpfelte, als ich aufstand. Ich fing es mit der Hand auf – Blut, dickes schleimiges Blut. Erschrocken lief ich zu Mutter. «Das geht wieder weg», sagte sie. Sie hatte recht, genauso war es, erst 1946 kam es wieder, und dann mit Macht.

An einem Novembermorgen – es ist Montag, der 27. November 1944 – bin ich mit Mutter auf der großen Terrasse, auf der die Blumen schon abgeräumt sind, um unsere Wintergarderobe zum Lüften aufzuhängen. Ich trage mein Sonntagskleid zur Leine, das warme himmelblaue mit der silbernen Schließe. Es wird mir nun bald zu kurz sein, denke ich, wie schade! Mir fällt die lustige Szene im Stadttheater wieder ein, vorige Weihnachten – ich war in dem blauen Kleid dort. Wir gingen am zweiten Feiertag immer in ein Märchenstück. Ein knallrot angezogener Minister kam diesmal darin vor, den ich für eine Winterhilfswerksammelbüchse hielt. Am Schluss fragte die Märchenfee wie üblich, ob wir denn alle Personen gut kennengelernt hätten. Sie wurden noch einmal vorgeführt, beim Aufruf des dicken Ministers sprang ich auf, und die Fee bat mich, die Antwort zu geben:

«Du, Kleine, im himmelblauen Kleid!»

Und ich schrie: «Minister Sammelfix.»

Totenstille im Saal. Ich rief es noch einmal: «Minister Sammelfix!» Ein Gelächter und ein Klatschen brausten durch den Raum. Nachher, an der Garderobe, haben alle, die mich sahen, noch einmal gelacht, auch meine Mutter.

Sie erzählte später, sogar die Schauspieler hätte es beinahe zerrissen vor Vergnügen. Ich schämte mich sehr und begriff gar nichts.

Erst an diesem Novembermorgen, elf Monate danach, kommt das Lachen hoch. Die Luft ist mild, ein feiner Nebel hängt darin, genau richtig zum Auslüften des himmelblauen Kleides. Ich drücke es vergnügt an mich, es riecht fürchterlich nach Mottenkugeln und Staub. Nach Mutters Anweisung schüttle ich es ausgiebig und sorgfältig. «Ich bin die Goldmarie, ich bin die Goldmarie», singt es in mir, «kikeriki, und schüttle die Betten der Frau Holle.» Mutter und ich arbeiten Hand in Hand, schön ruhig. Wir haben Zeit. Am Ende stellen wir noch die Schuhe raus ans Mäuerchen, in Reih und Glied. Dann verschwindet sie, sie muss in die Stadt zum Einkaufen, Schlangestehen bei Kaiser's Kaffee, Christel nimmt sie im Sportwägelchen mit.

Und ich gehe zum Arzt mit meinem eitrigen Finger. Unseren Doktor kenne ich gut, er würde es schon hinkriegen, das Geschwür so aufzuschneiden, dass ich nicht daran sterbe. Gegen elf Uhr, kurz bevor ich die Praxis betrete, dröhnen Flugzeuge über der Stadt, es müssen sehr viele sein. Schon ertönt die gewohnte Alarmsirene. Aber der Doktor und ich kümmern uns nicht darum, die Flugzeuge fliegen in großer Höhe und sehr gleichmäßig. So hoch fliegt keines, das abladen will. Während sich das Gebrumm entfernt, setzt der Doktor das Messer an, es tut fast nicht weh. Danach verpasst er mir einen dicken Verband, zum Trost gibt es Zwieback und reichlich Marmelade obendrauf.

Heimwärts marsch, um die bekannten fünf Ecken. Wieso läuten sie den Angelus nicht? Mir kommt es plötzlich so vor, als hätte ich unsere Glocken schon länger nicht mehr richtig gehört, die Marienglocke und auch das große Festtagsgeläute.

Mutter und Christel sind noch nicht zurück, nur Peter ist da. Total aufgekratzt und selten redselig. Er hat mit seinem

Freund versucht, die Flieger zu zählen, diese hätten, sagt er, «schöne Muster am Himmel» gemacht und wieder «Silberstreifen» abgeworfen, diesmal sogar einige in unseren Hof. Silberstreifen, jedes Kind weiß, sie dienen zur Ablenkung der Flak. Noch nie habe ich eines dieser blinkenden, knisternden Stannioldinger in der Hand gehabt. Peter gibt mir einen ab – an diesem Tag läuft anscheinend alles gut, am Abend würden wir «menscheln», das geliebte «Mensch-ärgere-Dich-nicht» spielen, Mutter, Peter und ich.

Man wünscht sich normale Tage. Ein bisschen «menscheln» und genug der Aufregung. Essen, trinken, schlafen, Blumen pflücken, Kirchgang, und bloß nicht den Kopf einziehen müssen. Das kleine unheroische Leben – von allen Gründen, die mich im Laufe der Jahre dazu gebracht haben, den stinknormalen Alltag zu lieben und von Adlerflügen, Wanderzirkus- und Seefahrerträumen, grands tours jeder Art abzulassen, ist dieser 27. November, glaube ich, der tiefste.

«Christbäume!» Der Ruf kommt aus dem dritten Stock, von Tante Regina.

Um sieben Uhr ist Voralarm gewesen, für uns das Signal zum «Menscheln». Raus darf man dann nicht mehr, entweder es kommt bald Entwarnung und man kann viele Runden spielen, oder Alarm, das bedeutet, rasch in den Schlossbergbunker. Mutter lacht und setzt Teewasser auf, irgendwie geht an diesem Abend alles gemächlich zu. Niemand hat bislang Spielbrett und Klötzchen aufgestellt.

«Christbäume ums Münster!» Tante Regina brüllt wie am Spieß. «Wir sind dran!» Sekunden später im Treppenhaus ein Trampeln, und wir mit im Strom, alles stürzt nach unten. Für den Bunker ist es zu spät, wir müssen in den Schutzraum im eigenen Haus. Noch auf der Kellertreppe fallen Scheiben heraus, Lattenwände brechen ein, schon ist es stockdunkel, kaum Luft zum Atmen. Immer neue Wellen von Angriffen, das hohe Heulen beim Niederstoßen der Maschinen und wenn sie sich hochschrauben, um einer weiteren Bomberstaffel Platz zu machen. Es hört nicht auf. Wir schreien, auch die Männer schreien, und auch wenn kein Ton mehr kommt, halten wir den Mund offen, damit die Lunge nicht platzt. Es ist ein einziges, endloses Getöse, und wir wissen kaum noch, ob wir leben oder schon tot sind. Ich kauere unter einer Wölbung in der großen Kartoffelkiste, die Kartoffeln rollen auf mich, ich spüre sie gar nicht, denn von oben runter hagelt es Steine, mehr und immer mehr. Es dröhnt und summt und pfeift, alles, was schrecklich klingen kann, ist vereinigt.

Dann wird es stiller, jemand stößt offenbar den Durchbruch auf. Von dort kommt die erregte Stimme meines Onkels, der unser Luftschutzwart ist: «Das Haus ist weg.» Wir müssen sofort durchbrechen ins Nachbarhaus, sagt er, ein langer Gang, durch den sollen wir gehen, bis in den Luftschutzraum vom Fliesenlegerhaus. «Leo, wo bist du?» – «Peter!» Mutter, die Tanten, alle rufen einander. «Mamaaaa!» – «Magdalenaaaa!» Mit den Händen arbeite ich mich unter meinen Steinen und Kartoffeln hervor, nur wenige Schritte trennen mich von dem rettenden Loch in der Mauer. Ich kenne seine Position genau, ich war doch dabei, als es gebrochen und lose mit Steinen wieder zugesteckt worden ist, für den Fall der Fälle.

Und plötzlich sind alle weg, und der Durchbruch ist kein Durchbruch, sondern glüht rot, ich sehe den Widerschein des Feuers an der Wand. Wie in Trance laufe ich zum Wassertopf, reiße Decken vom Luftschutzbett runter und werfe sie hinein und dann über mich. Und krieche durch das Loch, das Feuer rechts von mir und links die Wand. Ist der Gang so lang, oder bin ich so langsam? Nichts von meinen Taschen hab ich dabei, nur die nassen Decken. Und die schreckliche Angst: Wer lebt noch? Und werde ich Mutter finden?

Stimmengemurmel. «Vater unser, der du bist im Himmel», der Priester, den wir alle gut kennen, führt das Gebet an. Ich bin wieder unter Menschen, in einem stockfinsteren

Kellerraum, wo gerade ein Segen erteilt wird. Er werde uns Wegzehrung geben, sagt der Geistliche, wir wüssten ja nicht, ob wir lebend rauskämen. Seine Stimme ist ruhig und sicher, und ich sitze still und horche in mich hinein. «Vater unser», beten die anderen wieder. Ich bringe kein Wort heraus, mein Mund brennt. Ist Gott jetzt nahe genug bei uns?, frage ich mich. Und mir ist so, dass ich es glauben kann.

Mitten im Beten höre ich meinen Namen. Mutter schluchzt ihn, links von mir muss sie sein, ziemlich nahe. Ich wühle mich in Richtung ihrer Stimme durch, über Körper, Rucksäcke. Jemand tritt, es kümmert mich nicht, nur weiter. Eine Hand ergreift meine Schulter, Mutters Hand, wir umarmen uns, wir betasten einander. Ist alles heil, fehlt dir was?

«Du riechst nach Brand.»

«Du auch, Mama.»

Nun gehen wir hintereinander hinaus durch das Kellertreppenhaus, durch unsere mächtige Toreinfahrt scheint hell das Feuer. Es kracht überall. Vor dem Haus überall Bombentrichter, umgestürzte, brennende Bäume, Schutt und wer weiß was alles. Wir steigen, stolpern, winden uns. Jemand hat mich an der Hand genommen und redet auf mich ein, und ich höre nur das Schreien ringsum und sehe den hellen, rotvioletten, glühenden Himmel, die kleinen Flammen überall. Ich rieche Schreckliches, ahne, was es ist.

Im Schlossbergbunker ist kein Licht, von außen dringt nur ein wenig Feuerschein hinein. Wir fassen uns an den Händen, um einander nicht zu verlieren. Wir wollen in den letztausgebauten Teil des Bunkers, er gilt als sicher. Er hat 24 Meter Granit über sich, genügend Luftschächte zum Atmen. Unterwegs habe ich vertraute Stimmen gehört, Tante Regina, Leo, meinen Opa, Nachbarn. Wo sind sie jetzt? Ich weine, ich friere schrecklich. Wir sind behütet worden, das ist das einzig Wichtige.

Beten, du musst beten, Magdalena. Gerade will ich anfangen, da kommt Mutter und holt mich, dorthin, wo sie ein paar Sitzplätze erkämpft hat.

«Du, Magdalena, ich muss ins Haus.» Steht das denn noch? Bevor ich den Mund aufkriege, redet Mutter weiter.

«Magdalena, du musst auf Peter und Christel aufpassen. Ich komme wieder, so schnell ich kann.»

Diesmal passe ich wirklich auf. In den ganzen drei Tagen da unten bin ich so wachsam wie der treueste Schäferhund, halte fast ständig meine Arme über die Geschwister ausgebreitet. Später noch über unsere Kleider und Decken, schon in der ersten Nacht fängt das große Stehlen an. Da schleichen sich Leute an und nehmen einfach was, gerade von den Kindern. Mutter kommt und geht und bringt immer etwas aus unserem Haus mit. Es ist «teilweise zerstört», sagt sie. Nur brockenweise erfahren wir, was los ist, «immer durchs Fenster» steige sie ein und aus, weil in der Toreinfahrt «ein großer Blindgänger» liege.

Im Bunker türmen sich um uns herum immer höhere Berge von Hausrat und Besitztümern verschiedenster Art. Mutter hat sogar das Feldpostpäckchen für Vater gerettet, mit den hundert Gramm Linzertorte, das wir seit Monaten nicht abschicken können, weil wir nicht wissen, wo er ist. Von draußen kommen ständig Leute, schreien Namen in den Bunker. «Wo bist du, Manfred?» – «Ist hier eine Veronika Kugele?» Manche erzählen. Kaum eine halbe Stunde habe der Angriff gedauert, und fast die ganze Altstadt wäre dahin und viele, viele Menschen tot oder verwundet. Stück für Stück erfahren wir das ganze Ausmaß der Zerstörung.

Nichts von diesen Tagen und Nächten habe ich vergessen. Nicht, wie die Angst wieder und wieder in mir aufloderte. Nicht das fremde Kind neben mir, das anfing zu reden, es hatte geschlafen wie tot. Empfindungen, heiß, kalt, entsetzlicher Durst. Mein Mund vom Feuerwind versengt und auch nach Tagen noch trocken wie eine Wüste. Malzkaffee, nie zuvor hab ich welchen getrunken, den ersten Schluck musste ich erbrechen, er lief mir aus dem Mund, so ging es vielen. Meine Mutter kam nicht mehr so oft, sie war ständig in unserem Haus. Einmal in der Nacht erschien sie und strich mir über den Kopf, sagte nur kurz, bevor sie wieder loszog:

«Nun hilft mir Herr Fricker, er lebt auch noch. Aber er hat alles verloren außer seinem Haustürschlüssel.»

Und ich stellte mir in Gedanken diesen älteren Mann vor, Plattenleger von Beruf, der mir manchmal farbige Fliesenstücke schenkte. Was heißt «alles verloren»?

Das musste ich sehen! Niemand konnte mich aufhalten. Ein paar Leute, die mich kannten, versuchten es, die Soldaten, die am Bunkerausgang den Saal mit Verwundeten bewachten. «Mädle, Mädle!» Wo bin ich? Feuer, nur Feuer, heller und höher als an dem Abend, an dem wir in den Bunker geflüchtet waren. Der Himmel ist nicht zu sehen, dabei ist Tag, er ist grau verqualmt, er hängt direkt über meinem Kopf. Mein linkes Auge sucht, wo ist kein Feuer, wo sind dunkle Zonen? Meine Füße tappen über Schutt, überwinden Hindernisse, sie stoßen an etwas großes Weiches, ein totes Pferd, und ich springe jäh zur Seite.

Endlose hundertfünfzig Meter, und dann stehe ich in der Erasmusstraße vor unserem Haus und schaue. Vor mir eine rot glühende Häuserreihe, aber unser Haus ist dunkel, während die beiden anderen links und rechts beinahe wie Adventshäuser aussehen, aus jedem Fenster leuchtet es rot. Genau in diesem Augenblick kracht es, eine dichte schwarz-graue Wolke hüllt die Häuser ein.

«So, jetzt fällt alles zusammen», sagt jemand, der in der Nähe steht.

Mutter ist in dem Haus! Und in diesem Entsetzen, weiß ich heute, ist Liebe. Ich liebe sie, ich liebe sie. Bis dahin habe ich immer daran gezweifelt, und jetzt wünsche ich mir mit aller Kraft, von ihr geliebt zu werden. Und laufe los, über die Straße aufs Haus zu, jemand fängt mich ein, ich kenne die Stimme, die mich besänftigt, irgendwie, ein Nachbar vermutlich:

«Deine Mama ist nicht hier, sie ist auf dem Schlossberg. Es ist nicht euer Haus, das da gekracht hat, das daneben ist es.» Was macht Mutter auf dem Schlossberg? Ich will sie gleich suchen gehen, doch eine meiner Tanten nimmt mich bei der Hand. «Kinder sind im Weg.» So taste ich mich wieder zurück, bis in den Bunker.

Gerade als ich wieder an meinem Platz bin, kommt Mutter. Umhalst uns. «Warum bist du nicht bei uns? Warum bist du auf dem Schlossberg, Mama?», schluchze ich. Sie erklärt kurz und vernünftig, was los ist. Es würde so viel gestohlen, sie habe unsere Betten, Nähmaschine, Radio, alles Wertvolle, zu Freunden auf den Schlossberg gebracht. «Hörst du, Magdalena? Ich muss gleich zurück ins Haus. Wir haben immer neue Brandherde, wir müssen löschen. Du bist meine Große, versteh doch.»

Genaueres berichtet uns ein Nachbar. Unsere Mutter sei eine «Heldin», sie habe unser Haus gerettet, viele Male. Die Szenen, die er schildert, haben sich mir eingebrannt: Mutter im Ehezimmer, auf den Betten die Spitze einer brennenden Tanne, sie mit der Axt, das Feurige vom nicht Entflammten trennend, Fenster auf und raus. Mutter auf dem Speicher, sie entfernt eine nichtgezündete Brandbombe. Mutter im Kinderzimmer, die lichterloh brennenden Fetzen der Kleider, die wir am Morgen des Angriffs gelüftet haben, treiben durch den Raum. Mutter ständig durchs leere Haus rennend, treppauf, treppab, niemand sonst von der Familie ist da. In diesen Tagen und Nächten ist das Haus der Eglins ganz und gar ihres geworden.

Am Morgen des vierten Tages verließen wir endlich den Bunker. Über unserem Stadtteil herrschte fast völlige Dämmerung, tagelang kam die Sonne nicht durch, obwohl andernorts, wie wir hörten, wundervolles Spätherbstwetter war.

Keine akute Gefahr mehr, so schien es. Im Haus waren die letzten Brände gelöscht, Mutter trug mit Hilfe von Nachbarn die ausgelagerten Möbelstücke wieder in die Zimmer, die noch bewohnbar waren. An den unteren Fenstern wurden zur Sicherheit Bretter angenagelt, mit einem Schneeräumer schob man den Schutt vor dem Treppeneingang beiseite. Bald war unser Haus voll mit Menschen. Wir hatten nämlich als Einzige in der Straße einen funktionierenden Kamin, wir konnten also auf dem alten Holzherd kochen. Strom gab es keinen, Wasser musste man am Brunnen beim Spielplatz holen, der lief noch. Ständig kreuzten Bekannte und Fremde auf, um in unserer Küche zu hantieren, sogar die Polizei kochte ihren Kaffee bei uns.

Und ich? Fing wieder an zu streunen. Schnell fühlte ich mich in der Trümmerstraße sicher. Einige Bäume waren bereits weggeräumt, unsere Straße war immerhin noch gebrauchsfähig, zumindest für Fußgänger, Handwagen und die vielen Leute, die mit Bahren unterwegs waren. Überall entstanden Sammelplätze, für dieses, für jenes, für Verwundete, für Tote. Orte, wo man hinging, um nach Angehörigen zu forschen.

Wie nüchtern ich damals bin! Alles ist so, wie es ist, kein Lamentieren, auch das Weinen ist vorüber. Ich haste mit der kleinen, leeren Blechkanne ins Haus, um Kaffee für jemanden zu holen, der ihn braucht. Von der Seite spricht mich ein Mann an, ob ich die «Sammelstelle 3» kenne. Natürlich, sage ich und bekomme ein längliches, braun eingewickeltes Bündel in die Arme gelegt. «Bring's hin, Kind. Sag: Vom Marthastift, Erdgeschoss.» Ohne nachzudenken, steige ich mit dem Paket über die Trümmer, unterwegs weht der Wind die Umhüllung davon, und ich sehe, was ich da trage. Es ist ein verkohltes Kindchen. Beim Abgeben des Bündels murmelt der Mann in der Sammelstelle nur, ob sie denn «niemand anders für so was» gefunden hätten. Und ich erwidere: «Gern geschehen. Es war doch kein schweres Paket.» Was hat dieser Mann nur? Ich hab doch alles richtig gemacht, ich trage alles dahin, wohin es soll. Und trotte weiter.

Mutter braucht mich, wir müssen packen, fort aus der Stadt, am besten gleich morgen. Der Auszug aus Freiburg hat bereits begonnen.

Gegraust hat es mich erst viel später, mit fünfzehn oder sechzehn, da war ich schon in Marburg und war süchtig nach Fakten, in Bücher über die deutsche Vergangenheit verbissen. Am 27. November 1944, zwischen 19.58 und 20.18 Uhr, las ich, haben dreihundert Kampfbomber der Royal Air Force 150 000 Spreng- und Brandbomben abgeworfen. Sie zerstörten 80 % der historischen Altstadt, der Angriff hinterließ etwa 3000 Tote und 10 000 Verletzte. Militärischer Code der Aktion war «Tigerfish» – was auf den Kommandierenden, Vice-Marshall Saundby, zurückgeht, der ein passionierter Angler war und alle für Flächenbombardements geeigneten deutschen Großstädte mit einem Fischnamen versah.

Unsere kleine Familie ist Anfang Dezember 1944 aus Freiburg ausgezogen, einen Tag vor dem nächsten Luftangriff.

Schafe hüten

Ohne den Krieg wäre ich nicht der Naturmensch geworden, der ich bin. Von Dezember 1944 an habe ich zum ersten Mal längere Zeit auf dem Land gelebt, und zwar in einer der urtümlichsten Ecken des Schwarzwaldes, im Hünersedelgebiet.

Nach dem Bombenangriff wollten alle raus aus der Stadt. Wenige Tage danach waren die Straßen voll mit hochbepackten Fuhrwerken, gezogen von Pferden, Kühen und Ochsen. Ich hätte mich gern den Eglins angeschlossen, den Tanten Regina und Melli, die samt Familie ins Ibental ausrückten, zu dem Bauern, der uns jede Woche Kartoffeln und Holz brachte. Denn sie nahmen Großvater mit, er hatte beim Bombenangriff endgültig seine Stimme verloren, und ich wollte bei ihm sein. «Nein, Magdalena, wir bleiben zusammen!», bestimmte Mutter. Seit von Vater keine Post mehr kam, war sie noch entschlossener. «Wir gehen zu den Verwandten, basta.» Zu Leuten von Mutters Seite, von denen ich noch nie etwas gehört hatte.

Wieder einmal schloss sich unsere Mutter ihrer Schwester Liesel an. Die Versteigerungstante kannte sich mit Transporten aus und verfügte über einen recht stabilen, großen Karren. Sie, ihre beiden Töchter, die fünfzehnjährige Carola und die neunjährige Ursula, und ihr zweiter Mann Herbert waren schon zum Abmarsch bereit. Sie drängten. Wir packten noch. Kleider und Bettzeug, die Nähmaschine, und natürlich musste der «Körting» mit. Uns Kindern hatte Mutter Spielsachen erlaubt und mir «etwas zum Lesen».

Freiburg ist nicht mehr Freiburg. In dieser Stadt habe ich keinerlei Orientierung mehr. An diesem 1. Dezember 1944 bin ich keine Schülerin mehr, die einen Schulweg geht. Auch keine Streunerin, es hätte keinen Sinn, alle sind jetzt Vagabunden. Meine «schlechten Äugle» sind vergessen, ich selbst habe sie vergessen. Ich, wir, alle sind jetzt Wagenlenker, Wagenlenker und Zugtiere in einer Person. Mutter voran, mit der großen, schweren Malerhandkarre, die beängstigend hoch beladen ist. Mein achtjähriger Bruder hinterher, er fährt die Jüngste im Sportwägelchen. Christel ist hoch auf Kissen gebettet, von Steppdecken umhüllt. Wie die Prinzessin auf der Erbse thront sie, und damit sie nicht fällt, ist sie mit einem Riemen festgeschnallt. Dann ich, mir ist der dunkelblaue Kinderwagen anvertraut, bis aufs äußerste bepackt. Und hinter mir Tante Liesel, die mit Onkel Herbert ein unförmiges Gefährt hinter sich her zieht, meine Cousinen mühen sich mit einem Leiterwagen.

«Das Münster steht», sagt eine Frau neben mir, so nahe, dass ich erschrecke. Das Münster? Ich spüre einen wilden Schmerz, tief drinnen, und dann bin ich wieder völlig gleichgültig. Obwohl ich in die richtige Richtung schaue, erkenne ich in dem Nebel und allem kein Münster, nicht einmal den Turm. Einige Jahre nach dem Krieg habe ich eine Luftaufnahme von der Altstadt gesehen, durch die wir damals ziehen – ich war fassungslos, das Münster, der Mittelpunkt meiner Welt, einsam und frei stehend und ringsherum nichts als Trümmer.

«Bildstein» hieß unser Ziel – drei Tage und Nächte voller Strapazen, auf dem letzten Stück zogen uns Ochsen den Berg hoch. Wir Kinder lagen alle zusammen oben auf dem Heuleiterwagen, und ich stellte mir vor, wir wären Vögel. Ich hörte die Erwachsenen von den schönen Sternen am Himmel reden und davon, dass es jetzt zwei Uhr sei und «sehr, sehr kalt». Mir aber war nicht kalt, ich hatte Fieber.

Mindestens zwei Tage dauerte es, bis ich wieder bei vollem Bewusstsein war. Ich merkte es daran, dass Mutter versuchte, mir die Strümpfe auszuziehen, sie saß auf der Kante eines sehr hohen Bettes.

«Kannst du gehen, Magdalena?», fragte Mutter ganz zart.

«Ja.» Warum eigentlich nicht, meine Beine waren noch da.

Ich wollte von dem hohen Bett herunter und landete unerwartet auf meinem Po, alles tat mir weh. Mutter untersuchte mich, überall waren Blutkrusten und kleine Wunden. Kurz darauf saß ich in einer Zinkwanne mit warmem Wasser und wurde sorgsam gereinigt. Gerubbelt wurde ich nicht, sondern, wie Christel als Baby, in ein Tuch gewickelt und wieder ins Bett gesteckt. Mutter öffnete das Fenster und schüttete die Drecksbrühe nach draußen. Schwapp. Das darf man doch nicht! Da unten könnten ja Leute gehen! Dieser Wasserschwall war das erste Zeichen: Hier war alles anders.

Aus dem Fenster der Oberstube, in der man Mutter und uns drei Kinder einquartiert hatte, konnte ich schemenhaft eine bemooste Mauer sehen und ein kleines Holzhaus, das Bienenhaus, wie sich anderntags herausstellte. Nach und nach erkundete ich alles: ein Einödhof, der mittlere von dreien, die weit auseinander lagen, mit vielen verwinkelten Räumen und einer reichlich verrückten Bewohnerschaft. Hinter der großen Stube waren etliche Kammern, in einer hauste die «Mueter», eine uralte Frau, die schwer atmete und ging, die Hausherrin, mit der wir um sieben oder acht Ecken verwandt waren. In einem abgetrennten Verschlag ihr Sohn Andres, der jetzige Hofbauer, er lief infolge einer Kinderlähmung mühsam an Krücken. Hinter einer weiteren Seitentür wohnte Mina, die Wirtschafterin des unverheirateten Andres, die sich wie die Herrin gebärdete und es bald auch wurde. Eine anscheinend ziemlich gestörte Person, eine Bauerntochter, die viele Jahre in einer «Anstalt für Geisteskranke» verbracht hatte. Dann gab es neben der Küche noch eine ganz finstere Kammer, da hausten gleich zwei Leute, die gar nicht zusammengehörten – die Magd Frieda, ein altes, furchtbar verhutzeltes Weiblein, das nicht ganz richtig im Kopf war, und der vierzehnjährige, gerade im Stimmbruch befindliche Hirtenbub Sepp. Dazu auf der oberen Etage, in der sogenannten Knechtskammer, Ewa und Tomasz, Fremdarbeiter aus Polen, mit ihrem Baby und Ewas zehnjähriger Schwester Katarzyna.

Neun Menschen, zu denen wir sieben Evakuierte dazukamen, beinahe doppelt so viele Bewohner wie vorher. Wobei Mutter oft verschwand, denn sie musste in Freiburg auf unser Haus aufpassen. Dort war nämlich die Polizei eingezogen. Sie müsse verhindern, dass Geschirr und andere Dinge «Beine kriegen». Tante Liesel war in diesen Zeiten unsere Ersatzmutter, und ich richtete es so ein, dass ich möglichst wenig mit ihr zu tun hatte.

Kein schlechter Platz für mich, dieser Hof. Im Herzen befand sich die Küche, kohlschwarz war sie, das einzige kleine Fenster war von fettem Ruß verkleistert. Zum ersten Mal erlebte ich die altertümliche Form des offenen Feuers. Fließendes Wasser gab es nicht, nur einen steinernen Ausguss. Steinern war auch der Herd, der Boden bestand aus großen holprigen Steinplatten. An zwei Wänden große viereckige Löcher mit Türen, die Öffnung zu den Stubenöfen. Mit dem Kartoffeldämpfer fürs Schweinefutter waren es insgesamt fünf Feuerstellen, vor jeder lag ein Haufen Holz gestapelt.

Natürlich mussten wir mithelfen. Kaum eine Woche nach unserer Ankunft war Schlachttag. Ich war noch halb im Tran von der Reise und saß gerade frierend auf der Ofenbank, als Mina eine flache Tonschale vor mich hinstellte. «Da!» Ich solle mit der Hand darin rühren, immer schön gleichmäßig. Ich tat es, ohne jede Ahnung, was ich da rührte, die Flüssigkeit war warm und klumpte ein wenig. «Blut!», schrie mein Bruder, der gerade in die Küche gekommen war. «Blut an der Hand!»

Wo war der Hitler geblieben? Sosehr ich mir später mein Hirn darüber zermartert habe, mir fiel nichts ein. Auf dem Einödhof gab es ihn nicht, niemand hier sprach von Hitler, weder die Bauern noch die Gäste aus der Stadt. Ein einziges Mal nur tauchte er kurz auf. Wir Kinder haben einem Schneemann einen Schnauzbart gemacht, aus vergammeltem Moos – um genau zu sein: Ich war es –, und ihm die Soldatenmütze eines Fronturlaubers aufgesetzt. Mittels eines Steckens, den wir abwechselnd in Wasser und Schnee tauchten, bekam er einen Arm und eine dicke Hand, die er vorschriftsmäßig zum deutschen Gruß in Stirnhöhe erhob. Meine fanatische Tante Liesel war mächtig stolz auf uns. Andertags jedoch hatte jemand meinen harmlosen Schnäuzer durch einen entsprechend kurzen, geraden, schwarzen Bart ersetzt, und er hatte einen Eimer auf dem Kopf. Zuletzt wurde es ganz verrückt, plötzlich waren überall gelbe Flecken um den Schneehitler herum. Wer war es? Männer natürlich. Viele gab es ja nicht im Haus, den lahmen Andres, Tomasz, Onkel Herbert, der Pantoffelheld, dann noch die zwei Buben Sepp und Peter. Besoffene Nachbarn vielleicht? Tante Liesel schäumte. «Schneemann sofort zerstören!», befahl sie. Fort war es, das Gespenst. Wichtig hier war nur der Alltag. Der Tag, jede Stunde, immer etwas Neues, so schnell hab ich armes Holzauge nie lernen müssen.

Plumpsklo, brrr, ein einziges, weit weg. Man musste einmal um das ganze Haus herum, zu der Bretterkiste, die an die hintere Außenwand geklebt war. Kaum hatte ich mich daran gewöhnt, jammerte die alte Frieda, es ginge nicht, sechzehn Menschen und nur ein Klo. Deshalb bekamen die Kinder Weisung, klein nur im Freien zu machen, hinter dem Ginster am Sauhaus, dem am weitesten entfernten Stall, der den Hof nach Osten hin abschloss.

«Du.» Viel mehr sagten unsere Gastgeber nicht zu uns. «Du, komm mit.»

Wir Kinder gehörten zum Personal. Wenn Andres, der Bauer, in den Wald fuhr, mussten Peter und ich und die Cousinen mit. Er blieb auf dem Wagen mit seinen Krücken, und wir rechten das Laub zusammen, oft mussten wir den Schnee darüber erst abtragen. Aufladen war das Schwierigste für mich, das Laub flog nämlich leicht davon. Es wurde später in den Laubschopf, einen überdachten Übergang zwischen dem großen und dem kleinen Stall, getragen. Die vielen Blätter wurden als Streu gebraucht, für die Kühe hauptsächlich. In der hohen Lage gedieh das Getreide nicht, nur Hafer und etwas Gerste, deswegen hatte man kein Stroh.

Viel Zeit brauchte man fürs Holz. Herr des Holzplatzes war Tomasz, er war Großmeister im Sägen und unterwies uns Kinder, wie Holz unfallsicher gestapelt wird. Ich war dazu eingeteilt, jeden Abend fünf oder sechs «Zainen», große zweihenklige Körbe, mit Holz zu füllen und in die Küche zu bringen, schön nach Sorten geordnet. Es musste ordentlich vor den Heizlöchern aufgebaut werden, über Nacht sollte es trocknen, damit die «Mueter», die Chefheizerin, morgens leicht, ohne viel Bückerei, die benötigten Holzarten greifen konnte: leicht Brennbares für den Anfang, dann Wellen, dann Buchenscheite, zuletzt das Knüppelholz, das am langsamsten brennt. Anfangs dachte ich, diese Befehle so genau auszuführen sei doch Blödsinn. Diese Bauern spinnen doch! Nach und nach verstand ich, alles oder fast alles hatte seinen Sinn.

«Du!» Das war Anrede und Befehl. Ohne Vornamen, nur Tomasz, der liebe, sagte «Leni» zu mir. Gegen dieses «Du» konnte mein Widerspruchsgeist nichts ausrichten, in der Bauernwelt war das Verlangte notwendig, das wurde mir ziemlich schnell klar.

«Du! Holz hole! Du! Erdäpfle schäle! Du! Butter drehe!»

Kartoffeln schälen habe ich in kürzester Zeit gelernt, und noch viele Dinge, die ich früher wegen der Äugle nicht tun musste oder durfte. Jeder von uns musste stundenlang die Kurbel vom Butterfass drehen, auch ich.

Beinahe hätten wir vergessen, dass Advent war. Einen Adventskranz hatten sie nicht, einen Nikolaus auch nicht. Ab und zu verteilte die «Mueter» kleine rote Äpfel an die gerade anwesenden Kinder, oder sie holte aus der Tiefe ihrer Schürzentasche Haselnüsse oder Dörrzwetschgen. Meistens dann, wenn sie mit uns zufrieden war, nach dem «Wolle zupfe». An trüben Nachmittagen holte sie ihr Spinnrad aus der Kammer. Frieda, die Magd, schleppte einen Sack herbei, aus dem große, haarige Klumpen zum Vorschein kamen. Dass das Schafswolle ist, wusste ich nicht.

Die Frauen zeigten uns, wie es geht. Zuerst vorzupfen, kleine Portionen machen, die man dann später flaumweich und luftig zupft. Man entfernt trockene Blatt- und Grasteile, Schmutzklümpchen und vor allem das wie Ohrenschmalz aussehende Fett, von dem man komisch riechende, aber wundervoll weiche Hände bekam. Aus einem faustgroßen Klumpen im Urzustand konnte man einen Putzeimer voll Spinnwolle machen. Welche die «Mueter» dann zwischen ihre flinken Hände nahm und zu Strängen warmer, etwas kratziger Wolle spann. Wir durften ihr helfen, die Stränge fürs Färben vorzubereiten. Später wäre ich froh gewesen, wenn ich mir die Vorgänge etwas genauer gemerkt hätte. Diese «Färbi» waren dunkel und warm, in dem großen Waschkessel wurde immer wieder eine andere Brühe angerichtet. Dazu benutzte die «Mueter» selbstgesammelte Wurzeln und Kräuter.

Nach getaner Arbeit hat die «Mueter» manchmal erzählt, vom wilden Jäger, dem Hudada und seinem Gefolge. Zuerst wurde uns ein wenig mulmig dabei. Dieser Kerl blies Lichter aus, warf offene Kerzen um, und dann brannte das Haus. Und wenn man in den Raunächten draußen schwätzte und es stürmte, brauste er mit seinem bösen Gesindel am Himmel vorbei. Es konnte passieren, dass er einem Bärenknochen nachwarf, davon seien viele Neugierige schon lahm geworden.

Es ging auf Weihnachten zu, und nichts tat sich. Ob es denn auch diesmal einen Christbaum geben würde, erkundigten wir uns alle paar Stunden, und auch eine Krippe, Geschenke. Mutter weinte nur.

«Betet, dass wir wieder nach Hause können. Und dass Vater wiederkommt.»

Irgendwo fand sich ein Hindenburglicht, und wir versuchten, unsere Lieder zu singen. Es wollte nicht so recht klappen. Auch am Heiligen Abend konnten wir es noch nicht richtig. Wir zwangen uns zu einem «Stille Nacht», die Großen weinten, wir Kinder bissen die Zähne zusammen und sangen tapfer weiter. Es hatte sich wenigstens noch ein winziger Baum eingefunden, Tomasz hatte ihn aus dem Wald gebracht. Ich hatte kleine Büschelchen aus Wolle daraufgesetzt und ein paar windschiefe Zigarettenpapiersterne. Mit meinen Händen eine längliche Wachswurst geformt, aus den dunkelweißen Resten der letzten Kerze. An dieser Wurst war oben Schafswolle, das sollten zarte Härchen sein: Das war Jesus.

Nach Weihnachten durfte ich in die Dorfschule. Ich musste den langen, beschwerlichen Weg ins Tal hinunter machen, wie die anderen Kinder von den Einödhöfen. «Wie Heidi», ich dachte an die Alm. So steil wie in der Schweiz würde es hier hoffentlich nicht sein. Von unserem Hof war ich die Einzige. Peter, mein Bruder, und Cousine Ursula waren zu schwach, und Carola wurde als Jungmagd gebraucht. Ich wollte gern wieder zur Schule, endlich wieder ein Buch sehen. Der Lehrer fragte mich ein wenig aus und steckte mich zu den Großen, in Freiburg war ich erst in der Fünften gewesen. Im Klassenzimmer war es am Morgen stockdunkel. Außerdem hatte ich keine anständigen Hefte und nur geliehene Bücher. Wenn ich sie unter mein linkes Auge rückte, wurde mir fast übel, so stanken sie.

Was die lernten, wusste ich schon lange. Aber ich bekam einen Schulfreund, den Fritz. Er war knapp vierzehn, ein Junge vom Nachbarhof, sein Vater war im Krieg, die Mutter kränklich. Deswegen musste er mit seinen älteren Schwestern die ganze Hofwirtschaft versorgen. Ein blitzgescheiter Kerl, der unheimlich schnell rechnen konnte, nur dass er nie Zeit für Hausaufgaben hatte. Der einzige von all den Buben, der nicht immer wüste Wörter gesagt hat, wie «Drecksau», «Scheiße», und nicht gestunken hat wie ein Ferkel. Fritz kam regelmäßig zu spät, weil er morgens den Stall machen musste. Ich gewöhnte mir an, auf ihn zu warten. Wir hockten uns unterwegs auf einen Weidezaun, und er schrieb mit affenartiger Geschwindigkeit alles bei mir ab. Dann rannten wir hinunter zur Mühle, hinter der unsere Schule stand. Sie redeten schon über uns, wir wären «Schätzli».

Was das anging, war die Dorfjugend mir weit voraus. Ich hörte nicht auf zu staunen – und auch heute noch erscheint mir geradezu unglaublich, wie fremd dort alles war, dabei waren wir nur fünfunddreißig Kilometer von Freiburg entfernt. Bildstein war kein geschlossenes Dorf, die Bewohner siedelten verstreut – ein paar wenige richtige Bauernhöfe nur, ansonsten Häusle und Hütten, Kleinstbauern mit nur einer Kuh, Tagelöhner. Viel Armut, viel Sauferei. Auch zu solchen Leuten wanderte ich gelegentlich, der Spielkameraden wegen.

«Du, die mache grad e rothooriges Bäby.»
«Wieso Bäby?»
Ein großer Bub feuerte die Kleineren an. «Wer klettert emol nuff?» Mehr als ein Dutzend kreischende Kinder standen um die Leiter herum. Es ging um das, was da oben passierte, um den merkwürdigen Lärm, der aus dem Fenster kam, wie Tierschreie, Tiere, die sich schlagen. «Wer?» Für Mutproben war ich bekanntlich zu haben, also kletterte ich hoch. Sehen konnte ich fast nichts, nur zwei rote Schöpfe in wilder Bewegung. «Die balgen sich», berichtete ich von oben. Die großen Buben lachten schallend und ein wenig boshaft. Es klang ein wenig ähnlich wie das Lachen der Männer, das an bestimmten Tagen in der Wohnstube unseres Hofes zu hören war.

Wenn Schnaps gebrannt worden war und die Nachbarn anschließend zusammenhockten, musste immer eine Frau «so voll sein, dass sie zahm war». Und das war meistens meine Mutter. Mina, die absonderliche, herrische Wirtschafterin, lockte sie: «Ein Butterbällchen, Else. Komm, komm, komm.» Obendrauf, auf die Butter, dann ein großes Mostglas voll Schnaps. Zum Glück wurde es Mutter furchtbar übel, sie kotzte so lästerlich, dass die Männer keine Lust mehr hatten auf sie.

Immer näher kam ich dem Geheimnis, doch ich wehrte es instinktiv ab. Ich wollte nicht wissen, was meine nicht mehr völlig kindliche Verliebtheit in Fritz mit dem anderen zu tun hatte, dem Gebalge, den Andeutungen und dem Beängstigenden, das sich in mir selbst regte. Ich flüchtete mich in das Buch, das einzige, das mitzunehmen mir gelungen war, den Scheffel'schen «Ekkehard». Und dort war es zu meiner Überraschung schon wieder, dieses Rätselhafte, und ausgerechnet in der Klostereinsamkeit von St. Gallen. Da liebt eine Herzogin, Hadwig, den jungen Mönch Ekkehard, jedoch finden sie nicht zueinander. Viele Male habe ich es gelesen, kaum war ich durch, bin ich wieder zum Anfang zurück. Mir war die Magd von Hadwig besonders sympathisch, die schöne, gebildete Griechin Praxedis, eine Frau ohne Liebesnöte, bei ihr fühlte ich mich beschützt.

Zwischendurch versank ich in Tagträumen, oder ich schloss mich den Katzen Migger und Mohrle an. Oder ich besuchte «Fuchs», das größte und dickste und langsamste Tier auf dem Hof, ein rotbraunes Pferd von vierundzwanzig Jahren, das einzige, das nicht zum Kriegsdienst eingezogen war.

Es wurde Februar, es wurde März. Sobald die Matten schneefrei waren, wurden die Schafe rausgelassen. Und es hieß: Wer von den Kindern soll sie hüten? Ich Einfaltspinsel meldete mich freiwillig. Von «friedlichen Schafherden» hatte ich irgendwo gelesen, auf meinem Kommunionbild war der Gute Hirte. Das war etwas für mich: Ich wäre allein, im Sommer würde ich ein Buch mitnehmen.

Elf Schafe und eine Städterin, kein Hund. Wintergras auf den Bergmatten, braungrau, ich sah die Tiere kaum. Sie rasten quer durch die Landschaft. Ich hinterher, in unbequemen Gummigaloschen, und ich kam natürlich nicht nach, verirrte mich dauernd. Mal flitzten die Schafe in ein Äckerchen mit Winterrüben, ein anderes Mal nahmen sie ein Rettichfeld in Besitz. Sobald es dunkelte, stellte ich mich irgendwohin, wo ich annahm, dass es die Richtung unseres Hofes war, und horchte auf meine Viecher. Sie kamen den steilen Weg herunter getrottet, ich folgte ihrem Mähen und fand so zurück. Das waren alles alte, erfahrene Schafe. Bald wusste ich, die treffen sich sowieso abends zum großen Heufressen im Stall, und nahm fortan mein Hüteamt nicht mehr so ernst.

Plötzlich kam der Krieg zurück. Tiefflieger schossen auf

die Herde, es wurde da draußen zu gefährlich, also kamen die Schafe in den Pferch. Uns bekannte Orte waren schon in feindlichen Händen, erzählte Mutter, die kurz von Freiburg kam und schnell wieder zurückwollte. Wenn die Polizisten abzögen, müsse sie unser Haus gegen die anrückenden Franzosen verteidigen. Ich weiß noch, sie hatte einen Brief von Vater dabei, abgeschickt vor Weihnachten. Er sei jetzt auf dem Rückzug, momentan in einem Munitionslager eingeteilt und habe vierzig Turkmenen unter sich. «Lauter Asiaten», schrieb er, «Jessesgott, hab ich Angst vor denen! Die murksen mich noch ab.» Wo war unser Vater nun?

In den ersten Frühlingstagen saßen wir auf dem sonnigen Vorplatz des Hofes und keimten Kartoffeln ab für die Schweine und sortierten die guten raus für die Aussaat. Dabei erfanden wir ein neues Spiel: Wir spielten Krieg mit Matschkartoffeln. Wir sammelten die «madärigen», wie man hier die nassgefaulten Kartoffeln nannte. Sobald die Großen außer Sicht waren, gab jemand das Startzeichen zur Schlacht. «Was seid ihr schmutzig! Wascht euch!», sagte niemand mehr.

Es passierte noch viel in diesem Frühjahr. Die schwarzgefleckte Muttersau ferkelte, und gleich danach legte Mops, der dicke Hund, vierzehn junge Möpschen dazu, in denselben Strohwisch. «Schlag mr de Hund kaputt!», hörte ich die «Mueter» dem Sepp zurufen, und kurz darauf sein Schlagen, das Wimmern.

Inzwischen knallte es zu jeder Tageszeit auf den Höhen und im Tal. Am Gründonnerstag schoss es ganz nahe. Ein Nachbar kam auf allen vieren durchs Gebüsch gekrochen, wir müssten los, Verwundete suchen. «Die Magdalena muss mit, die hat so gute Ohren wie der Mops.» Tatsächlich fand ich den einzigen noch lebenden Schwerverwundeten. Ich war furchtbar erschrocken, und als er Wasser wollte, fragte ich: «Bauchschuss?» So wie man uns im Jungmädel gedrillt hatte, bei Bauchschuss darf man nämlich nicht trinken. Er starb noch am selben Tag. Mutter war gerade da und tröstete mich. Sie verbot den anderen, mich wieder mitzunehmen. Aber das half nichts, ich lief immer, wenn es schoss, gleich danach hinaus. Wieder hörte ich dieses fast tierartige Stöhnen, in der nahen Tannenschonung, mal in einem Graben.

Am Karfreitag schlich ich mich zur Todesstunde des Herrn hinaus. Es war graues Wetter, keine Tiefflieger zu befürchten. Ich wollte zum Bach, an eine Stelle, an der ich kürzlich lange grüne Blätter gefunden hatte. Vielleicht blühte da ja schon was? Und wirklich, die ganze Uferwiese war voll mit wilden Narzissen. Ein einziges gelbes Leuchten! Das war so irrsinnig schön, dass ich weinen musste. Natürlich konnte ich nicht anders, ich nahm einige mit ins Haus. «Wie kann jemand so dämlich sein und in dieser ernsten Zeit Blumen pflücken», sagte Tante Liesel verächtlich.

Etwa Mitte April 1945 waren wir besetztes Gebiet. Per Boten hatten die Franzosen Zettel von Hof zu Hof geschickt, Radios, Nähmaschinen, Fotoapparate müssten abgegeben werden. Bei Zuwiderhandlung Todesstrafe! Wir kriegten sie vorerst nicht zu Gesicht, die gefürchteten Franzosen, nicht bevor der Holunder zu blühen begann. Ich weiß es genau, denn ich hockte in dem knorzigen Holunderbusch, in den ich mich gern zurückzog, als von fern, aus der Nähe der zerstörten kleinen Brücke, ein Motor brummte. Eilig lief ich zum Hof zurück, niemand von den anderen schien da zu sein, und setzte mich dort auf die Haustreppe, die hohe, unter der sich der Hühnerstall befand.

Ich erschrak nicht wenig, ich hörte Französisch. Sekunden später sah ich vor mir ein dunkles Gesicht mit schneeweißen Zähnen. «Ein Marokk», schoss es mir durch den Kopf. Man hatte schon davon gesprochen, dass die fremden Soldaten größtenteils schwarz seien.

«Uhn, viel Uhn, bum-bum.» Die Stimme war nicht unfreundlich. Zu fünft oder zu sechst waren sie. Ich verstand sofort, die waren hungrig. Auf anderen Höfen hatten sie Hühner abgeknallt.

«Mein Huhn! Ich bin ganz allein!», heulte ich, so laut ich konnte. «Mein Huhn, bitte, nicht totmachen!»

Da geschah etwas Unerwartetes. Einer sagte etwas zum anderen, sie stellten sich alle um mich herum. Mein Schrecken wurde noch größer. Der, der zuerst geredet hatte, nahm mich an der Schulter: «Auge kaputt?» Erst dachte ich, er wollte mir das Auge kaputt machen. Doch er strich mir übers Haar.

«Kein Angst. Armes Kind. Kein Uhn kaputt.» Mir liefen die Tränen übers Gesicht. Von mehreren Seiten klang es jetzt: «Nein, nein, kein Uhn kaputt.» Ich hielt auf einmal etwas in meinen Händen. Als das Motorengeräusch weg war, schaute ich es an, es waren ein paar Stückchen Schokolade.

War der Krieg schon offiziell zu Ende? Ich weiß heute nicht mehr, ob Berlin schon kapituliert hatte oder noch nicht, jedenfalls feierten wir in einer lauen Frühlingsnacht ein Riesenschlachtfest. So viel frisches, gut gewürztes, leckeres Fleisch habe ich nie im Leben gegessen, auch später nicht, in Wirtschaftswunderzeiten. Wir waren satt, todmüde und schliefen in den nächsten Tag hinein, ohne dass uns jemand weckte.

Bis auf weiteres blieben wir auf dem Bildstein. Erlebten noch die Hochzeit mit – der lahme Bauer und die geistesschwache Mina heirateten – und noch eine weitere Jahreszeit, den Sommer.

Schulfrei ohne Ende und viel, viel Arbeit. Obstreife. Erntezeit.

«Wir sind die Sieger!», rief Katarzyna. «Magdalena muss unser Baby hüten!», befahl die Zehnjährige mir, der zwölfjährigen Deutschen. Die erwachsenen Polen, Tomasz und Ewa, unterschieden hingegen zwischen den Evakuierten und den Bauern. Wir gehörten zu den armen Arbeitstieren, somit eher zu den Polen, Andres und Mina und die «Mueter» waren «Herren», denen durfte man gehorteten Kaffee oder Speck wegnehmen. Als die wilden Bergkirschen gebrochen wurden, warf Tomasz mir ganze Zweige mit Früchten herunter. So hoch konnte ich ja nicht klettern, und er wollte galant sein, er sah in mir schon die junge Frau, glaube ich. Zwischendurch brachte er mir polnische Flüche und Kirchenlieder bei.

«Warum geht ihr denn nicht nach Hause?», fragte ich ihn.

«Wir kein Heimat mehr. Wir Katholik und jetzt Russ bei uns, der macht alles kaputt.»

Kaputt, das meistgebrauchte Wort, alles war kaputt oder ging kaputt.

In diesem Juni verlor ich den einzigen Menschen, den ich hier oben wirklich gern hatte, den Fritz. An diesem heißen Nachmittag saß ich wieder in meinem Holunderbusch und ließ die Beine baumeln und horchte auf die Geräusche im nahen Wald. Dort schlugen die Nachbarn Holz. Plötzlich rauschte es stark, die Axthiebe hatten aufgehört. Wenn es beim Holzfällen still wird, wusste ich, kommt ein Baum zu Fall. Ein Schrei zerriss die Luft, es folgte ein lautes Klagen: «Fritz, Fritz!» Ich lief nicht in den Wald, sondern ins Haus, in den Keller, und jammerte still vor mich hin. Warum durfte denn nichts so bleiben? Es war doch genug gestorben worden im Krieg. Abends erzählte man, der Baum habe Fritz' Brust zerschlagen, er sei sofort tot gewesen. Dreißig Jahre danach erst war ich in der Lage, sein Grab zu besuchen. Es war halb verwildert.

Bilder dieses Sommers werden jetzt wieder lebendig: ich auf dem Rücken von «Fuchs». Es ist mir gelungen, aufzusteigen, schön still hat er gehalten. Sobald er merkt, ich habe ihn fest genug an der Mähne gefasst, marschiert er los. Langsam und gemütlich, immer im Schritt, nur hält er nicht da, wo ich will. Wohin? Er steuert offenbar den Mühlteich an, er will baden, denn es ist heiß. «Fuchs» kann schwimmen und ich nicht, ich halte mich vertrauensvoll oben fest. Dreckig bin ich, von Kopf bis Fuß, man geht eben nicht in voller Montur in einen stillgelegten Mühlweiher. Also ausziehen, Menschen sind keine da, auf das stehende Mühlrad steigen und den Holzkanal über sich ziehen. Schon hat man eine brausende Riesendusche. Socken, Schuhe und den Halbrock samt Hose wasche ich am Zulauf, sie trocknen im Wind. Und ich liege nackig im Gras, zugesehen haben die Vögel und der Gaul, der nach seiner Badekur ein bisschen zartes Bachgras frisst.

Kein Traum. So war es wirklich, 1945.

Mai

Sobald die Eisheiligen vorüber sind, beginnt die Zeit des Nachttiers Magdalena. Ganz leise, damit Konrad es nicht hört, schleiche ich mich hinaus aus dem Bau. Die kürzeste Tour – fünfzehn Schritte – führt zum Maiglöcklebeet, dann sitze ich auf den Stufen vor der Haustür, Kissen unterm Po, und atme den Duft ein. Man kann ohnmächtig werden davon, so stark ist er in der Nacht. Es werden immer mehr Maiglöckle. Ursprünglich war es nur ein kleiner Busch, der an der Straße stand, jedes Jahr sind sie ein Stückle weiter hoch gewandert, zehn Quadratmeter dürften sie inzwischen erobert haben. In den schmalen Blättern ist immer ein wenig Bewegung, etwas krabbelt darin, der Wind spielt mit ihnen. Aus einem geöffneten Fenster des Nachbarhauses ein leises Schnarchen, ein altes Winzerehepaar, im Duett. Von weiter weg italienische Worte, Flüche vermutlich, normalerweise spricht er Alemannisch, dieser Herr. In der Not fällt der Mensch in die Sprache seiner Kindheit zurück.

Die Nacht macht alles größer, die Ängste, Phantasien, und viele äußere Erscheinungen, wie Kommoden, Vasen, was eben in der Nähe vom Bett so herumsteht. Kleiderschränke werden zu Riesen, so groß muss der Gulliver sein, dachte ich als Kind. Damals fürchtete ich die Nacht weniger als heute, ich horche jetzt viel auf mein Herz und schwitze schrecklich. Im Garten fällt das alles von mir ab. Meistens spaziere ich hinten zur Terrassentür hinaus, bis zur Obstwiese, die sich genau in der Mitte befindet. Das geht leichter und flinker als am Tage, da muss ich viel vorsichtiger sein, weil Konrad mal eine Hacke liegen lässt oder seine Wasserschlauch-Schlangen irgendwo lauern.

Zwei, drei Stunden im Liegestuhl brauche ich, manchmal reicht auch nur eine. Nachts ist viel Betrieb im Garten, du hörst die Igel, mal eine Katze, die jagt. Sie jagen fast alle, die Dorfkatzen, ihre Herrchen und Frauchen wissen es nur nicht, dass ihre lieben Pussis in der Nacht ein wildes Leben führen. Die Regenwürmer bewegen sich, Käferle krabbeln. Ich mache mein Ohr ganz groß, ein Rascheln, ein Knistern überall. Dieses Getier macht einen Radau, unglaublich, was da los ist. Eine Amsel schreckt im Schlaf hoch mit einem lauten «ssiih», singt ein paar Takte, eine kleine Kaskade von Tönen, und schon sind die Spatzen in der Hecke wach. Sie schimpfen, ganz kurz. Dann hat wieder der Wind für eine Weile das Sagen, spielt mit den Blättern, je nachdem, wie stark er ist und woher er weht, die verschiedenartigsten Begleitmusiken.

Vor Mitternacht ist noch ein wenig Tageswärme im Garten. Danach wird es allmählich feucht, das ist auf der Haut zu spüren. Das macht die Düfte noch intensiver, den Flieder, das Faulige darinnen, und das Grün. Der Mai riecht vor allem grün. Die Erde riecht jetzt, sie wird, je weiter die Nacht vorrückt, aktiv. Aus südwestlicher Richtung besonders stark, von dort, wo Konrad wild gegraben und die Dahlienknollen eingebuddelt hat.

Es ist das letzte Mal, dass wir uns diese zwanzig Meter lange Dahlienhecke leisten. Und dann Schluss mit der Viecherei! Zwischen Juli und Oktober ist das leuchtende Rot, solange ich es sah, immer eine gute Orientierung für mich gewesen. In der Mitte der Staudenreihe hat Konrad immer eine Lücke für mich gelassen – zwischen den «Säulen des Herkules», wie er sie nennt, konnte ich mich unauffällig, ohne glotzende Leute fürchten zu müssen, in den Garten tasten.

Was ist der Mai? Sich Blumen holen dürfen! Gartenarbeit an allen Ecken und Enden, die Angst, nicht fertig zu werden. Daraus wird nichts in diesem Jahr, möglicherweise nie mehr. Aber die Nacht bleibt mir – genussvoll im Garten pieseln, wie ein Tier. Träumen.

«Blackbird singing in the dead of night
Take these sunken eyes and learn to see
All your life, you were only waiting for this moment to be free.»

Lebenstüchtig

Eines schönen Morgens im August lesen wir Mirabellen auf, da lässt Mutter einen Schrei los: «Das ist unser Vater!» Weg ist sie. Sie rennt hinunter ins Tal, und wir hinterher. Er ist da! Ich müsste jubeln vor Freude, denke ich im Laufen, doch in meinem Hals sitzt ein dicker Frosch. Im Gegenlicht sehe ich schemenhaft eine schmale Gestalt. Vater? Ich springe auf ihn zu und drücke mein Gesicht an seinen Arm, erschrecke, Knochen, nur Knochen und darüber verschrumpelte Haut. Dieses verhungerte Männlein soll mein Vater sein? Christel, meine vierjährige Schwester, weint jämmerlich auf seinem Arm. Natürlich, sie kennt ihn nicht, bei ihrer Taufe, als er das letzte Mal da gewesen ist, war sie noch viel zu klein.

Vater sprach damals nicht oft vom Krieg. Vom Nierenbluten erzählte er zu Anfang mal, das ihn «gerettet» habe. Beim Rückzug wäre aus seiner Hose Blut in den Schnee getröpfelt, deswegen hätten ihn die Kameraden auf ein Schiff «nach Dänemark» gesetzt, wo man ihm im Krankenhaus eine Reisdiät verabreichte und ihn, als das Bluten aufhörte, wieder auf ein Schiff brachte, diesmal «nach Norddeutschland». Dort hätte ihn sogleich «der Engländer» gefangen, und irgendwie war er denen entwischt, so etwa, und weiter zu Fuß durch Deutschland bis nach Freiburg, in die Erasmusstraße.

«Wie ein einzelner Zahn» sei unser Haus, links und rechts davon alles niedergebrannt, berichtete Vater. Bei seiner Rückkehr sei alles dunkel gewesen. «Nur im zweiten Stock hat ein schwaches Lichtle gebrannt.» Manche Formulierungen habe ich behalten bis heute. Vater stockte oft, seine Stimme war anders geworden durch den Krieg, etwas höher, dünner. Meistens erzählte er diese Geschichten nachts, wenn er neben Mutter lag und wir Kinder, wie er glaubte, schon schliefen. «Else lebt, sie leben alle, sie leben, Johann!», habe Tante

Melli ihm entgegengerufen. Sie war die Einzige, die bereits wieder im Haus wohnte, und sie schickte ihn zu uns auf den Einödhof.

Von da an bereiteten wir uns auf die Heimkehr vor. Es wurde viel eingemacht, Mutter wollte partout die Pflaumenzeit abwarten. Vater schlief viel, oder er hockte rauchend auf der Treppe. Drei, vier Wochen dauerte es noch, bis wir auf dem offenen Lastwagen saßen. Wir näherten uns Freiburg in ziemlichem Tempo, und ich wagte nicht, rechts und links zu sehen, ich guckte nur in die Bäume über uns. Sosehr ich heimwollte und mich darauf freute, ich hatte schreckliche Angst vor unserem kaputten Haus. Nachmittags stand ich wieder in unserem Kinderzimmer. Es war beinahe leer, nur die Bettgestelle waren übrig und das kleine Holztreppchen vorn am Fenster, das man brauchte, um auf die Terrasse zu kommen. Da, wo früher der Garten und die Werkstatt waren, lag ein Schuttberg, er ragte fast in das Fenster hinein. Auf dem Schutt wuchsen Blumen, Weidenröschen und viel roter Mohn, der sonst in unserer Stadt nicht heimisch war.

Wir entdeckten alles nach und nach. Unser Kinderzimmer war größer geworden, die Wand, die es von der Küche trennte, war halb eingestürzt. Wir konnten nun Mutter direkt auf den Kochherd gucken, von der maroden Mauer fielen ständig Krümel in mein Bett. Verkohlte Fensterläden. An den Wänden, draußen und im Hausflur, verbrannte Ölfarbe, sie fühlte sich an wie Fisch mit riesengroßen Schuppen.

Bis in den Winter hinein waren wir mit Aufräumen beschäftigt. Fenster zunageln, Risse und Ritzen zustopfen. Wir klebten Packpapier über die bröselnden Wände und Säcke an die Decken, denen der Gips fehlte, damit nicht dauernd Dreck auf uns rieselte. Durften wir überhaupt in dem Haus bleiben? Nichts war gewiss. Der Frieden war ausgebrochen, aber er war voller Schrecken – Plünderungen, die nicht aufhörten, es hieß, die Franzosen, vor allem die Marokks, täten den Frauen «ebbis» an. Noch lange bangten wir um unsere Wohnung. Die Besatzungsmacht suchte Quartiere, denn die Familien ihrer Soldaten zogen allmählich nach. Wir hofften inständig, dass unser Haus zu zerbombt war, als dass eine Madame aus Frankreich ihr Auge darauf werfen würde.

Am schlimmsten war der Mangel an Brennmaterial. Man lernte, alles Brennbare aufzulesen und heimzubringen. Es fand sich vor allem in den zu Bergen getürmten Trümmern. Einerseits verbot man uns, dass wir in den Trümmern herumkraxelten, andererseits strahlte Mutter, wenn wir ein halbverkohltes Balkenstück, einen Türrest oder ein paar Späne mitbrachten. Auch Vater schickte uns nicht gerade raus, um für ihn Zigarettenkippen zu sammeln, doch wir konnten ihn mit Tabakresten friedlich stimmen. Er lobte uns dann, nannte uns «fix». Da war sie wieder, diese zweigleisige Erziehung.

Ich war selbständig geworden durch den Krieg. Wehe, es würde nochmal einer behaupten: «Magdalena kann das nicht!»

Wir klauten ganze Bäume am Schlossberg, was nicht ungefährlich war, auch wegen der Blindgänger, die noch nicht alle geräumt waren. Meine Talente waren hier besonders gefragt. Wegen meines schlechten Sehens hatte ich die Angewohnheit, Entfernungen in Schritten zu messen. Am Tag ging ich spionieren, als harmloses, spielendes Kind umkreiste ich den Stamm, den Vater als brauchbar ausgewählt hatte, und zählte dann im Weghüpfen die Schritte von dort bis zu uns, mit allen Richtungswechseln, damit man nachts, zur Sperrstunde, das Objekt der Begierde genau orten konnte.

Mittlerweile war auch Großvater aus der Evakuierung im Schwarzwald zurück. «Geh nicht so viel zu Opa, Magdalena!» Er könne nicht mehr richtig sprechen, hieß es, also möge ich ihn bitte nicht dazu veranlassen. Seine Stimme war wirklich nur noch ein heiseres Krächzen. Trotzdem besuchte ich ihn manchmal und erzählte ihm, was sich da draußen in Freiburgs Trümmerlandschaft abspielte. Vom Backsteineputzen, wie man den von Feuer und Nässe porös gewordenen Mörtel mit einem Eisenschaber entfernt. «Hinter unserem Haus sind wir schon fertig, Großvater.» Und jetzt, prahlte ich, zögen wir, auch ich, mit Handkarren zu fremder Leute Trümmergebirge. Meist saß er stumm im Mantel da, seine runzlig gewordenen Hände klammerten sich um den Spazierstock. Er muss in seiner eiskalten großen Wohnung viel gefroren haben.

Im Spätherbst fing für mich so etwas Ähnliches wie Schule an, ein Französisch-Kurs am St. Ursula-Gymnasium für Mädchen, wo ich nun hinsollte, in der Wiehre. Das Erste, was ich dort zu lernen hatte, war «Oh Tannenbaum»:

«Mon beau sapin,
roi des forets,
que j'aime ta parure.»

Bei Tannenbaum dachte ich ans Verheizen, an einen kräftigen Baum, in handliche Stücke gesägt, kaum mehr an den Christbaum, obwohl er sich aus der Phantasie des bald dreizehnjährigen Mädchens nicht ganz vertreiben ließ. Weihnachten 1945 wurde für mich wider Erwarten eines der schönsten. Unsere Mutter brachte es fertig, aus Gelbe-Rüben-Schalen, Kaffeesatz, etwas Mehl, einer Spur von Fett und geheimnisvollen Aromen unbekannter Herkunft Lebküchle zu backen. Ein Christbaum war da, «hereingeschneit», um es vornehm zu sagen, ohne Kerzen zwar, ohne Kugeln, die waren zersprungen in der Bombennacht, geschmückt mit Strohsternen. Peter und ich hatten sie aus Hälmchen gebastelt, die wir beim Hamstern von den Bauern erbeten hatten. Vater und Nicki, ein ganz junger, vielleicht fünfzehnjähriger Russenbursche, der bei uns lebte, weil er nicht heimwollte, und beim Wiederaufbau der Malerwerkstatt half, gruben auf dem Speicher die Krippe unter dem Schutt aus und werkelten so lange daran herum, bis sie beinahe wieder neu war. Der Mensch ist ein Schöpfer! Wir waren überwältigt von Lebenslust an diesem Heiligen Abend nach dem Krieg. «Stille Nacht, Heilige

Nacht», die alten Lieder kamen zurück, und Nicki war bei uns, er sang mit. Endlich hatte ich einen älteren Bruder. Nein, ich war verliebt. Verliebt in ihn und in die Tatsache, dass ein blonder Junge mich mochte.

Nickis Verschwinden hat mir fürchterlich wehgetan. Alle Lieben verschwinden auf die eine oder andere Weise, und womöglich könnte ich sogar daran schuld sein. Lange habe ich geglaubt, das ist mein Schicksal, eigentlich, bis ich Konrad traf. Klaus, Fritz, 1946 im Frühjahr Nicki, und es ging so fort. «Betet für Nicki», sagte Mutter. Man hätte ihn zwangsweise heimgeschickt, nach Russland.

Die Trümmerfelder der Stadt waren in diesem Frühling über und über mit gelbem Huflattich überzogen. Unsere Amerikanerrebe, die einst unsere Werkstatt umrankt hatte, war unter dem vier Meter hohen Schutt hervorgekrochen und grünte. Aber ich konnte mich nicht daran freuen. Ich war krank vor Hunger. Nachts wachte ich vom Knurren meines Magens oder von den unverschämten Blähungen auf. Von dem wenigen Brot, den wässrigen Kohl- und Rübensuppen, den halb erfrorenen Kartoffeln, die wir verschlangen, hatte man ständig Bauchschmerzen, es wuchsen immer neue eitrige Stellen auf der Haut. Unser Vater kriegte das Beste vom Essen, mehr Brot.

Ich erinnere mich an eine Szene in der Küche, vom Bett aus sehe ich jenseits der eingesunkenen Mauer Vaters Rücken, und weiter hinten, sehr undeutlich, an den Küchenschrank gelehnt, sein Kumpel, mit dem er in Russland war. Er erörtert gerade meinem Vater die Möglichkeiten eines Tauschgeschäfts, Draht gegen ein Bündel «Bahndamm», also selbst angebauten Tabak, «Bahndamm» oder auch «Siedlerstolz», wovon man wieder einen Teil gegen Butter eintauschen könnte. Durchdringend, fast ordinär ist die Stimme. Der nächste Satz lässt mich hochschrecken, ich habe ihn nie vergessen:

«Immer die Rumsegglerei wäge dem Frässe!» Die Klage

über das viele Rumlaufen nach Essen ist bissig, voll Ingrimm. «Rrrrhhhä», macht der Mann dazu, «rrrrhhhä», wie ein großer Rabenvogel. Und mein Vater lacht gequält.

In Wahrheit hatte unser Vater mit der Essensbeschaffung ziemlich wenig zu tun. Wer fürs Vaterland gekämpft habe, den dürfe man nicht zum Hamstern schicken. Selten nur brachte er etwas heim. Einmal hatte er die Backbaracke der Franzosen geweißelt, anschließend vom Tisch die Weißbrotstücke eingesammelt, die sie achtlos hatten liegen lassen.

Mutter ging hamstern. Ich begleitete sie oft auf die Dörfer rings um Freiburg, zu denen man mit der Straßenbahn und etwa einer Stunde Fußmarsch gelangte. Jetzt geh ich mal alleine, dachte ich. Warum nicht? Mein Ehrgeiz war erwacht, in dieser Zeit schlug meine kindliche Abenteuerlust in etwas anderes um: Ich wollte anderen etwas beweisen.

Einige Bauern kannte ich inzwischen gut, und ich wusste genau, wo die bösen Hunde wohnen. Ich schulterte den Rucksack, packte etwas Geld, Haarnadeln, Nähgarn und andere Kleinutensilien zum Tauschen hinein. Was ich ergatterte, war nicht viel, ein paar Äpfel, Kartoffeln, etwas Quark. Auf dem letzten Hof luden sie mich zum Vesper ein. Ein großer runder Tisch und besonders freundliche Leute, es roch süß nach Milch und nach gekochtem Fleisch, fast paradiesisch. Sie sprachen über die Frühjahrsbestellung, dass wieder zu wenig vom Kunstdünger da sei und auch der Stallmist knapp. Mir kam eine glorreiche Idee: Ich wusste vom Bildstein, dass auch menschliche Exkremente zur Düngung verwendet wurden. Ob ich nicht als «Mistmaschine» dableiben könnte, bot ich an, «gegen gute Verpflegung». Großes Gelächter!

«Magdalena ist tüchtig!», hörte ich jetzt öfter. «Auf Magdalena kann man sich verlassen.» Wenn Mutter unterwegs war, nicht selten ganze Wochen lang, kochte ich für die Geschwister, Vater und die Werkstattleute. Mit der Zeit lernte ich, verschiedene Suppen zu machen, aus zerquetschten

Bohnen kleine Küchlein. Ich erfand sogar neue Gerichte, für die ich dann gelobt wurde, etwa einen Brotaufstrich aus Linsen und durchgedrehtem Schnittlauch. Selleriescheiben briet ich, schön paniert, die Idee hatte ich mal beim Schlangestehen aufgeschnappt, sogenannte Adolf-Hitler-Schnitzel. Viele Notrezepte bekamen Namen, die besagten, dass diese Art Kocherei eine der Auswirkungen des Tausendjährigen Reiches war.

Tomatenpflege war mein Revier. Gedüngt wurden sie mit Hasenmist, ein Abfallprodukt wiederum von den «belgischen Riesen», die ich auch unter mir hatte. Von einer ihrer Touren hatte Mutter eine kleine buntgescheckte Häsin mitgebracht. Und als die nach einigen Monaten groß war, bin ich mit ihr quer durch die Stadt zu einer Gärtnersfamilie gelaufen. «Sag ihnen, sie sollen sie in den Stall zum Bock stecken.» So kam es, dass sie bald vierzehn Junge warf und der Bedarf an Hasenfutter immens stieg. Auf den Trümmern wuchs viel Grünzeug, Gräser, Löwenzahn und Bärendoben. Nicht alles war zu gebrauchen, Milchdisteln und Konsorten nicht. Einmal entdeckte ich auf dem Gelände einer zerbombten Kaserne, im Bereich der Ställe, kleine Areale von reifem Hafer – das Wunder war offenbar aus Rossbollen gesprossen.

In diesen Jahren habe ich viele Schrammen abgekriegt, eine sehr schlimme. An einem Sommertag geriet ich in eine ehemalige Panzersperre, in einen von hohem Gras verborgenen, rostigen Stacheldrahtverhau. Ein riesiger Schnitt am linken Bein, und ich war in diesem Augenblick ganz allein in der Landschaft. Drauf pinkeln, hatten die Soldaten mal erzählt. Ich setzte mich und ließ an Urin aus mir heraus, was nur kommen wollte. Es brannte entsetzlich, humpelnd schaffte ich es schließlich bis zum nächsten Gehöft. Der Bauer holte die gut versteckte Flasche mit dem stärksten Schnaps und reinigte damit die Wunde, und die Bäuerin schmierte mir noch Butter darüber. Fast ein Jahr brauchte es, bis alles verheilt war.

Im Spätherbst 1946 starb Großvater. Zuletzt war er bettlägerig gewesen und musste künstlich ernährt werden, wozu man auf Schleichwegen entsprechende Nahrungsextrakte aus der Schweiz besorgte. Bis zum Schluss wehrte er sich gegen den Tod, und er wünschte ihn zugleich. Nun war es geschehen. Ohne zu fragen, schnitt ich im Hof die letzte Blüte vom gelben Rosenstock für ihn ab und legte sie in seine kalten, gefalteten Hände. Nie zuvor habe ich mich so sehr allein gefühlt. Am Tag des Begräbnisses riss ich auf dem Schlossberg Eichenlaub und Hagebuttenzweige herunter, weiße Knallbeeren, alles, was ich zu fassen kriegte.

«Diesen Krautstrauß wirst du doch nicht auf den Sarg werfen!»

«Doch! Ich muss Opa etwas mitbringen.»

Am Grab betete ich, er möge mich vom Himmel aus ansehen. Vielleicht stünde er gerade direkt neben Judas Thaddäus, um ihm zu sagen: «Guck, das ist Magdalena, meine Enkelin, die mit den schlechten Augen. Wir passen nun beide auf sie auf, dass sie groß wird und brav bleibt.»

Das pure Wunder, dass ich damals nicht den Boden unter den Füßen verloren habe. Die Eltern zankten sich täglich, vom Bett kriegte ich alles mit, was jenseits der immer noch kaputten Mauer geschah. Abends spät wuschen sie sich in der Küche. Vater klopfte Mutter dann kräftig auf den Popo.

«Lass mich doch in Ruh!»

«Komm, Else. Komm.»

«Hurenbub, du.»

Was da gewesen sein könnte, habe ich später mit Hilfe von Heinrich Böll, Wolfdietrich Schnurre und anderen Dichtern verstehen gelernt – Verzweiflung, Eifersucht und Liebeshunger.

«Hurenbub»? Ich war damals dreizehn, fast schon vierzehn, das neue Wort aus der Geheimniszone ängstigte mich. Das alte «ebbis machen» war nun täglich zu hören. «Nit für

Schokolad ebbis machen», wurde ständig zu mir und meinen halbwüchsigen Cousinen gesagt. «Ebbis mit nem Schieber machen. Ebbis mit nem Neger machen.» – «Was machen?» – «Ja, das wirst du dann schon merken.» Es musste etwas Schlimmeres sein als Küssen, schon das war bekanntlich eine komplette Todsünde.

Die Bächle, vom Trümmerschutt befreit, liefen wieder gluckernd durch die Straßen. Autos konnten jetzt wieder durchkommen, meistens waren es die Dienstwagen der französischen Besatzungsmacht, hier und da auch Amerikaner. Wenn diese mit ihren langen, angeberischen Wagen in eine kleine Straße gerieten und mit einem Rad im Bächle landeten, freuten wir uns. Wir waren schon darauf spezialisiert, wie man sie mit Brett und Heber aus Freiburgs Gewässern herausholt. Dafür gab es Trinkgeld, Zigaretten meist, einmal sogar einen ganzen Kasten Cola. Die erste Cola! Ein braunes Gesöff, das keinen von uns wirklich überzeugte.

Allmählich hatte ich wieder meine Orientierungspunkte in Freiburg – das Quietschen der Straßenbahn, Bäckereidüfte, das Gelb der Briefkästen. Alles kriegte wieder eine gewisse Ordnung und Struktur, die Melodie der Stadt wurde regelmäßiger. Morgens zu Arbeits- und Schulbeginn die eiligen Schritte, um zwölf das Mittagsläuten, danach wurde es ruhiger. Man achtete wieder mehr auf die Glocken des Münsters, und seit der entnervende Dauerton des Steinepickens nachgelassen hatte, war sogar das Silberglöckle wieder gut zu hören. In der Nacht war es still, unfassbar und köstlich still.

Am Gymnasium St. Ursula, in der Eisenbahnstraße, war täglich Unterricht. Mit Ausnahme der Tage, an denen wir zur Quäkerspeisung eingeladen waren, wir in Zweierreihen zu der etwa zwanzig Minuten entfernten warmen, nach Essen duftenden Baracke marschierten, wo wir Kakao und Brötchen, Brei, auch mal eine Apfelsine in Empfang nahmen. Wir lernten, so gut es eben ging, ohne Bücher, ohne Lineal und Zirkel. Wir schrieben, weil es keine Hefte gab, auf Packpapier oder auf Tapetenmusterrollen, was besonders mir schwerfiel. Vierunddreißig Mädchen drängten sich in meiner Klasse, alle waren mehr oder weniger verwildert. Uns zu konzentrieren fiel uns schwer, selbst bei unserer Klassenlehrerin Fräulein Hildegard, die wir liebten, und der uralten Religionsschwester Johanna. Wir hatten ein Riesenbedürfnis nach Unfug. Als Klassensprecherin war ich zuständig dafür, Streiche zu erfinden – für Schwester Johanna versteckten wir mal zweihundert Maikäfer im Lehrerpult, das war im Mai 1947.

Einen der Lehrer konnten wir überhaupt nicht leiden. Er gab bei uns zwei Fächer, «Völkerverständigung» hieß das eine, «Französische Konversation» das andere. In beiden Stunden schimpfte er auf die Deutschen. Alles, was sie jemals gemacht hatten, egal ob unter Hitler oder vorher, war schlecht. Alles, was die Franzosen getan hatten, war gut.

«Ihr dürft nicht mehr das Deutschlandlied singen.»
«Dürfen wir denn unsere Heimat nicht lieben?»
«Nein. Und nicht mehr marschieren.»
«Und wo ist jetzt unser Vaterland?»
«Eure Väter sind alle Nazis.»

Unser Zorn über diesen Lehrer war groß. Sobald uns die Angriffe gegen unsere Heimat zu bunt wurden, kippten Bänke, flogen Papierkugeln. Die Aktionen weiteten sich auf die ganze Schule aus, schließlich, nach Monaten des Nervenkriegs, wurde der Lehrer schwerkrank und ging. Warum wir uns so heftig gegen dieses Thema wehrten, weiß ich bis heute nicht ganz genau. Irgendwie lebten wir in einem fürchterlichen Nichts, ohne Orientierung, und die Erwachsenen, die meisten von ihnen, waren freudlose Riesen, die keine Ahnung hatten, was wir Kinder jetzt brauchten.

Wirklich wohl fühlte ich mich in der Pfarrjugend. Nach den Jahren der Einschränkung und Heimlichkeit wieder Fronleichnam zu feiern war ein wunderbares, freies Gefühl, auf den Nachtwanderungen am Lagerfeuer Marienlieder zu singen: «Sag an, wer ist doch diese, die hoch am Himmel steht.» In den Ferien marschierten wir von Hütte zu Hütte, trugen unsere wuchtigen Rucksäcke, badeten, jeder Bach war uns willkommen, freundeten uns mit Hirten an, um ein bissle Milch zu bekommen. Zumindest so viel verstanden wir: dass wir dankbar sein mussten, das alles überstanden zu haben.

Jugendmesse im tiefdunklen Münster – nur am Hochaltar, der nun lange nicht mehr so fern erschien wie früher, brannte eine Kerze. Zweimal konnte ich am Heiligen Abend die Mitternachtsmesse in St. Ottilien bei Freiburg mitmachen. Von allen Pfarreien kamen junge Leute mit Laternen und Kerzen über den Schlossberg zu der einsamen Kirche. Ob Schnee oder Eis, Sturm oder Nieselregen, wir mussten dahin, mit dem jungen Priester die Christmette feiern. Zum Abschluss gab es heißen Muckefuck und ein Stückchen Kuchen aus dem luftigsten Hefeteig, den ich jemals probiert habe.

Es hieß, in Freiburg sollten Passionsspiele aufgeführt werden, auf den Trümmern des Münsterplatzes. Man suchte Komparsen, und natürlich meldete ich mich. Zuerst wurde ich als Kind beschäftigt, aber bald holte man mich in die Gruppe der Jungfrauen, hauptsächlich, weil ich sehr langes, welliges dunkles Haar hatte. Ich bekam eine dunkeltürkisfarbene Kutte, der Regisseur war zufrieden mit mir. Beiläufig fragte er, ob ich denn in dem buckligen, unsicheren Gelände auch genügend sehen könne.

«Da können Sie Gift drauf nehmen. Ich kenne hier jeden Stein.»

Während der Probenpausen besuchte ich oft meine alte Freundin, die Klofrau. Wir redeten miteinander und aßen Brot mit Rübenmarmelade, derweil ihre weißgraue Katze um unsere Füße strich. Bis vom Münsterplatz der Ruf wieder erschallte: «Auftritt: das Volk.» Mir war kein Augustnachmittag zu heiß, keine Volksszene zu lang, ich tat, was nötig war. Ich stand, schrie, weinte, gestikulierte, murmelte, wendete mich ab. Mit den Hauptdarstellern, die allesamt Profis waren, kam ich gut aus. Mich erstaunte, wie sehr heiligmäßig Maria, Jesus, Petrus auf der Szene waren und in den Pausen das genaue Gegenteil. Maria Magdalena ließ sich, zu meinem hellen Entsetzen, von Pilatus küssen. Die Gottesmutter strickte Pullover und qualmte. Zwei Pharisäer klopften mit dem Engel der Auferstehung Skat. Mehr als zwanzig Vorstellungen gab unser Freiburger Oberammergau-Ensemble, die letzte bei Regen. Meine Kinderträumerei lebte wieder auf: Ich würde Schauspielerin werden und selbst Theaterstücke schreiben.

Beim letzten Weihnachtssingen mit der Pfarrjugend wusste ich schon, ich würde im Frühling, 1948, aufs Blindengymnasium nach Marburg gehen. Es wäre besser so, meinten die Lehrer von St. Ursula. Mit der vielen Abschreiberei – wir hatten immer noch kaum Lehrbücher – tat ich mich zunehmend schwer, zumal auf dem groben, bräunlichen Papier. Oft hakte sich die Feder an den Holzstückchen und Hadern fest, vor meinem schwachen Auge verschwammen diese Buckelchen mit den Buchstaben. Mein Lese- und Schreibtempo würde angesichts des schwieriger werdenden Lernstoffes bald zu langsam sein.

Ich bin blind

Warum trennt man die Menschenwelt in Sehende und Blinde? In meinem Leben gab es diese Trennungslinie erst sehr spät. Es passierte durch einen simplen Ortswechsel – 1948, im April, wurde ich blind.

Selbstporträt mit fünfzehn Jahren und drei Monaten, am Bahnhof Freiburg, kurz vor der Abreise nach Marburg: Ein pummeliges Mädchen, ein richtiges Kugelchen, mit einem

Haarkranz, der es etwas größer wirken lässt. Handgestrickte Wollstrümpfe, klotzige Schuhe. Ich trage mein rostrotes, schweres Sonntagskleid, das Mutter kürzlich aus einer alten, verschossenen Samtportiere nach meinen Wünschen zusammengenäht hat: weiter, schwingender Rock und ein enges Oberteil, das meine inzwischen ziemlich großen Brüste umspannt, um den Hals herum weiße Spitze. Darüber ein schon mehrfach angesetzter Mantel aus Uniformstoff. Wie eine Lumpenprinzessin muss ich ausgesehen haben. Mein Gesichtsausdruck? Fröhlich, würde ich sagen, erwartungsvoll.

Meine Mutter begleitete mich auf der langen Bahnreise. Eine Grenze war zu überqueren, von der französischen in die anglo-amerikanische Zone. Am späten Nachmittag, kaum hatten wir unseren Fuß in die Stadt gesetzt, schrie Mutter:

«Mein Gott, alles unzerstört. Magdalena, schau.»

Mir war ausnahmsweise nicht nach Entdecken zumute, ich wollte schnell dorthin, wo ich hinmusste. Am Rande der Altstadt war es, ein großes altes Gebäude. Man führte mich in ein Zimmer, das ich mit drei Mädchen teilen sollte. Ein Bett und ein Nachttisch, eine Kommode mit drei Schubladen – das war meins. Kein Bild, kein Deckle, nirgends ein Lämple. Zur Begrüßung wurde mir die Hausordnung runtergebetet. Diakonissen hießen die Klosterfrauen, die hier das Regiment führten, sie erschienen mir strenger als jede Nonne, die ich bisher gekannt hatte.

Mutter verließ mich nach zwei Tagen. «Sei brav, Magdalena.» Jetzt würde ich wahrscheinlich erst einmal unter Einsamkeit leiden, dachte ich. Welch ein Irrtum! Wir waren zu fünfzig, zu hundert, in dem großen Speisesaal noch mehr. Ich aß, schlief, lernte, betete mit vielen anderen, nicht eine Minute war ich für mich. Das war zu Anfang das Schwerste für mich, schlimmer noch als das Heimweh. Ich sehnte mich danach, allein zu sein, nachts phantasierte ich mich in die Einsamkeit der Almen und auf den Turm des Freiburger Münsters.

Es war eine gemischte Schule, Buben und Mädle zusammen, «Koedukation» nannten sie es. Das war im Prinzip sehr interessant, auch für mich, die jüngste Schülerin. «Es darf nicht zum Beischlaf führen», ermahnten uns die Diakonissenschwestern täglich. «Beischlaf?» In den ersten Wochen verstand ich diesen Satz überhaupt nicht. Aus vielen Gründen fühlte ich mich hier fremd. Ich war katholisch, die meisten hier evangelisch. Bis dahin hatte ich nur Mundart gesprochen, überall, wo ich hingekommen war, hatte man mich selbstverständlich verstanden. Zum ersten Mal wurde ich nun deswegen verspottet.

«Du kommst aus Süddeutschland. Was macht ihr da unten denn?», hieß es, oder: «Ihr seid ja sowieso nicht zivilisiert.»

Wenige hier waren aus dem Süden. Es gab Schüler aus Berlin und aus der norddeutschen Tiefebene, aus dem Harz, erinnere ich mich, eine Erdmute mit Bernsteinkette aus der Gegend von Königsberg. Viele schicke Mädchen, die richtige Faltenröcke trugen und weiche Pullover. Und alles Blinde! Blinde und hochgradig Sehbehinderte, solche Jugendlichen kannte ich überhaupt nicht. Sie hatten ihre Schulzeit auf Blindenschulen verbracht, bevor sie nach Marburg ins Aufbaugymnasium kamen, das mit der Untertertia begann. Internatszöglinge seit ewig, gelernte Stubenhocker, einige waren schon mit sechs Jahren im Heim gewesen. Alles, was sie davon erzählten, erschien mir fürchterlich. Was für ein eingesperrtes, langweiliges Leben!

«Von welcher Blindenschule kommst du?»

«Von keiner. Von zu Hause.» Für meine Mitschüler war ich eine totale Exotin.

«Wie viel siehst du noch?», war immer die wichtigste Frage.

«Och, eine ganze Menge», antwortete ich.

«Warum bist du dann hier, Magdalena?»

«Punktschrift lernen.» Etwas, was die anderen längst konnten. «Und wie viel siehst du?», fragte ich höflich zurück.

«Hell und dunkel», sagte das Mädchen. Und der Junge neben ihr: «Sechs Meter Schwarz.» Das war der Ausdruck für ganz und gar blind. Womöglich hatte der Junge, der das sagte, gar keine Augen mehr im Kopf. Blindheit, lernte ich jetzt, hat verschiedene Ursachen und verschiedene Grade, und ich gehörte zu den sogenannten «Sehrestlern». Heute gilt laut Gesetz derjenige als blind, der auf dem besseren Auge weniger als zwei Prozent Sehkraft hat. Dieser Definition nach bin ich damals wohl auf der Schwelle zum Blindsein gewesen.

Außer uns gab es noch die «War-Scheelen». «War», also Krieg, «scheel» für blind. Man hatte damals schreckliche Worte für manche Dinge, wahrscheinlich deswegen, weil man sie so besser aushalten konnte. Ungefähr ein Drittel der Internatsschüler waren Kriegsblinde, junge Männer zwischen zwanzig und dreißig. «Sie haben ihre Augen fürs Vaterland geopfert», deswegen hatten sie Vorfahrt an der Schule. Sie sollten unbedingt bis zum Abitur gebracht werden oder sich wieder ins unterbrochene Studium einfädeln können, soweit es ging, ins normale Leben zurück. Arme Kerle, für sie war Blindsein Neuland, das totale Unglück. Ganz anders als für mich. Für mich war die Einschränkung ein alter Hut – ein Zustand, den muss man aushalten, da muss man eben andere Wege gehen.

Im Frühsommer fing ich an, die Umgebung zu erkunden. Zunächst den Park mit den alten Bäumen, gleich hinter dem Schulhof begann die große Wiese. Am äußeren Rande befand sich ein Geißenstall, den der Gärtner unter sich hatte, ein freundlicher alter Bayer. Ich lief den Geißle nach, so kindlich war ich noch, und strich bei jeder Gelegenheit um die Beete herum. «Na, Schwäble?» Das «Schwäble» verzieh ich dem Gärtner, eigentlich war ich ja Badenerin. Denn er duldete mich im Nutzgarten, er hatte sofort gemerkt, dass ich mich darin zu bewegen wusste.

«Was klaust du mir wieder heute Nacht, Schwäble?»

«Die Erdbeeren sind reif.»

«Na gut, aber treib es nicht zu wüst.»

Nachmittags lief ich in die Oberstadt. Bergig war dieses Marburg, sehr verwinkelt, zwischen den Gassen immer wieder Treppchen. Systematisch erweiterte ich meine Kenntnis, nach bewährter Methode. In der Wettergasse machte ich eine Ladentür nach der anderen auf, Bäcker, Metzger, Haushaltswaren, Nase reingesteckt und weiter.

Im Juni 1948 war die Währungsreform, zu dem Zeitpunkt war ich einigermaßen orientiert. Weil ich nicht bei den Eltern wohnte, kriegte ich wie die Erwachsenen 40 Mark. Phantastisch, was es plötzlich alles gab! «Guck mal, die hat Kochtöpf, vor acht Tagen hat sie noch keinen gehabt!» So ging das. «Schuh kann man kaufen!» Die Leute sind auf dem Ketzerbach auf und ab gelaufen, und ich mit. Stopfgarn hab ich gekauft, das war toll, ich hatte meine Strümpfe schon mit Schwarz stopfen müssen. Und ein ganzes Pfund Presskopf, endlich mal genug Fleisch essen, und dazu einen kleinen, festen Laib Weißbrot. Und ein Kugelväsle aus Glas mit Blümchen drauf, und noch etwas, ich glaube, es war Seife. Den Rest des Geldes hab ich dann in den Sommerferien brav heimgebracht.

«Wer von euch kommt mit zum Jahrmarkt?» Ein Mädle meinte er natürlich, dieser junge Mann aus Hamburg, der in unserer Schule zu Besuch war. «Aber es muss sehen können.»

Ich sage: «So viel seh ich noch.»

«Du musst mich nur zur Achterbahn führen. Geld hab ich genug.»

«Au, ich fahr auch so gern.»

Wir aßen sauren Hering und rosarotes Himbeereis, und dann noch eine Runde Achterbahn. Ihm war ein wenig schlecht, mir nicht. «Das Schwäble ist absolut kotzfest», sagte der Hamburger bewundernd. «Sie braucht nicht kotzen, ein tolles Mädchen. Schade, dass sie so jung ist.» Max hieß er. Es war das erste Mal im Leben, dass ich ausgeführt worden bin.

Es sprach sich schnell herum: «Die Magdalena kann gut begleiten.» Ich tat es gern, immer öfter, damit hörte auch das Spotten auf. Vor allem die kriegsblinden Burschen wollten raus in die Wirtschaft, Bier trinken. Oder Jazz hören, richtigen amerikanischen Jazz, von Soldaten. «Das ist ein Ding!» war damals das stehende Wort für Neues. Immer andere saßen am Klavier, fast immer Schwarze, spielten oder spielten und sangen, nichts Perfektes, einfach so. Ich war gefressen von der Musik. Wenn die Stimme sagen darf, was sie fühlt. «Nobody knows you, when you are down and out.» Ich glaubte den Text zu verstehen, das waren Schmerzenslieder. Sogenannter «Blues». Später wurde er meine große Liebe, Louis Armstrong vor allem, Miles Davis. Seit Marburg weiß ich, dass Singen noch etwas anderes sein kann als «Guter Mond, du gehst so stille», Oper und Choral. Etwas Ungeordnetes, Animalisches. Noch heute sing ich manchmal, wenn ich allein zu Hause bin, wie die Schwarzen in Marburg – alles raus, was mir wehtut.

«Hallo, baby», begrüßten sie mich, «come on, baby», lässig, und als wäre es das Selbstverständlichste von der Welt, dass ein Mädchen mit Zöpfen einen ganzen Trupp Männer in den Jazzkeller führt. Manchmal wurde ich müde von der Musik und dem Zigarettenqualm, legte mich auf eine leere Bank und schlief. Oft war Mitternacht vorbei, bis die Kameraden bereit waren, sich von mir heimgeleiten zu lassen. Als Führhund hatte ich, halboffiziell, einen Hausschlüssel. Die Diakonissen konnten ja schlecht selber mitgehen und andererseits den volljährigen Männern den Ausgang nicht verbieten. Von den Zivilblinden über achtzehn waren meist etliche mit von der Partie, sie wohnten im selben Haus wie wir Mädchen. So angesäuselt wie sie waren, gingen sie lieber nicht durch die Pforte. «Ihr könnt doch klettern?» – «Klar, Magdalena!» Sie stiegen also auf den Balkon unseres Mädchenzimmers, ich öffnete die Tür von innen. Dann hab ich sie, barfuß, einen nach dem anderen, auf meinen Buckel geladen und durchs Zimmer getragen, damit man keine Schritte hörte. Sie waren nicht schwer, und ich war kräftig.

Sonntagmorgens gegen zehn bin ich in die katholische Studentenmesse. Hab gefragt, wer geht noch mit in die Kirche. «Nö, du spinnst wohl.» Die meisten hier hatten keine religiöse Bindung mehr. Nur einer von den Kriegsblinden wollte meistens mit in die Stadt. «Zu Mutter Jansen!» Ich wusste nicht, wer sie ist, nur, dass sie in dem Haus mit den roten Vorhängen am Fenster wohnt. Mit der Zeit hab ich erfahren, dass dort ein «Bordell» war. Was ist das? So etwas Ähnliches wie ein Rondell?

«Da gehen Männer hin.»

«Ja, was machen die dort?»

«Das weißt du nicht?»

Wieder ging das Spotten los. Den jungen Mann habe ich nach der Kirche jedes Mal wieder abgeholt. Er war sehr guter Laune. Und ich dachte mir, wenn der so vergnügt ist, dann kann es nichts Böses sein. Trotzdem erschien es mir angebracht, darüber zu schweigen – Pauline, unsere Heimleiterin, musste das nicht erfahren.

Einige der jungen Männer haben mir immer wieder ihr Herz ausgeschüttet. «Ach, Magdalena, Mädchen!» Anscheinend haben die ein Gefühl dafür gehabt, dass ich noch völlig natürlich war. Nicht verbittert und auch nicht übermäßig neugierig. Einer erzählte, er habe zwei Kinder, und er habe eine Frau gehabt. «Aber wo ich heimgekommen bin mit dem blauschwarzen Gesicht, beide Augen weg und ein Arm weg, da wollte sie mich nicht mehr.» Er muss in Russland direkt im Feuer gewesen sein, er hatte schwerste Verbrennungen.

«Ja, wart ihr richtig verheiratet?»

«Richtig, ja. Aber der Krieg, das verstehst du nicht.»

Er hat mir die Hand auf den Kopf gelegt, ganz scheu. «Ach, was hast du für schöne Haare!»

152

Solche Geschichten hörte ich viele, erst heute verstehe ich allmählich, was da auf mich gefallen ist, was für eine Last. Es bedrängt mich manchmal noch in Träumen. Ich bin damals wie durch einen tiefen Wald gelaufen, durch viele Gefahren – ahnungslos, blind.

Das erste Marburger Jahr war gewaltig. Mit einem der Kriegsblinden habe ich mich bald näher angefreundet, er stammte, wie ich später erfuhr, aus einer jüdischen Familie. Wieder so ein Thema. Man sprach davon nicht, er auch nicht. Ich spürte nur, dieser Sechsundzwanzigjährige war ein Fremdling, ein Exot wie ich. Oft saßen wir im Raucherzimmer miteinander und haben uns unterhalten. Ich habe dort natürlich nicht geraucht, nur heimlich mal, eine oder zwei. Er hat mit mir Faltarbeiten gemacht, was für den erwachsenen Mann gewiss läppisch war. «Magdalena, du kommst. Wie schön!» Im Advent, meinem ersten hier, war ich furchtbar traurig. Kein Adventskranz, zwei Wochen vor Weihnachten immer noch nicht. «Komm, wir gehen für dich Tannenreiser holen.» Wir hatten kein Messer und gingen nur mit bloßen Händen bewaffnet in den Park. Er war groß und stark und hatte noch einen kleinen Sehrest. «Auf den Baum komm ich doch leicht hoch.» Allerdings hatte er nicht damit gerechnet, dass die Äste erst in drei Meter Höhe anfangen. Es war eine ziemlich haarige Expedition, an deren Ende wir nicht viel in der Hand hatten, nur ein paar kleine wüste Zweige. Bei Tageslicht besehen zu wenig für einen Kranz. Schlimm war, dass wir zu spät zum Abendessen kamen. An ihn hat sich die Heimleiterin nicht rangetraut, ich wurde abgekanzelt.

«Habt ihr euch wieder im Gras gewälzt?»

«Es gibt doch im Winter gar kein Gras.»

Ich zog mich oft zurück und las. In Marburg haben sie ein Amerikahaus gehabt, mit sehr schönen Büchern, gut gebunden, in klarem Druck. Viel moderne Literatur, den Hemingway habe ich dort kennengelernt und vor allen Dingen Ernst

Wiechert. Wiecherts «Totenwald» war gerade erschienen. Die Erlebnisse dieses Johannes in Buchenwald waren so ungeheuerlich, dass es mich fast aus der Bahn geworfen hat. Wo ist Gott damals gewesen? Ich erinnere mich an die Stelle, wo Johannes, der im Konzentrationslager täglich Psalmen liest, fragt, «ob Gott nicht gestorben sei». Immer neue Bücher habe ich verschlungen. Und dabei ist meine ganze Kindheit aufgetaucht. Sätze wie: «Ja, den haben sie geholt. Der ist verzogen.» Wo sind die jüdischen Kinder aus der Pfeiffer-Schule geblieben? Das Evele, Jakob, die Anita aus der Angell-Schule? Tante Liesels schöne Sachen – sie gehörten Juden. Und in unserem Wohnzimmer steht eine Judencouch! In den Osterferien fragte ich meine Eltern. Wo wart ihr? Habt ihr denn nichts gemerkt? Sie schwiegen.

Mir blieben nur die Bücher. Bis in den Spanischen Bürgerkrieg drang ich vor, Hemingways «Wem die Stunde schlägt» gefiel mir besonders. Es gab also Menschen, die gekämpft haben. Wir besprachen das Buch in einer Gruppe von Schülern, auch einige Kriegsblinde waren dabei. Ich las vor. Tage vorher hatte ich das Buch in dem hellgrauen Pappendeckelgehäuse schon am Wickel gehabt, ich war gut vorbereitet. Auch die Liebesszenen hab ich ohne Schwierigkeiten über die Lippen gebracht. Ich wundere mich, wie ich das damals zusammengekriegt habe: Einerseits das unschuldige Kind, das ich war, andererseits konnte ich voll in dem Sprachgebrauch der Erwachsenen denken. Was die da machten in dem Schlafsack unter Spaniens Himmel? Hemingway hat mich angestiftet, mir endlich auch medizinische Auskünfte in Büchern zu suchen.

Man kann Kinder kriegen, wenn man einem Mann körperlich zu nahe kommt, so viel verstand ich. Eins kam allmählich zum anderen. Bemerkungen einer Primanerin, es ging um einen Jungen, den sie liebte.

«Hast du nicht Angst, ein Kind zu kriegen?», fragte ich sie.

«Bei mir macht das nichts. Ich krieg keine Kinder mehr.»
«Warum?»
«Ja, da haben die Nazis für gesorgt.»
Das war mehr, als ich fassen konnte. Monate vergingen, ein Jahr vielleicht und mehr. In meinem Kopf, der sonst mühelos zwei und zwei zusammenzählte, bauten sich immer neue Barrieren auf, bestimmte Informationen wollten einfach nicht zueinander kommen.

«Der hat was mit dem Hausmädchen.» Einer von den «War-Scheelen», wurde getuschelt, meine aufgeklärten Mitschülerinnen wussten alles. Abends auf dem Zimmer kolportierten sie, was sie auf den Korridoren gehört hatten. «Komm, lass mich mal ran. Du tust es doch auch mit Afrikanern.» Die, von der die Rede war, hatte ein schwarzes Kind. «Na, dann kriegt sie jetzt eben noch ein weißes», kicherte eine Primanerin. – «Ist das Kind dann blind?», fragte eine der Jüngeren. «Dummchen! Natürlich nicht. Die War-Scheelen können nichts vererben, die sind ja von Natur aus gesund.»

Lange und heftig sträubte ich mich gegen die Wahrheit: Die Nazis hatten blinde Kinder aus den Heimen geholt und sterilisiert, auch einige Mädchen von unserer Schule. «Erbkranke», wie man sagte, «vorsorglich unfruchtbar gemacht», damit sich die Blindheit nicht weiter vermehre. Deswegen also haben mich Mutter und Vater und einige brave Leute unbedingt von der Blindenschule fernhalten wollen. Ich selbst hatte in großer Gefahr geschwebt, ich gehörte also auch zu den Entronnenen. Mir war elend.

Und was sollte nun aus mir werden? Natürlich wollte ich eines Tages Kinder und einen Mann, der Kinder will. Aber es könnte sein, dass sie blind zur Welt kämen, wusste ich jetzt.

Es lag ein Schatten über allem, über der Zukunft, über meiner Kindheit. Mina fiel mir wieder ein, die herrische, verrückte Mina vom Bildstein. Sehr wahrscheinlich ist sie in der Anstalt für Geisteskranke sterilisiert worden. Und sie und der

Hofbauer Andres haben erst geheiratet, als die Hitlerzeit vorbei war. Vorher hätten sie es nicht dürfen.

Im Herbst, zum Jahreszeitenwechsel, verschlechterte sich mein Auge. Als hätte ich kleine Würmchen oder Härchen im Sichtfeld. «Glaskörpertrübung», sagte der Doktor, bei grauem Star käme das vor. Auf die Alarmmeldung hin kam meine Mutter, mich zu trösten und zu beruhigen. «Du bist doch tüchtig, Magdalena.» Auf dem Rückweg nahm sie einen schweren Koffer voll schmutziger Wäsche mit. Danach kriegte ich lange Zeit keine Post von zu Hause, besorgt rief ich schließlich an. «Ja, die Mutter hat Grippe.»

In den Weihnachtsferien, schon gegen Ende, fiel ich meiner Tante Regina in die Hände: «Weißt du eigentlich, was mit deiner Mutter los war? Grippe, Pustekuchen.» Sie lachte gehässig. «Sie hat nochmal eins auf die Welt bringen sollen. Else und Johann, die können ja nicht genug kriegen.» Mir hatte niemand etwas von Mutters Fehlgeburt erzählt. Warum hatte sie selbst es mir verschwiegen? Bei ihrem Besuch hatte ich das Bäuchlein nicht bemerkt, im vierten oder fünften Monat soll sie gewesen sein. Nach Marburg, «durch Marburg» wäre es passiert. In diesem Zusammenhang fiel ein fürchterlicher Satz, am Dreikönigstag, Tante Regina sagte ihn zum Abschied:

«Du bisch d' Schtrof Gottes!»

Danach wollte ich nicht mehr heim.

Die Liebe zum Wind

«Marburg ist poplig!» Mein Urteil stand inzwischen fest. Diese lahme Lahn, die kann ja nicht mal rauschen. Wenn ich an einem Haus wilden Wein gesehen habe, war ich glücklich. Ich suchte immer etwas, was mich an Freiburg erinnerte. Nahe am Internat war eine riesenhafte Margeritenwiese, da konnte ich liegen. In der Natur konnte ich mein Heimweh lassen. Im Herbst bin ich oft durchs bunte Laub geraschelt. Zu Allerheiligen streifte ich auf dem Friedhof herum und habe Rotz und Wasser geheult, weil dort nichts los war, auch die Toten hier waren ja größtenteils evangelisch. Ich stolperte herum, an ein, zwei Gräbern habe ich schließlich ein Lichtle und einen Weihwasserkessel gefunden.

In den Ferien sah ich die wilde Dreisam und die Bächle wieder, das Münster mit seinen bunten Fenstern (die Marburger Elisabethkirche hatte keine). Ringsherum waren immer noch hier und da Ruinen, auf einigen hatten sich inzwischen Birken angesiedelt. Im Elternhaus schlief ich und aß ich, sonst nichts. Ostern pflückte ich Schlüsselblumen auf dem Schlossberg und nahm ein Sträußchen davon und etwas Efeu mit nach Marburg. Hier war alles, was in Freiburg längst verblüht war, noch im Kommen, das Scharbockskraut, Anemonen. So hab ich zweimal Frühling gehabt, und auch zwei Spätsommer.

«Magdalena träumt wieder», sagte der Mathelehrer.

Mathe war nicht mein Ding, am schwierigsten für mich war die Geometrie, etwa ein Dreieck in Punktschrift zu erfassen, Hypotenuse, Katheten und den ganzen Kram. Meine Vorstellungswelt war eben stark visuell, ich habe mir die Punkte mit farbigen Linien verbunden, dann ging es einigermaßen. Die Blindenschrift habe ich mir weitgehend selbst beigebracht. Mit den Fingern zu lesen, fand ich zunächst ziemlich mühsam. An Gedichte in Punktschrift konnte ich mich nie gewöhnen. Die besorgte ich mir immer in Druckschrift, ich brauchte das optische Bild, die Zeile, die Strophe, um sie auswendig zu lernen. Zum Üben der neuen Lesetechnik holte ich mir literarische Texte, der allererste war «Wind, Sand und Sterne» von Antoine de Saint-Exupéry. Diese

Wüstenüberflüge nachzuvollziehen war eine harte Geduldsprobe. In den aufregendsten Momenten rutschte der Finger aus der Zeile. Ist er jetzt abgestürzt, der Pilot? Hat er den Nil verfehlt? Drei große Hefte umfasste das Buch von Saint-Exupéry, das im normalen Druck ein schmales Bändchen war. Dick und unhandlich waren diese Blindenbücher, diese geprägten Punkte auf starkem Karton. Um eine Gesamtausgabe der Bibel zu transportieren, braucht man fast eine ganze Schubkarre.

Eine Blindenschule ist eine Schule wie jede andere. Mal interessant, mal öde. Vielleicht war der Schabernack hier manchmal etwas speziell. Wir hatten einige Schüler, die Starbrillen trugen, die sind besonders dick und eignen sich vorzüglich als Brenngläser. Die Sonne schien in die Klasse. Einer in der ersten Reihe, der einen kleinen Sehrest hatte, fing die Strahlen ein und lenkte sie dem Mathelehrer auf die Glatze. Ein Aufschrei: «Aua! Gibt es denn schon Bienen?» Auch der Lehrer war blind, genau wie unser netter Deutsch- und Musiklehrer, zum Unfugtreiben war das ideal. Im Chor hab ich mich oft in den Tenor gesetzt und mit den Buben gesungen, er hat es nicht gemerkt.

Siebzehn war ich, und für Blödsinn immer noch zu haben. Und immer noch war ich vernarrt in die Geschwindigkeit. Zum Schlittenfahren gab es viele wunderbare Hügel, diesbezüglich war Marburg mehr als brauchbar. Zu zweit sausten wir den Hang runter, vorne ich, hintendrauf meist ein Bub, einer, der nichts sah. Sogar geradelt bin ich, man darf es gar nicht erzählen, über huckelige Feldwege, auf dem Gepäckträger mein Schatz. So leichtsinnig ist der Mensch, wenn er verliebt ist.

Es wurde auch getanzt im Internat. Bei den engen Tänzen merkte ich, wie da bei dem Jungen etwas wächst. Was wird da so hart und knubbelig? Und ich spürte, dass mein Körper das Ereignis erwiderte. Und dachte erstaunt, ich bin ja genau wie die anderen, die immer so viel über solche Sachen reden, ich bin ein hundsnormaler Mensch. Zugleich hab ich gewusst, das darf ich nicht, ich mach den Jungen verrückt, und ich kann ihm nicht geben, was er eigentlich will. Also Mund vor, Arme vor, Unterkörper zurück. «Bitte, nein. Nicht so nah!» Liebmündeln, ein wenig schmusen, ja, allem anderen bin ich ausgewichen. Einmal habe ich in heller Panik einen Tanzpartner unter den Tisch geworfen. Es war einer von denen, die ich führen musste, weil er bei jeder Drehung das Gleichgewicht zu verlieren drohte. Er hatte nur einen Arm, und an dem waren nur zwei Finger übrig. Die bohrte er mir in den Busen. «Du bist so süß, Magdalena.»

Waren diese Verlockungen Sünde? Damit hätte ich vielleicht zur Not leben können. Eher jedenfalls als Heinrich, mein erster wirklicher Freund, der protestantisch war. Bevor er vor Gewissensbissen starb, verzichtete ich lieber auf Zärtlichkeiten. Nur das Tierlein nicht reizen, Magdalena!

Und irgendwo, ganz nahe, war das Dritte Reich. «Erbkrank», seit ich das Wort verstanden hatte, steckte es in mir wie ein vergifteter Pfeil. Du hast schlechtes Erbgut, Magdalena.

Um mich herum liebten sie sich heftig, im Kohlenkeller und wo es eben möglich war. Die heimlich Liebenden gaben einander Tipps, wo es am sichersten ist. Ein sehendes Paar, das miteinander schlafen will, schlägt sich irgendwo in freier Natur in die Büsche, es sieht, ob genügend Deckung da ist, ob es beobachtet wird. Unsereiner muss geschlossene Räume aufsuchen, einen, der mindestens eine quietschende Tür hat, noch besser einen mit langem Flur davor, auf dem man herannahende Schritte rechtzeitig hört. Schmierestehen war einer der meistgefragten Kameradschaftsdienste hier. Sehr, sehr wichtig war, das wurde jedem Neuling eingebläut: Wenn du ein Zimmer betrittst, sag laut «Guten Tag!». Damit jeder weiß, wer kommt da, Lehrer oder Schüler, ein Sehender oder ein Blinder. Hundertmal am Tag grüßen, das kam vor. Nachts haben die Bettstättle in den Mädchenzimmern gewackelt. «Komm, wir spielen noch ein wenig», sagten sie und krochen zueinander. Mädchen, die schon lange in Anstalten lebten, haben das gemacht – ich habe so etwas nicht gekannt.

Nach langem Zögern hab ich mich getraut, unserem Pfarrer einen Kuss zu beichten.

«Ach, das ist nicht so schlimm, wie du glaubst.»
«Keine Todsünde?»
«Nein.»

Ich war erleichtert. Trotzdem empfing ich das «Ego te absolvo» nicht mehr so freudig wie früher. Meine Kirche war mir fremd geworden. Zuletzt hatte ich mich für die «Una-sancta-Bewegung» begeistert, ich war sehr für diese Annäherung der Konfessionen. Zu meiner Enttäuschung ließ die katholische Seite die Sache schleifen. Vielleicht sollte ich zu den Evangelischen übertreten? Mit deren Pfarrer, der mir gefiel, sprach ich darüber. Er riet mir, es nicht zu tun: «Du wärst doch nur in der Wolle gefärbt, Magdalena», meinte er.

Wieder einmal vertiefte ich mich ins Sehen. Nachmittags saß ich in der Amerikabibliothek über den Kunstbänden, entdeckte dort Paul Gauguin und seine leuchtenden flächigen Farben. Ein Himmel in glühendem Gelb, in den ein nachtblauer Berg ragt. Vorn im sehr grünen Gras ein braunes Mädchen, ein fließender orangeroter Rock, der fast in das Gewand der dahinter sitzenden Freundin übergeht. Beide Schönheiten haben Blumen im Haar, gelb. Diese Szene auf Tahiti habe ich in mich aufgesogen. Gelb ist meine Farbe! «Wann heiratest du?» heißt das Bild.

Und dann ging es bei mir richtig los mit dem Malen. Im Amerikahaus gab es Malunterricht. Weil ich kein Geld für Farbe hatte, fragte ich, ob ich auch zeichnen dürfe. «Natürlich, komm ruhig», sagte der Lehrer. Zum ersten Mal im Leben hab ich ein großes Blatt Papier bekommen, einen DIN-A3-Bogen.

«Was möchtest du denn gern zeichnen?»

«Menschen», sagte ich, wie aus der Pistole geschossen.

«Kannst du dir denn einen Menschen vorstellen?»

Ich erzählte dem Lehrer, was ich schon alles gesehen hatte, mit den Griechen und Römern in den Zigarettenbilderalben meines Vaters angefangen, bis zu den Ballettszenen von Degas, die ich gerade studierte. «Menschen sind soooooooooooooo schön!» – «Gut, also Menschen.» Alle anderen im Kurs interessierten sich für Landschaften und Blumen. Ich hab dann begonnen, Menschen zu zeichnen.

«Wieso zeichnest du sie alle nackt?»

«Ich kann ihnen ja nachher Kleider drübermalen.»

«Aber warum erst nackt, das braucht man doch nicht.»

«Weil ich wissen will, wie sie sich bewegen.»

Es war sehr spannend für mich, wie die einzelnen Teile des Menschen, Arme und Beine, Po und Rücken, auch die kleineren Glieder miteinander in Verbindung stehen und zusammenwirken. Das sah ich ja nicht. Das Gleiche bei Tieren. Einem Hasen konnte ich noch mit meinen Händen zu Leibe rücken. Aber einem fliegenden Vogel? Ausgestopfte habe ich hier und da berührt, wunderschön, die Zartheit der Federn vor allem. In der Bewegung waren sie nur Schatten vor meinem Auge, die Pracht des Fluges oder eines ganzen Zuges von Kranichen entzog sich mir. Trotzdem konnte ich das nachher alles zeichnen. Das Zeichnen war für mich eigentlich nichts anderes, als aus dem Gesehenen, dem Erzählten, dem Getasteten und dem auf Bildern Dargestellten die Welt so zusammenzusetzen, dass sie ich sie begreifen konnte. Der Mensch. Der Vogel. Das Fahrrad. Ja, auf diese Weise habe ich endlich verstanden, wie mein Fahrrad funktioniert.

Den Zeichenunterricht in der Blindenschule schwänzte ich seitdem. Wir «malten» dort immer auf Wachstafeln. Das war ein Rahmen aus Metall, der mit Wachs ausgegossen war, in einer schrecklichen Farbe, grau-grün-gelb. Dahinein sollten wir etwas mit dem Metallstichel zeichnen, Dreiecke oder Würfel. Nur einmal im Tertial kreuzte ich dort auf. «Schützengräben machen mit dem Stichel, das will ich nicht.» Mit meiner Stinkwut hab ich meinen armen Lehrer völlig verrückt gemacht. Er war heilfroh, dass ich nicht mehr kam. Nach unserer Vernissage im Amerikahaus, die wir zum Abschluss des Kurses veranstalteten und zu der auch er kam, hat er mich dann völlig in Ruhe gelassen und mir stillschweigend immer eine gute Note gegeben. Unter den ausgestellten Bildern standen keine Namen, nur Nummern, aber an dem Zusatz «hochgradig sehbehindert» hat er meine erkannt.

Wohin mit meinem Talent, mit einer brotlosen Kunst, all den Träumen? Jetzt stand ich kurz vor der mittleren Reife. Wie weiter? Ich könnte doch eine Mittlerin zwischen Sehenden und Blinden werden. Schon länger rumorte dieser Gedanke in mir. Beide Welten kenne ich gut genug, ich gehöre beiden an, was selten ist – Brücken zu bauen zwischen ihnen, das war mein geheimer Traum. Aber da gab es keinen Beruf. Nirgends ein Ort, wo ich das, was mir vorschwebte, hätte ausführen können.

Abitur machen? Das hätte nur Sinn im Hinblick auf ein Studium. Jura oder Evangelische Theologie hieß das, entweder oder, für Blinde waren nur diese zwei Fächer möglich. Heinrich, mein Freund, wollte Jurist werden (und wurde es), für mich war das nichts. Theologie? Mit Gott und mir wurde es immer schwieriger, und als gelernte Katholikin konnte ich schlecht bei den Evangelischen anklopfen.

Zu Hause hatte ich mal vorgefühlt, wie es denn wäre, wenn ich weiterlernte. «Du darfst dich nicht verzetteln, Magdalena», war Vaters Antwort. Der Bruder müsse es bis zum Meister bringen, unser Betrieb wäre immer noch nicht ganz wieder aufgebaut. Christel sei auch noch da. «Schluss!» Hundertdreißig Mark monatlich für die Marburger Blindenschule, das war gewiss kein Pappenstiel.

«Ihr macht uns zu Idioten!», schrieb ich in der Schülerzeitung. «Ihr schließt uns ein. Seht ihr denn nicht, dass wir verblöden, wenn wir von der Welt ausgeschlossen werden. Wir haben jetzt eine freie Bundesrepublik, und wir gehören dazu.» So feurig ging es weiter. In mir war eine schreckliche, unstillbare Wut. Knapp achtzehn war ich. An dieser langen Rede, die ich für die Schülerzeitung verfasste, habe ich immer weitergeschrieben, immer neue Argumente, Erfahrungen hinzugefügt, mein ganzes Leben lang. In meinen kühnsten und traurigsten Momenten stand ich mit einem Riesenmegafon auf dem Mond und brüllte herunter, in Englisch, Französisch, Russisch, Kisuaheli, dass es die ganze Erde verstehen musste: «Ihr Idioten! Wisst ihr denn nicht: Homer war blind.» Glücklich war ich an dem Tag, als sie im Radio meldeten, ein Blinder sei Direktor der Nationalbibliothek von Buenos Aires geworden, Jorge Luis Borges. Es war ungefähr zu der Zeit, als ich Konrad begegnete, 1955.

Meinem Vater konnte ich noch ein Jahr Lernen abringen, die höhere Handelsschule und zusätzlich die Telefonistenprüfung. Dieses ertrotzte letzte Jahr Marburg war hart. Buchführung, kaufmännisches Rechnen, lauter Sachen, die mir wenig Freude gemacht haben. Ebenso wenig der Schreibmaschinenunterricht, diese riesengroßen alten Büromaschinen mit Punktschrifttastatur, richtige Hackklötze waren das, sehr anstrengend für die Finger, und du musstest auf Geschwindigkeit trainieren. Steno war noch eines der netteren Fächer, das waren kleine, handliche Maschinen – deutsche Einheitskurzschrift in einer Blindenversion. Kein großer Wortschatz war nötig, eben Bürojargon, ein Wort wie Apfelbaum ist darin nicht vorgekommen. Bis zur Prüfung habe ich es auf immerhin 140 Silben pro Minute gebracht. Telefonie machte ich mit links. Mit dem Apparat da umzugehen, ein paar Knöpfe zu drücken, umstecken, Weitervermittlung; mit Leuten schwätzen konnte ich sowieso. Ich hab den Abschluss gemacht für große und mittlere Zentralen, damals hatte jeder Betrieb noch so etwas. Telefonist war der moderne Beruf für Blinde, er hatte das Körbeflechten abgelöst, das eine Generation davor üblich war.

Der Spatz in der Hand – ihn zu fangen war schwer genug. Zum Malen kam ich jetzt nicht mehr und nur noch selten in den Jazzclub. Ab und zu, am Sonntag, mit Freunden eine Cola-Bier. Bei fünf Mark Taschengeld, von denen ich auch anderes bestreiten musste, Seife oder Camelia, konnte man keine großen Sprünge machen. Manchmal war mir meine Wut im Wege, ich unterdrückte sie, so gut es eben ging. Ich mied Situationen, in denen ich mich erregen konnte, wie die wöchentlichen Literaturlesungen im Heim. «Vom Winde verweht» von Margaret Mitchell war gerade dran, eine starke, leidenschaftliche Geschichte, doch aus dem Mund der alten Damen, die uns ehrenamtlich vorlasen, nicht zu ertragen. Diese Spinnwebenstimmen, und mitten in der Liebesszene dieses säuerliche: «Ach, das lassen wir jetzt besser weg.» Nach der Hälfte des Romans kam ich nicht mehr, später las ich ihn selbst zu Ende.

Modebewusst bin ich in diesem Jahr geworden, eine junge Dame, die darauf achtete, was sie anzog. Aus den Kleiderpaketen von den Amis fischte ich mir manches raus, zum Beispiel eine herrlich warme, rot-grün karierte Strickjacke und einmal ein lila Kunststoffkostüm, mehr blau als lila, pflaumenblau, und eine gelbe Bluse dazu. Meine Haare trug ich jetzt kurz. Zu der neuen Frisur war ich gekommen, weil ich den Tanzkurs finanzieren musste, dafür hab ich meine langen Zöpfe geopfert, abgeschnitten und verkauft. Mit dem strubbligen Bubikopf war ich etwas kleiner und reichte Heinrich nicht mehr ganz bis zur Schulter. Mit unserer Liebe ging es nicht vor und nicht zurück. Unausgesprochen jedoch, von anstürmenden Ängsten immer wieder überrannt, war sie da, die Hoffnung, er könnte mich heiraten.

«Du wirst in Deutsch geprüft», hieß es. «Welches Thema möchtest du?»

Ernst Wiechert wollte ich.

«Das ist doch sehr schwer.»

«Nein. Den kenn ich gut. Und außerdem will ich Annette von Droste-Hülshoff.»

«So was Trauriges?»

«Ich bin nicht traurig.»

Annette von Droste-Hülshoff mochte ich besonders wegen ihrer Naturgedichte und ihrer Liebe zum Wind:

«Und drüben seh ich ein Wimpel wehn
So keck wie eine Standarte,
Seh auf und nieder den Kiel sich drehn
Von meiner luftigen Warte;
O, sitzen möcht' ich im kämpfenden Schiff,
Das Steuerruder ergreifen,
Und zischend über das brandende Riff
Wie eine Seemöve streifen.

Wär' ich ein Jäger auf freier Flur,
Ein Stück nur von einem Soldaten,
Wär' ich ein Mann doch mindestens nur,
So würde der Himmel mir raten;
Nun muß ich sitzen so fein und klar,
Gleich einem artigen Kinde,
Und darf nur heimlich lösen mein Haar,
Und lassen es flattern im Winde!»

Juni

Der heiße Wind aus der Sahara ist da. Durchs Rhonetal weht er und dann durch die burgundische Pforte bis zu uns an den Oberrhein, feinsten Sand im Gepäck. Ackerwetter für Konrad, Steintischwetter für mich.

Augenblicklich steht die Sonne noch rechts vom Apfelbaum, was heißt, es ist früher Nachmittag. Ich lehne am borkigen Stamm, meine Hände wandern über den warmen Granit, über die Flechten, suchen die kleinen Vertiefungen, in denen das Moos sprießt. Trotz der tagelangen Wärme ist es immer noch ein wenig feucht. «Lasst dem Tisch sein Pelzle», sage ich immer, wenn die Gäste daran zupfen. «Mach's doch weg, Magdalena.» – «Nein, das ist unser Tischtuch und außerdem mein allerbester Hygrometer.»

Einfach dasitzen, hier, im Mittelpunkt meiner Welt. Sollte ich in der warmen Jahreszeit abtreten müssen, wünsche ich mir, dass nach dem Begräbnis sich alle um den Steintisch versammeln. Konrad hat ihn vor vierzig Jahren an Land gezogen. Bei der Erneuerung vom Dorfkirchle, wo er mitgeholfen hat, waren ein paar Dinge übrig, unter anderem die Steinplatte, auf der die Pietà stand, und die Stufen der Kommunionbank. Sie waren schon dabei, alles zu zertrümmern. «Halt! Das wäre was für meinen Garten!», rief Konrad. So sind wir zu dem wuchtigen, sakralen Ensemble gekommen – einem Altartisch, die Stufen hat Konrad zu Bänken umgearbeitet.

In früheren Jahren tobte um diese Zeit die erste Einmachschlacht des Jahres. Juni, der Beerenmonat, der Kirschenmonat. Was nicht frisch verzehrt wurde, musste verarbeitet werden. Gewaltige Mengen waren das, zumal Konrad überhaupt kein Obst isst, er hasst es geradezu, nur Trauben mag er, und die am liebsten in flüssiger Form. Abends stürzte ich mich ins Erdbeerbeet und frühmorgens wieder, schnell, schnell, gleichzeitig schrien die Johannisbeeren «Ernte mich!». Den ganzen Monat über waren meine Finger rot vom Saft, Arme, Schürzen, alles rot und klebrig. Am Steintisch hab ich meistens geputzt und sortiert, und dann ab in die Küche, Marmelade und Gelee kochen. Fürs Wiegen von Zucker und Früchten brauchte ich zu Anfang meines Hausfrauendaseins noch Konrad. Immer mit der Nase auf der Skala, das war mir zu mühselig. Später, seit es die sprechenden Waagen gab, hab ich auch das allein bewältigen können. Dieser Juni in seiner Fülle ist auch ein Diktator, er macht dich zum Sklaven.

Wie alle Frauen bin ich eines Tages der Gefriertruhe verfallen, in den Sechzigern kam sie auf. Es geht schneller mit dem Konservieren, du kannst die Saison der Erdbeeren verlängern, praktisch das ganze Jahr verobsten. Wir hatten eine der ersten Truhen im Dorf, die meisten Familien kauften sich zunächst keine, sondern taten sich zu einer Gefriergemeinschaft zusammen. Im Keller des Rathauses wurde eine Kühlanlage eingerichtet mit einigen Dutzend Fächern, die man mietete. Dadurch entstand ein neuer Treffpunkt, das war schön, da bin ich auch gern hin. Abends, wenn die Beutel und Dosen im Eis verstaut waren, saßen die Frauen noch ein wenig auf der Bank vor dem Eingang. Einmachtipps wurden ausgetauscht. Was, du nimmst Gelierzucker? Nein, ich nehme Dr. Oetkers «Opekta». Aga-Aga ist das Beste, fand ich und war damit allein auf weiter Flur. Viel Mundpropaganda, von der «Senga Sengana» hab ich dort das erste Mal gehört. Sie war der Schwarm vieler Frauen, eine robuste, zum Einfrieren besonders geeignete Erdbeersorte. Mir schmeckte sie nicht, ich bin wieder auf «Asieta» und «Mieze Schindler» umgestiegen.

Erstaunlich, wie sehr die Welt der Geschlechter damals noch getrennt war – Frauenarbeit, Männerarbeit. Im Gefrierhaus traf man nur Frauen, allenfalls im Spätherbst, in der Schlachtsaison, tanzten ein paar Männer mit an, da wurden schon mal Ferkelhälften transportiert.

In diesem Juni verschenken wir das meiste. Konrad ist sowieso ein Verschenker, für ihn ist das Beste am Garten, etwas fortgeben zu können. An Nachbarn, an Freunde. Wenn die genug haben, stellt er körbeweise Obst und Gemüse an die Straße für Fremde und freut sich wie ein Schneekönig, wenn sie weg sind. Und steigt wieder in den Herzkirschenbaum, er verbringt ganze Tage da oben, auf der schwankenden Leiter. Frühmorgens schon vertreibt er mit Topfdeckelklappern die gefräßigen Stare und scheucht die Spatzen, «das Lumpengesindel». Tiefhängende Zweige lässt er für mich, im Vorbeigehen gibt er mir manchmal einen Tipp, «unten rechts lohnt sich 's Fresse.» Fressen wie ein Tier, in rauen Mengen! Tagsüber muss ich höllisch aufpassen wegen der Wespen, nachts geht es ohne Gefahr.

Dahlienknopsen zeigen sich jetzt schon. Mitte des Monats kann ich sie schon fühlen, das geht wahnsinnig schnell. Juni, Juli, August, September blühen sie, im Oktober die letzten.

Ende Oktober werden sich die Ärzte über mein Herz hermachen.

Büro und Jazzkeller

«Du musst jetzt sofort in den Beruf!», haben meine Eltern gesagt, kaum dass ich wieder zu Hause war. Bei meiner Abreise war ich ein Kind gewesen, jetzt war ich eine junge Frau. Ich wollte ein eigenes Zimmer, für mich allein. Meine Eltern wollten mich bei meiner zehnjährigen Schwester einquartieren. Vater war es sowieso am liebsten, wenn die ganze Familie um ihn herumsaß, er selbst thronte als Pascha oben vor Kopf. Da wurde Skat gespielt, was auch immer, ich sollte mich dazusetzen, mich einfügen.

Mit Ach und Krach habe ich die kleine Mansarde im vierten Stock erobert, ein ganzes Jahr lang ging dieser Kampf. Darf ich, darf ich nicht? «Aber herrichten musst du sie selber!» Nur ein Bett stand darin, mit einer Kastenmatratze, aus der Seegras quoll. Ein Kachelofen, der Feuer gespuckt hat. Kein Wasser, kein Klo. Die erste Arbeit war, den baufälligen Ofen zu entsorgen. Kachel für Kachel musste abgeschlagen und in den Hof getragen werden. Dazu habe ich mir einen großen Korb hergerichtet und immer zwei, drei in feuchte Tücher eingeschlagen, damit es nicht so arg staubte. Vom Ersparten hab ich mir einen Dauerbrandofen gekauft und ein Stück Stragula. Mein Bruder Peter, der Malerlehrling, hat mir gnädigerweise die Wände gestrichen.

Es lebe die Freiheit! Ich konnte abschließen! Jeden Tag, den Gott werden ließ, bin ich morgens mit dem Waschwassereimer in der Hand nach unten marschiert, habe mich meiner Familie gezeigt und einen Kaffee getrunken, das Wasser in die Toilette geschüttet, Eimer ausgespült.

Und auf in die Stadt, auf Stellensuche. Annoncen studieren, herumfragen. Im Grunde kam nur ein Büroberuf in Frage. Bei Versicherungen bewarb ich mich mehrfach als Schreibkraft. Brief, Vorstellungsgespräch, es lief immer gleich ab. Die

Herrschaften, die mich befragten, stellten sich nicht vor. Und ich, nachdem ich meinen Stuhl gefunden und möglichst elegant darauf Platz genommen hatte, legte los:

«Ich heiße Magdalena Eglin, ich bin neunzehn Jahre alt», sprach ich mit fester Stimme. «Sie haben ja schon aus meinem Schreiben entnommen, was ich gelernt habe.»

«Wie wollen Sie das denn schaffen als Blinde?»

«Ich besitze eine spezielle Steno-Maschine.» Ich strunzte mit meinen Silbenrekorden.

«Sie werden von uns Bescheid bekommen, Fräulein Eglin.»

Sehr freundlich, hintennach kam die Absage. Vielleicht hat sie meine Forschheit, der Mangel an Demut, gestört? Ich fürchtete mich zunehmend vor dem Berufsleben. Nicht so sehr vor der Arbeit; wenn es sie denn gäbe, würde ich mich schon zurechtfinden, sondern vor den modernen Regeln des Vorwärtskommens. In der Handelsschule hatten die Lehrer von den Möglichkeiten, Geld zu machen, gesprochen, «money making», «big business», «cost-benefit», all dem, was nach dem Krieg von Amerika in die Bundesrepublik gekommen war. Weltweit wurde jetzt das Verdienen hochstilisiert.

«Wie schnell schreiben Sie?», hieß es, wenn ich mich irgendwo vorstellte. Viel langsamer als üblich war ich gar nicht. Ich trat dem Steno-Verein bei, übte täglich und brachte es bald auf 260 Silben die Minute, auch bei Wettbewerben habe ich mitgemacht. Die Sehenden schrieben auf einem Block, ich auf der Kurzschriftmaschine mit Punkttastatur. Weil mein Geklapper die anderen nervte, musste ich oft in einen anderen Raum. Auf den verschiedensten Gebieten versuchte ich, eine ganz normale Neunzehnjährige zu sein. Im Sommer meldete ich mich zum Schwimmkurs an, Schwimmen muss der Mensch können, somit auch ich. Das Freibad war nicht gerade ein idealer Ort für mich, zu viel Gekreische, das war Folter für die Ohren. Meine Kabine wiederzufinden konnte leicht zum Abenteuer werden.

Freiburg hatte sich in meiner vierjährigen Abwesenheit wieder belebt. Auf meinen Wegen durch die Stadt waren kaum noch Trümmerberge, allerdings noch viele Häuserlücken, immer noch fehlten ganze Zeilen. «Der Metzger hat wieder aufgemacht!», rief man sich zu. «In der Kaiser-Joseph-Straße ist Richtfest!» Dort hatten sie die Straße verbreitert und vor die Häuser Arkaden gesetzt, damit man auch bei Sauwetter flanieren konnte. Auch der Münsterplatz hatte wieder eine gewisse Gestalt. Damals, während der Passionsspiele, war die Nordseite völlig wüst gewesen, unser Golgatha war ein Trümmerhügel, jetzt standen an dieser Stelle wieder Häuser. Meine alte Freundin, die Klofrau, war noch da, vor ihrem Fensterle wie früher bunte Wiesensträuße. «Wie schön!», dachte ich, ihre Anwesenheit beruhigte mich. «Guten Tag» sagte ich ihr nur noch selten, und wenn, ganz kurz: «Hab keine Zeit. Adieu.» Ich schäme mich bis heute meiner Untreue. Nach Marburg, den verpissten Internatstoiletten und alldem, vertrug ich den Uringestank nicht mehr.

An sonnigen Abenden ging ich an der Dreisam entlang, auf Großvaters Spuren, oder im einsamen Mooswald spazieren. Mal wanderte ich über den Bettlerpfad nach Merzhausen, allein, sonntags ab und zu auch mit der Familie, wenn unser Vater die Dorfwirtschäftle besuchte, deren Wirte Kunden bei ihm waren. Doch meistens hab ich mich am Sonntag abgeseilt, morgens schon. So getan, als ginge ich zur Messe, und bin dann woandershin, ins Augustinermuseum, zu Freunden. Jahrelang habe ich keine Kirche mehr besucht, diesen ganzen Pfaffenquatsch konnte ich nicht mehr hören. Religion und alles, was bürgerlich war, hab ich total abgelehnt. Und demonstrierte dies nach außen hin, indem ich mich «verschlohe» kleidete, hochdeutsch: verschlampt, Trainingshose und Lumberjack, damals die Uniform der jungen wilden Freiburger.

Wie immer zog es mich dorthin, wo die Freiheit war. Zu der Zeit war sie in Kellern zu Hause, in schummrigen Kneipenkellern, im Jazzkeller in der Falkensteinstraße. Ein ehemaliger Wein- und Luftschutzkeller wurde gerade berühmt, am Wallgraben, dort hatten Studenten ein Theater eröffnet. Überall hab ich mich reingemogelt, schlimmstenfalls war ich eben Mauerblümchen. Und manchmal mehr, mit Witz und Geist ließ sich hier punkten. Umdisponieren, Magdalena! Verlang nicht das Unmögliche!

Ich war eben nicht das Mädle, das man nach dem Tanzen heimbrachte. Jetzt, in diesem Alter, fand ich es schrecklich, kein Lächeln aufnehmen und mit den Augen antworten zu können. Die Stufen in den Jazzkeller ertasten, den Heimweg allein finden, das alles ging, in dieser Hinsicht war mein Handikap nicht so schlimm. Aber dieses andere, das fehlte jetzt sehr – anblicken und Blicke fangen, liebäugeln.

Unter Blinden, im Internat, war der Schmerz darüber, den ich schon als Kind mitunter gespürt habe, wie betäubt gewesen. Nun war er wieder da, mächtig wie nie zuvor, und der Neid auf die Sehenden. Sie blinzelten einander zu, sie winkten, umwarben den anderen ohne Worte. Tausend Zeichen, Gesten, die ich nicht sah und nicht erwidern konnte. Wie sagst du mit den Händen: Du, ich will mit dir anbandeln! Hey, lass mich in Ruhe! Immer wieder hab ich mir Gebärden ausgedacht, oder ich hab der Motorik, die in mir steckt, freien Lauf gelassen, aber ich konnte mich einfach nicht verständlich machen. «Was fuchtelst du mit den Händen herum?», fragte mein Gegenüber ratlos. Es konnte nicht gelingen. Zu dieser Welt, Magdalena, wirst du für alle Ewigkeit nicht gehören. Heute noch macht es mich gelegentlich rasend, wenn Leute sich mit Blicken und Zeichen verständigen und mich damit, unwissentlich oder absichtlich, ausschließen.

Ich habe nichts als die Sprache. Damals, in den Künstlerkellern Freiburgs, hab ich es endlich kapiert: Ich muss mit Worten verführen können, glänzen, bezaubern. Je stärker und genauer, je poetischer meine Sprache, desto besser würde es gehen, mit dem Leben, mit der Liebe. Einmal nachts war ich im Mooswald unterwegs, mit einem netten Jungen. Da haben sieben Nachtigallen gesungen, zwei auf der großen Wiese, zwei waren hinter mir, jede einzelne war sehr gut zu unterscheiden. Und wenn ich den Kopf zum Vollmond drehte, der rot über den Heutürmen stand, waren noch weitere drei, irgendwo im dichten, dunklen Gestrüpp jubilierten sie. Daraus hab ich ein Gedicht gemacht, mein erstes, total kitschig:

«Orangenmond mit Veilchenschritten
Geht langsam durch die Nacht.»

Die Anfangszeilen weiß ich noch, der Rest liegt zum Glück im Fluss des Vergessens. Viel hab ich durchprobiert im Laufe des Lebens, Lyrik, Kurzgeschichten, Hemingway abgekupfert, was nicht alles. Märchen erfunden, für Kinder und für mich, das lag mir, es könnte sein, dass ich das wirklich kann.

Zu Hause konnte ich mich damals an niemanden so richtig anlehnen. In diesem Jahr, 1952, wurde ich zu Weihnachten aus dem Wohnzimmer geworfen. «Mach sofort den kotzenden Neger aus, Magdalena.» Vater riss zornig meinen Louis Armstrong aus dem Plattenspieler. Typische Generationenkonflikte damals, auf die ich extrem empfindlich reagierte. Fortan war ich noch mehr in meinem Zimmerchen. Bald hatte ich da oben wenigstens ein Radio, noch vor Winterende zog ich mir so einen schwarzen Bakelitkasten an Land. Die geschlängelte Antenne um den Zeh gebunden, dann war der Empfang besser, lag ich gemütlich im Bett und hörte. Alles Mögliche, kreuz und quer, Klassik, Wissenschaft, sogar Bundestagsdebatten hab ich komplett mitverfolgt. Der Adenauer mit seinem rheinischen Organ, dieser Singsang mit dem leicht gegurgelten «L», gefiel mir nicht besonders. Der war mir zu fromm, und der guckte immer zuerst, was die Kirche will. Ich hab mir ihn immer als dicken Mann im grauen Anzug vorgestellt, mit einem Trauerbändle am Ärmel. Von der Stimme her hab ich den Kurt Schumacher gern gemocht. Keinesfalls werde ich CDU wählen, wenn ich demnächst volljährig bin.

Ich hatte ein Ausweichzuhause, bei drei Schwestern, die keine Eltern mehr hatten. Mit Hanna, der ältesten, war ich früher im St. Ursula-Gymnasium gewesen. Die Mutter hatte ich noch gekannt, sie war krebskrank. «Magdalena, pass mir auf meine Mädle auf, wenn ich nicht mehr da bin», hatte sie kurz vor ihrem Tod zu mir gesagt. Danach haben die Töchter die Musikalienhandlung weitergeführt, so gut es ging. Im Privatleben hat bei denen blanke Anarchie geherrscht. Eine wunderschöne Wohnung mit Stuck und Kassettenparkett, und niemand, der einen gängelte, belehrte. Sobald ich dort war, fühlte ich mich frei. Oft hab ich geholfen, Noten und Blockflöten und Trompeten zu verkaufen, einmal hab ich sogar ein großes Akkordeon an den Mann gebracht. Hanna, Paula, Klara und ich waren ein verrücktes, glückliches vierblättriges Kleeblatt. Zwischendurch waren wir, für ein paar Wochen, nur zu dritt, weil Hanna plötzlich die Idee hatte, ins Kloster zu gehen. Allerdings kam sie schnell zurück.

Wir waren lustig. Wir waren ernst. Tolstois «Krieg und Frieden» haben wir zusammen gelesen, Dostojewski, bis wir von der vielen Düsterkeit genug hatten. Abends in dem herrschaftlichen Wohnzimmer sprachen wir über das große Thema: Wie stellen wir uns unser Leben vor. Heiraten? Oder lieber allein bleiben? Das war durchaus eine Alternative. Durch den Krieg waren sehr viele Frauen ohne Mann, und nicht immer war das traurig, sie lebten und fanden sich zurecht. Hanna hatte es gerade mit einem Kloster probiert, das kam auch in Frage, nicht überall mussten die Nonnen so biestig sein wie dort, wo sie war. Meine Verwandten legten mir dies nahe, ich wäre doch am besten bei den Benediktinerinnen untergebracht.

Ein paar Monate lang hatte ich selbst eine gewisse Neigung dazu. Eine Clique von fünf, sechs behinderten Mädle wollte ein eigenes Kloster gründen. Das leuchtete mir ein: Eine kann nicht sehen, die Rollstuhlmädchen konnten nicht laufen, wir schmeißen halt alle unsere Talente zusammen, und vor allem würde uns keiner demütigen. Es stellte sich bald heraus, die wollten viel Handarbeiten, sticken und stricken, und dann das viele Beten, das sie sich vorgenommen hatten, das war mir zu brav. Und ein normales Kloster? Von St. Lioba, wo ich schon als Kind oft war, hatte ich gelernt, dass die Schwestern, die behindert sind, auch dort am Rande stehen.

Das wollte ich auf gar keinen Fall: das fünfte Rad am Wagen sein, wo auch immer. Dann schon besser allein bleiben, auf mich gestellt sein. Dieses Schicksal erschien mir mit meinen zwanzig Jahren als das wahrscheinlichste. Du musst möglichst schnell Arbeit finden, Magdalena!

«Sie können bei uns eine kleine Telefonistenstelle haben. Halbtags.» Das erste Angebot kam ausgerechnet von der Augenklinik, von dem Professor, der mich als Baby operiert und seitdem immer wieder untersucht hatte. Am Ende einer Routinekontrolle sprach er mich von sich aus an. Die Offerte hatte einen Zusatz:

«Und ich würde mir wünschen, dass Sie sich für Untersuchungen unserer Studenten zur Verfügung stellen.»

«Danke, nein!», hab ich geantwortet.

In dieser Zeit habe ich den Nutzen des Weinens kennengelernt. Es reinigt die Seele. Kurz zuvor hatte ich «Undine» gelesen, eine Erzählung von einem adligen Dichter aus der Romantik, die damit endet, dass die Flussfrau Undine ihren Ehemann totweint, nachdem sie von dessen Untreue erfahren hat. Ich würde gern so manchen totweinen, dachte ich.

Schließlich nahm mich die Post. Aufgrund des Behindertenparagraphen kam ich im Frühjahr 1953 dort unter. Dienstort war die Oberpostdirektion am Siegesdenkmal, fünf Fußminuten von zu Hause entfernt. Ich war ein Schreibmädchen, eines von zwölf in der Kanzlei, wo alle Angelegenheiten der großen Behörde getippt wurden, die insgesamt etwa vierhundert Mitarbeiter hatte.

Anfangs steckten sie mich in den Raum, wo die drei Fernschreiber aufgestellt waren, das waren schreckliche Nervensägen. Einer, der direkt ans Bundespostministerium angeschlossen war, rasselte ununterbrochen, den ganzen Tag spuckte er lärmend Papier aus. Währenddessen sollte ich Diktate aufnehmen von irgendeinem Amtmann, der noch dazu nuschelte, oder am laufenden Meter Briefe tippen. Es war gerade Bewerbungszeit für Jungpostboten, dreihundert hatten sich gemeldet, achtzig wurden genommen, und jeder kriegte persönlich seine Absage oder seine Zusage.

«Dieser Radau ist nicht auszuhalten», beschwerte ich mich bei der Chefin der Kanzlei. Seit dem Einstellungsgespräch wusste ich, dass sie mich gut leiden konnte, spätestens seit sie mir etwas Wichtiges beigebracht hatte: «Schauen Sie die Kollegen an, Fräulein Eglin.» Sie hatte bemerkt, dass ich im Gespräch schamhaft mein Gesicht wegdrehte und ihr beim Zuhören mein Ohr entgegenhielt. «Wenn Sie jemanden nicht anblicken, denn denkt der, Sie sind nicht aufrichtig.» Ihrer freundlichen Ermahnung folgend, täuschte ich den Sehenden Blickkontakt vor – und es ging. Es half, nicht nur im Büro.

Auf meine Bitte hin versetzte mich die Chefin in ein ruhiges Schreibkämmerle. Es war eigentlich ein Stück Hausflur, abgeteilt mit einem Schrank. Darin saß Ilse, eine deftige Mannheimerin, die einen Hüftschaden hatte. Als junges Mädchen war sie angefahren worden und konnte ganz schlecht laufen. Wir zwei waren ein tolles Gespann: «Die Lahme und die Blinde», haben wir immer gewitzelt, «sind zusammen unschlagbar!» – Ich hab alles Laufende erledigt, Akten rumgeschleppt, oder ich bin mit dem Trittleiterle ins Regal geklettert. Ilse hat meine Texte Korrektur gelesen. «Schreib es nochmal, Magdalena, es sind zu viele Fehler drin.» Wenn ich mich nur ein, zwei Mal vertippt hatte, machte sie das für mich, mit dem

Korrigierstift drüber und fertig, das konnte sie natürlich viel schneller. Weil Ilse sehr gut war in Organisation und Höflichkeit, wurde sie nach zwei Jahren ins Vorzimmer des obersten Behördenchefs versetzt, und ich mit, auf ihren dringenden Wunsch hin, ihr würde sonst «der Laufbursch» fehlen.

Das Amt und ich wilde Hummel, wir würden nie zusammenpassen, das war vom ersten Tag an sonnenklar. Karriere machen? Selbst wenn da eine Karriereleiter gewesen wäre, die ich hätte erklimmen können, nein. «Karriereleiter», meiner Erinnerung nach kam das Wort damals gerade auf. Leitern hab ich eigentlich sehr gemocht, seit meiner Kindheit war ich total fasziniert davon, auf ihnen stieg ich in der Malerwerkstatt hoch zum «Umbra» oder «Neapelgelb», mit ihrer Hilfe kam ich in die für mich unsichtbare Spitze des Apfelbaums. Und mit der höchsten Leiter, dachte ich als Kind, kommt man vielleicht bis in den blauen Himmel.

Meine Abneigung gegen das Büro wuchs von Monat zu Monat. Sieben Jahre würde ich es aushalten müssen – sieben Jahre dienen, wie es in der Bibel heißt. Meine Überlebensmaxime war: Der Tag hat 24 Stunden. 8 davon gehören dem Staat, also der Deutschen Bundespost, 8 braucht mein Körper zum Essen und Schlafen, und 8 gehören mir, da mach ich, was ich will, und nicht, was andere wollen. So hab ich es später immer wieder gemacht – sobald ich in Arbeit zu ertrinken drohte, hab ich das Dreiphasensystem wieder eingeführt: Pflicht, Körper, Freude.

Jeden Morgen OPD, Oberpostdirektion. Wer diktiert mir heute? Jesses, hoffentlich nicht der mit der schrecklichen Stimme! Bitte nicht einer, der drei Stunden an einer Kurznachricht herumstottert! Was leider häufig passiert – aus meiner Stenomaschine kommen dann endlos Streifen, Wörter, Satzanfänge, Dutzende gestammelter und wieder verworfener Gedanken in Punktschrift, am Ende habe ich eine ganze Stenorolle vollgeschrieben und sitze verzweifelt in dem Haufen von Bandwürmern. Darin muss ich das Wesentliche finden, mit den Fingern, wohlgemerkt. Abtippen, rattatam, rattatam, der Kopf brummt. Vorlage an den Beamten, und dann ist Mittag.

Essensschlange in der Kantine, aufpassen, wer hinter dir steht. Du stehst am Schalter, und du spürst eine Hand, jemand fängt an, deinen Hintern seltsam zu bearbeiten. Ich keile nach hinten aus. «Ruhe!» Der Mann: «Du wärst froh, wenn dich mal jemand anlangen täte.» Ein Vorgesetzter. Es sind immer ältere, höhergestellte Typen. «Du brauchst dir gar nicht einbilden, dass du zählst.» Bei Betriebsfesten das Gleiche, mitten im Walzer rubbelt dir einer am Busen rum. Und ich beiße zu, in den Daumen, was ich gerade erwische. Das ist Gewalt, heute würde so was in der Zeitung stehen. In den fünfziger Jahren hat man dafür wenig Empfinden, wir sind noch nahe am Krieg. Von ehemaligen Soldaten muss man sich möglichst fernhalten. Das bissle Angrapschen, was ist das schon? Junge Männer, die meines Alters, sind diesbezüglich nicht so hinterlistig.

Eines Tages kam mir in der OPD eine schreckliche Kriminalgeschichte zu Ohren. Es kam vor, dass ich Protokolle von Disziplinarfällen aufnehmen musste, Wertsachendiebstahl, Briefmarkenklau meistens, was Postbeamte eben so ausfressen. Diesmal ging es um einen Mann, der seine heimliche Geliebte geschwängert und ihr das Kind aus dem Leib geholt hat. Minuziös wurde alles beschrieben. Der Betriebsaufsichtsbeamte diktierte: «... mit der Stricknadel gebohrt.» – «Wie bitte?» Ich war völlig perplex, mit solchen Dingen hatte ich noch nie zu tun gehabt. Sechs Stunden hat das Diktat gedauert, dem Kollegen war anzumerken, dass auch ihm von all dem Grausigen ziemlich schlecht war.

Die Liebe war umstellt von Ängsten, von nagenden Zweifeln und den fürchterlichsten Gefahren. Vielleicht sollte ein Mensch wie ich darauf ganz verzichten? Bis aufs Küssen, Küssen wollte ich unbedingt. So viele Küsse einsammeln, wie ich nur eben kriegen konnte. Abends nach Einbruch der Dunkelheit am Münster, dort war ein lauschiges Eck, das man schwer einsehen konnte, im Rücken der Sandstein. Er war oft noch herrlich warm von der Sonne.

«Du bist so verlockend, Magdalena.»
«Ja?»
«Könnten wir nicht …?»
«Nein! Stell dir vor, ich krieg ein Kind und ich hab keinen Vater dafür.»
«Ach, bitte.»

Notfalls ging ich stiften. Nicht weil ich anständig war, nur aus Vernunft. Ein Kind schaffe ich nicht allein, das wusste ich genau. Auch, dass keiner der Jungen mich heiraten würde.

Schon bald drei Jahre war ich wieder in Freiburg. Mit aller Kraft hab ich versucht, Fuß zu fassen, und trotzdem war ich wie in einem Vakuum. Dabei hab ich so viel Leben in mich reingestopft, immerzu war ich auf der Suche nach Menschen. Jeden Abend nach dem Dienst, um fünf Uhr, schnell einkaufen, und auf zum Tanzen, ins Theater. Zur Uni, ich war eine notorische Schwarzhörerin, nach der Vorlesung wurde die halbe Nacht wild diskutiert. Ich war Dauergast in der Volkshochschule, Latein, Geschichte, Literatur.

«Was man lesen sollte!» Diesen Kurs besuchte ich jedes Semester, Leiter war Eberhard Meckel, ein Herr aus einer alten Freiburger Familie, dessen Vorfahren etliche Kirchen in die Landschaft gestellt haben, ein Schriftsteller und Zeitungskritiker. Und ein Kriegsteilnehmer, wie wir aus seinen Erzählungen schnell erfuhren, zuletzt war er Gefangener in einem Lager am Rande der Sahara gewesen. Durch ihn bin ich auf Camus aufmerksam geworden. «Die Pest» war das Erste, ein Buch, das mich zunächst abgestoßen hat, tief erschreckt, und das ich am Ende des Semesters großartig fand. Pest, die Strafe für Unmenschlichkeit, sie trifft auch die Unschuldigen, schrieb dieser Albert Camus. Der Hauptheld, der Nächstenliebe übt und Courage zeigt, Dr. Rieux, ist ausgerechnet ein Atheist. Könnte, sollte ich auch so eine Atheistin werden? Viele hielten mich für eine, weil ich schwarze Pullover trug und rauchte.

Im Lesekurs hockten hauptsächlich alte Damen, etwa hundert, schätze ich. «Ach, Herr Doktor Meckel, das ist ja fabelhaft, die Beschreibung dieser Rose.» Es handelte sich um Saint-Exupérys «Der kleine Prinz». Man hatte das Gefühl, die falten die Hände vor der Brust und werfen die Augen hoch. «Und die Schmetterlinge erfrieren im Winter», rief ich dazwischen, «und fallen bums vom Stängel.» Bei meinen Einwürfen lachte von hinten ein junger Mann, er hatte eine schöne, schwingende Stimme. Mit ihm kriegte ich mich ab und zu in die Wolle. Er vertrat zu allem immer einen konservativen Standpunkt und ich einen modernen.

Im Herbst bekam ich einen Brief in Punktschrift von meiner Marburger Jugendliebe: Magdalena, ich heirate. Wir hatten uns kurz zuvor noch einmal getroffen, vor seinem Jura-Examen, bei ihm zu Hause in Koblenz. Bei mir war, nicht ganz überraschend, der Liebeskummer wieder aufgebrochen. Wir hatten lange nebeneinander gestanden, und er hatte nicht von einer Zukunft gesprochen. Vier Wochen nach Eintreffen der Vermählungsanzeige heiratete er. Eine Sehende. Eine Krankenschwester.

Im wilden Tal

Mein Gesicht, vermute ich, sieht aus wie ein Amerikaner. Wie das runde Gebäck mit einer hellen und einer dunklen Hälfte. Asymmetrisch – links ein braunes, lebhaftes Auge, auf der rechten Seite ein weißlich blaues, das fast zugefallen ist. Dazu gehören eine kräftige Nase, die von der Wurzel sanft ansteigt und zu einem richtigen Kolben wird, mit neugierigen Löchern vorn, und ein voller, sehr roter Mund. Ich hab meine Lippen nie geschminkt, nur draufgebissen, das erfrischt die Farbe.

Wie sehe ich aus? Als junge Frau hat mich das sehr beschäftigt, ganz besonders wie mein Gesicht aussah. Alle, die mich sehen, müssen es abstoßend finden, dachte ich, eine Zeitlang empfand ich selbst Abscheu davor. Niemand äußerte sich darüber. Wie jede Heranwachsende sehnte ich mich nach Mitteilung: «Ach, du hast schöne Haut. Du hast schöne Haare.» Das wäre ja unverfänglich gewesen, aber kein Mensch hat es gesagt, wahrscheinlich aus Angst, dann auch das andere sagen zu müssen.

«Magdalena, setz du dich dahin», riet Mutter oft, in der Wirtschaft oder bei Verwandten, sodass mich die anderen möglichst im Profil sahen. «Guck nicht so bös, Mädle», hörte ich manchmal auf der Tanzfläche. Nicht unfreundlich, ermunternd meist, von irgendwelchen unbekannten Burschen, die nicht sofort begriffen, was mit mir los war. Es war eben äußerst anstrengend, mich in der Menge der Tanzenden zu orientieren, den Rhythmus oder ganz simpel meinen Partner nicht zu verlieren, und das stand mir im Gesicht.

Von Zeit zu Zeit hab ich den Spiegel zu Rate gezogen. Ganz nahe davor sah ich ein Stück Nase, unscharf natürlich und auch nur für einen kurzen Augenblick, dann beschlug das Glas von meinem Atem. Mein altes Hilfsmittel, das ich schon in der Kinderzeit anwendete, mir mit Hilfe von Fotos Klarheit zu verschaffen, hab ich damals nicht probiert. Wer knipste, ging nie nahe an mich ran, aus Rücksicht vermutlich blieb der Fotograf in der Totalen – Magdalena auf dem Schlitten mit viel Berg, Magdalena in der Gruppe, hinten. Natürlich hätte ich jemanden um ein Porträt bitten können.

Dennoch musste ich irgendetwas an mir haben, was die Männer anzog. Sie haben mich anscheinend sehr gern angefasst. Mein Körper ist schön, habe ich daraus geschlossen, und mein Gesicht ist hässlich. Ist es so, dann ist es eben so. Den Vorschlag, mein blindes rechtes Auge kosmetisch zu schönen, hab ich abgelehnt. Die geschrumpfte Augenhöhle weiten und darin ein braunes Glasauge einsetzen, nein. Aus purem Trotz, ich gebe es zu: Ich bin ein stures Viech.

An dem Tag, an dem sich mein Leben wendete, trug ich einen lindgrünen Schal. Genauer gesagt, ich war von Kopf bis Fuß neu eingekleidet. Nach einem Winter voller Liebeskummer – meinen zweiundzwanzigsten Geburtstag hatte ich nicht gefeiert, zum ersten Mal die Fastnacht ausgelassen – habe ich mich aufgerappelt. «Die Magdalena muss wieder raus. Wir nehmen sie mit zum Abschlussfest vom Lesekurs.» Ein älteres Ehepaar aus dem Kurs gab den Anstoß.

April war, noch nicht ganz Frühling. Ich wollte endlich wieder probieren, schön zu sein, und zwar so, wie es richtig ist für mich. Ohne Mutter einkaufen, von selbstverdientem Geld! Zuerst kaufte ich ein zart beigefarbenes Kostümchen und eine Rohseidenbluse, Ton in Ton. Dazu, eine Nuance heller, ein Hütchen und einen federleichten Mantel mit großem Kragen, der bis auf die Schultern fiel. Alles passte zusammen, auch die Schuhe in Beige mit einer rostfarbenen Schnalle. Und es ging noch weiter, in genau diesem Rostton fanden sich Ziegenlederhandschuhe und eine kleine, feine Handtasche. Der letzte Pfiff: dieses schwebende Grün, der pastellige Schal vollendete die sündhaft teure Frühjahrsgarderobe. Zweihundert Mark kostete sie, mehr als ein ganzes Monatsgehalt bei der Post.

So steige ich im April 1955 in den Omnibus, der uns vor die Tore Freiburgs fährt, ins «Wilde Tal», setze mich an den langen Holztisch, zwischen die alten, aufgekratzten Damen, die Doktor Meckel, der liebenswürdigerweise mir gegenüber

Platz genommen hat, anhimmeln. «Fräulein Eglin, was sind Sie elegant!» Man sagt es oft. Doch ich bin noch zu sehr in mir verkrochen, um es zu genießen. Vielleicht ist es auch der Lärm, der mich nervt, das Durcheinandergerede über Camus, Käsekuchen, Dauerwellen.

Auf einmal höre ich einen jungen Mann vom anderen Ende des Tisches, eine sympathische, fröhliche Stimme. Sie bestellt laut und bestimmt: «Meringe, Schlagsahne und Bier, bitte!» Was ist das nur für ein Idiot, denke ich, Süßes und Bier, das passt doch nicht. Nach dem Kaffee gehen die Ersten, im Laufe des Nachmittags rückt mir die Stimme näher. Die Gesellschaft am langen Tisch wird kleiner und kleiner, nur unser Dozent Meckel und einige Jüngere bleiben. Plötzlich sitzt die Stimme neben mir.

«Wieso haben Sie Meringe und Bier bestellt?»

«Ganz einfach», erklärt er. «Die Bedienung hat was falsch gebracht. Und ich dachte, wenn ich falsch bestelle, krieg ich das Richtige.» Das gefällt mir.

Inzwischen ist Vesperzeit, ich verlange saures Leberli mit Brägele und Feldsalat, und mein Nebenmann auch. Es gibt aber nur noch eine Portion, und dann haben wir ein Abkommen geschlossen: Wir teilen. Von einem Teller essen, das ist ungewöhnlich, wir sind uns fremd und natürlich per Sie. Konrad Weingartner heißt er, an seiner Sprache höre ich, er ist Schwarzwälder. Erst jetzt erkenne ich ihn, der Witzbold ist mein frommer, debattierfreudiger Gegenspieler aus dem Lesekurs. Wir unterhalten uns angeregt. Lästern, lachen. Nichts, was mit dem Semesterprogramm zu tun hat.

«Sie hän richtig Küeh ghüetet?», fragt er ungläubig. Weiß der Himmel, wie sich das Thema ergibt. Normalerweise erzählt man nicht von diesen elenden Zeiten, Fremden schon gar nicht. Und so elegant, wie ich jetzt bin, weit entfernt von dem armen Mädle, das den Viechern hinterherstolpert, bin ich nie gewesen.

«Mir hän kei Schuh ghet bi de Bure.»
«Im Herbscht, im nasse Gras, hemmer gefrore.»
«I hab gwartet, bis e Kueh de Schwanz lupft, und deno hani d' Füeß in d' Flade gsteckt.»
Wir können nicht aufhören damit. Er ist genau zur selben Zeit Hütebub gewesen, zu Hause in Herrenschwand, im südlichen Schwarzwald. Vor Kriegsende, mit zehn Jahren – Konrad Weingartner ist zwei Jahre jünger als ich.
«I hab mer emol 's Bei verletzt.»
«Mer muess halt drüberbrünsle.»
«Des isch immer no 's Bescht.»
Darüber wird es Nacht. Im Aufbruch höre ich noch Eberhard Meckel in der Garderobe scherzen:
«Die beiden werden ein Paar!»
Eine tollkühne Prophezeiung! An diesem Abend im April 1955 war sie mir nur peinlich. Blödsinn! Ich kenne diesen jungen Herrn Weingartner doch gar nicht, und mögen tu ich ihn auch nicht.
Mein letzter Omnibus nach Freiburg war längst weg. «Ich begleite Sie gern nach Hause, Fräulein Eglin.» Ohne meine Antwort abzuwarten, setzte er sich in Marsch, schnellen und etwas tapsigen Schrittes, sein Fahrrad neben sich her schiebend. Auf dem ersten, unbekannten Teil der Strecke kam ich nur mit größter Mühe mit, mir schien, er achtete gar nicht auf mich. Anderthalb Stunden brauchten wir, schließlich war der Schlossberg erreicht, und er schwieg immer noch. Mir lag die Frage auf der Zunge, ob er es noch weit habe und wo er denn arbeite. In unserer Hofeinfahrt sagte er kurz: «Adieu, Fräulein Eglin», und schwang sich schnell auf sein Rad.
Anderntags wartete Konrad Weingartner am Ausgang der Oberpostdirektion auf mich. Seither gingen wir zusammen aus, im nächsten Lesekurs der Volkshochschule saßen wir nebeneinander. Zu meinem Erstaunen war er ziemlich schüch-

tern, er drängte mich nicht übermäßig zu Küssen, und das war mir recht. «Du, Magdalena», wir hatten einige Wochen gewartet mit dem Duzen, «warum bist du am ersten Abend eigentlich so elegant gewesen?» – «Einfach so.» Von meiner Einsamkeit im vergangenen Winter mochte ich nicht sprechen. «Meinst du, ich sollte etwas anderes tragen?» – «Ja, nicht so langweilige Farben, etwas Buntes.» Seine Ermunterung setzte ich sogleich in die Tat um und kaufte mir ein rotes Kleid mit farbigen Dreiecken, bald darauf noch ein blau gemustertes. Seltsam, dass ich mich so leicht beeinflussen ließ. Dabei wusste ich noch nicht einmal, was mein Verehrer für einen Beruf hatte. Im Sommer erst erfuhr ich es.

Der Direktor des theologischen Konvikts zitierte mich zu sich. «Was denken Sie sich dabei, Fräulein Eglin? Mit einem Theologen anzubändeln?» Ein Gewittersturm donnerte auf mich hernieder. «Sie machen uns den Weingartner abspenstig.» Warum hatte Konrad mir das verschwiegen? «Ich wusste nicht, dass er Theologie studiert», antwortete ich kühl. Innerlich war ich wütend, maßlos enttäuscht. Ein Mann, der Priester werden will. Konrad ist nicht frei!

Wir hatten einen Riesenkrach. Konrad wehrte sich, und ich hörte nicht zu. Wir saßen auf unserer Bank am Schlossberg, ich am einen Ende, er am anderen. Nach vielen Stunden endlich wusste ich ungefähr, was mit ihm los war. Er war im sogenannten «externen Jahr». Nach drei Semestern Theologiestudium ließ man die künftigen Priester noch einmal frei, damit sie sich prüfen. Sie sollten außerhalb des Konvikts wohnen und Erfahrungen sammeln. Und Konrad hatte sich vor Monaten, schon bevor er mich kennenlernte, ins Leben gestürzt, war mittendrin. Er hatte auf Ausflügen ins Glottertal das Weintrinken gelernt, sich erlaubt, mit Mädle zu flirten. Er war auf dem Absprung und wusste nur noch nicht, wohin. Das verstand ich, und ich verstand auch, wenigstens andeutungsweise, dass er viel Schweres hinter sich hatte.

Es berührte mich, was er vom Schwarzwald erzählte, den Gärtle und Geißle, die jeder dort oben zum Überleben braucht. Offenbar war er, viel mehr noch als ich, ohne Liebe aufgewachsen. An seinen Vater, der Arbeiter in einer Bürstenfabrik war und früh starb, hatte er keine Erinnerung. Der Mutter war es allein kaum gelungen, ihn und die beiden älteren Geschwister, Bruder und Schwester, durchzubringen. «Was sollte Mutter anderes tun?»

Konrad erzählte, er klagte nicht. «Unser Pfarrer hat halt gesagt, der Konrad hat gute Noten. Den geben wir nach Konstanz ins Gymnasialkonvikt, der wird später Priester.» 1945, im größten Durcheinander, haben sie den Zehnjährigen losgeschickt. «Fertig ab. Zum Bahnhof.» Auf der Sauschwänzlebahn fuhren er und einige ebenfalls auserwählte Kameraden nach Süden, die kurvige Strecke war unterwegs immer wieder unterbrochen.

Mir war, als müsste ich diesen Jungen, der durch die Nacht fährt, beschützen. Ich sah ihn vor mir, ein Hindenburglicht im Pappkarton auf den Knien, und folgte atemlos den weiteren, von vielen Pausen unterbrochenen Schilderungen und Erklärungen. Wir lehnten jetzt aneinander.

«Bist nie weggelaufen?»

«Doch, ein Mal.»

Mit vierzehn habe ihn mal das Heimweh überwältigt, und er habe nicht mehr ins Internat am Bodensee zurückgewollt. «Du bleibst bis zum Abitur, Konrad!» Mit diesen Worten lud ihn der Pfarrer ins Auto. «Was du nachher machst, bestimmst du.»

Nachher, mit bestandenem Abitur, ist Konrad dann doch im Theologieseminar gelandet. «Man konnte schwer sagen, man will nicht.» Immerhin hatte die Kirche die Ausbildung finanziert und sich auf lange Zeit seiner angenommen. Sich aus der Pflicht, vor allem aus dem Schuldgefühl zu lösen, das musste wirklich äußerst schwer sein. «Ich muss mein

Eingesperrtsein erst verdauen, Magdalena», entschuldigte er sich.

Danach wusste ich, ich mag ihn. Vielleicht waren wir im Sommer 1955 schon beinahe ein Liebespaar. Für mich war es das große Umbruchsjahr, das auf jeden Fall: Zum ersten Mal ließ ich mich von einem Mann anfassen und hatte keine Angst, gefressen zu werden. Konrad war, was Frauen angeht, völlig unerfahren. «Mir fehlt so viel an Wissen, Magdalena.» Wir waren jetzt so vertraut, dass er Fragen stellte. «Was ist eigentlich eine Camelia?» Ich hatte ihm gegenüber einen kleinen Vorsprung an Wissen, aber wie Worte finden für diese Dinge? Wir tasteten uns ganz langsam vor in unseren Zärtlichkeiten. Konrad war sehr behutsam, auch weil er selbst solche Angst gehabt hat. Wenn er zwischenzeitlich mal zu stürmisch wurde, zog ich die Bremse.

Ich erinnere mich, wie er auf einem Ausflug mit einem anderen Mädchen schäkerte. In seiner Stimme war dieses Gurren, ihr Lachen klang unbeschwert, beneidenswert heiter. Die beiden schlenderten vor mir her, und ich bebte. «Du küsst mich ja so selten», parierte Konrad meinen Eifersuchtsanfall. Einmal wollte er mich am Schwabentor küssen, um uns herum waren viele Menschen. Da hab ich ihm dermaßen eine gelatscht, dass ich mich heute noch schäme. Ich war ein richtiges Stacheltier.

Ich war traurig, dass ich sein Gesicht nicht sehen konnte. Konrads Körper kannte ich inzwischen einigermaßen: mittelgroß und schlank, um die Mitte herum war er angenehm weich. Kein sportlicher Typ, eher einer von denen, die wie ein Mehlsack am Reck hängen. Was ihm, wie er erzählte, die Adolf-Hitler-Schule erspart habe, sonst nämlich wäre er mit acht Jahren als guter Schüler, der er war, unweigerlich dort, auf der Insel Reichenau, gelandet. Bei aller Abneigung gegen Leibesübungen, er hasste sie geradezu, war er kräftig. Konrad war körperliche Arbeit gewohnt und mochte sie, ich spürte es, wenn ich seinen Arm fasste, er mich bei der Hand nahm. Feste, mitunter raue Finger hatte mein Freund, ein reizvoller Kontrast zu seinem feinen, philosophischen Geist.

«Was füre Farb hän dine Auge?»

«Guck halt.»

Es war ein heller Wintertag, wir waren in seinem Dachstüble. Zuerst wanderte ich mit den Fingern auf seinem Gesicht herum, später legte ich mein linkes Auge nacheinander auf alle Partien und linste. Zum ersten Mal im Leben durfte ich das Gesicht eines Menschen ausgiebig erkunden, solange ich wollte. Sanft gewelltes braunes Haar hatte Konrad, es hat sich gut angefühlt, nicht zu kurz, dass es wie ein Soldatenkopf gewirkt hätte. Eine nicht sehr hohe Stirn im Vergleich zu mir, eine weiche, rundliche Gesichtsform. Pickel, sogar ziemlich viele, auf blasser Haut. Ich fuhr langsam über seinen Mund und öffnete ihn, und stellte fest, er hatte leuchtend weiße Zähne. Besonders schön fand ich seine Augen, braune Rosinenaugen. Immer wieder fing ich von vorn an, vom Kinn über die ganze wenig behaarte Bartregion zur Nase, und seitlich weiter zu den ausgeprägten, fleischigen Ohren ins Haar. Jedes Mal nahm ich einen anderen Weg durchs Gelände, prüfte Entfernungen, die Erhebungen und Vertiefungen, verweilte. Eine Stunde dauerte es, vielleicht zwei. Konrad lag geduldig auf dem Plüschsofa. Von der achtzigjährigen, äußerst toleranten, uns wohlgesinnten Wirtin war keine Störung der anthropologischen Exkursion zu erwarten.

Gegensätzlicher als Konrad und ich konnte ein Paar kaum sein – eine schräge, Gauloises qualmende Städterin, die mit Gott haderte und im Sartre-Himmel schwebte, und ein Beinahe-Theologe vom Kuhdorf, selbst in dieser Krisenphase schien er in sich zu ruhen. In seinem externen Jahr, in dessen Verlauf er sich von der Priesterlaufbahn endgültig verabschiedet hatte, arbeitete er als Korrektor im katholischen Herder-Verlag. Dort konnte man Leute mit abgebrochenem

Theologie-Studium, die Latein-, Griechisch- und Hebräischkenntnisse hatten, gut brauchen. Miserabel bezahlt, schlechter als die kleinste Schreibkraft. Mit seinem Lohn hielt Konrad sich, genügsam wie er war, so gerade über Wasser. Viermal die Woche, morgens um Viertel nach sechs, ministrierte er im Katharinenstift, dafür gab es Frühstück. Auch am Sonntag verköstigten ihn die Nonnen, von dem reichlichen Vesper konnte er noch den halben Montag zehren.

Meinen Eltern hatte ich Konrad inzwischen vorgestellt.

«Kann sein, dass mich am Sonntag ein junger Mann abholt.»

«Wer ist denn das?», fragte Mutter, mit einem kleinen Vibrieren in der Stimme.

«Man kann gut mit ihm reden. Konrad Weingartner heißt er.»

An jenem Sonntag, als der neugierig Erwartete dann klingelte, war Vater, der sonst nie den Hintern gelüpft hat, zur Tür getrapst.

«Tag, Herr Bauer!», sagte mein Vater.

Konrad trug eine schlottrige Hose und einen alten Mantel, in einer grauenhaften Farbe, Lila-Beige. Ein Textil aus Amispenden, ich hab es immer das «angebrannte Rotkraut» genannt. Ganz unrecht hatte Vater nicht, Konrad war so etwas wie ein Bauer, er wirkte jedenfalls gänzlich unstädtisch.

Gleich nach der schroffen Begrüßung waren wir geflohen und lange durch den Schwarzwald gewandert. Es regnete sehr, trotzdem liefen wir weiter, wir sprachen über unsere Familien. Konrad verstand, mein Vater war ein blöder Hund, den das Schicksal so hat werden lassen, der Krieg vor allem, aus dem er als dürres Männlein zurückkam. Den Wiederaufbau der Werkstatt hatte er hingekriegt, jetzt backte er kleine Brötchen, und er traute sich keine größeren zu.

Konrad erzählte von seiner geplagten Mutter, vom Putzen und Nähen und dass es nie gereicht hatte. Die ihre Kinder, damit sie es einmal besser haben, der Kirche anvertraute, weil es keine andere Möglichkeit gab, zu Bildung zu gelangen. Die jetzt glücklich und erleichtert war, dass alle drei untergekommen zu sein schienen, die Tochter im Kloster, beide Söhne auf dem Weg, Priester zu werden.

Seit dem Vorfall am Sonntag schleuste ich meinen Freund an der Haustür vorbei, direkt in meine Mansarde. Auch in Konrads Familie regte sich Widerstand gegen unsere Beziehung. Jemand hatte gepetzt, und so kreuzte eines Tages seine Mutter zornrauschend bei seiner Vermieterin auf: Da sei eine Blinde, die würde ihren Sohn verführen. «Die will den Konrad haben!» Da müsse ein Riegel davor, «Schluss aus.» Sie tobte. Sie konnte es einfach nicht fassen, dass der brave Sohn nicht ins Konvikt zurückwollte, und daran war ich schuld. Zu einem Kennenlernen kam es nicht, sie fuhr nach ihrem Auftritt gleich nach Herrenschwand zurück.

Dem dortigen Pfarrer, der ihn seit seiner Kinderzeit am Bändel hielt, hatte sich Konrad bereits erklärt. «Ich möchte frei sein.» Dieser hatte ihm eine Rechnung aufgemacht – das Geld für die Ausbildung müsse er zurückzahlen, 5000 DM.

Was tun? Ein Freiburger Prälat, den Konrad um Rat fragte, meinte: «Entweder Sie gehen zum Zoll, Herr Weingartner. Oder Sie machen bei der Kirche irgendwas, Religionserzieher oder Caritas. Oder Sie werden Lehrer. Wenn Sie mich fragen: Bei der Kirche können Sie nicht leben und nicht sterben. Gehen Sie zum Staat. Lehrer ist das Beste. Da haben Sie einen halben Tag Schule und den anderen halben Tag können Sie machen, was Sie wollen.»

«Unten ist ein Herr Weingartner für Sie, Fräulein Eglin!» Von der Pforte der OPD riefen sie an. «Es ist dringend.» Unten im Eingangsbereich wartete Konrad auf mich, freudig erregt, er trampelte von einem Bein aufs andere.

«Du, i chaa Lehrer were. Glii morn chan i afange. Was meinscht dazue, Magdalena?»

«Mach's.»

«Aber i chaa doch kei Musik, i chaa nit zeichne und nit turne.»

«Du, i hilf dr. Des klappt scho.»

Vier Semester verlangte man von ihm, zwei von der Theologie haben sie ihm angerechnet – anscheinend brauchten sie dringend junge Lehrer. Auf unseren gemeinsamen Sonntagsausflügen in den Schwarzwald haben wir zusammen gelernt. Im kleinen Rucksack hatten wir ein wenig Dörrobst und Pumpernickel dabei, manchmal auch ein Wurstbrot, nur das Nötigste. Und ein Biologiebuch, den Kosmos-Pflanzenführer, mal eine Blockflöte, mal einen Zeichenblock. Konrad hat unter meiner Anleitung ein Tannenbäumle gezeichnet, ich lehrte ihn Farbenmischen und die Grundbegriffe der Farbenlehre. Was ist Preußisch Blau? Wie entsteht Türkis? Wenn es gut lief mit dem Lernen, leisteten wir uns einen Abstecher zu einem der Dorfkirchle.

Für den September planten wir eine botanische Exkursion auf dem alpinen Pfad, am Feldberg.

«Ich hab einen Freund, der geht mit mir den alpinen Pfad», erzählte ich voll Stolz im Büro.

«Ist ja Wahnsinn! Du stürzt doch ab.»

«Nein, warum?»

An den steilsten Wegabschnitten hat Konrad mich führen müssen. Und mich mit fester Hand ein paar Felsstufen hochgezogen.

Ich will ein Kind

In den ersten Jahren war das Terrain des Gemeinsamen im Grunde schon sehr weitgehend abgesteckt. Vor allem die geistige Welt war uns beiden wichtig, teils als Schutz, um der schwierigen Wirklichkeit, dem Körperlichen, auszuweichen, das wir unter unglaublichen Anstrengungen hinauszögerten. Aber nicht nur Flucht war es, wir trafen uns im Denken – meine Begeisterung für die Sprachästhetik, seine tiefe Bereitschaft zum Philosophieren. Konrad hat mir Platon-Dialoge vorgelesen und viel von Martin Buber. Oft haben wir uns in der Mittagspause auf dem alten Friedhof verabredet, auf einer abseits gelegenen, sonnigen Bank. Ich lag mit dem Oberkörper auf seinem Schoß. Statt zu küssen, haben wir Philosophie eingesogen. Ohne dies hätten wir das Abenteuer, das am Horizont stand, nie wagen können. Wohin würde es uns führen? Martin Buber sagt: «Alle Reisen haben eine heimliche Bestimmung, die der Reisende nicht ahnt.»

Mit diesem Menschen könnte ich mich trauen zu leben, dachte ich. Und Kinder zu haben, das war immer schon mein Wunsch, eine ganz große Sehnsucht, heiraten und Kinder gehörten für mich unbedingt zusammen. Für Konrad auch, deswegen vor allem war er nicht Pfarrer geworden. Er wollte Familie haben, nach diesen Anstaltszeiten in Beziehungen leben, die er selbst gestaltet. Also haben wir mit aller Kraft versucht, herauszufinden, ob meine Blindheit erblich ist oder nicht. Seit Marburg lag diese Last auf mir, der Heimleiter der Blindenschule hatte die schreckliche Vermutung geäußert. «Erbkrank», dieses Wort, das ich von meiner Tante Liesel zum ersten Mal gehört hatte, war in mein Leben eingewachsen.

In meiner Familie war anscheinend vor mir niemand mit angeborenem grauem Star, auch nicht in den Nebenlinien. Wir suchten und fragten bei den Verwandten, zur Vorsicht auch in Konrads Sippe, wir verfolgten jede Spur, viele Generationen zurück. Nein, da ist nichts.

Was sonst konnte die Ursache für meine Blindheit sein? Man kommt auf allerhand merkwürdige Ideen, wenn man Fachbücher wälzt. Meine Mutter hatte mal gesagt, sie wäre nach dem Abort nicht ausgeschabt worden. War es das? Man machte damals nur selten eine Curettage. Deswegen vielleicht war ich, das nächste Kind, das in ihr wuchs, in dem «ungeputzten Ofen» sozusagen, nicht ganz «ausgebacken». Eine der Theorien, die Zuversicht weckte. Wir schöpften Hoffnungen aus den tiefsten Abgründen. War es das umfangreiche Liebesleben meines Vaters? Eine Geschlechtskrankheit konnte im Spiel sein, und wenn ja, wäre das gut, es hieße nämlich, meine Blindheit wäre nicht genetisch bedingt.

Unter Konrads Einfluss war ich dabei, meinen Glauben wiederzufinden. Indem ich einem Menschen vertraute, konnte ich auch Gott wieder vertrauen. Ab und zu ging ich sonntags in den Gottesdienst. Bei einem Beichtgespräch mit einem Geistlichen, der mich schon lange kannte, schnitt ich das Thema an.

«Pater, es fällt mir schwer, enthaltsam zu leben.»

«Kind, das geht vielen so. Bete.»

«Pater, ich möchte heiraten. Und ich weiß nicht, ob ich es darf.»

«Sie müssen allein bleiben, Magdalena.»

Ein Veto also der Kirche. Sie verlangte von mir Gehorsam. «Magdalena darf nicht heiraten», viele in unserer Umgebung, Verwandte, Kollegen, waren zumindest heimlich dieser Meinung.

«Wenn Sie einen gesunden Mann heiraten, ist das Risiko nicht so groß», lautete die offizielle medizinische Auskunft. Bekanntlich hatten die erfahrensten Ärzte ihren Beruf in der Nazizeit gelernt, zu ihnen ging ich. Natürlich zog ich die größte Kapazität in der Freiburger Augenklinik zu Rate, den Professor, der mich seit meiner frühesten Augenoperation kannte. Den, der mich zuletzt mit einer Telefonistenstelle geködert hatte, um mich als Versuchskaninchen zu gewinnen, weswegen ich ihn eigentlich nicht hatte wiedersehen wollen. «Es kann gutgehen, es kann schlechtgehen», sagte er. «Fünfzig zu fünfzig. Wenn Sie einen Afrikaner heiraten, Fräulein Eglin, geht es wahrscheinlich gut.»

Nach der Rückkehr von der Untersuchung hab ich mich auf mein kleines Bett gelegt. Konrad war da. Er saß neben mir und hat nichts gesagt und hat nichts anderes gemacht, als mich zu bewachen, damit ich mir nichts antat.

Mit seltsam nüchterner Entschlossenheit begannen wir, die Dinge zu tun, die ein junges mittelloses Paar vor der Hochzeit zu tun hat. Die Sparzeit ging los, Winter 1957/58. Ungefähr zu der Zeit, als die Sowjetunion die ersten Sputniks ins Weltall schickte. Es interessierte uns nicht. Ich erinnere mich nur, dass sie eine kleine Hündin in die Raumkapsel steckten, und an ihren Namen «Laika», und dass ich mich fragte, warum schicken die Wissenschaftler ein Tier da hoch und forschen nicht zu Ende, was ich wissen will.

Von meinem kleinen Gehalt hatte ich mir bis dahin dreißig Mark Taschengeld im Monat erlaubt, für Unterwäsche oder mal eine Flasche Kölnisch Wasser, für meine Gauloises. Das wurde jetzt gestrichen zwecks Aussteuer-Kaufs. Bettbezüge, Handtücher, Stück für Stück schaffte ich alles an. Gelegentlich wurde ich schwach und gab das Kochlöffelgeld für Schallplatten aus – nach alter Gewohnheit, eine moderne, eine klassische, einen Louis Armstrong, einmal Mönchsgesänge vom Berg Athos. Gespart werden musste auf Möbel, zwei Betten, auseinander stellbar, Schrank und Herrenkommode.

Von Konrads Geld, der neben dem Studium weiterhin beim Herder-Verlag Manuskripte korrigierte, ging das meiste für die Schulden bei der Kirche drauf. «Wir heiraten nicht, ehe das nicht abgetragen ist.» Fünftausend Mark, das war für uns schwindelerregend. Er wollte das unbedingt allein schaffen, ohne mich.

In Konrads Stüble probten wir schon mal den Hausstand. Auf der Kochstelle, unter dem Dachfenster, brutzelte es. Der wacklige Kleiderschrank diente als Vorratskammer. Zwischen

Büchern, Bett und Herd lernte Konrad fürs Examen, meine Anwesenheit störte ihn nicht. Manchmal fragte er mich etwas, oder er gab von sich, was ihn amüsierte. «Das gemeine Glühwürmchen oder Johanniswürmchen, lateinisch: Lampyridae. Rate mal, Magdalena. Haben die Männer oder die Frauen Laternen, oder beide?»

«Komm, i leg mi a wengele hi.» Konrad wartete meist auf mein Signal.

«Au jo, a bitzele.»

Wir schmusten, ohne dass es «zum Äußersten» kam. «Petting», dieses Wort aus Amerika kam gerade auf. Wir hatten keines dafür, wir hatten für diese intimen Bewandtnisse und Wünsche überhaupt keine Worte. Konrad war hungrig, in mir sehnte sich alles nach ihm, und ich machte mit, soweit es eben ging, auf meine Art, spielerisch zärtlich. Ihm war das nicht gegeben, sein Eifer war auch auf diesem Gebiet ernst und geradeaus.

Konrad machte mir nie einen Heiratsantrag. Verlobung haben wir von vornherein abgelehnt, das wäre nur etwas für die anderen gewesen. Auch einen Tag der Entscheidung gab es nicht, alles ging nach und nach. «Es wäre schwer allein», sagte einer von uns. «Zu zweit ist es leichter.» Solche Sätze fielen. «Ich liebe dich» kam nicht vor. Wohl: «I hab di gern.» Die Alemannen überhaupt sind, obwohl sie gern schwätzen, diesbezüglich ziemlich wortkarg und spröde. «I hab mi ganz verrumt in di», las ich mal in einem Mundartgedicht, von einem Lyriker aus dem Wiesental. «Ich hab mich ganz verräumt in dich.» So ungefähr war es damals. Wir verräumten Herz und Gedanken, hinüber und herüber, auch Gegenstände, Konrads alte Bärenhandpuppe in meine Mansarde, «dann bist du nicht allein, Magdalena», anderntags brachte ich sie ihm wieder zurück. Wir räumten geträumte Möbel und Teppiche in unser Luftschloss.

Soweit Platz war, bunkerten wir schon mal bescheidene

Dinge in unseren Mansarden. Aus dem Katharinenstift brachte Konrad zum Beispiel ein ausrangiertes Tischchen. «Können wir das brauchen?» Mir wurde schnell klar, ich heirate einen passionierten, gewitzten Sperrmülljäger.

Fahren wir ins Tälele? Im Sommer fuhren wir oft dorthin, in den «Sägedobel», ein stilles Tal, durch das kein Wanderweg führte. Wir hatten es gemeinsam entdeckt: eine große Wiese, Hochwald hintendran, mittendrin schlängelte sich ein Bächle, aus dem wir tranken nach dem Küssen. «Sägedobel» wirft Konrad mir noch heute zu – verschwörerisch, verklausuliert für «lieb dich». Er ist immer derselbe geblieben, du kannst auf ihn einklopfen, so viel du willst, und kein Wort kommt heraus, in seltenen, unerwarteten Momenten mal: «Sägedobel.»

Ende der fünfziger Jahre trug ich – auch im Büro, in der Hemdblusenzone – weite, knallbunte Röcke. Meine Farbenfreude war jetzt auch Teil meines Äußeren. Dazu schwarze, hautnahe Pullover mit U-Boot-Ausschnitt, die wir Freiburger Mädle «Leppich-Pullover» nannten. Nach Pater Leppich, dem damals berühmten Wanderprediger, Spitzname «das Maschinengewehr Gottes», der gegen alles Sinnliche (und gegen den Kommunismus) wetterte. Meine Stimmung war freudig, eitel Freude, dass Konrad und ich uns trauten. Dennoch ließen wir es bewusst langsam angehen. Konrad hatte nach den vorgeschriebenen vier Semestern das Examen bestanden, ab Ostern 1958 war er Junglehrer und würde nun von Dorfschule zu Dorfschule wandern. Von jetzt an wollten wir noch zwei Jahre warten, ich drängte darauf: «Zwei Jahre Pause», und ich schlug ihm die Regeln vor.

«Ein Brief in vierzehn Tagen. Mehr nicht. Und keine Schmusbriefe.»

«Gut, Magdalena.»

«Höchstens ein Treffen im Monat. Und nie alleine.»

«Mmmh.»

Jeder sollte noch einmal die Möglichkeit haben, jemand anderen kennenzulernen, unabhängig zu sein. Theoretisch wenigstens; eigentlich waren weder er noch ich frei. Aber wir waren eben keine romantisch Liebenden, und die Umstände waren auch nicht so. Ich weiß nicht, was mich ganz zuletzt noch einmal zögern ließ. Das alte «Drum prüfe, wer sich ewig bindet»? Oder mehr die Angst, die unterschwellig immer da war, ein blindes Kind zu bekommen, und ob ich dann sicher sein kann, sicher genug, dass Konrad nicht davonlaufen würde?

Was er bei seinen Besuchen in Freiburg erzählte, klang gut. An der Dorfschule von Märlingen kam er, obwohl die Leute dort evangelisch waren, gleich zurecht. Mittags aß er in der Gastwirtschaft, die alte Wirtin verwöhnte den «Unterlehrer Weingartner». Überhaupt war das Markgräflerland eine üppige Gegend. Hügel an Hügel, die in die Rheinebene schwingen, Rebhänge und ausgedehnte Obstkulturen. Er war gerade in die Kirschblütenzeit hineingeraten und schwärmte davon, für einen Menschen aus dem inneren Schwarzwald war das ein Paradiesgarten. Und wie Konrad eben war, machte er sich nützlich. Beim Spazierengehen hatte er zufällig gesehen, wie ein hinkender Bauer sich mit dem Spaten mühte, und war stehen geblieben. «Grüß Gott!» – «Grüß Gott, Herr Lehrer!» Es war der Vater eines Schülers. Dem Hof sah man an, es fehlte an Arbeitskräften – ein kriegsversehrter Landwirt, ein zurückgebliebener Knecht, vier halbwüchsige Buben, und keiner schien so recht etwas versetzen zu können. So kam Konrad ab und zu vorbei und half, er ging mit ins Heu und in den Weinberg, lud Mist. Über die Sommerferien blieb er zum Arbeiten in Märlingen, Ende August kannte er das ganze Dorf. Ihm war wohl dort, das spürte ich, wenn er erzählte und mir seine Schwielen zeigte.

Zu seinem Ärger wurde er zum Herbst nach Kandern versetzt, wieder eine Krankheitsvertretung. Von dort ist er nach dem Unterricht mit dem Fahrrad nach Märlingen in die Reben, er konnte doch die Weinlese nicht verpassen, und nachts um eins angesäuselt zurück. Wie die meisten Junglehrer wurde er kreuz und quer durch den Schulbezirk geschickt, drei Monate Kandern, eine Woche Grenzach. Wenn jemand in Lörrach ausfiel, hieß es, fahren Sie nach Lörrach. Samstagabends wusste er nicht, dass er am Montag in Wieslet sein würde und ob da Rechnen oder Heimatkunde anstand. Atzenbach hat er nie gesehen, am Bahnhof standen zwei Mädchen mit einem Zettel vom Lehrer, der Herr Weingartner möge mit dem nächsten Zug nach Steinen weiterfahren. Hier hätte er bleiben können, Steinen war wegen der Textilindustrie eine expandierende Gemeinde. «Das ist nichts für uns, Magdalena.» Eine Stelle ohne Lehrerwohnung, und auf dem freien Markt waren Quartiere zu teuer. Inzwischen hatte Konrad dem Schulrat mitgeteilt, er habe das Zigeunerleben satt. «Schluss aus!» In Bälde werde er heiraten.

«Fräulein Eglin, schnell. Er ist da!» Überraschend stand Konrad an einem Frühlingstag kurz vor Dienstschluss vor meinem Büro in der Oberpostdirektion. «Magdalena, ich war in Tonberg. Hör zu.» Er sprudelte nur so, total wirres Zeug, «da oben gibt es Weidezäune, das ist gut», umhalste mich dabei.

Es dauerte den ganzen Abend und die halbe Nacht, bis ich verstanden hatte, warum wir beide in den Schwarzwald gehen müssen. Ein glücklicher Zufall: Konrad hatte im Bummelzug einen alten Kumpel aus Konstanzer Internatszeiten getroffen, einen abtrünnigen Theologen, der Lehrer geworden und gerade von seiner ersten festen Stelle ausgebüxt war, weil er nicht klarkam «da oben». Nur wegen der «großen Wohnung» tue es ihm leid fortzugehen, erzählte er. Bei dem Stichwort war Konrad aufgeschreckt. Sofort nach Schulschluss war er von Steinen mit dem Fahrrad über Serpentinensträßchen nach Tonberg gefahren. Fast hätte er es nicht gefunden, «da war kein Mensch, nicht mal Vieh». Schließlich stand er vor dem Schulhaus – ein riesiger alter Kasten mit einem Sockel aus Feldstein, und niemand da. Schwarzwaldhäuser links und rechts, acht und nicht mehr, jedes mit einem Misthaufen, und keine einzige Straßenlaterne, Dorf konnte man das kaum nennen. Hier und da noch dreckige Schneereste.

In fünf Minuten war alles besichtigt, ihn interessierte nur noch eines: Gibt es Weidezäune oder nicht? «Verstehst du, Magdalena?» Nein, wie sollte ich. Wenn es keine Zäune gibt, erklärte mir Konrad, braucht man Hütebuben, die auf das Vieh achtgeben, und die sind der Albtraum jedes Dorfschullehrers. Wilde, zur Gewalttätigkeit neigende Burschen, die mal zur Schule kämen und mal nicht. Nach dem Krieg hätten die Bauern zunächst arme Kinder aus dem industrialisierten Wiesental beschäftigt, als Hütebuben hatten sie wenigstens zu essen. Seit den fünfziger Jahren schicke man Waisenkinder aus Norddeutschland oder Berlin auf die Wiesen, verwahrloste, traurige Zwölfjährige, manche noch jünger, die nicht gehorchten, auch weil sie den örtlichen Dialekt nicht verstünden.

Nachdem Konrad um den Ort herum gepirscht war, zufrieden, dass überall Weidezäune standen, war für ihn die Sache klar.

«Ist Tonberg frei?», fragte er anderntags telefonisch beim Kreisschulamt an.

«Ja. Nach Tonberg will keiner hin.»

«Gut. Ich muss noch meine Braut fragen.»

Diese Nacht in meiner Freiburger Mansarde ist so lebendig, als wäre es gestern gewesen. Konrads Kopf liegt an meiner rechten Schulter. Er ist älter geworden, denke ich, viel älter als noch vor Wochen. «Die Winter sind hart, Magdalena, und sie sind lang.» Nicht so wichtig! Punkt für Punkt gehen wir gemeinsam durch. Ist Tonberg weit genug entfernt von Freiburg und Herrenschwand? Ja, weit genug, rechnen wir aus, etwa vierzig Kilometer in beide Richtungen, das ist – damals noch – ausreichend, unsere Familien können nicht einfach am Wochenende hereinschneien. Außerdem würde Konrad Alleinlehrer sein, wir wären ganz unter uns. Keine Kirche im Dorf, auch das spricht für Tonberg, der nächste Pfarrer ist vier Kilometer entfernt, der Bürgermeister ebenso und die Schulbehörde noch weiter. Hier, auf fast tausend Metern Höhe, wird sich selbst der eifrigste Schulrat nicht öfter als einmal im Jahr blicken lassen.

Andererseits werde ich da oben keine Arbeit finden, «da ist kein Büro, Magdalena, nirgends». In diesem Jahr ohne Konrad habe ich darüber nachgegrübelt, ob ich ohne Beruf leben könnte. Sosehr ich ihn hasse, er ernährt mich, und ein wenig stolz, auf eigenen Füßen zu stehen, bin ich auch.

Wie ungewöhnlich das ist, was wir im Begriff sind zu tun, wird uns erst viel, viel später klar werden. Alle strömen in die Stadt, und wir brechen auf in den Hinterwald. Die moderne Welt, in der man herumsaust und immer gewinnen muss – ich kann es nicht, Konrad will es nicht. Im ersten Tonberger Jahr wird er ein Angebot ausschlagen, Konrektor in einem netten, komfortablen Städtchen zu werden. «Dort bin i nit frei.» Ohne zu zögern, lehnt er ab. Und ich immer noch wildes Huhn, ich will Ehefrau werden, ganz einfach Ehefrau, in ewiger Treue fest. So bin ich einem anderen Menschen nützlich, denke ich, der sonst vielleicht vor die Hunde gehen würde.

Im Frühsommer 1959 fing Konrad in Tonberg an. «Stell dir vor, Magdalena, die Tapeten im Wohnzimmer sind von 1914», schrieb er. «Beim Abkratzen hab ich untendrunter einen Artikel gefunden über Erzherzog Franz Ferdinand, wie er in Sarajevo erschossen wird.» Daraufhin besuchte ich ihn. Von außen sah das Schulhaus gar nicht schlecht aus. Es war trutzig in die Landschaft gebaut, bis zur Taille aus Bruchstein, darüber war es das typische Schwarzwaldhaus, also mit Holzschindeln verkleidet und einem tiefgezogenen Dach. Unten befand sich das Schulzimmer mit Nebenräumen, eine Granittreppe führte in die Lehrerwohnung im ersten Stock. Sie war wirklich phantastisch groß, mit vielen Kachelöfen, neun zählte ich, die allerdings sämtlich schadhaft waren. Kein Bad. Die größte Katastrophe war ein Innenklo, das in ein nie gereinigtes Gülleloch ging. Auf dem Örtchen wimmelte es von Jauchekäfern.

Nachts schlief ich anstandshalber im Wirtshaus gegenüber, zum ersten Mal in einer niedrigen Schwarzwalddachkammer. Von dem altmodischen Bett aus konnte ich mit den Fingern die Decke berühren, unheimlich, diese Enge, und nur ein Fensterchen. Ich fühlte mich sehr, sehr fremd. «Hän Se drübe no de Bach im Cheller?», fragte die Wirtin beim Frühstück. «Welchen Bach?»

In den Wintermonaten kam Konrad vor lauter Schnee nicht von Tonberg weg. An Allerheiligen kam er zuletzt, mich abholen, wir fuhren zu seiner Mutter nach Herrenschwand. Jahrelang hatte sie gehofft, Konrad würde nicht bei seinem Entschluss bleiben, jetzt hatte sie sich überwunden und wollte mich kennenlernen. Eine kleine, dicke, alte Frau. Wovor hatte sie eigentlich Angst? Ihr war meine Schnoddrigkeit sicherlich nicht sympathisch. Alles hier wirkte eng und ängstlich. Konrad durfte nicht wie sonst auf dem Sofa schlafen, er musste ins Ehebett, neben seine Mutter. Er hätte ja sonst zu mir in die Kammer schleichen können. Wie Karnickel, die man voneinander wegsperrt, kamen wir uns vor. Anderntags Kirche, ich neben Konrad, oben von der Empore beobachtete uns ein junger Verwandter. «Deine Braut hat den untersten Mantelknopf nicht zugehabt», sagte er später zu Konrad.

Hoffentlich kriegt er die Öfen flott, dachte ich oft in meiner warmen Mansarde. Freiburg – Tonberg, im Winter eine gewaltige Entfernung, wie ins hinterste Norwegen.

Im Frühjahr kam endlich Nachricht von ihm, Hauptthema des Briefes war der Zustand des Kellers: Das kleine Rinnsal dort hatte sich durch die Schneeschmelze in einen reißenden

Bach verwandelt, der auf der Gartenseite wieder herausschoss, in einer Riesenfontäne. Ich möge mich aber bitte nicht sorgen. «Der Bach oder ich», habe er dem Schulrat mitgeteilt. Tatsächlich schafften Konrad und die Behörde es, die Gemeinde dazu zu bewegen, das Stück Bach zu kanalisieren. Bis zur Hochzeit sollte außerdem in der Speisekammer ein Bad eingebaut werden.

Beinahe wären wir doch aus unserem Zeitplan geraten. Konrad war noch nicht ganz schuldenfrei, allerdings ziemlich nahe dran, er hatte durch irgendeinen Umstand rückwirkend Waisenrente bekommen. Auf Rat eines Pfarrers bat er die Kirche, ihm die kleine Restschuld zu erlassen. Sie tat es.

Auch ich war frei. Bei der Oberpostdirektion hatte mein Entschluss ziemlich Furore gemacht. «Was, Sie verlassen uns? Zu Fastnacht?» Ausgerechnet zu Rosenmontag hatte ich gekündigt, Magdalena, die zu Fastnacht immer groß auf die Pauke haute. In der Kantine stürmten sie auf mich ein. «Sie wollten doch Beamtenprüfung machen, Fräulein Eglin?» In der Tat, ich war kurz davor, nur noch zwei Monate blieben bis zur Vereidigung. «Ja, aber ich werde keinen Eid ablegen, aus Gewissensgründen», entgegnete ich lachend. Noch einmal richtig auftrumpfen! Niemand verstand mich. Tatsächlich hätte ich mich schwergetan zu schwören, denn ich war mir nicht sicher, ob ich nicht eines Tages Kommunistin würde. Seit dieses Gesetz mit der Einführung der Bundeswehr durchgekommen war, war mir der neue Staat nicht mehr geheuer.

Noch einmal streunen. Das Münster, St. Lioba, das ganze Areal der nun nicht mehr kenntlichen Trümmerwüste. Irgendwo unter den neu wiederaufgebauten Häusern liegt meine liebe Lehrerin, Fräulein Pfeiffer. Abschied vom Schlossberg, einen ganzen Tag lang sitze ich auf der «Rastewanderer»-Bank, bei Großvater. Wie früher gehe ich dem Duft des Flieders und der Glyzinien nach, alte Wege. Viele dauern länger, sind beschwerlicher geworden, vor allem durch die Autos.

Freiburg 1960 ist motorisiert, auch Straßenbahnfahren gefährlich für mich. «Nicht abspringen, Magdalena!» Schon lange tue ich das nicht mehr. Die Schnelligkeit, der Krach, der alle anderen Geräusche niedermacht, bedeuten für mich: Langsamkeit.

Für die Trauung hatten wir eine Dorfkirche gewählt, unterhalb des Schauinsland, die ich seit Kindertagen kannte: Großvaters «Kirchle» in Horben, das er als junger Malermeister angestrichen hatte. Wir wollten einen ganz normalen Gemeindegottesdienst, ohne Extras, nur die engere Familie war geladen. Alles Nötige zahlten wir selbst, von daheim nichts, wir heirateten ja auf eigene Gefahr. «Was wünschst du dir?», fragte der eine oder andere. «Ich wünsche mir eine Salatschüssel. Ich wünsche mir einen Wassereimer. Über einen Wäschebengel würde ich mich sehr freuen.»

Vierzehn Tage nachdem wir das Standesamt absolviert hatten (ich in Grau, mit dunkelrosa Tulpen), war es so weit. Morgens um halb acht bin ich auf den Markt, gelbe und weiße Freesien kaufen. Alles wie ausgedacht, ein Dreieck sollte der Brautstrauß werden, weiß, gelb, weiß. Um neun stand ich noch in der Gartenschürze und band die duftige Schleife um die Stiele, derweil im Esszimmer die steife Gesellschaft Kaffee und Likör getrunken hat.

«Bist du denn immer noch nicht fertig, Magdalena?»

«Doch, gleich.»

«Den Brautstrauß schenkt doch der Mann», flötete meine Patin Gertrud.

«Wir machen das anders!» Ich war so froh, so stolz.

«Hoffentlich geht das gut mit den beiden», tuschelten sie, immer wieder solche Sätze. Sie perlten an diesem Tag von mir ab. Diese ganze biedere, traurige, ängstliche Welt konnte uns gestohlen bleiben. Dieser Tag war unser Freiheitstag!

Meine Mansarde oben war schon leergeräumt, nur noch der große Holzkoffer stand geöffnet da, darauf ausgebreitet mein Hochzeitsstaat. Das weiße kurze Kleid, der Schleier, alle Handgriffe hatte ich vorher genauestens eingeübt. Ohne Hilfe bin ich in einer halben Stunde fertig gewesen, wie in Trance ging alles. Konrad holte mich ab und legte mir ein goldenes Kreuzle um den Hals, noch immer benommen ging ich an seinem Arm die vier Treppen hinunter. Erst im Auto kam ich zu mir, als Konrad flüsterte: «Ich hab was für dich», und die alte Bärenhandpuppe aus der Innentasche seines Anzugs zauberte.

Wir sind ein hübsches Paar. Auf den Fotos, die uns später nach Tonberg geschickt wurden, ist es verewigt: ich schlank und rank, mit hochgerecktem Kinn, Konrad in Schwarz, ohne jede Pose, einfach ein starker, in sich ruhender Mann. Auf einem der Fotos stehen wir am Altar, die Blicke nach oben gerichtet, wie wenn wir sagen wollten: «Gott sei Dank, wir haben es geschafft!» Den Rest des Tages bewältigten wir mit Leichtigkeit. Im Restaurant gab es als Vorspeise auf besonderen Wunsch meiner Schwiegermutter, die davon in der Zeitung gelesen hatte, Schildkrötensuppe.

Im vollen Ornat sind wir an diesem 19. April 1960 noch eben mit der Straßenbahn zu Konrads Vermieterin gefahren und haben uns bedankt für ihre Toleranz und den Mut, meiner Schwiegermutter zu sagen, dass ich kein schlechtes Weib bin.

Gegen sechs Uhr endlich brachen wir auf. Meine Eltern haben uns mit dem Volkswagen gebracht. Vater qualmte unterwegs die ganze Zeit Zigarre. Und Mutter, das spürte ich, war still zufrieden, dass eines ihrer Kinder, das schwierigste, unter der Haube war. Es dämmerte schon. Kurz vor Tonberg, in einer engen Serpentine, bremste Vater scharf und machte fluchend die Scheinwerfer an. Die Eltern sind gleich zurückgefahren, sie sind nicht mehr mit hoch in die Wohnung gekommen.

Juli

Im Goldparmänenbaum knacken die hitzegedörrten Äste. Seit Wochen bewege ich mich um ihn herum, in einem Radius von dreißig, maximal vierzig Metern. Montag: Bohnen abspitzen. Dienstag: Bohnen abspitzen. Mittwoch: wieder Bohnen abspitzen. Auf dem Steintisch, neben dem grünen Haufen, der ständig nachwächst wie der Brei im Schlaraffenland, steht immer einsatzbereit mein Recorder. Kopfhörer aufgesetzt, und Klick! «... Der Kolonist zieht durch die undurchdringliche Taiga und watet bald mit den Füßen im Wasser», erzählt die Männerstimme, «dann wieder verheddert er sich in den stachligen Büschen des wilden Rosmarins.» Bereits gestern war von diesem «Rooosmarin» die Rede, für meinen Geschmack dehnt der Vorleser manche Vokale ein wenig zu lang. Manchmal singt er sie geradezu. «Die Flooora trägt richtigen Pooolaaarcharakter.» Den ganzen Juli schon reise ich mit Anton Tschechow durch Sachalin, folge dem dreißigjährigen russischen Arzt und Dichter, der im Sommer 1890 aufgebrochen ist, um dort das Leben der Sträflinge zu studieren. Kreuz und quer über die Pazifikinsel, vom Sommer bis zum Wintereinbruch, eine Riesenstrapaze, dabei litt er damals schon an der Schwindsucht. Jahre später würde sie ihn nach Deutschland führen, in Badenweiler hat er Genesung gesucht – und ist gestorben. Es hat mir immer geschmeichelt, dass sich der verehrte Autor ein Weilchen hier in der Nähe aufhielt, wo ich heute zu Hause bin.

Ich höre Russland. Das Dorf guckt Südafrika. Sobald ich die Kopfhörer ablege, tobt die Fußball-Weltmeisterschaft aus sämtlichen Himmelsrichtungen. Bei diesem glorreichen Wetter sitzt alles bei geöffnetem Fenster vor dem Fernseher. Hier und da ein kindliches Blöken, ein leises Trommeln. Und plötzlich ein Getöse, von links, von rechts, vom alten Rathaus her, die Vuvuzelas, «booooooboooobooo». Es scheint gut zu laufen für Deutschland. Zur Halbzeit öffnen sich die Türen, «boooboboooo», man könnte meinen, hundert Elefanten traben durchs Dorf. Dann wieder gespannte Ruhe, «Huuuu», ein kurzes, kollektives Seufzen, offenbar hat die Gegenseite ein Tor geschossen. Neulich hat jemand «Ghana olé» geschrien, das hat mich gefreut, ein afrikanisches Land, das mithält.

Kopfhörer auf, ab in die kühle Taiga. «Magdalena mit ihrem Russlandfimmel», der Spott verfolgt mich seit meiner Schulzeit. In diesem Juli brennen in der Region Moskau die Wälder, berichten sie im Radio. Die ungewöhnliche, langanhaltende Hitze hat die Torfmoore entfacht. Über der Millionenstadt soll eine Glocke aus Rauch hängen, Wolkenkratzer seien im Dunst nicht mehr zu sehen und der Sauerstoffgehalt der Luft gefährlich gesunken. «Es ist, als ob Moskau ins Hochgebirge umgezogen wäre», so der Häuptling des russischen Wetterdienstes. Und die Menschen sind trotzdem ganz ruhig. Man muss staunen, wie gelassen die Russen Katastrophen und ihre durchweg schlechten Herrscher aushalten, mit einer Schafsgeduld.

Auch bei uns wird die Hitze jetzt unerträglich, 35 Grad im Schatten sind es und mehr. Sogar Konrad, der nicht weiß, was faul sein ist, kann aufhören, von zwei bis um vier macht er Siesta. In diesen Tagen trinkt er keinen Wein oder nur hochverdünnten. Am liebsten würde ich jetzt keine Kleider mehr tragen. Und vegetieren wie eine Pflanze, tatenlos und still. Eine verlockende Vorstellung – Konrad neben mir, wir zwei als Pflanzen, am schattigen Hang drüben, wo sich gerade der Holunder bis fast auf die Wiese neigt.

«Konrad!» Ich rufe ihn viel. «Gleich, Magdalena», ruft er zurück, oder: «Warte doch!» Fröhlich, knurrig, je nachdem. Er kann auch gar nicht erscheinen, weil er es nicht hört oder mein Rufen gleich wieder vergisst. Er ist kein Engel der Geduld, wahrhaftig nicht, aber treu. Das «rufende Ehepaar» nennen uns einige im Dorf, die noch nicht lange hier leben und unseren Namen nicht kennen.

Frau Lehrer!

Wir haben die Tür hinter uns geschlossen und uns lange und innig umarmt. «Jetzt sind wir daheim!» Sagte ich es? Nein, Konrad. Er hat Tee gekocht. Wir haben die Verlegenheit ausgefüllt, indem wir Geschenke ausgepackt haben, alles Mögliche getan, um das, was jetzt kommen würde, hinauszuzögern. Konrad führte mich durch unser Reich, das eine einzige Baustelle war, und zeigte mir jeden Nagel, den er seit meinem letzten Besuch eingeschlagen hatte. Frische Handtücher mussten ins Bad gehängt werden. Kleider aufhängen, Füße eincremen, sie taten schrecklich weh nach der Steherei in den Ballerina-Schühchen.

In der Hochzeitsnacht gingen wir sehr behutsam miteinander um. «Komm, noch ein wenig mehr.» Nach den vielen Jahren verhaltener Zärtlichkeit haben wir plötzlich tun dürfen, wozu der Mensch von Natur aus geschaffen ist. Keiner wusste genau, wie es geht. Immer wieder aufs Neue ist die Lust aufgesprungen und verwandelte sich in unendliche Mühe. Du lieber Gott, war das harte Arbeit – gegen Morgen schliefen wir erschöpft ein.

In der zweiten Nacht wurden wir gestört, draußen polterte es. Zwischendurch leises Gekicher, vor dem Haus schwätzten Leute. Zuerst verließ Konrad das Bett, vom Fenster beobachtete er, wie sie einen Tannenkranz an die Tür hängten: Die Dorfjugend gratulierte zur Hochzeit! Ein Bäumle mit Papierblumen stellten sie auf, und einen großen Korb dazu, gefüllt mit Kartoffeln, Gelben Rüben, Lauch und einem Krautkopf. Wir waren sehr gerührt. Kurz entschlossen schleppte ich mein Tonband ans offene Fenster – na, die werden staunen, volle Lautstärke und ab: «Donau so blau, so blau, so blau.» Die Gratulanten waren so erschrocken, dass sie davonsprangen wie die Hasen. Danach blieb es still, wir widmeten uns wieder ganz dem begonnenen Vorhaben. Diesmal gelang es.

Einer der ersten hausfraulichen Akte der Magdalena Weingartner war, die hochzeitlichen Leintücher richtig sauber zu kriegen. Jeder im Dorf würde natürlich nach der Wäsche linsen, sie war von der Straße aus sichtbar, ob ich sie auf dem Balkon aufhängte oder draußen auf der kleinen Wiese am Haus. Konrad half mir, das Feuer unter dem Waschkessel zu entfachen, und weil mir niemand zur Hochzeit einen Wäschebengel geschenkt hatte, ging er in den Wald und holte ein kleines Buchenbäumle. Damit rührte ich und rührte, eine Stunde, zwei Stunden. Was passierte? Wir hatten nicht bedacht, dass die Gerbsäure von dem jungen, kaum geschälten Holz abfärben würde. Große braune Flecken prangten auf beiden Laken, während mein Auge darüber wanderte, entdeckte ich immer mehr, Dutzende – ein Albtraum. Die Nachbarfrauen würden sich gewiss das Maul zerreißen. «Was hän die bloß gmacht in de Hochzeitsnacht?»

Ohnehin fürchtete ich mich sehr vor den anstehenden Begegnungen. Wenn die im Dorf erst mal merken, wie wenig ich sehe, dachte ich, dann hab ich verspielt. Eine Lehrersfrau, die nichts sieht, ist ein Unding. Am liebsten wäre ich nur zu nachtschlafender Stunde auf die Straße gegangen.

«Meine Frau kann alles außer Auto fahren», behauptete Konrad kühn, sein Standardspruch in Tonberg und auch später, über viele Jahrzehnte. Das war natürlich maßlos übertrieben, wie er wusste. Wobei ich nicht ausschließen kann, dass er ein wenig daran geglaubt hat, er selbst sich ein Stück weit hat täuschen lassen, aus Mangel an Phantasie vielleicht, und um sich selbst zu schützen, denn sonst hätte er dauernd Angst um mich haben müssen. Und letzten Endes kann sich kein Sehender, weder Ehemann noch Augenarzt, ganz exakt vorstellen, wie es sich lebt mit etwa zwei Prozent Sehkraft, und das wiederum ist bei jedem Einzelnen ganz verschieden.

Die Fähigkeit zur Weltorientierung in Prozenten ausdrücken zu wollen ist purer Quatsch. Jedenfalls ging Konrad von der Grundannahme aus, ich könnte dies und das und jenes, nicht wie die meisten anderen Menschen vom Gegenteil. Im Prinzip kann die Magdalena alles, «fertig ab».

Er traute mir ohne weiteres zu, dass ich eine brauchbare Hausfrau würde, und dafür liebte ich ihn. In der Praxis war ich allerdings noch Lichtjahre davon entfernt, der Alltag in Tonberg war ein einziges Stolpern und Nicht-wissen-wie. Übergekochte Töpfe, verkohlte Sonntagsbraten. Unsere erste Maibowle zum Beispiel musste ich durchsieben, weil ich sie versehentlich mit Gries statt mit Zucker verschönert hatte. Bettenmachen konnte anfangs den halben Vormittag dauern. Zeiteinteilung, das größte aller Kunststücke – für das Bürofräulein Magdalena waren Reihenfolge und Rhythmus der häuslichen Pflichten ziemlich neu und fremd. Wieder ein neues Kapitel und immer dasselbe alte Thema: Gegen die Blindheit lebst du an, indem du den Alltag bewältigst.

In Tonberg war die Natur viel später dran als in Freiburg. Ende Mai war Wiesenzeit, Frühling in seiner buntesten Form. Hinter dem Schulhaus ging ein Sandweg hoch, in einem großen Bogen, in ein Tal voller Trollblumen und weißem Hahnenfuß. Auf der anderen Seite vom Bach wuchsen Vergissmeinnicht und Storchenschnabel, später kamen die Knöterichsorten dazu, der rosarote und der dunkelrote, «Blutströpfle» genannt. Hohe schwankende Gräser und Margeriten, Konrade, Skabiose, Günsel, immer mehr Farben, an einigen wenigen Tagen war alles gleichzeitig da. Und wenn man den Hang hochging, war dort noch Winter. Man konnte da oben unter den Tannen Schneereste finden, und mit dem Schnee in der Hand wieder, mit zehn, fünfzehn Schritten, in den Frühling reinlaufen. Im Juni war die erste Mahd, das Heu duftete intensiv und würzig, wir ließen deswegen im Frühsommer nachts das Fenster weit auf.

Korn hat es nicht viel gegeben, ein wenig Roggen, ein wenig Gerste auf den an den Hang geklebten, kleinen Feldern, die noch mit Ochsen gepflügt wurden, Weizen überhaupt nicht. Aber viel Wald, Mischwald, der ebenfalls reich an Düften war und gemeinerweise auch reich an Bienen. Eine topographisch stark gegliederte Landschaft – ein Tal, von dem ein Seitental abzweigt und noch eines, lauter kleine und etwas größere Einschnitte. Konrad sprang die Matten runter wie nichts, behände wie eine Geiß. Er kannte, da er hier schon ein Jahr verbracht hatte, alle Abkürzungen, jenseits der schmalen, geschlängelten, einzigen Straße. Nachts, auf dem Heimweg, wenn er Eltern besucht hatte oder von Treffen mit den Kollegen vom Katholischen Lehrerverein zurückkam, hangelte er sich oft von Baum zu Baum, so dunkel war es.

Für mich war diese Berglandschaft vor allem beschwerlich. Fast nirgends war es eben, du konntest jederzeit aus der Balance geraten, kippen. Du musstest aufpassen, wo du die Schubkarre hinstellst, damit sie dir nicht abhaut. Auch die Orientierung nach Himmelsrichtungen, die ich an sich gut beherrschte, musste ich hier neu lernen. Du willst eigentlich nach Süden, musst aber wegen eines unwegsamen Tals oder weil ein Bach, über den keine Brücke führt, den Weg versperrt, erst nach Norden laufen, dann westwärts. Und fortbewegen musste man sich ja, denn unser Dorf war wirklich sehr, sehr abgelegen. Außer Milch konnte man dort nichts kaufen, im vier Kilometer entfernten Kirchdorf auch nur weniges.

Am zweiten Tag nach der Hochzeit sind wir hinunter in die kleine Stadt Zell gefahren, auf Konrads rotem Moped. Es trug uns lässig, wir waren ja beide schmal. Bergauf, die zwölf Kilometer hoch mit all den Einkäufen, ging es nicht so gut. Später hab ich das mit dem Bus erledigt, der dreimal täglich vor unserer Tür abfuhr. Alle zwei Wochen, freitags, war Einkaufstag, im Winter alle vier Wochen. Das Wichtigste war also, einen Kühlschrank zu haben. «Kühlschrank oder Hochzeitsreise?» war die Frage, als wir uns für Tonberg entschlossen. Wenn Hochzeitsreise, wäre sie nach Österreich gegangen oder nach Venedig, Gondelfahren auf dem Canal Grande. Eine große Verlockung für mich, einmal wenigstens auf dem Markusplatz sitzen und sündhaft teuren, rabenschwarzen Kaffee dort trinken. Konrad war der Kühlschrank mehr als recht. Er ist kein Reisemensch, wenn er mal wo ist, bleibt er. Bei mir siegte bald der Realismus. Was habe ich von einer Hochzeitsreise, wenn ich nachher an einer verdorbenen Wurst sterbe? In dem Junggesellenjahr hatte Konrad im Sommer die Öfen als Frischhalteräume benützt, einer war der Speckofen, ein anderer der Butterofen. Zu Beginn der Heizperiode hatte er die verderblichen Sachen einfach nach draußen gehängt, wie die Einheimischen es taten.

«Wie gfallts ne bii üs, Frau Lährer?», fragten die Leute.

«Anderscht wie in Friburg. Schön ischt's do. Und bitte, sagen Sie nicht Frau Lährer. Mein Mann ist Lehrer. Sagen Se ‹Frau Weingartner›.»

Nichts konnte sie abbringen von diesem blöden «Frau Lääährer», möglichst mit drei «ä» und sechs «h». Nach und nach lernte ich das Dorf kennen, die dralle, freundliche Wirtin von gegenüber und die zwei wortkargen Bäuerinnen, wo ich abwechselnd Milch holte. Regelmäßig begegnete ich der «Schuelwüschere», unserer Reinemachfrau. Diese resolute Person wohnte zwei Häuser unter uns und kam täglich, um die Klasse sauber zu machen und die Toiletten zu putzen, dort Unmengen von Salmiak zu versprühen, dass es bis oben in unsere Wohnung stank. Denn die kleinen Buben haben wild in der Gegend rumgepieselt, Kloschüsseln waren für die Erst- und Zweitklässler noch ungewohnt. Zu Hause gingen sie hinter den Busch oder in den Stall zum «Brünsle», erklärte mir die «Schuelwüschere», ein Klosett sei auf den Höfen nur für die großen Sachen da. Eine mir wohlgesinnte Frau, wie ich merkte, an die ich mich wenden konnte, wenn es was zu fragen gab. Wie macht man Sauerkraut? Von ihr erfuhr ich manches aus dem Inneren des Dorfes, Ehekrach, Brandstiftung, Unfälle, Geheimnisse, auch aus lange vergangener Zeit. Warum hinkt Peter Jockel? Was erwartet das Dorf von mir? «Wenn Se emol e Sohn hän, no mien Si aber a Huet kaufe», sagte sie im Laufe des ersten Sommers, vermutlich in der Annahme, ich müsste doch jetzt allmählich schwanger sein. «A aständige Huet.» In einem Ton, der keinen Widerspruch duldete und mich veranlasste, den Vorsatz zu fassen, im Falle einer Sohnesmutterschaft sofort das nächste Hutgeschäft aufzusuchen.

Sobald ich trittsicher war im Dorf, stellte ich mich irgendwo auf oder setzte mich an die Bushaltestelle, auf die Bank unter der alten Linde, und habe dem Leben nachgelauscht, den fremden Wörtern vor allem. Mein bester Gesprächspartner war ein fünfjähriges Mädle, es saß meist in einer Trainingshose auf einem hölzernen Weidezaun.

«Musst nicht so rumrutschen, Monika.»

«I rutsch nit, i fick.»

«Was ist denn das für ein Wort?»

«I fick. Und des isch a Hag.» Sie klopfte auf den Zaun, auf dem sie hockte.

«Ficken» ist Rutschen, und «Hag» ist Zaun – das waren die ersten Wörter, die ich mir merkte. Als Mensch, der aufs Hören angewiesen ist, musste ich unbedingt schnell den Dialekt verstehen.

Konrad unterrichtete. Er war ein sehr ernster, verantwortungsvoller Lehrer. Oben in der Wohnung konnte ich, wenn nicht gerade das Radio lief, beinahe jedes Wort verstehen, so laut und deutlich sprach er: «Jetzt sin emol still!» Alle dreißig Schüler waren in diesem einen großen Raum, er musste parallel Unterricht für acht Jahrgänge geben, was ziemlich anstrengend war.

Mittags hörte ich die Kinder die Straße runterrennen. Viele brauchten vierzig Minuten bis nach Hause, zu ihren Weilern und Einödhöfen, manche noch länger. Bei Schulschluss schlug zuerst die hintere Tür, die an der Bubentoilette, zu, danach schloss Konrad die Vordertür ab, ein paar Augenblicke später stapfte er die Treppe hoch. Dann musste das Essen fertig sein! Jeden Tag hab ich gefragt: «War es schön? Waren sie zahm?» Und er erzählte. «Die Lina war heute wieder müd.» Lina war zehn, wusste ich, eine von denen, die morgens vor der Schule immer schon zwei, drei Kühe melken mussten. «Und das Bärbele?» – «Alles gutgegangen.» Das war ein dickes Mädchen, das alle zwei Tage einen ausgewachsenen epileptischen Anfall bekam. Sofort waren Kinder um sie herum, sie waren auf das getrimmt, was sie zu tun hatten. Eines nahm ihr den Federhalter aus der Hand, damit sie sich nicht verletzte, zwei ältere, kräftige Mädchen hievten sie vom Stuhl und schleppten sie nach draußen, legten sie dort vorsichtig hin und hielten sie fest, bis alles vorüber war.

«Und Klausi?» Bald kannte ich sie alle. Arme Kinder meistens, deren Eltern wenig Zeit hatten, sich um sie zu kümmern, von kleinen Höfen, Nebenerwerbsbetrieben mit vier bis acht Kühen. Die Landwirtschaft machten Großeltern und Kinder, die Väter, manchmal auch die Mütter, gingen ins Wiesental zum Arbeiten, in die Spinnereien.

Auch ich wurde immer mehr Teil der Schule. Mal war ein Mädchen auf dem Schulweg beim Sprung über den Bach hineingefallen. «Magdalena, ich schick dir ne nasse Ratte rauf. Guck, dass du die Ursula bis zur großen Pause wieder trocken kriegst.» Also pellte ich die Ursula aus ihren Kleidern und einer schrecklich verpissten Hose und wickelte sie in ein Biberbetttuch. Bettflasche heiß gemacht, Tee gekocht. Viele Dinge, was eben anfiel, die Kinder gehörten praktisch zum Haushalt. Wenn eines von einem Insekt gestochen wurde oder eines hat heulen müssen. «Was ist denn los?» – «De Lehrer het mi am Ohr zupft.» – «Hast du mal wieder in der Nase gebohrt?» Trösten war eine meiner wichtigsten Aufgaben, auch weil Konrad manches Mal etwas ungeschlacht und grob war. Gehauen hat er nie, körperliche Züchtigung wie Tatzen und Eins-auf-den-Hintern, Hosenspannetz, damals noch durchaus üblich auf den Dörfern, verabscheute er. Aber am Ohr ziehen, eine leichte Kopfnuss, ein Schubs, das kam im Eifer des Gefechts schon mal vor.

Vor allem die Erstklässler hab ich unter meine Fittiche genommen. Sie waren ungeheuer scheu. Mancher Bub weinte bitterlich, wenn niemand vom Nachbarhof neben ihm gesessen ist. Wochenlang haben viele kein einziges Wort geschwätzt. Ohnehin hat man in den Bergen kaum geredet – nur das Nötigste, was für die Arbeit unerlässlich war, hat man sich zugerufen. Jetzt sollten diese kleinen Buben und Mädle zuhören und dem Fremden da vorne auf dem Katheder antworten, und noch dabei still sitzen. Still sitzen konnten sie am allerwenigsten. Mit Konrads Einverständnis hab ich sie morgens manchmal eine halbe Stunde beiseitegenommen und mit ihnen gespielt. Sie haben nicht einmal gewusst, was Spielen ist. Puppenspielen, Kasperle, einfach einem Ball hinterherrennen, so etwas tat man auf den Höfen nicht. Angefangen hab ich mit Ringelreihen und Singen, später, nachdem wir vom Caritasverband hundert Mark ergattert hatten, gab es Malzeug, eine ganze Kiste mit Kegelspielen, Wurfringen und bunten Klötzchen. Das war der Anfang unseres Weingartner'schen Teams.

Konrad hat bald gemerkt, dass man Spielen auch im Unterricht einsetzen kann, beim Klausi hat er es zuerst probiert. Wir sprechen heute noch manchmal von dem kleinen, dunkelhaarigen Jungen mit dem Sprachfehler, der kein «s» herausgebracht hat. Der «Onne» sagte statt «Sonne» und deswegen ausgelacht wurde. Ein kleines, verscheuchtes Tier, das am Rande der Bank kauerte und monatelang trotzig schwieg. Bis Konrad ihm ein Stofftier mitgebracht hat. «Wir machen Unterricht, und du, Klausi, sprich du mit dem Bärle.» Ganz allmählich ist der Bub aufgetaut. «Jetzt lies deinem Bärle etwas vor. Übe die Buchstaben mit ihm.» Nicht lange, und er begriff. «Bärle, sag ‹Sonne›.» Am Ende der ersten Klasse war Klausi die frechste Quasseltasche in der Schule. Den Schulrat hat er angesprochen: «Wer bischt denn du?»

In der Wohnung hab ich mich oft einsam gefühlt. Der viele Platz, das war einerseits schön, ich konnte singen, Quatsch machen, das Radio laufen lassen. In Konrads Abwesenheit hab ich die Musik aufgedreht, zu Edith Piaf, «Je ne regrette rien», bin ich herumgetobt. Doch in der ersten Zeit unserer Ehe hab ich fast täglich weinen müssen, nicht aus Heimweh nach Freiburg, sondern weil ich Konrads ruppige Art, sein lautes Reden nicht ertragen habe. Überhaupt diese Nähe zu jemand, dieses In-einem-Zimmer-Schlafen. Mir wären getrennte Schlafzimmer lieber gewesen, doch das ist eben so, wenn man heiratet, eine Ehe hat auf diese Weise stattzufinden.

Unsere grundverschiedenen Lebensformen mussten zusammengebracht werden, darum hatten wir vor der Hochzeit beschlossen: vorerst kein Kind. Im letzten Freiburger Jahr war ich schon auf die Fiebermesstour gegangen, nach der Methode von Doktor Knaus, und wir hatten festgestellt, mein Zyklus ist sehr regelmäßig, und entsprechend unseren Hochzeitstermin in die unfruchtbaren Tage gelegt. Konrad las das Thermometer ab und führte brav die Tabelle. «Ab 20. Juni geht's wieder.» Selten hat er vergessen, die frohe Botschaft rechtzeitig zu verkünden.

Manchmal haben wir faule Witze darüber gerissen: Endlich sind wir verheiratet, und jetzt müssen wir immer noch «knausern». Aber es ist wirklich absolut nötig gewesen. Wenn ein Kind im Bauch lebendig wird, spürt es, wenn die Eltern sich zanken, du kannst ihm nichts verheimlichen. Erst mussten wir wissen, ob unser beider Liebe es tragen kann.

Und wenn nicht? Wir fragten uns das tiefernst, in dem klaren Bewusstsein, dass wir viel Schweres hinter uns hatten und möglicherweise auch vor uns. In diesem, man kann ruhig sagen, «heiligen Ernst» waren Konrad und ich uns ähnlich. Über unseren Betten hing ein Wandbild – ein Stück graues, robustes Leinen, das wir zur Hochzeit, zwecks Ermutigung, mit einem Motiv aus Konrads geliebter Seewald'schen Bilderbibel hatten besticken lassen: Jesus wandelt auf dem See Genezareth und streckt dem untergehenden Petrus die Hand entgegen. Darunter, in gotischer Schrift: «Herr, rette mich!» Heute hat das Tuch mit der dunkelgrünen Stickerei seinen Platz in Konrads Zimmer. Unzählige Male hat er mir in fünfzig Jahren diese Geschichte aus Matthäus 14 vorgelesen:

«Als ihn die Jünger auf dem See wandeln sahen, gerieten sie in Schrecken und sagten: ‹Es ist ein Gespenst.› Und aus Furcht schrien sie laut auf. Sofort redete Jesus sie an und sagte: ‹Mut! Ich bin's. Fürchtet euch nicht.› Da antwortete ihm Petrus und sagte: ‹Herr, wenn du es bist, so heiße mich zu dir über das Wasser kommen.› Er sprach: ‹Komm.› Da stieg Petrus aus dem Boote und schritt über die Wellen dahin und kam bis zu Jesus heran. Als er aber den Wind wahrnahm, geriet er in Furcht, und als er anfing unterzusinken, schrie er laut: ‹Herr, rette mich!› Sofort streckte Jesus seine Hand aus, ergriff ihn und sagte zu ihm: ‹Kleingläubiger, warum hast du gezweifelt?› Und als sie ins Boot gestiegen waren, legte sich der Wind. Die aber im Boote fielen Jesus zu Füßen und sagte: ‹Du bist wahrhaftig Gottes Sohn.›»

Unser Schiff konnte sinken im Sturm. Darüber haben wir viel nachgedacht, meistens jeder für sich – ein stillschweigendes Einverständnis. Was nicht heißt, dass wir nicht voller Hoffnung gewesen sind. Wir haben die allerverrücktesten Pläne gemacht. Unter anderem haben wir überlegt, uns an ebendiesem stürmischen See Genezareth niederzulassen, unser Schwarzwalddorf gegen das einfache Leben in einem Kibbuz einzutauschen. Seit Konrad im Lehrerverein von dieser Möglichkeit gehört hatte, wollte er es sehr. Um zum alten Hebräisch, das er verehrte, das moderne Ivrit zu lernen, einzutauchen ins Heilige Land, das gewissermaßen seine eigene theologische Vergangenheit war, hätte er für einige Jahre seine Sesshaftigkeit aufgegeben. Auch, um etwas wiedergutzumachen, als Sühnezeichen. Das war in unserer Generation, die in der Nazizeit geboren wurde, ein häufiger Wunsch, geradezu eine Sehnsucht. Wir waren zu jung, um schuldig zu werden, und andererseits zu jung, um zu helfen. Mit meinen damals zehn Jahren hätte ich die Anita aus der Angell-Schule nicht retten können. Der Kibbuz ist ein Versuch gewesen, aus der Ohnmacht herauszukommen.

Oft habe ich mir diesen See Genezareth ausgemalt. Riesig ist er angeblich und sehr, sehr tief, je nach Wetter mal braun, mal dunkelblau, und wenn die Sonne auf den Golanhöhen untergeht und diese sich im Wasser spiegeln, rosarot. Die fruchtbare Landschaft am Ufer, die nach Zitronen und nach Eukalyptus duftet. Und «nach Feigen», davon hatte ein Studienkollege von Konrad erzählt, ein junger schwärmerischer Priester, der gerade aus dem Heiligen Land zurückgekehrt war. «Wie riechen Feigen?» – «Süß wie sonst nichts, und grün.» Am Genezareth soll es Pelikane geben, die wie Esel schreien, und viele, viele Flamingos.

Statt im großen Kollektiv unter frohen Gesängen Bananenplantagen anzulegen, schafften wir brav in unserem Schulgarten. Ein abschüssiges Stück Land, das schon länger verwilderte, weil unsere Vorgänger – meist Junglehrerinnen, die das Schulamt nach Tonberg beorderte – immer nach kürzester Zeit Reißaus genommen hatten. Konrad hat in jeder freien Stunde heroisch gerodet.

Unser Garten war so gelegen, dass man von der Straße aus reingucken konnte. Was machen die denn da? Ich hab immer mit dem Rücken zur Mauer gekniet, wenn ich jätete, und oft hab ich geheult, weil ich Salat nicht von Unkraut unterscheiden konnte. Konrad war damals auch alles andere als ein Meister im Gärtnern. Abends, in der Dämmerung, ist er im

Dorf spionieren gegangen, hat über die Zäune geguckt, was sich in den anderen Gärten gerade tat.

Gärtnern und Schreiben

Ich habe einen Mann geheiratet, der gern verschwindet, besonders im Sommer. Im Juli 1960 fing es an, in unserem ersten Ehejahr, mit den großen Ferien. Sie begannen früher als erwartet und für mich gänzlich unpassend. Damals waren die Ferientermine auf dem Lande beweglich, das Datum stand nie genau fest, es richtete sich nach dem Wetter und der landwirtschaftlichen Arbeit. Wenn geheut oder das Korn geschnitten werden musste, ging es los, bei uns im Schwarzwald später, in der warmen Rheinebene früher. Wo Sonderkulturen waren, noch anders, im Kirschengebiet legten sie im Juni schon mal eine Ferienwoche ein, wieder anderswo brauchte man zur Weinlese Teile des Septembers.

Am Samstagmorgen, es war noch früh im Juli, stand ein Bauer vor dem Schulhaus und rief: «Herr Lehrer, de Radio hett gut Wetter broocht. Wir bruche d' Kinder.» Also schloss Konrad kurzerhand die Schule ab, verkündete per Buschtrommel: «Sagen Sie es weiter», ab Montag seien Ferien. Noch am selben Tag packte er sein Rucksäckle und stürzte sich selbst in die Landarbeit.

«Magdalena, du kommst doch zurecht?»

«Ja, Konrad!»

Eigentlich kam ich überhaupt nicht zurecht. Eigentlich wollte ich mit ihm Ausflüge machen, ein wenig Honigmond nachholen, den wir in Venedig hätten haben sollen, und ich wollte auch nicht allein sein in dem großen Haus, in dem fremden Dorf.

Meistens machte sich Konrad in den Nachbardörfern nützlich, wo keine Schüler von ihm wohnten, in Tonberg hätte das leicht zu Eifersüchteleien führen können. Häufig fuhr er mit dem Moped sechzig Kilometer hinunter bis Märlingen, ins liebliche Wein- und Obstrevier. Dort blieb er wochenlang. Samstags kam er manchmal unangekündigt nach Hause, spät in der Nacht und wahrscheinlich nicht mehr ganz nüchtern. Wie ein Zirkusartist jonglierte er seine Beute durch die kurvigsten Täler, über die waldigen, dunklen Buckel – Körbe, Kartons, zusammengebastelte, aberwitzige Behältnisse, voll mit Naturalien. Er schaffte ohne Lohn, aber natürlich fiel immer etwas für ihn ab. Infolgedessen hatte auch ich zu tun, eine Mopedladung hieß drei Tage einmachen.

Konrad brauchte diese Touren, verstand ich bald. Er brauchte das In-der-Erde-Wühlen, das Körperliche, dieses Elementare, das keine Sprache erforderte, als Ausgleich zum Lehrerleben, in dem er so viele Worte machen musste und das seine Seele unruhig werden ließ. Dadurch hat er sich auch bei den Bauern im Dorf Anerkennung erworben. Lehrer, die mehr können als Bleistiftspitzen, sagten sie, sind «vernünftig». So einem hörten mitunter sogar die größten Dickschädel zu. In dem einen oder anderen Fall konnte Konrad einen Bauern sogar überzeugen, den Sohn auf eine weiterführende Schule zu schicken.

In Konrads Abwesenheit habe ich weiter das Dorf und seine nähere Umgebung erkundet, Quadratmeter für Quadratmeter, das Gras der mageren Wiesen, die verschiedenen Moosarten unter den Bäumen. Ich habe die Sonnenhänge entdeckt und die schattigen Ecken, wie extrem unterschiedlich dort die Vegetation ist, selbst die Erde und ihr Duft. Modergerüche zum Beispiel in unendlichen Variationen – am Nordhang und in der Nähe des Baches, der da schäumend und lärmend hinunterschoss, waren sie reich vertreten. Unglaublich, was die permanente Feuchtigkeit und alles, was da verrottete, sich zersetzte, in Fäulnis überging, verschimmelte und verweste, an Aromen hervorbrachte – feinwürzig wie die köstlichsten Pilze bis hin zum Ekelerregenden.

Es wurde Herbst. Kartoffelzeit, wieder Ferien, diesmal von einer fünftägigen Regenperiode unterbrochen. Das heißt, die Kinder kamen vom Acker zurück, wieder in die Schule, um bei gutem Wetter wieder abberufen zu werden. Wieder verschwand Konrad, derweil ich im eigenen Garten die Knollen ausgemacht habe. Kaum lohnend, sie waren klein geblieben, und so saß ich auf der Bank und hielt meine Nase in den von Kartoffelfeuern durchtränkten Wind.

Schon kurz darauf, im Oktober, brach der Winter ein. Die Bäume waren noch voll belaubt. Die dicke Linde gegenüber vom Schulhaus war gelb, und drum herum der erste Schnee, ein wunderbarer Farbkontrast, Augenfutter für mich.

Und bald war das Weiß überall. Es deckte Häuser und Matten zu, selbst den kleinsten Zaunpfahl, alle meine gerade mühsam gewonnenen Markierungen waren plötzlich weg. Straßenränder, Feldwege, für mein schwaches Auge, für die Füße, die Nase war alles ohne jede Kontur. Und keine Sonne mehr; drei Monate lang, bis Februar, kam sie nicht über den Berg. Konnte man diesen Winter mögen?

Das einzig Gute daran war, dass ich die Granittreppe nicht putzen musste, sonst wäre sie noch mehr vereist. Ein Großteil des Tages verging mit Heizen: Holz schleppen, von Ofen zu Ofen rasen, bei Nummer neun war Nummer eins bereits wieder ausgebrannt. Wenn wir richtig eingeschneit waren und niemand mehr zum Einkaufen ins Tal gelangen konnte, gab es nur Kartoffeln und Geräuchertes vom Schwein. «Fertig ab», so Konrads Kommentar, als gebürtiger Schwarzwälder war er an solche Sachen gewöhnt. «Überleberles spielen» hab ich es später genannt.

Im Winter dauerte Konrads Schultag noch länger als sonst. Inzwischen hatte er die acht Jahrgänge geteilt, morgens die

Großen, mittags die Kleinen. Nach Schulschluss ist er schnell rauf zu mir, hat Anorak und Mütze angezogen, bei hohem Schnee brauchte er auch Ski, und ist mit den Kleinen los in den sinkenden Nachmittag. Eine gute Stunde Wegs begleitete er sie, so lange, bis die Eltern den Kindern entgegenkamen, zurück wieder eine Stunde. Manchmal konnten die weit entfernt wohnenden Schüler gar nicht bis Tonberg durchkommen, dann waren nur die aus der nahen Umgebung im Unterricht. Der Schultag begann für sie mit Holzspalten, derweil Konrad mit dem Briefträger, dem Einzigen, der meist noch aus dem Tal zu uns gelangte, ein Schnäpschen trank. Irgendwann im Dezember trat der Schneepflug in Aktion, von zwei braunen Ochsen gezogen. Man musste ihn ordentlich beschweren, deswegen hockten hintendrauf ein paar alte Männer – dick eingemummelt, Pfeife rauchend. Ein vergnügliches Winterbild, das sich mir für immer eingeprägt hat.

Hin und wieder wurde «Frau Lährer» eingeladen, zum Kaffee unter Frauen, zu «Frau Doktor» oder zu «Frau Pfarrer». Sie waren Fremde, die nicht zum Dorf gehörten und sich wie wir arrangieren mussten: ein pensionierter Arzt mit Frau, von denen es hieß, sie seien große Nazis gewesen und hätten sich daher hierher verkrümelt, und ein evangelischer, wegen seiner Gebrechen dienstuntauglicher Pfarrer mit Gemahlin. Vor Jahren schon hatten sie in Tonberg leerstehende Höfe gekauft. Oberhalb der Schule lebte noch ein sehr berühmter General samt «Frau General», und außerhalb des Dorfes, in einem seltsamen Haus, dessen Türen und Fenster über und über mit Schnitzereien verziert waren, ein bekannter Rennfahrer, der allerdings nur selten da war. Eine verarmte alte Tante hütete dieses Anwesen. Das war ein toller Vogel, ein total versoffenes Genie! Was hätte sie ganz allein auf dem Riesenhof auch anderes tun sollen als pichel.

Alles in allem ein Dutzend Außenseiter, die sich unregelmäßig trafen. Einzeln durchaus zu ertragen, als Gruppe ein

Graus. Eine kleine Welt voll Klatsch, Rivalität und Eitelkeit. Gescheite Leute an sich, die im Dorf die Stille gesucht hatten und nun gestritten haben, wer hier die erste Geige spielt. «Ach, Frau Weingartner, wir sind uns doch so nahe», buhlten sie. Was soll ich mit euch alten Schachteln, dachte ich, euren festgefahrenen Ansichten. Hemingways Tod wurde damals gerade bekannt, weiß ich noch, 1961, während der Kaffeestunde bei «Frau Pfarrer». Sie zogen über ihn her, über «diesen Mann, der sich seines Lebens entledigt» habe. «Das ist Sünde!», geiferte die alte Pfarrersgurke. Hemingway war eines meiner Idole, ich verteidigte ihn mit Verve. Wenn einer sich bedrängt fühle von sich und dem, was auf der Welt geschieht, und auch noch trinkt, dann könne doch der Herrgott ein Auge zudrücken und ihn zu sich nehmen.

Mein Zorn war größer als meine Einsamkeit – dann lieber keine Geselligkeit. Bei den unvermeidlichen Begegnungen am wöchentlich eintreffenden Gemüsewagen ließ mich die Pfarrersfrau jedes Mal ihre Bosheit spüren.

«Schauen Sie, Frau Weingartner! Haben Sie schon gesehen, wie reizend Frau General ihre Fenster mit Sternchen geschmückt hat?»

«So weit kann ich nicht gucken!»

Sie zur Gemüsefrau: «Die will nicht so weit gucken. Die könnte schon.»

Die Einzige, die nicht im illustren Tonberger Damenzirkel verkehrt hat, war eine Russin, eine geheimnisvolle Person, die unter den Bauern ein hohes Ansehen zu genießen schien und über deren Herkunft allerhand Gerüchte umliefen. Galina Lindle hieß sie, eine offenbar alleinstehende Frau von etwa Anfang siebzig. Aus der Ferne hatte ich hier und da ihr weißes Kopftuch leuchten sehen und ihre eigenartige Sprache vernommen, ein schönes Hochdeutsch mit starkem Akzent und diesem typischen rollenden «R», das ich aus dem Krieg, von meinem blonden Freund Nicki, kannte. Irgendwie hat sie mich angezogen. Nachdem der Winter endgültig vorüber war, habe ich mehrfach den großen Schwarzwaldhof, in dem sie lebte, umkreist, mich wie zufällig dort an den Zaun gelehnt. Mir schien, dass sie mich von drinnen beobachtete. «Wir wollten einander begegnen, Magdalena», hat sie später einmal zu mir gesagt.

An einem Tag im Mai sind Konrad und ich durch den Wald spaziert, und plötzlich habe ich ein leises Tapp-Tapp gehört.

«Vor uns ist die Frau Lindle», sagte Konrad.

«Mensch! Wie weit ist sie denn weg?»

«An der Tannenschonung ist sie jetzt.»

Wir beschleunigten unsere Schritte, und auch sie ging schneller. Die Entfernung zwischen uns hat sich nicht verringert. Nach zwei Wegbiegungen verlor Konrad sie aus den Augen, erst hinter der Tannenschonung, auf der hellen Lichtung, hat er sie wiederentdeckt. Sie wartete auf uns und sprach uns freundlich an. Ich brachte kaum ein Wort heraus, nickte nur heftig, als sie uns einlud: «Besuchen Sie mich doch einmal.» Mein Herz hat geklopft vor Glück. «Wie sieht sie denn aus?», fragte ich Konrad abends vor dem Schlafengehen. «Sie hat Augen wie zwei große Perlen.»

Als Erstes hat mir Frau Lindle ihren großen Ofen gezeigt. Mich ermuntert, die Kacheln – sie waren lichtgrau – zu betasten und, als sie meine Neugier bemerkte, zu probieren, wie es sich auf der Ofenbank liegt. «Lassen Sie sich Zeit, Kindchen.» An den Wänden, bis hoch hinauf zur Decke, eine unendliche Menge von Büchern, viele russische Autoren, Franzosen auch, Amerikaner. Unter dem Fenster ein vollbepackter und, wie ich mit den Händen spüren konnte, wohlgeordneter Schreibtisch. Daneben ein gemütlicher, ausladender grüner Sessel – das war in Zukunft mein Platz. «Darf ich fragen, wo Sie herkommen, Frau Lindle?» Ohne lange Umschweife erzählte sie von St. Petersburg. Mit siebzehn Jahren sei sie «mit einer Nähmaschine» nach Deutschland gekommen, aus Liebe zu einem Arzt. Noch vor dem Ersten Weltkrieg war das, den «blutigen Sonntag 1905», das Vorspiel zur Oktoberrevolution, hätte sie noch als junges Ding zu Hause erlebt. «Du musst nähen und kochen können, Galina», zitierte sie ihre Mutter, die sie anfangs nicht hat ziehen lassen wollen. «Wenn du in ein fremdes Land gehst, ist dort niemand, der das für dich tut.» Aus verschiedenen Andeutungen konnte man auf höhere Kreise schließen. «Also, die Zarentochter bin ich ganz bestimmt nicht», scherzte sie, meine Gedanken erratend. Sie kannte natürlich die Dorfgerüchte. Eine Aristokratin war sie zweifellos. Nachdem vor Jahren ihre zweite Liebe zerbrochen war, hatte sie sich hierher zurückgezogen, «um in der Einsamkeit eine geistige Welt zu erleben». Lindle war der Name ihres zweiten Mannes, der ebenso wie der erste Arzt war, ein Chirurg. In Marburg!

Mit einem Mal machte es ‹klick!›. Diese Stimme? Die kannte ich doch! Unsere Wege hatten sich schon einmal gekreuzt, stellten wir gemeinsam fest, etwa zehn Jahre zuvor. Galina Lindle hatte am Rande unserer Blindenschule gelebt, sie war die feine Dame, die sich öfter über uns Schüler beschwert hat, wir sängen Nazilieder. Ihr Verdacht machte mich nachträglich sehr verlegen, und ich bemühte mich nach Kräften, ihr alles genau zu erklären. Musiklärm von hundertzwanzig Schülern, sechs Klavieren und zwei bis drei Akkordeons, das könne sich schon mal fürchterlich anhören, wenn die das «Ave verum» verjuxen. Oder Schumanns «Zigeunerleben». Oder grölen «Schwarz wie Kohle ist der Neger Jim», ein blödes Lied, das den tolerantesten Nachbarn auf die Palme bringen könnte, aber ganz bestimmt kein Nazilied.

Galina habe ich fast so viel zu verdanken wie meinem Großvater Daniel Eglin. Sie war meine Lehrerin in Gartendingen, geduldig, sehr genau. «Du gibst dir so viel Mühe, Magdalena. Komm in meinen Garten, ich zeige dir, wie es geht.» Riesig war der. Als Erstes stürzte ich mich auf die leuchtend orangen

Blumen. «Das ist Geum, Nelkenwurz auf Deutsch.» Viele Pflanzennamen lernte ich, Wachstumszeiten und -formen, wie man pflanzt und wohin, wer miteinander leben mag. «Die vertragen sich nicht, Magdalena. Du musst mehr Raum lassen zwischen ihnen, jede Pflanze braucht Platz und Luft zum Entfalten.» Rittersporne waren ihr Spezialgebiet, was auf tausend Meter Höhe, wie sie sagte, viel Geschicklichkeit erfordere. Von einer zartblauen Sorte, die ich sehr bewunderte, «Friedensglocke» genannt, gab sie mir mal eine Wurzelknolle mit. Manchmal hat sie unvermittelt etwas in meine Hand geschoben, einen kleinen Käfer zum Beispiel. «Nimm ihn, schau ihn dir an. Ganz vorsichtig.»

Galina war, glaube ich, aus Heimweh zum Garten gekommen. Wie alle Russen liebte sie die Natur. Und auch die körperliche Arbeit, obgleich sie eine Adelige war, die von Hause aus gelernt hatte, diese Dinge von Bediensteten machen zu lassen. Ihren Mädchennamen habe ich übrigens nie erfahren.

Sie ist viel gereist, wohin, wusste niemand genau. Ganze Monate war sie nicht in Tonberg. Im Herbst hatte sie irgendwas mit den Vorbereitungen der Verfilmung von «Doktor Schiwago» zu tun, als Übersetzerin, vielleicht auch als Beraterin. Während einer der Gesellschaften, die sie alle paar Monate gab, war mal davon die Rede. In einem Vorort von Madrid, erzählte sie, hätte man für die Dreharbeiten zwei Moskauer Straßen nachgebaut. Und sie sprach von Omar Sharif, «der den Jurj spielt, der kann sogar richtig weinen». Ein Mann, der weinen kann, das imponierte Galina seltsamerweise.

An diesen intellektuellen Runden durfte ich teilnehmen. Von meinem etwas abseits stehenden grünen Sessel aus, den die Gastgeberin eigens für mich reservierte, habe ich mit großen Ohren gehorcht, was sich da tat, und versucht, im Stimmengewirr einem Thema zu folgen. Um Nationalsozialismus ging es, um Kuba, Architektur, um Maler wie Malewitsch, Picasso. Oder ich bin einer einzelnen Stimme gefolgt, am liebsten einem Psychoanalytiker, Alexander Mitscherlich, ein Name, der mir damals noch nicht viel gesagt hat. Die Mitscherlichs waren häufiger bei Galina zu Gast, aus Freiburg der Leiter des russischen Chors, Alexander Kresling. Aufmerksam und ehrfurchtsvoll habe ich Ideen und Geschichten in mich aufgesogen. «Kritik» war in Galinas Haus ein ungeheuer wichtiges Wort, praktisch alles und jedes ist der Kritik unterzogen worden.

«Ach, die Kirrrche, Kindchen», seufzte Galina manchmal. Selbst war sie keine Kirchgängerin, wahrscheinlich auch nicht gläubig, dennoch sprach sie begeistert und ausdauernd mit Konrad über das Alte Testament – und er mit ihr, diese russische Ketzerin faszinierte ihn. Es gibt kaum einen toleranteren Menschen als Konrad, jeder ist für ihn interessant, das kann ein Afrikaner sein, ein frommer Muslim, ein Trinker oder Landstreicher. Und du musst außerdem immer damit rechnen, dass er ihn mit nach Hause schleppt. In unserem zweiten Schwarzwälder Jahr hat er mal unterwegs zwei Pilze suchende Chinesen aufgelesen und sie zum Vesper im Schulhaus eingeladen. Zwei Männer aus Mao Tse-tungs Reich, Christen, die nach Deutschland geflohen waren, wo sie sich ausgerechnet im Wald bei Tonberg verlaufen hatten.

Unser abgeschiedenes Nest war nicht das, was es auf den ersten Blick zu sein schien. Und wir waren damit nicht unzufrieden, ganz im Gegenteil. Ein Nachmittag beim General hat jeden Theaterbesuch ersetzt. «Nehmen Sie, Platz, bitte.» Galant komplimentierte mich der alte Herr in den Garten, dort stand für Gäste ein geflochtener Bienenkorbsessel, der einem indischen Maharadscha Ehre gemacht hätte. Meistens haben wir einfach dagesessen und schwarzen, süßen Tee getrunken. Zwischendurch räsonierte er über eine Schlacht in Italien, die er verloren hatte. Bruchstücke nur – ein Berg spielte eine Rolle und ein gestohlenes Gemälde von Leonardo da Vinci, Tote, viele Tote, er hat mal die Zahl Dreißigtausend genannt. Mitunter schien er noch ganz im Krieg zu sein, er befehligte Panzerdivisionen, «übers Meer, nach Sizilien!». In seinen Erzählungen ist alles ineinander verschwommen, Vergangenes und Gegenwärtiges, Wunschträume und Wahn. In dem Waldstück gegenüber der Terrasse hat er immer gegen Abend Gestalten gesehen.

«Da drüben tanzen die Nebelfrauen», sagte er dann.

«Wie viele sind es denn heute?»

«Heerscharen, Madame! Wieder mal ganze Heerscharen!»

Wenn ich eines Tages einen Sohn bekäme, versprach er mir, «hoch und heilig», er war nämlich nicht nur General, sondern auch ein Erzkatholik, «dann werde ich ihn mit Zylinder begrüßen». Konrad hat er manches Mal für seinen Adjutanten gehalten, woraufhin dieser fröhlich die Hacken zusammenknallte und salutierte. Absurdes Theater, wie in einem Stück von Ionesco bin ich mir manches Mal vorgekommen. «Das Atombömble des Dorfschullehrers» war eines der Worte, die der General und Konrad gemeinsam kreierten. Beim Botanisieren war ihnen das stehende Leinkraut begegnet – wenn man auf dessen Fruchtknoten draufhaut, gibt es bekanntlich eine kleine Detonation.

«Gibt es wieder Krieg?»

«Lass doch das Grübeln, Magdalena!», schimpfte Konrad.

Anfang der sechziger Jahre setzte die alte Angst wieder ein. Wie ist das in Berlin, in der Bernauer Straße, wenn jemand da oben im dritten Stock winkt und von unten einer auf ihn schießt? Beim Bügeln hatte ich im Radio eine lange Reportage über den Mauerbau in Berlin gehört. Dabei sah ich die Erasmusstraße in Freiburg vor mir, in der Mitte durchgeteilt. Soldaten, getrennte Familien. Auf welcher Seite war ich? Das Bild der Mauer hat mich seitdem nicht mehr losgelassen. Im Sommer 1961 gewöhnte ich mir an, beim Radiohören immer etwas zu tun. Kartoffeln schälen, bügeln, etwas basteln – Hände bewegen hilft, aufkommende Panik im Zaum zu halten.

Selbst auf den Schwarzwaldhöhen wurde es in diesem Sommer, unserem zweiten gemeinsamen, Konrads drittem hier oben, brüllend heiß. Eines Sonntags lehnte ich am Zaun in meinem gelben ärmellosen Kleid und dachte an Freiburg, an den Kibbuz, an Paris und was Vater von bunt leuchtenden Fenstern in Notre-Dame erzählt hat. In meinem Inneren breitete sich heftige Sehnsucht aus, von Minute zu Minute wurde sie stärker, eine fast vulkanische Hitze. Hinter mir, im Apfelbaum, rumorte Konrad. «Chruzitürke nonemol!», brummelte er und schmiss mit Getöse ein paar wahrscheinlich wurmstichige oder von Wespen zerfressene Äpfel runter. War das nun das Leben, das wir gewollt hatten? Das ich gewollt hatte? Ja, das war es. Trotz der Unruhe, die gerade wieder aufflammte. Sie wird nie ganz verschwinden, auch das wurde mir in diesem Moment klar. Fortgehen, weite Reisen? Ich würde der Unruhe nirgends entkommen. Gut ist es hier, bleiben ist gut, bleiben an der Seite eines Felsens.

Mittlerweile war im Alltag vieles Routine geworden. Deswegen schlug Konrad mir vor, Artikel für die «Badische Zeitung» zu schreiben. Eigentlich war das seine Aufgabe, eine der damals zahlreichen Pflichten des Dorfschullehrers: Er hatte Zeitungskorrespondent zu sein. Nach Möglichkeit auch Organist, was einer der Gründe war, warum der unmusikalische Konrad keinesfalls in ein Kirchdorf gewollt hatte. Auch den Gesangsverein musste der Lehrer leiten, aber den gab es in Tonberg Gott sei Dank nicht. Als Repräsentant ländlicher Kultur nahm er an Gemeinderatssitzungen teil, und bei großen Geburtstagen im Dorf vertrat er die kommunale Obrigkeit.

«Sehr geehrter, lieber Lehrer Weingartner, schreiben Sie uns bitte einen Bericht über den Weidebetrieb. Unsere Leser interessieren sich besonders für die neuen elektrischen Weidezäune.» Regelmäßig brachte der Briefträger die Themenwünsche der Redaktion. Erntedank, Kanalisationsarbeiten.

Der Nikolaus kommt in die Schule, «das darf ruhig ein wenig länger sein». Konrad war das fürchterlich lästig, und er gab es an mich weiter. «Du kannst das viel besser, Magdalena.» Mit Freuden packte ich meine seit anderthalb Jahren kaum benutzte Olympia-Schreibmaschine aus.

Eine neue Aufgabe! Sorge machte mir anfangs vor allem das Recherchieren. Beim fünfundsiebzigsten Geburtstag des Gastwirtes konnte ich einfach dabeisitzen, das war ein Kinderspiel. Von den Gästen schnappte ich alles Nötige auf, Daten, zwei, drei Anekdoten, die Passionen des Jubilars. Zusammengefasst in dreißig Zeilen – für jemanden, der mal aus dem dreistündigen Gestammel eines Postbeamten einen Brief formuliert hat, kein Problem. Glückwunsch nicht vergessen: «Mögen ihm noch viele Jahre die Viertele gut bekommen und er noch lange seinen trockenen Schwarzwälder Humor behalten.»

Schwieriger waren Themen wie «Das Jagdglück des Forstwartes». Den Keiler, den er zur Strecke gebracht hatte, konnte ich nicht sehen, ebenso wenig den Schaden, den der Schwarzkittel und seine Kumpane zuvor auf den Feldern angerichtet hatten. Da musste ich viel herumrennen und Fragen stellen. Wo, wann, wie? Blattschuss, Kopfschuss, der Verlauf der Wildwechsel rund um Tonberg. Aus den Antworten wurde mir unter anderem klar, dass ich nur eine äußerst vage Vorstellung von diesem Tier hatte. Anscheinend sah es nicht, wie ich bis dahin dachte, wie ein schwarz gefärbtes Hausschwein aus.

In anderer Weise kompliziert waren die Kulturabende alle paar Wochen im Gasthaus. Bei einem Farblichtbilder-Vortrag über den Gardasee konnte ich nur hoffen, dass der Referent die Dias möglichst anschaulich mit Worten beschrieb und das Echo im Saal lebhaft war, aus Halbsätzen und Seufzern ließ sich manche Geschichte fertigen. Gelegentlich zeigte die Frau des Rennfahrers Filmchen über die Autorennen ihres Mannes in Brasilien oder Kanada. «Leider ohne Ton», wie sie bedauerte, weshalb sie in ihrem Kommentar ab und zu ein «ssssst, ssssst» einfügte. Autos, die immerzu im Kreis fahren, was sollte ein vernünftiger Mensch darüber berichten?

Ein wahrer Albtraum waren Spielfilme, besonders Krimis. An einem Abend kurz vor Allerheiligen, erinnere ich mich gut, lief Hitchcocks «Der Mann, der zu viel wusste». Ein englisches Ehepaar im Menschengewimmel von Marrakesch, das kriegte ich anfangs noch mit. Jemand wird erstochen, ein Franzose. Oder fast erstochen? Wieso sind all die Leute auf einmal in London? Ich habe Blut und Wasser geschwitzt, ich verstand nichts mehr, rein gar nichts. Und dann plötzlich stockte die Vorführung. Die restlichen Filmrollen, hieß es, seien leider noch unterwegs. Jemand sollte sie hochbringen aus dem Kirchdorf, wo derselbe Film ebenfalls gezeigt wurde, nur zwei Stunden früher. So ging das bei den Wanderkinos damals, die hatten eine Kopie, sagen wir mit fünf Rollen, und bespielten damit zwei benachbarte Orte. Sobald in A zwei Rollen durch waren, raste ein Kurier mit ihnen nach B, und wieder zurück nach A, die nächsten holen. An diesem Abend hatte er eine Panne – und ebendas war meine Rettung! Über diese Panne würde ich schreiben, den Mann, der schwitzend sein Moped den Berg hochschiebt, derweil die Wartenden im verqualmten Gasthaus palavern. Der erste Krimi auf dem Dorf würde mein Thema sein, «voller Rätsel und so schnell, dass kaum jemand folgen konnte». Kurz vor Mitternacht die letzte Rolle, das Happy End haben alle verstanden, selbst ich. Die Hauptheldin sang ein Kinderlied mit dem Refrain «Keeserasera», und ihr entführter Sohn tauchte wieder auf. «Keeserasera ist ein Ohrwurm», schrieb ich, «der die Zuschauer in die dunkle Nacht begleitete und noch viele Tage danach.» Spanisch, vermutete ich. «Keeserasera». Italienisch vielleicht? Dem Redakteur schrieb ich, er möge «das Fremdwort unbedingt überprüfen. Mit freundlichen Grüßen – Ihr Konrad Weingartner».

«K. W.» hat als Kürzel unter meinen Artikeln gestanden. Offiziell war Konrad Weingartner der Autor. Mir war das egal, ein Mann war eben in den Kreisen, in denen ich lebte, respektierter als eine Frau. Zugleich fühlte ich mich dadurch beschützt, niemand würde mich angreifen, anzweifeln, ob ich das überhaupt kann, oder mich aushorchen, wie ich es denn mache «ohne Augen». Das ist Konrads und mein Geheimnis gewesen, vierzig Jahre lang habe ich unter seinem Namen geschrieben, heute schreibe ich unter meinem eigenen. «Weiß ich doch längst», lachte mein jetziger Redakteur, als ich 2001 mein Inkognito lüftete. «Wurde auch Zeit, Frau Weingartner!»

Galina ist die Erste gewesen, die dahinterkam, sie hat ungefähr verstanden, wie Konrad und ich zusammenarbeiteten.

«Du fragst viel, Magdalena?»

«Ja. Es gibt hundert Wege, etwas herauszufinden.»

Über Gemeinderatssitzungen zum Beispiel, Konrad musste da oft dienstlich hin. Mir waren die Herren Politiker nur vom Hörensagen bekannt. Konrad berichtete mir sehr genau, das konnte er gut, und ich habe nachgefragt: War der sehr böse? Wie hat der von der SPD sich benommen? Ist der Bürgermeister ausfällig geworden? Die Mimik der Anwesenden interessierte mich, meine alte Leidenschaft für Gesichter ist durch das Zeitungsschreiben wieder erwacht. «Kann man sagen, ein versteinertes Gesicht?» – «Ja, Magdalena.» Gerade spröde Debatten über Kanalisation oder Finanzen ließen sich lebendig gestalten, indem man die Gesichter beschrieb.

«Seine Mundwinkel hatten einen Zug von Entschlossenheit. So?»

«Könnte man so sagen.»

«Oder zeigte sich die Entschlossenheit des Bürgermeisters mehr in den Augen?»

«Nein, ich glaube nicht.»

Selbstverständlich las Konrad jeden Artikel, bremste mich,

präzisierte, wenn nötig. Mit seiner Hilfe schrieb ich, am Ende las er Korrektur, unterzeichnete und «fertig ab». Mir tat die Arbeit gut, dadurch konnte ich systematisch mein Repertoire an Menschenkenntnis erweitern. Wieder mal lernen, mich der Welt der Sehenden annähern, meinen Werkzeugkasten erweitern, um mich mit ihnen zu verständigen. Zeitweise habe ich akribisch Wortlisten geführt, Thema: «Die Ausdrucksmöglichkeiten des menschlichen Gesichts»:

Mund: Verräterisches Zucken, spöttisch verzogene Mundwinkel, das Lachen verkneifen, Schmollmund, Hohnlachen, zynisches Lachen.

Augen: Verbiestert gucken, Funken in den Augen, glasige Augen, böse Augen, Liebesaugen, stierer Blick.

Zu jedem hatte ich mehr oder weniger Erfahrungen und mehr oder weniger ausgeprägte Phantasien. Über den Mund mehr – ein «Schmollmund» lässt sich tasten, bei Konrad etwa schiebt sich die Unterlippe über die Oberlippe, und oft kommt beim Schmollen noch ein Ton heraus, ein gebrummtes «O». Über die Augen weniger – ihre Ausdrücke, Zustände, dieses leise, mit keinem anderen Sinn, nur durch das Sehen zu erfassende Spiel blieb mir weiterhin verborgen. «Glasige Augen» hatten Betrunkene, so viel hab ich gewusst, ich konnte sie einem Wortfeld und einer Befindlichkeit zuordnen. Und Schluss.

Zweimal hatte ich die vier Jahreszeiten hier erlebt, und allmählich erschloss sich mir das Dorf. Es war nicht heil, es war nicht nett, es stemmte sich auch nicht tapfer gegen den Lauf der Zeit – ein Dorf eben, das wie viele damals leise und unaufhaltsam verschwand, dem die Behörden in der Stadt Jahr für Jahr androhten, es werde demnächst seinen Mittelpunkt, die Schule, verlieren. Dennoch war es eine Art Gemeinwesen geblieben, bestimmte Dinge regelten die Bauern immer noch selbst. Die Holzaktion zum Beispiel, jedes Jahr im Juni wurde Holz gemacht für Schule und Lehrerwohnung. Morgens rückten zehn Männer an, jeder mit Axt und Spaltklotz, stellten sich im Kreis auf dem Hof auf, links zur Straße hin, in respektvollem Abstand der Wirt mit seiner Motorsäge, und dann ging es los. Sssiiiiiiii, tack-tack-tack, sssiiii, tack-tack-tack, drei Stunden großes Konzert, Lachen, Schwitzen, bis ein gigantischer Haufen sich türmte. Dann liefen die Schüler los, brachten, unter Konrads Regie, das Holz Korb für Korb in den Keller, auf den Speicher, in den Holzschopf, überallhin, wo Platz war. Anschließend Schokoladenpudding – das war meine Erfindung. Wer arbeitet, muss auch feiern! Am Vortag hatten einige Bäuerinnen die Milch dafür vorbeigebracht, vierzig, fünfzig Portionen habe ich gekocht.

Heute leben in Tonberg und Umgebung nur noch ein paar vereinzelte Menschen. Und statt der Kühe gibt es Hunderte von Ziegen, sie halten die Landschaft von Buschwerk frei, damit sie nicht völlig verwildert.

Guter Hoffnung

An einem warmen Tag im Mai haben Konrad und ich zusammen im Garten gearbeitet, und plötzlich flog uns beiden das Frühstück aus dem Gesicht. Erst kotzte ich, er floh vor mir, stolperte dabei über den Spaten und übergab sich im Gebüsch. Wir lachten und machten weiter. Beim Meerrettich-Abräumen waren wir, ein ziemlich mühsames Geschäft. Der Unverwüstliche wucherte in unserem Garten seit Urzeiten, mindestens seit zwei Generationen vermutlich, vor sich hin und breitete sich mit unverschämtem Selbstbewusstsein immer weiter aus. Mit seinem Spaten grub Konrad, so tief er konnte, ins Erdreich, und ich habe den Pfahlwurzeln nachgespürt, mit Leibeskräften an ihnen gerissen, mit den Händen die ganze unterirdische Welt durchpflügt. Stück für Stück bugsierten wir sie gemeinsam heraus. An den Bruchstellen trat der typische scharfe Geruch aus und biss uns in die Nase. Es war wirklich und wahrhaftig zum Kotzen.

Ohne Konrads Nähe konnte ich mir das Leben nicht mehr vorstellen. In diesem Mai, 1962, hatte ich ihm das Signal gegeben: «Du, wir können es jetzt riskieren, ein Kind zu kriegen. Die Stürme sind vorüber.» Schluss mit der Tabellenführung, wir lassen der Liebe ihren Lauf.

«Sag doch was, Konrad!»

«Joooooooo!»

Anscheinend hatte er darauf schon gewartet. In der Woche nach dem Meerrettich-Ausmachen hatte ich einen Termin beim Arzt und teilte diesem mit, mein Mann und ich hätten damit angefangen, ernsthaft ein Kind zu zeugen. «Na ja, Frau Weingartner», sagte er nach der Untersuchung, «es ist schon so weit. Es wird ein Januarkind werden.»

Es wird ein Sohn, dachte ich.

Unsere Freude war groß und still. In jenem Sommer und Herbst haben Konrad und ich kaum miteinander gesprochen und uns viel umarmt. Ich ließ meinen Bauch wuchern, spielte im Dorf, nachdem es für alle sichtbar geworden war, die unbekümmerte, aufgeklärte junge Frau.

Für ein paar Tage fuhr ich nach Freiburg, im Juni muss es gewesen sein, es war nämlich Glühwürmlezeit. Lange hatte ich meine Familie nicht gesehen, Mutter freute sich über die frohen Nachrichten und begleitete mich beim Stadtbummel. Zwei Umstandskleider kaufte ich, beide kariert, eines mit viel Grün und einem weißen Piqué-Kragen, das andere blaugrün. Zweimal in dieser Zeit sind wir miteinander in den Sternwald gelaufen, Glühwürmle gucken. Einzelne Tiere mit ihren Laternen konnte ich nicht erkennen, nur wenn sie zufällig sehr nahe gekommen sind, dann war da ein schwankender Lichtpunkt. Aber die phosphoreszierende Wiese habe ich gesehen,

Tausende Glühwürmle trafen sich hier zur Paarung, ein hellgrünes intensives Leuchten, wie in meiner Kindheit. Ich – an Mutters Hand.

Wie immer in dieser Jahreszeit betrieb Konrad seine Schule relativ leger. Er achtete darauf, dass er den Stoff bis Ostern mehr oder weniger durchhatte, im vierten Quartal ging er mit den Kindern viel ins Freie. Lehr-Gang nannte er es. «Wir sind auf dem Lehr-Gang!», wurde an die Tafel geschrieben, für den Fall, dass der Schulrat unangemeldet kommen sollte. Dann sind sie ins Wäldle reingelaufen, haben hier fünf Grenzsteine angeguckt und dort ein Kreuz am Wegrand. Auf jedem der nahen Schwarzwaldbuckel sind sie im Laufe der Jahre mal gewesen. Mal wanderten sie bergab ins Kirchdorf, zum Friedhof. «Wo liegt deine Gotti?» Jedes Kind musste die Gräber seiner Familie finden. Im Juli ging Konrad in die kühle Kirche, ließ sich die Sakristei aufschließen und zeigte Messgewänder und Altargeräte. Hitzefrei gab er ungern, die Kinder heimzuschicken hätte bedeutet, dass sie aufs Feld müssen. «Kommt, wir nehmen unsere Lesebücher und setzen uns ans Bächle.»

In den Sommerferien 1962 besuchte Konrad die Fahrschule. Wir wollten einen Volkswagen kaufen, zu dritt auf dem Moped würde nicht gehen. Beim ersten Mal fiel er durch die Prüfung, mit Karacho.

Mein Kind regte sich. Ende September fing es an zu strampeln, und ich habe meine Hände um den Leib gelegt und so richtig genussvoll gesagt: «Wart noch ein wenig, bald darfst du raus!» Auf dem Sofa liegend, hab ich Musik mit ihm gehört, Beethoven, Edith Piaf, oder ich hab Foxtrott getanzt im großen Wohnzimmer. Damals wurde sehr viel über Erziehung gesprochen. Ich hab etwa zehn Kilo Babybücher gelesen, manches war lehrreich, das meiste davon erschien mir nicht wichtig, jeder Furz wurde da seitenweise kommentiert. Die Schwangerschaft nicht als Last empfinden, hieß es, das leuchtete mir ein. Reden mit dem Kind, ihm etwas Liebes sagen, das tat ich sowieso. «So, jetzt geh ich mit dir in den Garten und ess Himbeerle.» Im Laufe der Monate war immer was Neues zu erzählen. «Du, ich richte gerade dein Bettle. Das wird ein großer Korb, da kommen Kissle rein und ein Spreusäckle.» Auf Mutters Rat entschied ich mich für die alte Methode, keine Kunststoffmatratze, sondern einen Sack mit Haferspreu drinnen. Das schien mir hygienischer, der wird ab und zu aufgeschnitten und das verpinkelte Zeug erneuert.

«Hör nicht so viel Radio», bat mich Konrad während der Kuba-Krise. Im Oktober 1962 schien die Welt wirklich nahe am Krieg. «Stell dir vor, unser Kind muss durchs Feuer gehen.» Konrad mochte solche Reden nicht hören, er wurde dann schnell wild. Ganz vom Radio lassen konnte ich aber nicht. Ich tröstete mich damit, dass Kuba fern war und, wie sie immer sagten, «eine Insel». Was genau ist eine Insel? Aus den Details in den Berichten setzte ich mir Kuba zusammen: eine Bucht mit viel Sand, hintendran Urwald und dahinter eine Stadt, in der viel und leidenschaftlich Musik gemacht wird. Dort sitzt ein Kommunist, der folgt den Russen, Fidel Castro, bei dem Namen habe ich unweigerlich an «Fidelio» denken müssen.

Eines der für mich am schwersten einzuschätzenden Dinge auf der Welt sind große Entfernungen. Interkontinentalraketen von 18 000 Kilometer Reichweite, welche Meere, Landstriche, Gebirge zwischen Kuba und Moskau, Kuba und Washington liegen, Längengrade, Breitengrade, Äquator und magnetische Pole – für mich unfassbar. Keine Ahnung, wo sich die Machthaber der östlichen und der westlichen Welt befanden. Chruschtschow, der Mann, der mal in der UNO mit dem Schuh auf den Tisch gehauen hatte, dieser Muschik ohne Manieren. Und auf der Gegenseite Kennedy, der sympathische Gentleman, für den viele schwärmten, mit dichten Haaren und einer schönen jungen Frau, Jackie.

An Weihnachten war Konrads Mutter bei uns in Tonberg, ein mit Vorsicht behandelter, aber durchaus nicht ungern gesehener Gast. Auch wir besuchten sie nach Möglichkeit zwei, drei Mal im Jahr in Herrenschwand. Seit sie gemerkt hatte, dass sich ihr Sohn mit mir wirklich wohl fühlte, war sie zahm geworden. Ihr gefielen auch meine Basteleien und Malereien. «Weißt du, der Johannes hätte seine Freude an dir gehabt», sagte sie mal, «für den wärst du genau die richtige Schwiegertochter gewesen.»

Zum ersten Mal hat sie mir von ihrem verstorbenen Mann erzählt, der auf kümmerlichste Art, als Bürstenarbeiter, sein Geld verdient hatte. «Wenn der abends heimgekommen ist, ist er in die Werkstatt und hat erst einmal gemalt, geschnitzt oder sonst was. Und ist nach dreimaligem Klopfen vielleicht um zehn Uhr zum Nachtessen gekommen.» Indirekt hat sie damit ausgedrückt, dass sie mich akzeptierte. An den Weihnachtstagen wollte sie mich unbedingt unterstützen. «Du kriegst bestimmt Zwillinge», unkte sie, so voluminös war ich.

Es war bitterkalt, Ostwind. Er wehte kräftig und unermüdlich, schon seit Ende November. Überraschend war noch kurz vor den Feiertagen der Schulrat gekommen. Er spazierte zur Hintertür herein, und kontrollierte als Erstes die Öfen. Ist es auch warm genug? Ja, es war warm. «In zwei von drei Schulen frieren die Kinder», schimpfte er. Im Radio verkündeten sie, eine «Seegefröne» stehe bevor. Zum zweiten Mal in diesem Jahrhundert fror der Bodensee ganz und gar zu, ein Naturschauspiel. Anfang Februar würden die Leute zu Fuß und auf Schlittschuhen von Konstanz übers Eis in die Schweiz spazieren können.

In unserer Küche in Tonberg fror zu Weihnachten vorne am Fenster das Speiseöl ein, und das, obwohl nebendran im Herd Brotbackhitze herrschte. Wasser, das ich beim Spülen verspritzte, wurde sofort zu Glatteis, deswegen hatte ich zur Sicherheit Kokosläufer ausgelegt. Am zweiten Feiertag war schließlich ein Stück Wasserleitung eingefroren. «Lass es bis morgen, Magdalena!», meinte die Schwiegermutter. «Nein, dann wird es noch schlimmer.» Man musste unbedingt sofort die kritische Stelle an der Klowand behandeln. Ich sehe mich heute noch rittlings auf der Kloschüssel sitzen, mit meinem Kugelbauch, und mit der Plastikwärmflasche die Leitung massieren. Hin und her, hin und her, bis Konrad vom Gottesdienst zurück war und mich erlöst hat.

In meinen jugendlichen Träumen habe ich mir drei Söhne gewünscht.

«Es wird ein Sohn, Konrad.»

«Na, seit wann kannst du denn nach drinnen gucken?»

«Ja, weil ich mit Buben besser auskomme.»

Das war wirklich so. Oder anders ausgedrückt, ich hatte Angt vorm Puppenspielen. Einem Mädle die Zöpfe flechten, mit ihr über Frisuren reden, das war für mich etwas Fremdartiges. Gerade hatte ich Astrid Lindgrens «Mio, mein Mio» gelesen. So ein Miokind will ich! Einen Buben, der das «Land der Ferne» entdeckt und der trotz seiner Schwäche alles vermag, sogar den bösen Ritter Kato mit dem steinernen Herzen verjagt.

An Silvester und bis in den Januar hinein haben wir über Namen beratschlagt. Konrad hatte noch schulfrei und blätterte viel in der Bibel, um auf Ideen zu kommen.

«Was hältst du von Daniel?», fragte ich. Daniel in der Löwengrube habe ich sehr gemocht, und natürlich wegen meines Großvaters Daniel Eglin.

«Oder David?» Der Junge, der gegen den Riesen Goliath antrat.

«Nein, das ist zu hebräisch.» Unser Sohn sollte nicht leiden, meinte Konrad, für den Fall, dass die Nazis wieder kämen.

«Und Lukas?»

Mein lieber Haustheologe grunzte beifällig. In seinem Studium, wusste ich, hatte er sich intensiv mit Texten von

Lukas beschäftigt. «Lukas, der Arzt? Warum nicht!» In keinem anderen Evangelium ist so viel von «Heilen» die Rede, bei Lukas ist Jesus vor allem der Heiler, einer, der alle gesund macht.

Es war an der Zeit, sich nach Freiburg zu begeben. Mein Hausarzt riet dazu, ich hatte strenge Weisung, auf gar keinen Fall noch länger auf dem Berg zu bleiben. Es könne zu Krampfanfällen kommen, befürchtete er, einer sogenannten Eklampsie, einer sehr ernsten Komplikation. Also habe ich mich bei meinen Eltern in der Erasmusstraße einquartiert. Einmal am Tag bin ich raus in die Kälte, einmal bis zum Münster und zurück. Am Sonntag zwängte ich mich in unsere alte Familienbank, vorne links, ungefähr auf der Höhe der Kanzel, und bemühte mich tapfer, dem Gottesdienst zu folgen. Lieber Gott, hilf! Lieber Gott, lass den Konrad rechtzeitig kommen! Ausgerechnet jetzt war er mit den katholischen Lehrern, auf Einladung der CDU, nach Bonn gereist, den Bundestag besichtigen. Lieber Gott, mach doch etwas! Beim Ausatmen stieß mein Bauch jedes Mal gegen die Bank, bestimmt würden mich alle anstarren. «Brief an die Kolosser», las der Pfarrer, und da war es um mich geschehen, ich platzte los, ich bekam einen gewaltigen Lachanfall und schämte mich sofort ganz schrecklich über meine Unbeherrschtheit, trotzdem lachte ich weiter. «Brief an die Kolosser», tönte es noch einmal von vorn, mit Nachdruck. Was machen die nur für Witze? Wahrscheinlich hab ich das blödsinnig gefunden, weil ich so ein Koloss war. Ich quietschte immerzu weiter und weiter.

Ich vermute, in dieser Stunde hat sich der Lukas in mir auf den Weg gemacht. Damals wusste eine Erstgebärende meist herzlich wenig vom Geschehen, ich hatte ja keinerlei Geburtsvorbereitung gemacht.

«Mutter, komm, ich hab ins Bett gemacht!», rief ich in der Nacht.

«Ab in die Klinik!»

Zweieinhalb Tage, eine halbe Ewigkeit hat es gedauert, bis endlich mein Sohn aus mir herauskam. Meine Hebamme war eine, die nicht tröstete, mit groben Händen. In den ärgsten Wehen ist schließlich Konrad aufgetaucht. «Hab doch keine Angst, Magdalena. Das Kind kommt schon.» Ganz ruhig war er, umfasste meinen zuckenden, bis aufs Blut gequälten Leib. Bevor er wieder aus dem Kreißsaal geschickt wurde, zog er unter seinem Sterilmantel den Bären raus, unsere alte abgewetzte Handpuppe.

Aufputschmittel, Beruhigungsmittel. Der Muttermund wollte nicht aufgehen. Irgendwann müssen sie gemerkt haben, es ist zu spät für einen Kaiserschnitt, wir müssen anders eingreifen. Der Doktor schlug Alarm: «Famuli!» Ein paar junge Männer kamen hereingestürmt und haben mir die Oberschenkel gegen die Schulter gepresst, dass der Ausgang unten weit aufsprang. «Mein Kind geht tot», schrie ich. «Nicht so grob.»

«Nein, es lebt. Hör, doch!», sagte die Hebamme. Wirklich, es brüllte!

«Ein Bub», gratulierten die Famuli, «ein Bub, ein Bub.»

Ganz kurz habe ich das Körperchen meines Sohnes auf mir gespürt, jemand im Raum sagte Gewicht und Größe an. Dann sackte ich weg, in eine tiefe Ohnmacht, aus der ich erst am nächsten Morgen wieder erwachte. In einem Zimmer, in dem fünf Frauen lagen, jede ein Baby an der Brust. «Wo ist er?» Minuten später habe ich ihn im Arm gehalten. Er ist da! Und er trank sofort, gierig schnappte sein kleiner Kiefer zu, mit einer Hand boxte er gegen meine Brust, als ob er es gelernt hätte. So selbstverständlich, als wäre diese Brust ganz allein für ihn erschaffen, ungerührt davon, dass in mir kein Funken Kraft mehr war. Sein Trinken hat sehr wehgetan. Während er sich vollsog, betastete ich seine Glieder, Arme, Hände, Beine, Zehen. Alles da! Es war die Contergan-Zeit. Alle werdenden

Mütter damals waren besorgt, auch die, die niemals Medikamente dieser Art genommen hatten.

Als erste Besucherin kam Mutter, ohne Vater, der war wegen einer Nierenkolik im Josephskrankenhaus. «Ach, hat der schöne blaue Augen!» – «Das kann man bei Babys doch noch nicht wissen, Mutter.» Innerlich zitterte ich vor der nächsten Frage, und sie fragte dann doch nicht. Wir wussten beide, dass man frühestens in einigen Wochen eine Diagnose stellen konnte. Auch Konrad, der sich erst Tage später von Tonberg loseisen konnte, hielt sich bedeckt, wir verbargen unsere Ängste voreinander. Nachdem er nachts aus dem Kreißsaal verwiesen worden war, musste er umgehend in die Schule zurück, morgens um fünf die Öfen heizen, Unterricht halten.

Seine Freude über den Sohn war groß. Wenn Konrad sich freut, ist er immer mucksmäuschenstill. Es war die längste Stille, die ich bis dahin mit ihm erlebt hatte. Jetzt ist er zufrieden, dachte ich, und auf seinem Gesicht steht ein besonderes, sehr ernstes Lächeln. Als Geschenk hatte er ein Bärle mitgebracht. Hat er Lukas geküsst? Das hätte ich zu gern gesehen.

Zehn Tage blieb ich im Wöchnerinnenzimmer der Uni-Klinik. Unter uns waren einige kinderreiche Mütter, und so konnte ich viel lernen. Das Zerrissene würde schnell zuwachsen, versicherten sie. Sie hatten mehr Geduld als die Schwester, die mir das Wickeln erklärt hatte, schnell, schnell, und wie man es eben Sehenden erklärt. Meine Zimmergenossinnen halfen mir, fassten notfalls auch mal mit an. Erst die kleine Mullwindel, dann die Dreieckswindel, dann die Windelhose mit den komischen Knöpfen. Zuletzt die Strampelhose drüber, die unwilligen Füßle in die Öffnungen kriegen. Waschen, cremen, Nabel kontrollieren, das ganze Abc der Säuglingspflege. Besonders schwer für mich war, immer wieder das hin und her kugelnde Bündel Mensch dingfest zu machen, dass es nicht auf den Boden fiel. Mein Sohn habe die tiefste Stimme von allen, behaupteten die anderen Mütter.

Wunderbar, wenn die ganze Bande zum Stillen angefahren wurde, sechs brüllende Winzlinge in einem breiten Rollbett, wenn aus dem Schreien binnen einer Minute ein Schmatzen wurde. Jede redete mit ihrem Kind, «Didi. Pupu.» Ganz leise, pianissimo. «Dudududu. Brunibrunibruni.»

«Zwirbele» nannte ich ihn in den ersten Tagen. Mit dem Kleinen nach Tonberg zu fahren, war es viel zu kalt. Mindestens vierzehn Tage noch, bis nach der Taufe, blieb ich in der Erasmusstraße. Wir ließen Lukas bei den Dominikanern taufen, von einem liebenswürdigen Pater Anselm.

In meiner Abwesenheit hatte der Konrad eine elektrische Waschmaschine gekauft, der Lavamat war eine große Erleichterung im Alltag. Ich war zunächst voll beschäftigt mit dem Muttersein, mit Wickeln und Stillen. Vor dem Wickeln musste ich mich hinsetzen und ein wenig nachdenken, es verlangte von mir äußerste Konzentration. Der kleine Kerl hat immerzu Hunger gehabt, anscheinend wollte er schnell stark werden. Aber unten kam zu wenig raus. Nach fünf Tagen Verstopfung war ich völlig verzweifelt und rief, vom Telefon im Wirtshaus gegenüber, die Hebamme an. Wir hatten noch eine richtige Dorfhebamme, unter deren Obhut ich, wenn nicht Gefahr im Verzug gewesen wäre, zu Hause geboren hätte, wie die Bäuerinnen hier. «Ii kumm emol nuff», versprach sie. Konrad musste sie mit dem Auto holen, sie wohnte abseits, in einem tief verschneiten Seitental.

Ich fürchtete zuerst, sie würde mich für eine ziemlich dumme Mutter halten. Die Schritte auf der Treppe ließen auf eine deftige, bäuerliche Person schließen, ihr Händedruck war fest – sehnige, bewegliche, mir sympathische Finger. «Grüeß dich, Buschele.» Sie schien sich an ihm zu freuen. «So ne kräftige Bue!» Während ich ihn langsam aus seinen diversen Umhüllungen schälte, stand sie neben mir am Wickeltisch, ohne etwas zu sagen oder zu tun. Dann zeigte sie mir, wie ich das stramme Bäuchle massieren konnte, dass es ein wenig entlastet wurde. Wie man mit dem Fieberthermometer ein wenig im After herumpulte. «Guck, so.» Sie führte meine Hand. Für mich war das eine schreckliche Schinderei, ich bin fast vergangen vor Angst, Lukas zu verletzen. Das gläserne Ding mit dem giftigen Quecksilber drin konnte ja auch zerbrechen. Fortan schaute die Hebamme Anna-Maria regelmäßig nach Lukas und mir.

Am ersten hellen Sonntag im März wagten wir eine Ausfahrt mit Lukas. Babytragetasche auf den Schlitten geschnallt, Konrad zog das Gefährt, und dann sind wir ein wenig auf der Straße, zwischen den aufgeschütteten Schneewänden, herumgelaufen. Und schnell wieder ins Haus, heißen Tee trinken! Ich erinnere mich gut an diesen Tag, an dem die seit Oktober verschwundene Sonne über den Berg gekrochen war und durchs Wohnzimmerfenster schien, wir auf dem Sofa, aneinandergelehnt. Lukas war eingeschlafen in seinem Korb, erwachte nach einer Weile wieder. Und zwitscherte. Zum ersten Mal nahmen wir gemeinsam das lustige Geräusch wahr, diese Abfolge kleiner abgehackter, vogelähnlicher Schreie. «I-iii-i-i-i-iii», machte ich ihn nach. «Was het denn dee?», fragte Konrad besorgt.

Alles war noch ungewohnt in diesem Leben zu dritt. Konrad verzog sich oft, wenn ich gestillt habe, in der Vermutung, seine Anwesenheit störe dabei, und ich war mir unsicher, ob der Anblick meiner riesigen, milchprallen Brüste ihm nicht peinlich war. Er traute sich noch immer nicht so recht, seinen Sohn anzufassen. Dieses winzige Wesen, das schreien konnte wie drei ausgewachsene Riesen, war ihm ein wenig unheimlich. Rührend, wenngleich nicht besonders erfolgreich, bemühte er sich, in der Wohnung wie auf Katzenpfoten zu gehen, dort seinen lautstarken Lehrerton abzustellen, den er früher nach dem Unterricht nach oben brachte und mit dem er mich manches Mal aus der Haut fahren ließ: «Ich bin nicht dreißig Schüler!»

Ein rätselhafter Mensch, dieser Konrad, und so ist er geblieben – entweder ist er sehr laut oder sehr still. Ob so oder so, es ist schwer, zu ergründen, was mit ihm los ist. Bei großen Lautstärken erschrecke ich mich, schaltet sich mein Gehör automatisch aus. Und einen stummen Fisch zu verstehen ist für ein blindes Huhn eine schier unmögliche Aufgabe. Vor der Stille habe ich immer mehr Angst, je älter ich werde. Sie darf nicht zu lange dauern, sonst werde ich unruhig, dann muss ich Konrad rufen. Oder ich fange wild an zu klappern und zu poltern. Manchmal möchte ich die Trommel schlagen, so eine große Trommel, wie die Guggemusiker im Alemannischen sie haben.

War es noch im März 1963? Ich glaube, es war ein Donnerstag oder Freitag, der Tag, an dem das Radio Tauwetter gemeldet hat, bald wäre die «Seegefrörne» vorbei, man möge das Eis nicht mehr betreten. Mittags hat die Sonne auf den Wickeltisch geschienen, ich drehte den Kleinen zum Fenster hin, und in diesem Augenblick zuckte er heftig zusammen. Er wandte sich vom Licht ab. Es war das gefürchtete Zeichen! Auch in den nächsten Tagen war es so, auch bei künstlichem Licht, wenn die Lampe am Wickeltisch direkt auf ihn gerichtet war, ist Lukas erschrocken. Ich verriet Konrad nichts davon, auch in die Augenklinik wollte ich vorerst nicht.

Am Monatsende fuhr mich der Schulpraktikant mit dem Auto nach Lörrach, zur Kinderärztin. Routine – nach der Untersuchung, ich war schon fast wieder draußen, sagte die Doktorin kurz:

«Sie wissen ja, dass Sie Ihrem Sohn Ihre Krankheit vererbt haben.»

Zu Hause unterdrückte ich mein Weinen. Ich habe noch bis zum Abend gewartet, bis Lukas nach dem letzten Stillen eingeschlummert ist. Er sollte tief und fest schlafen. Dann teilte ich Konrad die Nachricht mit.

«Wenn er so ist wie du, Magdalena, dann geht es.»

August

In den Sternschnuppen-Nächten um Laurentius sind wir gewöhnlich lange draußen. Konrad links, an meiner Herzseite, auf den bequemsten Stühlen sitzen wir, wie im Kino, mit dem Rücken zur Hausmauer, von wo aus man ein ziemlich großes Stück Himmel sieht. Sterne, was sind Sterne? Fast achtzig Jahre jage ich dem Geheimnis der Gestirne hinterher. Der Mond ist der einzige Kumpel da oben, der sich mir hier und da gezeigt hat, als gelber Butterballen. Auch rot sah ich ihn mal in einer Winternacht in Tonberg, der rote Mond jagt mir Angst ein.

«So viele Sternschnuppen wie dies Jahr waren es noch nie», sagt Konrad. «Und? Warst du schnell genug mit dem Wünschen?» Er scharrt zufrieden mit den Füßen, anscheinend ja. Was er sich gewünscht hat, darf er nicht verraten, so sind die Regeln. Am Zucken seines Körpers merke ich: Jetzt, jetzt sieht er eine! Manchmal schreit er auch auf: «Ho!» Das ist mein Augenblick, der Augenblick, in dem ich mir etwas wünsche. So schnell ich nur kann, und wahrscheinlich immer zu spät, das Ding aus dem All ist längst verglüht. Bruchteile einer Sekunde, sagt Konrad, lägen zwischen dem Erscheinen und dem Verschwinden.

Früher hab ich mir in den Laurentius-Nächten oft Kinder gewünscht, und als ich ein Kind hatte, noch eines. Selbst in den Wechseljahren noch und weit darüber hinaus hörte es nicht auf. Ein Kind! Hört ihr, ihr Sterne da oben? Ein Kind! Seltsam, dass mir nie ein Enkel in den Sinn gekommen ist. Selbst in aller Heimlichkeit habe ich nicht gewagt, mir die Sehnsucht einzugestehen, Lukas möge Vater werden.

Für die nächsten Tage haben sie Gewitteralarm ausgegeben. Ich zittere vor jedem Gewitter, schon im Vorfeld schlägt mein Herz wüste Kapriolen. «Wieso regst du dich so auf, Magdalena?», schimpft Konrad. «Wir haben drei Blitzableiter.» Sobald das leiseste Donnergrollen zu vernehmen ist, horche ich in die Landschaft. Manchmal meine ich die fetten, schwarzen Wolken noch zu sehen, wenigstens, dass plötzlich die Sonne Reißaus nimmt. Aus welcher Richtung bläst der Wind? Wenn das Ganze in die Rheinebene rauszieht, wird es nicht so schlimm. Unser alter Goldparmänenbaum ist wie eine Wetterstation. Kommt das Gewitter von unten, an den Weinbergen entlang, und sitzt in der Mitte vom Apfelbaum und ruht sich dann dort ein wenig aus, geht es mit Sicherheit nach Basel rüber. Gefährlich wird es, wenn es kurz hinter dem Baum abbiegt ins Seitental, dann stößt es am Berg an, am Blauen, und fällt wieder zurück, und wieder hin und zurück, ein paar Mal. Am Himmel, der jetzt ganz tief hängt, wechseln die Farben, ich erinnere mich gut daran. Gelb wird er in dieser Phase, im schlimmsten Fall grün. Man merkt die Dramatik auch am Donner, starke, sehr flache Schläge. Das alles führt zur gründlichen Entwässerung meines Leibes, ich muss aufs Klo. Derselbe Mechanismus wie im Krieg, das Gehirn schaltet sich ab, und in den inneren Organen explodiert die Angst.

Der August bringt oft unerwartet Gäste. Plötzlich haben die Leute Zeit, und dann fällt ihnen unser Garten ein, sie selbst haben meistens keinen oder keinen so großen. Unterm Apfelbaum wird bis spät in die Nacht gelacht. «Jetzt ist der Sommer vorbei.» Konrad ist immer der Erste, der es verkündet. Mitten in die Bruthitze hinein sagt er diesen Satz, während alles reift und die Äpfel in die Suppenschüssel fallen.

In diesem Sommer wollte er unbedingt nochmal Hasenkinder. Der erste Wurf vom April war klein, vier waren es nur. Also hat er nochmal den Bock vom Nachbarn zur Häsin gelassen, jetzt hat er sieben kleine «Mockies». Lukas hat ihnen diesen Namen gegeben, «Mockele» sagt man im Alemannischen zärtlich für Kinder. Zu seinem ersten «Mock» kam Konrad über Lukas, mit fünf Jahren kriegte er von einem Spielkameraden eine Häsin geschenkt. Es hat keine Woche gedauert, und es war Konrads Stallhase. Er ist ein Tiermensch, er braucht irgendein Viech zum Streicheln, zum Sorgen. Eine Katze wäre ihm am liebsten, in den ersten Jahren unserer Ehe wollte er unbedingt eine rotgetigerte Katze. Aber das wäre nicht vernünftig gewesen, ich sehe sie nicht und höre sie auch nicht, Katzen sind so leise, ich könnte über sie fallen.

Der Lichtfänger

Konrad, der Fels.

Möglicherweise hat er es schon vor mir bemerkt, mit aufmerksamen Vateraugen etwas gesehen, was auf die Blindheit unseres Sohnes hindeutete. Seinerzeit, im März 1963, habe ich ihn nicht danach gefragt, und auch jetzt würde ich ihn nicht fragen.

Wann, wie, warum? Für ihn war und ist da nichts zu reden. Wohin wird das führen? Hat es einen verborgenen Sinn? Solche Fragen sind nichts für Konrad. Das, was eingetreten ist, ist eben Teil unseres Ehebundes, der Teil, über den wir am längsten beraten haben: Wir werden das blinde Kind gemeinsam tragen.

Nachdem Konrad diesen einfachen klaren Satz gesagt hatte, haben wir nicht weitergesprochen, nicht über Lukas, nicht über mich, nicht über ihn. Und auch nicht über Gott – wenn, wären wir uns vielleicht in die Haare geraten. Konrad würde gegen Gott, was immer er tut, was er zulässt, niemals rebellieren. Ich schon. In dieser Nacht damals haben wir beide nur beisammengesessen, sonst nichts.

Beim Stillen kamen mir jetzt oft die Tränen. Sobald Lukas an meiner Brust lag, schob ich ihm, bevor er die Brustwarze richtig schnappen konnte, schnell ein Fläschchen in den Mund. Er sollte die Traurigkeit nicht mit der Muttermilch einsaugen. Die Milch, von der ich anfangs überreichlich hatte, versiegte jetzt bald. «Nicht so schlimm, Frau Weingartner», tröstete die Hebamme.

Wie versorgt eine blinde oder nahezu blinde Mutter ein blindes oder nahezu blindes Kind?

Noch war nicht klar, wie groß das bisschen Sehkraft war, das Lukas hatte. Im Wesentlichen war es wie bei mir, würde sich im Laufe des Jahres herausstellen. Und ebendas war auch ein Vorteil, denn ich wusste besser als jeder andere, was er sah und was nicht.

Vieles geschah instinktiv. Beim Füttern hab ich seinen Mund gefunden – er kam dem Duft des Breis entgegen, und ich lauschte, woher das «Mmmmh» kam, ging mit dem Löffel in Richtung des kleinen gierig-wohligen Geräuschs. Mit den Händen konnte ich den Milchschorf gut spüren, die Krusten auf dem Köpfle zu verarzten war kein Problem. Einen roten Popo auch nicht, beim Berühren der wunden Stellen schrie Lukas zuverlässig, dadurch wusste ich, wo sie waren. Zur Sicherheit habe ich nach dem Reinigungszeremoniell ganz zuletzt eine saubere Windel zwischen den Pobacken durchgezogen und diese unters linke Auge gehalten, geprüft, ob da noch ein bissle Braun war.

Alles ganz langsam natürlich, und die Dinge mussten strategisch vorbereitet sein. Beim Baden des Kleinen brauchte ich einen Stuhl in Reichweite, auf dem alles parat lag – auf der Lehne das Handtuch, auf dem Sitz Waschlappen und Seife und dazu, um Lukas, der gerne zappelte, zu beruhigen, ein «Riechtgut». Ein Kräutersäckchen oder einfach ein frisches Wäschestück mal kurz unter die Nase gehalten, wirkte Wunder. Ohren vorsichtig trocknen, tastend das Schmalz entfernen, das ging. Bloß an seine Äugle traute ich mich nicht heran, die «Schloofliesle» musste Konrad auswischen. Wir haben uns ihn nach dem Baden immer gezeigt. «Guckemol, wie sieht er aus?» Konrad und ich lernten Hand in Hand. Die ganz, ganz feinen Dinge jedoch konnten weder er noch ich, zum Beispiel Nägel schneiden. Deswegen hab ich Lukas die Fingernägel abgeknabbert.

Die körperliche Nähe zu Lukas war wunderschön. «Kälblebeziehung» hab ich immer gesagt, wie Mutterkuh und Kalb, nur geleckt hab ich ihn nicht. Nicht nur aus praktischen Gründen hab ich Lukas mehr berührt als andere Mütter ihre Babys. Ich wollte ihm geben, was mir in meiner Kindheit gefehlt hat. Geborgen sollte er sein. Nachts, wenn der Wind ums Haus heulte, holte ich ihn in unser Bett. Bei Gewitter ließ ich ihn nicht aus meinen Armen, die Unwetter waren oft gewaltig im Schwarzwald, ich selbst hatte schreckliche Angst davor. «Du schleppscht ne rum wie de Katz des Jung», sagte mal eine Bäuerin verwundert.

Bei fremden Leuten wurde Lukas schnell unruhig. Auf den Höfen mit ihrem Hundegebell und den plötzlich auftauchenden Geräuschen besonders. Ein lautes Muh, eine Säge, ein schlagendes Gatter, alles erschreckte ihn. Anfangs war das auch bei Galina Lindle so, die wir in diesem Sommer öfter besuchten. Dann wiegte ich ihn, bis er zu erkennen gab, dass er sich sicher fühlte, oder ich klemmte ihn, als er größer wurde, zwischen meine Beine und legte meine Hände schützend auf seinen Kopf.

Bei Galina kriegte er immer gleich etwas in die Hand, ein hölzernes Pferdle, ein Stückle Stoff mit Lavendelöl getränkt. Lukas fühlte sich bald wohl bei Galina, sie entpuppte sich als eine ausgesprochene Kindernärrin. Er reagierte stark auf ihre Stimme, erwiderte das russische «R» mit kleinen Rachenlauten.

«Krocha.»

«Rrrrrch», machte er.

«Karapuzik», Wonneproppen nannte sie ihn oft.

«Rrrrrapp.»

Die große Attraktion für Lukas war die dicke Kerze. Zu jeder Tages- und Jahreszeit brannte sie auf dem Esstisch, ihr sanftes, flackerndes Leuchten zog ihn magisch an. In späteren Jahren durfte er sie zum Abschied ausblasen, er war glückselig darüber, daran erinnert er sich bis heute.

«Das ist eine Kerze, Lukas.» Alle Dinge hab ich ihm erklärt, seit den ersten Lebensmonaten schon.

«Svjet.» Auf Russisch sollte er es auch hören. Galina spielte mit.

«Jetzt nehmen wir die Holzente und setzen sie auf den Boden.»

«Utka, utka», lachte Galina.

Es ging mir nicht ums Verstehen, dazu war er noch viel zu klein. So ganz genau wusste ich auch nicht, warum ich immerzu mit ihm sprach. Von Psychologie wusste man damals wenig. Hätte ich solche Bücher gelesen, wie sie heute überall grassieren, in denen nachgewiesen wird, dass der Augenkontakt zwischen Mutter und Kind für die gesunde Entwicklung unerlässlich ist, hätte mich dies wohl entmutigt. Ich habe nur das sichere Gefühl gehabt, etwas Fehlendes ausgleichen zu müssen. Lukas sollte sich möglichst früh an die Welt der Wörter gewöhnen, an das reiche Repertoire gesprochener und gesungener Klänge, und an alles, was da mitschwingt: Zärtlichkeit, Strenge, Angst und Verheißung, Traurigkeit und Lebensfreude, Witz, Ekel, alle Register, alle Klaviaturen, die der Mensch eben hat.

«Jetzt nehm ich die Creme, pass gut auf. Zuerst das Bäuchle, und jetzt kommt der Popo.» Auch bei den alltäglichsten Verrichtungen war ich in Stimmkontakt. «Jetzt tupf ich mit dem Handtuch dein Pinkele.»

«Was redest du denn immer, Magdalena?», fragte Konrad mitunter.

«Lass mich doch.»

Während ich die Hausarbeit machte, lag Lukas meistens in seinem Laufstall im Wohnzimmer, da war er auf Nummer Sicher, sonst wäre er in seiner Entdeckerfreude überallhin, womöglich die Treppe runter. Durch die geöffnete Tür hörte er mich in der Küche hantieren, das Töpfeklappern, Wasserrauschen. Oft sang ich für ihn, «Je ne regrette rien», das mochte er, und «Ein Männlein steht im Walde».

Ein Kind soll mit sechs Monaten sitzen können, sagten die klugen Mütterbücher. Lukas tat es nicht, er machte keinerlei Anstalten dazu. Mit acht, neun Monaten ist er immer noch in seinem Gitterbett und im Laufstall herumgekugelt, schlängelte sich vorwärts, seitwärts, rückwärts wie ein kleiner Aal. Vielleicht hat es daran gelegen, dass er so wohlgenährt war, er war ein richtiger Dickmops. Der Augenarzt, den ich in meiner Not befragt habe, erklärte mir: Warum soll er sich aufrichten, Hören geht im Liegen sehr gut, fortbewegen kann er sich krabbelnd auch. Die Dinge, die Neugier erregen und Kinder zum Sitzen und Laufen bringen, sieht er ja nicht. Irgendwann hab ich Lukas gezwungen, indem ich den Platz im Gitterbett so einengte, dass er sich setzen musste. Im elften Monat, kurz vor Weihnachten, konnte er es!

Wir hatten einen leichten Kunststoffsitz gekauft, den man überall anklemmen konnte. Zum Spielen bastelte ihm Konrad aus den Deckeln von Nescafédosen, die Lukas liebte und mit wachsender Begeisterung durch die Gegend schmiss, eine lange, auf Lederband gezogene Kette, die er mit einer Schlaufe am Sitz festband. Ab sofort hatten wir im Haus Blechkonzert. «Klapp, pam, klapp-klapp, bong, klapp-klapp.» Gleichzeitig klopfte er rhythmisch mit den Füßen unter dem Tisch. «Euer Musikant», scherzte Galina, «klingt wie Sergei Sergejewitsch Prokofjew.» Galina war uns ein Halt, ihre Anwesenheit und ihr unbekümmertes Verhalten gaben uns das Gefühl, unser Leben sei völlig normal.

Weihnachten 1963 war ein ganz besonderes Fest, nicht nur wegen Lukas. Wir hatten keine Lust, als «Heilige Familie» zu feiern, wollten unbedingt ein bisschen Trubel haben. Die Großeltern konnten nicht kommen. Schließlich hatte Konrad die Idee, wir rufen mal die Studentengemeinde in Freiburg an, die suchen doch immer Plätze für fremdländische Weihnachtsgäste. «Wunderbar, wir haben gerade einen Spanier, der hat noch keine Bleibe.» Spanier, dachten wir, ist prima, der ist katholisch, mit dem können wir gemeinsam in die Kirche gehen. Zwei Tage vor dem Fest rief mich die Wirtin von gegenüber ans Telefon. «Der Spanier ist krank», meldete die

Studentengemeinde, «dürfen wir Ihnen einen Türken schicken?» – «Klar doch!» Als Erstes stürzte ich zur Gefriere, schaute, ob noch Hühnerfleisch da war, der geplante Schweinebraten war nichts für Muslime. Am Heiligen Abend kam mit dem letzten Bus ein kleiner, zierlicher Mann, mit dem wir uns gleich gut verstanden. Er war Perser, aus Isfahan. Wir aßen im Kinderzimmer, damit Lukas in seinem Gitterbett dabei sein konnte. Er war puppenlustig an seinem ersten Weihnachtsfest. Immer, wenn der persische Gast, Majid, sich räusperte, er war ziemlich erkältet, machte unser Sohn in seinem Bettle: «Grmmm, grmmm.» Auf jedes Räuspern ein «Grmmm», Lukas parodierte, und Majid lachte. Seitdem haben wir fast an jedem Weihnachten einen Fremden eingeladen.

Lukas hat seine ersten Worte gesprochen, lange bevor er laufen konnte. «Hau», das war ich, «Biba», das war sein Lieblingslied. «Es tanzt ein Bi-Ba-Butzemann in unserm Kreis herum, widibum.» Im Frühjahr probierte ich aus, wie weit wir zwei uns ohne fremde Hilfe vom Schulhaus entfernen konnten. Mit dem Kinderwagen den Sandweg runter zu meinem Wiesle, das war zu schaffen. Dort legte ich Lukas den Führgurt um, an der zwei Meter langen Leine konnte er krabbeln zwischen den Trollblumen und Margeriten, ohne dass er mich und ich ihn verlor. Ein bisschen aufpassen musste ich, dass er nichts Giftiges in den Mund steckte, er graste nämlich gern. Seit ich ihm einmal ein Butterbrot mit Kresse zu probieren gab, war er vernarrt in Grünfutter. Wir lagen auf der Wiese, zwischendurch haben wir unsere Füße in den Murmelbach gehalten oder ein wenig getanzt. Seine Hände fest in meine gekrallt, er konnte ja noch nicht laufen, zusätzlich gesichert durch die Leine, die ich mir um die Hüften schlang, drehten wir uns. «Er rüttelt sich, er schüttelt sich, er wirft die Beinchen hinter sich. Es tanzt ein Bi-Ba-Butzemann in unserem Kreis herum.» Manchmal sind mir die Tränen runtergelaufen vor lauter Seligkeit. Wenn ich daran denke, kommt es mir vor wie im Märchen. Es war keines, es war wirklich so.

Am Wochenende haben wir uns meistens zu dritt im Garten verlustiert. Einer hackte, einer pflückte was, derweil Lukas auf allen vieren herumkroch. Es war zwar hangig, stellenweise richtiggehend steil, aber strukturiert. Jedes einzelne Beet war eingefasst mit Holzbrettern, damit Wind und Regen die Erde nicht forttrugen. Diese Begrenzungen waren eine gute Orientierung, die hatte ich Lukas gezeigt, und er hatte begriffen. Er wusste bald genau, wo sich das Essbare befand. Ganze Kopfsalate biss er ab, seine größte Leidenschaft aber war Zwiebelrohr. «Papa, brennts!», rief er, als er sprechen konnte.

Der Satz wurde später zur Überschrift einer oft erzählten Kindheitsanekdote. «Brennts!» Ihm brannte das Maul. «Iss doch nicht dauernd diese scharfen Dinger», grummelte Konrad aus den Himbeersträuchern. «Papa, Himbeerle!» Natürlich kriegte er eine Handvoll, und nachdem er damit seinen Brand gelöscht hatte, hat er gleich wieder in den Zwiebeln gesessen. «Papa, brennts. Himbeerle!» So ging es munter weiter, pikant, süß, pikant, es schien ihm bestens zu bekommen.

Eines der ersten Wörter von Lukas war «Eigener». Das hieß so viel wie «selber machen». Er zupfte mir den Löffel aus der Hand. Butterbrotstückle wollte er selbst aufpicken und selbst in den Schnabel stecken. Mit gut einem Jahr schon, nachdem er ausdauernd sitzen konnte, hat er sich nicht mehr füttern lassen. «Eigener!» Unheimlich, dieser Kerl! Eindeutiger konnte das Signal für die beginnende Loslösung kaum sein. Es kam viel, viel früher als erwartet, bevor ich selbst dazu bereit war, die innige Zweisamkeit aufzugeben. Lukas strebte fort von mir, jeden Tag ein Stückle mehr. Robbte schneller, zog sich, wo er Halt fand, in die Höhe. Und stand. Wir räumten ihm für seine Abenteuer das große Wohnzimmer frei, nur die Chaiselongue, eine Kommode und der Esstisch blieben. Ich gewöhnte mir an, ihn ganz leicht mit dem Finger anzutippen, wenn ich etwas von ihm wollte. Hallo, ich melde mich bei dir an, junger Mann, jetzt hebe ich dich hoch, oder ich werde dich anziehen.

Farbenlehre war jetzt auf dem Programm. Lukas war dafür genauso empfänglich wie ich, dreißig Jahre zuvor, in Großvaters Malerwerkstatt. Spielzeuge in schönen reinen Farben suchten wir für ihn aus. Er hat nie ein rosarotes Schweinchen gehabt, nie Mischfarben, der Elefant zum Draufrumbeißen war entweder rot oder weiß. Zu Weihnachten hat er kleine bunte Fässle aus Plastik gekriegt, später eine Holzschraube, auf die man rote, gelbe, blaue Würfel schrauben musste, was eine Mordsarbeit war. Beim Erklären der Farben hab ich ihren Namen immer möglichst klangvoll betont. «Grüüüüüün.» Oder: «Roooot.» Mit den Wörtern Musik gemacht. «Lilllla», ein ganz kurzes «i», ebenso das «a», rasch, rasch, wie ein kleiner heller Vogellaut. «Blauauau» wiederum war langsam, es kam tief aus dem Inneren, dann stieg ich bis in den Keller der Tonleiter hinunter.

«Blauauau», echote er.

«Hellblauauau», setzte ich fort.

«Helauau!»

«Enzianblauauau.»

«Ia-Auauau.»

Oft endete unser Spiel mit dem Ausruf: «Mamaaa, oooop.»

Er verlangte nach dem Kaleidoskop. Dies Wunderding aus Kindertagen hütete ich. Das erste, ein Geschenk meiner Eltern, war bei dem großen Bombenangriff 1944 verlorengegangen, bald nach dem Krieg kaufte ich mir wieder eines, von eigenem Geld. Jahrelang hatte ich versucht, dieses Spiel der Veränderung in Farbe zu begreifen: Wie die Körper aus farbigem Glas sich in dem Rohr bewegen, sich spiegeln, wie durch Drehen immer neue geometrische Muster entstehen. Noch in der letzten Phase der Schwangerschaft ist das Spiel mit dem Kaleidoskop, bei dem man in Ruhestellung agiert, bequem auf dem Sofa, und mit den allergeringsten Bewegungen ein Übermaß an Farbe erleben kann, mein Trost gewesen. Welchen Gegenstand würdest du als Begleiter auf eine einsame Insel mitnehmen? Konrad hätte geantwortet: die Bibel. Ich damals: das Kaleidoskop.

Lukas hat ein enormes Temperament, das zeigte sich früh. In dieser Hinsicht, denke ich oft, kommt er nach mir, bis zu einem gewissen Grade auch in seinem Wesen. Direkt wie ich, manchmal struppig im Umgang. Ein ewig Unruhiger. Ein Weltenbummler – er würde dazu mehr Gelegenheit haben als ich. Eines Tages würde er zu einer Wanderung am Polarkreis aufbrechen.

Mit neunzehn Monaten tat er den ersten Schritt, nicht einen, gleich viele hintereinander. Tagelang wartete ich darauf. Lukas stand jetzt öfter außen am Gitter des Laufstalls, es schien, er wollte es loslassen. «Komm, komm, komm», lockte ich ihn immer wieder, wartete mit ausgebreiteten Armen. Entfernte mich, horchte in seine Richtung. Er hampelte, ich wartete.

Warum läuft er nicht? Eines Mittags: ein Tapp, Tapp, Tapp, hinten im Hausgang. Über den ganzen langen Gang wackelt er mit seinen pummeligen Beinen. Plumps, fällt er auf seinen dicken Windelpopo, ich höre seine Atemzüge, ein kleines erregtes Schnappen.

Bald danach brachten wir ihn nach Lörrach in die Augenklinik «Blauer Blick», die erste Star-Operation war fällig. Es war schwer, ihn dort allein zu lassen, Lörrach war zu weit, um ihn jeden Tag zu besuchen. Deswegen waren wir beruhigt, dass die Stationsschwester Signal gab, Lukas fühle sich wohl. Auf seinem Zimmer waren noch Zwillinge, zwei debile, krummgewachsene, sehr freundliche Buben.

Anscheinend hatte nach der Operation das Sehen ein wenig angefangen, man konnte es allerdings noch nicht wirklich genau sagen. Die Schwester berichtete am Telefon, Lukas gefalle das Rot der Vorhänge so gut. Anderntags, als ich zu ihm kam, sprang er immer wieder aus dem Bettle und lief in dieses zwei Meter entfernte Rot hinein, wickelte sich in den Stoff, putzte vergnügt sein Göschle darin ab. Wieder zwei Tage später brachte ich ihm einen leuchtend roten Plastikfisch mit, er war halb so groß wie Lukas, wie ein Zeppelin mit Flossen. Ich legte ihn, ohne ein Wort, auf den grünen Boden. Kaum hatte ich das getan, bewegte sich Lukas auf ihn zu, streckte die Händle aus: «OOOOOOOOOOOOOOOO!» Das rundeste, dickste «O», das er jemals losgelassen hat. Den Fisch haben wir Joooonas getauft, Konrad erzählte ihm später dazu die biblische Geschichte von Jonas im Sturm, der von einem Fisch verschlungen und glücklich, drei Tage danach, wieder ausgespuckt wird.

Auf jeden Fall sah Lukas mehr, erst auf dem rechten Auge, nach der zweiten Operation auch links. Gegenstände, auf die er früher nicht reagiert hatte, den Topf auf dem Herd zum Beispiel, den grünen Eimer im Bad. Einen Hut, den ein Schüler an die große Wandtafel gezeichnet hat, an dieses breitkrempige Ding erinnert sich Lukas bis heute, und an das Fenster in der Schulklasse, hinter dem grün schimmernd die Wiese anstieg. Damals fing er an, aufzupassen, wohin ich das Kaleidoskop vor ihm in Sicherheit brachte.

Wir konnten es nun wagen, ihm Bilderbücher vorzulegen. Das erste kam mit der Post, kurz vor Weihnachten 1964, von der Schwester vom «Katholischen Blindenwerk». Was macht Lukas? Nimmt es, tapst zu Konrads Bücherregal und will es hincinstellen. Und weil da kein Platz ist, legt er das Buch schließlich untendrunter und wendet sich uns zu. «Stolz grinsend», so Konrad. Es war ein schönes klassisches Kinderbuch, das Alltagsdinge erklärte. Ein volles Glas, ein leeres Glas, ein Kreis und ein Rechteck, zu jedem ein Versle, das Lukas in kürzester Zeit auswendig konnte und dem jeweiligen Bild richtig zuordnete. Diese Art von Büchern schenkten wir ihm fortan, spartanisch aufgemacht, mit großzügigem Seitenaufbau, klaren Farben und Konturen. «Kasimirs Weltreise» hieß eines, ich erinnere mich gut an ein Bild, das Lukas und mich sehr bezauberte, da stieg ein blauer Wicht vom Gipfel eines Kirschbaums auf den großen gelben Mond.

Lukas' Augen machten Fortschritte, das war unser schönstes Geschenk! An diesem Weihnachten, seinem zweiten, stellten wir den kleinen Christbaum, mit Schnüren fest verzurrt, in den Laufstall, damit er die bunten Glaskugeln möglichst nahe hatte. Eine zerbrach er, darüber war er so entsetzt, dass er ganz fürchterlich hat weinen müssen. «O du fröhliche, o du selige» sangen wir mit dem Gast aus der Fremde, einem hervorragend Deutsch sprechenden Studenten aus Ghana. Kann sein, dass ich in dieser besonderen Heiligen Nacht von einer Reise dorthin träumte.

Überall, wo sich Licht zeigte, lief Lukas hin. In der Weihnachtszeit begrüßte er jede Kerze, die Konrad anzündete. «Oooo!» In unserem bescheidenen Haushalt waren sie rar, oftmals nur «Stümpli», an denen Konrad, zur Freude seines Sohnes, mit Hingabe so lange herumzündelte, bis auch der letzte Wachsrest verbrannt war.

Am Waschtag folgte mir Lukas in den Keller. Eine halbe Stunde oder länger konnte er vor der Waschmaschine stehen, sein Kopf reichte gerade bis zu der Tafel mit der beleuchteten Schrift: LAVAMAT. «Schau, das Dächle. Das ist ein A», zeigte ich ihm, «und da ist noch eins, und da noch eins.» Das Wort mit den drei Dächle war das erste, das Lukas später lesen konnte.

Quietschend vor Vergnügen stellte er sich in Sonnenflecken, die er auf dem Wohnzimmerboden oder sonst wo entdeckte, manchmal drehte er sich darin wie ein tanzender Derwisch. Oder er fing die Sonne mit den Händen, griff hinein und machte dann die Faust zu und wieder auf und wieder zu.

Immer neue Lichtspiele kamen auf. Ein besonders aufregendes erfand Konrad, als ihn der Bub, während ich in Zell einkaufen war, mal beim Heftekorrigieren störte. Er schraubte zwei Tintenflaschen fest zu, eine mit roter und eine mit blauer Tinte, und hielt sie unter die Lampe. Lukas begriff sofort. Die Farben im Licht zu beobachten, das schwappende, leicht schaukelnde Funkeln, wurde eine seiner liebsten Beschäftigungen.

Je verständiger er wurde, desto mehr fand Konrad Zugang und auch körperliche Nähe zu seinem Sohn. Zärtlichkeiten austauschen lag ihm bekanntlich nicht, aber sie machten «Unsduns» miteinander. Turnübungen auf einer Steppdecke, Po nach oben recken, kugeln, auf allen vieren unterm Vater durchkriechen, Häschen hüpf. Ganz langsam, immer im Nahbereich. Einen Ball auf zwei, drei Meter Entfernung konnte Lukas auch jetzt nicht sehen.

«Papa, pferdle mich!»

«Iiiiihh!» Mit lautem Wiehern beugte sich Konrad hinunter, schnaubte und ließ den kleinen Reiter auf seine Schultern steigen.

Die beiden wurden und wurden nicht müde. Im Flur konnte ich, wenn ich gegen Abend vom Einkaufen zurückkam, manchmal schon riechen, dass Lukas die Hosen voll hatte. Wickeln konnte und mochte Konrad nicht, mit altmodischer Strenge hielt er an der Arbeitsteilung der Geschlechter fest. Trotz des Gestanks balgten Vater und Sohn einfach ungerührt weiter.

Vor dem Schlafengehen kriegte der Kleine seine Augentropfen. Um besser tropfen zu können, nahm Konrad für die Prozedur eine Taschenlampe. Damit durfte Lukas zur Belohnung vorher und nachher ein wenig hantieren, Lichtkegel auf der Wand tanzen lassen. Einmal war sie ziemlich matt, und Konrad erklärte, dass die Batterie leider schwach wäre und, so kindgemäß es eben ging, was eine Batterie ist. In diesem Monat, im März, um St. Josef herum, fuhren wir zu dritt mit dem Auto nach Lörrach. Es war ein verhangener, später Wintermorgen. «Die Sonne hat auch keine richtigen Batterinen mehr», sagte Lukas.

Sein dritter Aufenthalt im «Blauen Blick». Die «cataracta secundaria», der Nachstar, eine neuerliche Trübung der Linse, wurde operiert. Es misslang, auf dem rechten Auge wurde es finster.

Frostige Zeiten

Immer wieder im Laufe meines Lebens war ich überwältigt von Schuldgefühlen meinem Kind gegenüber. Ich habe mir erlaubt, ein Kind zu bekommen, denn ich wollte so sehr eines, mein Leben wäre sonst nicht vollständig gewesen. «Durfte ich das?», habe ich an dunklen Tagen manchmal zu Konrad gesagt. «Lass das! Ist doch Mist, was du da redest.» Ihm ist mein Schuldgefühl unverständlich, und auch mein diesbezüglicher Zorn auf die Kirche.

Ein Beichtvater kann mich doch nicht auffordern, mich sterilisieren zu lassen! Lukas war gerade zwei Jahre alt. Konrad und ich waren glücklich über unseren sonnigen, begabten, robusten Buben. Wie konnte ich Lukas sagen, ich hab dich lieb, und zugleich: Solche wie du sind in der Welt nicht willkommen, nicht einmal in der Kirche? Bei der katholischen Kirche hatte ich keine Hilfe. Im Gegenteil, dieser Geistliche, bei dem ich damals, während eines Besuches bei meinen Eltern in Freiburg, Rat suchte, hat mein junges Leben total entmutigt. Der ehrwürdige, ältere Herr, der von der Kanzel predigte, Kinder zu verhüten sei Sünde, hat mich beschworen, genau dies zu tun. Kann das wahr sein? Nachdem er mich von meinen Sünden losgesprochen hatte, bin ich halb ohnmächtig aus dem Beichtstuhl herausgekrabbelt und hab mich in die Kirchenbank geschleppt, mechanisch die Vaterunser gebetet, die er mir zur Buße aufgegeben hatte.

Unter den Nazis war ich der Zwangssterilisation entkommen, und jetzt wurde ich aufgefordert, in Gottes Namen, mich freiwillig sterilisieren zu lassen. Die Szene hat mich nie losgelassen. Im Traum habe ich mit geballten Fäusten vor diesem Kerl gestanden: Der soll mir nochmal auf den Buckel steigen, den schüttle ich ab!

Aber es war ja nicht dieser eine Pfarrer allein. Mitte der sechziger Jahre hörte man so etwas öfter, sogar in Blindenkreisen. Kameraden aus Marburger Zeiten äußerten sich in diesem Sinne. «Wir dürfen nicht!» Aufsehen erregte damals eine Studientagung des evangelischen «Christlichen Blindendienstes» zum Thema «Verantwortliche Elternschaft in der Ehe blinder Menschen». Pastoren sprachen, Ärzte sprachen. Vor allem der Beitrag der Vorsitzenden des Hessischen Blindenverbandes erregte mich, Dr. Friedel Heister, sie trat vehement für die freiwillige Sterilisation ein. Dieser Gedanke müsse endlich aus dem Tabu befreit werden, das ihm durch die Nazizeit anhafte. Viel später habe ich die Protokolle der Tagung nachgelesen und wieder den Zorn gespürt. In der Abschlussresolution heißt es: «Besteht die große Wahrscheinlichkeit, die Blindheit zu vererben, so stellt sich die Frage nach dem Verzicht auf Kinder in höchster Verantwortung und Schärfe. Für die Entscheidung kann nicht allein die eigene Lebensführung der Eltern ausschlaggebend sein, sondern sie muss getroffen werden auch im Blick auf das Schicksal der Kinder als Einzelwesen und als Glieder der Gemeinschaft.» Ähnliche Gedanken kamen zwei Jahre später aus dem Vatikan, lassen sich in der Enzyklika «Humanae vitae» finden. In den Begriffen der Zeit waren Konrad und ich verantwortungslose Eltern.

Solange wir mit Lukas in Tonberg lebten, redete uns niemand in die Erziehung rein. Konrad und ich waren in pädagogischen Fragen ziemlich einig. Der Bub musste pünktlich ins Bett, das war Gesetz. Gewisse Sicherheitsregeln mussten sein «wegen der Äugle», ansonsten ging es bei uns recht zwanglos zu. Lukas teilte unseren Alltag und suchte sich dabei weitgehend selbst seine Liebhabereien. In der Küche hatte ich ihm zwei Schubladen zugewiesen, in denen er gefahrlos kramen konnte. Spiele ergaben sich einfach, neben der Arbeit. «Mama, such mich!», rief er aus seinem Versteck unter der Eckbank. Ich bewegte erst mal polternd ein paar Schranktüren, auf und zu, auf und zu. «Lukas, bist du da?» Dann suchte ich ihn in der Topfschublade, er schüttete sich aus vor Lachen, und ich nutzte sein Quieken und Kreischen, um mich leise anzuschleichen. Selten nur packte ich daneben, ein Arm, ein Bein oder auch beides ließ sich leicht erwischen. «Such mich, Lukas!» Nun ging es umgekehrt, natürlich kriegte er mich viel, viel schneller zu fassen.

Nachmittags nahm ihn Konrad manchmal mit ins Schulzimmer. Dort war ein kleiner Tisch, nahe der Wand, ganz für ihn allein, auf dem er, während der Papa Hefte korrigierte, seine Bilderbücher anschauen konnte. Im Dorf hatte er leider keine Spielgefährten, das einzige Kind, das altersmäßig zu ihm gepasst hätte, war debil. Den Schülern wich er meistens aus, auf dem Pausenhof herrschte Krach, ein irres Tempo. Manchmal ließ er für kurze Zeit zu, dass sich die großen Mädchen seiner bemächtigten. Sie liebten ihn, weil er so vertrauensselig und spielfreudig war, er war für sie eine lebendige Puppe.

Mit zweieinhalb Jahren ungefähr hat Lukas angefangen zu fragen. Alle naselang brachte er irgendwas an, dessen er habhaft werden konnte, eine Blume, einen Stein. «Was ist das?» Oder fasste ans Tischbein, tippte aufs Sofakissen, irgendwohin, wo er sich gerade befand. «Das?» Antwortete keiner von uns oder war das Wort, das wir ihm nannten, zu kompliziert, machte er selber eines. Unser Wäschekorb hieß das «Gatsch», ein alter Reisekorb, der leicht geknarrt hat. «Gatsch» fiel der Deckel zu, das hörte sich wirklich so an. Und der Gummistöpsel im Waschbecken mit der kleinen Kette war das «Goch», schönste Lautmalerei, «Goch», das Geräusch, das beim Ablassen des Wassers entstand. «Sssiuk» war die Schleudergardine. «Darf ich sssiuk machen?» Er wollte den Stab bewegen, mit dem man sie vor- und zurückzog, um die Metallringe zum Rollen und Singen zu bringen. Lukas war Spezialist im Wörterfabrizieren, Wörter und Musik, eins ging in das andere über.

Konrad befand, Lukas sei jetzt allmählich alt genug, um mit uns in die Kirche zu gehen. Sonntags um neun Uhr bimmelte es vom Miniaturglockenturm schräg gegenüber, ein kurioses Stück Architektur, das ein frommer Bauer vor langer Zeit mal auf den Giebel seines Hauses hatte setzen lassen, damit kein Tonberger mehr zu spät zum Gottesdienst kam. «Das Glöckle!» Mit dem fünften, sechsten Ton sprangen im Ort die Türen auf, Zeit, sich auf den Weg zu machen. Eine Stunde genau brauchte ein normaler Fußgänger bis ins Kirchdorf. Außer uns hatte kaum eine Familie ein Auto, weswegen Konrad öfter Kirchentaxi spielte, auch mal unter der Woche, wenn Mai-Andacht war oder ein Sünder eilig zur Beichte wollte. In umgekehrter Richtung transportierte unser VW ebenfalls so manche Fracht, gehbehinderte Personen, schweres Gepäck, Milchkannen und alle paar Monate für uns selbst zwei, drei Kistchen Wein. Als Lehrer konnte Konrad nämlich zu sehr günstigen Konditionen an den Lieferungen von Messwein teilhaben.

Dem Pfarrer, einem bodenständigen, spröden Mann, hatte er gleich am Anfang der Tonberger Zeit seine Dienste angeboten. Im Gottesdienst zu assistieren, mochte Konrad schon seit seiner Kindheit in Herrenschwand gern, jetzt hatte er wieder Gelegenheit dazu. Was zusätzlich anfiel, die zugige Sakristei heizen oder im Pfarrgarten jäten, tat er ohne Murren.

Konrads besonderes Verständnis des Christentums lernte ich in den ersten Ehejahren erst richtig kennen. Einerseits hat er diesen festen Glauben an Christus und die Bibel, auf der anderen Seite die Freude am Dienen, sich in einem Gotteshaus, dort, wo er lebt, nützlich zu machen. Dieses Klare, Unbeirrbare wollte er an Lukas weitergeben.

«Lukas, bald kommst du mit in die Kirche!», hatte Konrad immer wieder gesagt, lange, bevor es so weit war.

«Jaaaaaa.»

Noch nicht ganz drei war er. An sein erstes Kirchenerlebnis erinnert er sich selbst ziemlich gut.

Eine Andacht, keine Messe, an einem schönen Herbstnachmittag. Es ist voll, Lukas zwischen Konrad und mir eingezwängt. Die vielen anderen Leute kann er kaum sehen. «Interessantes Licht, farbige Fenster», weiß Lukas noch. Und irgendwo weit weg spricht einer, die meiste Zeit allein. Er füllt den großen Raum mit seiner Stimme. Mit den Wörtern kann Lukas nichts anfangen, aber dann legt die Orgel los, erst leise, nach wenigen Akkorden braust sie auf, gewaltig, jubelnd. Lukas zittert, er fasst unsere Hände. Die Musik hört auf, er ruft in den Raum:

«Kunschstück isch's!»

Seitdem gingen wir sonntags in Dreierformation in die Kirche. Oft fuhren wir mit dem VW nicht gleich heim, sondern machten Ausflüge, kürzere oder längere. Mal besuchten wir Konrads Kollegen vom katholischen Lehrerverein, vier Lehrer, alle noch Junggesellen, reihum in ihrer Einöde. Alle paar Wochen war Herrenschwand dran, Konrads Mutter, seltener Freiburg. Autofahren war schwierig für Lukas und mich. Wenn man nicht sieht, wird einem ab einer gewissen Geschwindigkeit, noch dazu auf den kurvigen Straßen, schnell übel. «Mieswerdsträßle» nennen wir sie heute noch. Mir wurde vorne sterbensschlecht, und Lukas kotzte mir in den Rücken. Damit war der Ausflug beendet. Wir haben dann Antikotzspiele entwickelt – Spiele, bei denen man sich so konzentrieren muss, dass man die Übelkeit vergessen hat.

«Ich heiße Adam.»

«Ich heiße Adam und komme aus Afrika.»

«Ich heiße Adam und komme aus Afrika, fahre mit dem Auto nach Argentinien.»

«Ich heiße Adam und komme aus Afrika, fahre mit dem Auto nach Argentinien, trinke dort einen Apfelsaft.»

Und so weiter, «esse Anisplätzchen, rede mit Arabern ...»

Ein anderes Spiel hieß: «Ich komme in die Märchenstadt.» Dort haben alle Straßen und Plätze Märchennamen.

«Zum Dornröschenberg – wie kommt man da hin?»

«Von der Siebenzwerge-Gasse, und dann in die Schneewittchen-Straße.»

«Lukas, du hast den Rumpelstilzchen-Platz ausgelassen.»

Auch Konrad hatte so seine Tricks. Auf der Strecke nach Herrenschwand, die er manchmal allein mit Lukas fuhr, machte er Umwege, sodass möglichst viele Kurven und Berge dabei waren, beschrieb dabei die Aussicht, Kühe, Passanten und ihre Hüte, was alles da war. Das höchste Glück: die Rückreise am Abend so zu gestalten, dass die Sonne immer wieder verschwand und wieder auftauchte. Buckel runter, Sonne weg, und raus aus dem Loch, hoch und höher, Sonne da.

«Sehen wir sie noch einmal?»

«Jaaaa!»

«Vielleicht sind wir zu spät dran?»

Geschafft! Auf der letzten Anhöhe vor Tonberg zeigte sie sich groß und rot! In späteren Jahren hat Lukas vom Beifahrersitz aus den Blinker bedienen dürfen, der praktischerweise am Lenkrad eingebaut war. Den «Zipp». Sehr geschickt hat Konrad mit ihm Verkehrsunterricht gemacht. Wo geht es rechts, wo geht es links? «Zipp.» Lukas sollte sich die Strecke einprägen, wo und wann muss man zippen, wo nicht, weil man auf der Vorfahrtsstraße bleibt.

Lukas war auch ein wackerer Spaziergänger. Er mit seinen nicht einmal drei Jahren und ich, inzwischen mit der Topographie hinreichend vertraut, durchstreiften bei gutem Wetter die Umgebung. Zwei, drei Kilometer mitunter, der weiteste Weg führte zum Forsthaus. Sobald wir die Wiesen verließen, stimmte Lukas «Ein Mannlein steht im Walde» an. «Mannlein» sang er, und ich mit. Unterwegs haben wir Wintervorräte gesammelt, kleine Holzspäne zum Feuermachen. Oder Tannenzapfen, das tat Lukas mit großer Begeisterung. Damit wir uns voneinander nicht zu weit entfernten, riefen wir in kleinen Abständen:
«Mannlein!»
«Mama!»
«Mannlein!»
Wir krochen auf dem weichen Waldboden umher, jeder türmte seine Beute zu einem Haufen.
«Ich hab die meisten!»
«Nein, ich!»
Für den Transport nahmen wir den Kinderwagen mit, unser Prunkstück, mit den modernen großen Rädern und der am Berg unerlässlichen festen Bremse. Zapfen gab es unendlich viele in diesem Herbst 1965. Galina hatte prophezeit, der Frost würde früh und plötzlich kommen, und mir noch einige Ratschläge erteilt, wie ich Gemüse einmieten könne. Lukas half mir dabei. Inzwischen war er von unserer Gartenleidenschaft angesteckt, und nach der Erntedankfeier in der Kirche hatte er begriffen, dass fürs Gedeihen auch der Himmel zuständig ist. «Lieber Gott», betete er, «lass unsere Tomaten nicht erfrieren. Auf den Salat musst du nicht aufpassen, den haben wir schon gesse.»

Anfang Dezember hatte der «hintere Wind», wie die Hiesigen den Ostwind nannten, enorme Mengen von Schnee aufs Schulhaus geblasen und unter die Biberschwanzziegel gedrückt. Gegen diesen Eismantel konnten wir drinnen trotz der neun Öfen kaum anheizen. Konrad war der Erste von uns, den es niederwarf. Beim Heruntertragen der Kinderbadewanne holte er sich eine Erkältung, die sich zu einer fiebrigen Bronchitis auswuchs. Wie viele Schwarzwälder Armeleutekinder war Konrad schwach auf der Lunge, tuberkulosegefährdet.

Bis auf weiteres war die Schule geschlossen. Konrad krank. Lukas krank. Ich krank. Um zwischendurch etwas Ruhe zu haben, verhängten wir den Durchgang zwischen unserem und Lukas' Schlafzimmer mit einem Tuch, davor die Chaiselongue als Barriere. «Damit die Bazillen von Papa nicht durchkommen», haben wir ihm gesagt. Er lag am längsten von uns – während Konrad und ich mit wackligen Knien schon wieder unserer Arbeit nachgingen, kam Lukas nicht hoch. «Wir können hier oben nicht mehr weitermachen», meinte Konrad.

Lukas verging vor Langeweile. Aus lauter Not hab ich ihm die Organetta gebracht, ein kleines Tischinstrument mit Gebläse, das Konrad, weil er kein Held im Singen war, mal gekauft hatte, um den Schülern wenigstens ein paar Liedle andeuten zu können. Zunächst klopfte der kleine Patient lustlos darauf herum. Patsch, patsch. Bald merkte er, wenn man eine Taste auslässt, das klingt gut, zwischendrin mal eine schwarze Taste drücken, auch nicht schlecht. So langsam baute er sich Tonfolgen, ganze Melodien zusammen. Im Frühjahr, bei den nächsten Gottesdiensten, verfolgte er aufmerksam die Orgel. Jedes Mal brachte er ein Lied mit nach Hause. «Ihr Freunde Gottes allzugleich» war eines. Die ganze Woche hat er es probiert, auf seinem «Organettele» herumgeruckelt. Jeden Sonntag hat er ein neues Lied aufgeschnappt, geprobt. Schließlich fing er an zu harmonisieren, bis er es dreistimmig konnte, dass es fast schon geklungen hat wie in der Kirche.

«Es wird Zeit, Magdalena.» Konrad drängte.

«Und wohin?»

Lukas zuliebe mussten wir fort, er sollte in den Kindergarten, Spielgefährten haben, und bald würde er noch mehr brauchen. Außerdem ging schon länger das Gespenst der Schulschließung um, über kurz oder lang würde unsere Schule geschlossen. Einmannbetriebe wie Tonberg wären zuerst dran, glaubten wir. Darin allerdings haben wir uns getäuscht, es war umgekehrt, viele größere Schulen verschwanden eher. Um eine Schwarzwälder Zwergschule dichtzumachen, musste man nämlich zuerst geteerte Straßen bis in die letzten Weiler und zu den einsam gelegenen kleinen Höfen bauen, damit die Schüler per Bus abgeholt und in die Zentralschule gebracht werden konnten.

Wie auch immer, unsere Tage hier oben waren gezählt. Nach sieben Jahren im Dorf hätte Konrad ein Anrecht darauf gehabt, in die Stadt versetzt zu werden, nach Freiburg, Lörrach oder Müllheim. Doch das kam für ihn nicht in Frage, er wollte auf Dauer in ländlichen, überschaubaren Verhältnissen leben. Ihm schwebte etwas vor, ich wusste genau, was, er musste es mir gegenüber nicht aussprechen: ein südlich milder Ort ähnlich wie Märlingen, nur eben nicht evangelisch, sondern katholisch. Oder wie die Höri, die fruchtbare Bodenseehalbinsel, wo er 1948 von Konstanz aus in einer ganzen Gruppe von ausgehungerten, traurigen Internatszöglingen mal hinbeordert worden war, einem Pfarrer seinen Wein zu ernten.

Konrad folgte zielstrebig seiner Sehnsucht. Und ich würde ihm folgen.

Paradies-Garten

Bamlach oder Sonnenmatt? Unter den Stellenangeboten im Lehrerblatt, das Konrad in diesem Winter regelmäßig studierte, waren zwei, die ihm zusagten. Beide Orte lagen im

Markgräflerland, nicht sehr weit entfernt von seinem heißgeliebten Märlingen. Wir berieten uns kurz und taten etwas, was sonst nicht unsere Art war: Wir warfen ein Zehnerle. Zahl war Sonnenmatt. Adler war Bamlach. Zahl! Auch ein zufällig vorbeiradelnder Kollege von Konrad riet zu Sonnenmatt. «Das Schulhaus dort ist ganz neu, gerade erst eingeweiht!» An einem Februar-Wochenende fuhr Konrad dorthin. Obwohl Sonntag war und auch noch Essenszeit, traf er im Rathaus den Bürgermeister an, mitten in der Arbeit, und fand sofort heraus, dass der mit Leib und Seele an seinem Dorf hing. Als ihm der gute Mann auch noch voller Stolz die Schule aufschloss, war alles klar: ein großzügiges, luftiges Gebäude mit vier Klassen und einer Turnhalle, dazu im Keller, kaum zu glauben, zwölf moderne Duschen. Hier kann man als Lehrer schaffen!

Von Seiten des Kreisschulamtes gab es keinerlei Einwände. «Sonnenmatt? Solche Wünsche höre ich gern, Herr Weingartner!», freute sich der Schulrat und wies auf Stapel von Bewerbungen, einen ganzen Berg vom Boden bis übers Sofa hinaus, «alle für Freiburg». Wir profitierten wieder mal davon, dass unsere Träume nicht zeitgemäß waren.

Gleich nach Ostern, 1966, sollte er in Sonnenmatt anfangen. Alles vollzog sich so unheimlich schnell, dass wir kaum dazu kamen, von den Menschen, die wir liebgewonnen hatten, richtig Abschied zu nehmen. Von Galina vor allem; wir besuchten sie am Gründonnerstag auf dem Krankenlager, sie war ziemlich schwach. «Das ist nicht so schlimm», beruhigte sie uns, «ich bin eben alt.» Kurz zuvor hatte ich zu ihrem 75. Geburtstag für die Zeitung noch eine offizielle Gratulation geschrieben. Wir packten mit tatkräftiger Hilfe unserer «Schulwüschere», so zügig wie möglich, allzu lange wollten wir Lukas nicht bei meinen Eltern lassen. Unter dem Regiment seines Opas fühlte er sich nie wohl – «den ganzen Tag mit zusammengeklemmten Arschbacken rumlaufen», wie er sich später mal ausdrückte.

In den ersten Tagen und Wochen habe ich mein Glück nicht fassen können: So viel Sonne in der Wohnung! Morgens schon ist sie ins Schlafzimmer gekrochen und hat uns gekitzelt. Wir hatten gerade die drei sonnenlosen Tonberger Monate hinter uns, auch an diesem Ostern lag dort auf der Schattenseite noch reichlich Schnee, sind sozusagen aus der Eiszeit gekommen. Nur fünfzig Kilometer weiter: der schönste, überschäumende Frühling. In den Gärten haben sogar die Mauern geblüht, Steinpflanzen überall, weiß, gelb, lila. In den Weinbergen, in einem tiefen, unergründlichen Blau, Tausende von Traubenhyazinthen. Von unserer Lehrerwohnung aus, die sich im ersten Stock des früheren Schulhauses befand, haben wir in alle Richtungen das Weiß und Rosa der blühenden Obstbäume bestaunen können. Und die Gerüche! Die Vögel, so viele! Und die Menschen so laut! Das hat uns völlig überwältigt. Gegenüber von uns ein Stall mit brüllendem Vieh, Kühe, Schweine, Schafe, von allem mehr als ein Dutzend, ein reicher Hof, und dieser Bauer hatte nicht weniger als neun Töchter. Das Leben hat einen angesprungen, wo man gegangen und gestanden ist. Konrad und ich kamen aus dem Schwärmen gar nicht mehr raus.

«Mensch, guck emol, was da scho blüht!»
«Guck emol, der alte Birnbaum.»
«Maiglöckle.»
«Die hen scho Salat.»

Auch Lukas ist aufgelebt. Anfangs hat er einfach nur im Garten gehockt und sich in der Sonne geräkelt. Gleich morgens, noch vor dem Anziehen, begaben wir uns ans Fenster und genossen aus der Vogelperspektive die Pracht der Beete. Wie eine bunte verschwommene Landkarte lagen sie unter uns. Ich brachte Lukas bei, das Monokular zu benutzen: Mit Hilfe des einäugigen Fernrohrs, ähnlich dem, wie es früher die Seeleute hatten, konnten wir uns einzelne Farbinseln näher heranholen. Das «Glotz» setzte er seitdem täglich ein, es wurde sein ständiger Begleiter – und ist es noch. Oft spielte er da oben am Fenster «Rapunzel, Rapunzel, lass dein langes Haar herunter».

Bis Pfingsten bin ich nur nachts im Dorf herumgelaufen. Im Vergleich zu Tonberg war Sonnenmatt riesengroß, es hatte dreihundertfünfzig Einwohner. Wieder das alte Problem: Die Leute sollen nicht sehen, wie blind ich bin. Theoretisch habe ich gewusst, es gibt eine Straße rauf und noch eine quer dazu, und oben an der Hauptachse rechts ist der Kaufladen, die Milchsammelstelle und schräg gegenüber das Kirchle. Diese Strecke hab ich mir langsam mit den Füßen ertastet. Mir erhorcht. Wo fließt der Bach, und wie stark ist sein Gefälle? Die Höhe der Häuser ausgelotet, ihren Charakter in etwa und ihre mutmaßliche Funktion. Vor welchem ist ein Misthaufen, wie viele Schritte sind es bis zum nächsten? Der berühmte «Stallgeruch» verriet viel. Seit mir ein Schwarzwaldbauer das mal erklärt hatte, konnte ich auseinanderhalten, ob Schwein, ob Kuh, ob der Stall gepflegt ist. Hat der Bauer trockenen Mist, mit viel Stroh versetzt, oder sauren, von Jauche triefenden? Bei einem bemerkte ich gleich den ordinären Gestank von Nachgeburten, die nicht vergraben wurden.

Mühelos ließen sich die alten Winzerhöfe erkennen, sie schienen ganz und gar durchtränkt von Most, vom Trester. Bürgersteige existierten hier ebenso wenig wie im Schwarzwald, der Streifen zwischen Häusern und Straße war nicht klar definiert, eine Art Niemandsland. Manch einer ließ eine Holzlieferung tagelang daliegen, oder es lag ein Dreirädle quer. Man musste erst die dazugehörigen Leute, ihre Gewohnheiten ein wenig kennen, um die Gefahr einschätzen zu können.

Abends zogen die Sonnenmatter Frauen mit dem Handwägele zur Milchsammelstelle. Das halbe Dorf hat sich dort eingefunden, Großmütter und Enkel, viel junges Volk, es war der Ort zum Flirten und Necken. Feierabendstimmung, eine schöne Atmosphäre. Ein Geschnatter, Geschwätz, Gekreisch.

Streitende Kinder, am Rande hat noch die Jungmannschaft Fußball gespielt. So muss Italien sein, hab ich gedacht. Ich war gerne hier, und Lukas kam gerne mit. Meist stellte er sich drinnen neben der Frau auf, die die Milch in den großen Trog schüttete: platsch. «Mama, sooooo viel Milch!» Dabei mochte er Milch gar nicht, er mochte genau wie ich das Tohuwabohu hier. Mit etwas Glück durfte er bei jemandem auf dem Wägele heimfahren, neben der leeren Milchkanne. Sobald die beiden schepprigen kleinen Kirchenglocken ertönten, «bing-bing-bing», sprangen alle auseinander. «Jee, 's lütet scho.» Das war der Moment, wo er richtig postiert sein musste, in der Nähe einer netten Frau, die ihn einladen würde: «Komm, steig auf, Bub.»

«Grüß Gott, Frau Lehrer!» Natürlich ging es wieder los mit diesem Zirkus. «Frau Weingartner, bitte.» Obwohl ich mich sehr bemüht habe, das Image der Respektsperson loszuwerden, ist es mir nie ganz gelungen. Konrad als Lehrer war eine, wenngleich es ihn nie wirklich interessiert hat, und er hat es schon gar nicht im Dorf ausgespielt. Ihm war wichtig, dass ihn der Schulrat möglichst in Ruhe ließ, und das tat er. Dieser noch junge Vorgesetzte, Herr Krause, ein leidenschaftlicher SPD-Mann, war Konrad gewogen. Seine Schwester war mit Konrads Schwester zur Klosterschule gegangen, so etwas zählte damals. Auf Herrn Krause war Verlass, auch im Hinblick auf die anstehende Gemeindezusammenlegung: Die Grundschule bleibt in Sonnenmatt, hatte er fest versprochen.

Auf seine eher unauffällige, handfeste Art fand Konrad Zugang zum Dorf, indem er wieder mal der Kirche seine Dienste anbot. Sonntags hörten die Sonnenmatter aus seinem Munde die Lesung und die Fürbitten. «Der beste Lektor, den wir je hatten», sagen heute noch einige. Im Jahr unserer Ankunft suchte die Winzergenossenschaft einen neuen «Öchslemesser». Es musste jemand sein, der einerseits etwas vom Wein verstand, andererseits unbestechlich war, möglichst mit niemandem im Dorf verwandt. Von jeder einzelnen Kipplore mussten mit dem Handfraktometer die Öchslegrade gemessen werden, viel Arbeit also. Konrad zögerte zunächst. «Als Aushilfe, gut.» Und dann hat er das Amt dreißig Jahre am Hals gehabt. «Sie haben doch als Lehrer so lange Herbstferien.» Es hatte den Vorteil, dass er die Eltern und Großeltern seiner Schüler kennenlernte und wusste, was hinter den Fassaden des Dorfes geschah.

Für Lukas war nun der Übergang in eine größere Welt gekommen. Die Kinderschule war praktischerweise direkt unter unserer Lehrerwohnung, in ehemaligen Schulräumen. Über uns, in der Mansarde, lebte die leitende Kindergärtnerin, «Tante Hanna», eine warmherzige, etwa dreißigjährige Frau, die bald bei uns ein und aus ging. Lukas hörte täglich ihre Stimme und den Kinderlärm, und er gewöhnte sich, ohne dass wir gedrängt hätten, «du musst», an den Gedanken, dabei zu sein.

Wir ließen ihm Zeit, zunächst schickten wir ihn nur stundenweise runter. Er fühlte sich äußerst unwohl, bis heute erinnert er sich nicht gern daran: vierzig Kinder in einem Raum, die sich fürchterlich schnell hin und her bewegten. Ihm blieb nichts anderes übrig, als sich mit ein paar Bauklötzen in eine Ecke zurückzuziehen. Notfalls schickte ihn Tante Hanna kurzerhand wieder zu mir nach oben. Bubenspiele gingen gar nicht, draußen auf der Wiese mit den vielen Obstbäumen war er verloren. Bälle werfen und fangen, Krieg mit Stöcken, Wettrennen auf Fahrrädle, unmöglich. Für die Angriffslustigen war er wehrlose Beute, Lukas konnte nicht zurückhauen, ja er konnte den, der ihn piesackte, oft nicht mal identifizieren. Im besten Fall kriegte er einen Arm oder ein Bein zu fassen und biss zu.

Pragmatisch wie er war, hielt er sich an die Mädchen, die kleinen, an die ruhigeren Gemüter, und wurde seitdem als «Maidleschmecker» verspottet. Am zufriedensten war Lukas mit einem Stück Papier und ein paar Farben. An solchen eher seltenen Tagen tappte er mittags leichten Schrittes die Treppe hoch, an den anderen stampfte, trampelte er, von der Küche aus hörte ich schon, wie er gestimmt war. Von allem hat er erzählt, er war keiner, der hinterm Berg hielt.

Konrad und mir tat das Herz weh. Aber was sollten wir tun? Lukas musste sich an fremde Menschen gewöhnen, musste lernen, sich durchzusetzen und Freundschaften zu schließen. Es wurde Sommer, und plötzlich kam uns die glorreiche Idee: Der Bub braucht ein gutes, starkes Kettcar. Bei einem Bekanntenbesuch hatten wir ihn beobachtet, wie er mit dem Dreirädle des Sohnes fuhr, und festgestellt, er ist umsichtig, auf Sicherheit bedacht, und anscheinend überblickt er ein Stück Strecke. Mit einem Kettcar, überlegten wir, müsste es gehen. Damit kann er ruhig irgendwo gegenstoßen, da ist es auch nicht so schlimm, wenn ein anderes Kind ihn rammt. Lukas freute sich unheimlich darüber, er blühte richtig auf und war mit einem Mal begehrt bei den anderen Kindern. «Mensch, hast du ein tolles Kettcar!»

«Samstag, 3. Juli 1966. Kettcar gekauft in Freiburg.» Dank Konrads Notizen wissen wir manches genau. In seinem Kalender trug er damals jeden Tag etwas ein, kurz und knapp: «Schule gehalten. Tante Hanna zu Besuch.» Oder: «Magdalena unwohl. Gewitter.» Oder: «Duschtag, eine Brause kaputt.» Neulich abends hat er mir die ganze Litanei der Eintragungen von 1966 vorgelesen. Wie ereignisreich und dicht dieses erste Jahr in Sonnenmatt war! «Wein blüht. Nie zuvor gesehen.» So viel Neues, Ungewohntes! Ab und zu hat Konrad auch etwas aus der Zeitung festgehalten. «Moby Dick. Weißwal im Rhein. Schülern davon erzählt.» Mit einem Ausrufezeichen versehen die Nachricht: Die römische Kurie hat den seit 1559 geführten Index der verbotenen Bücher aufgehoben. Das interessierte Konrad natürlich, ich erinnere mich gut daran. «Na, endlich!», sagten wir an diesem Tag zueinander.

«15. Juli 1966, Lukas schält Zwieble und weint.» Lukas wollte mir unbedingt beim Zwiebelschälen helfen. Und hielt das braune Ding unters Auge, er dachte wohl, aus der Nähe gehe es am besten, und er begann, ziemlich geschickt, die Häute zu lösen. «Huaaaa!» Ein Urerlebnis! Mittags erzählte er es Konrad und brach gleich noch einmal in schreckliches Weinen aus. In derselben Zeit entdeckte er den Pfefferstreuer. Auf dem weißen Resopaltisch glänzte ein Büchsle in der Sonne, das alte Lied, alles Blinkende zog ihn an. Den Deckel kriegte er nicht auf, mit den Fingern spürte er die Löchle auf und hielt dann das Ganze vor die Nase, kriegte einen Niesanfall, ohne Ende. «Das ist Pfeffer, das musst du wissen», sagte ich zu ihm.

Mit seinen dreieinhalb Jahren wurde er selbständig, und im Dorf war so viel zu entdecken. Ein gefährliches Alter, wir mussten jetzt sehr, sehr streng sein. Beinahe täglich erließen wir neue «Schutzbefehle». Lukas fuhr zum Beispiel liebend gern auf vollbeladenen Heuwagen. Wir schärften ihm ein, dass er dies niemals ohne einen Erwachsenen tun darf und dessen Hand nicht loslassen, bis der Wagen auf dem Hof angekommen ist und ihn jemand runterhebt. Manche Bauern haben das Heu schon nicht mehr von Hand auf den Speicher gegabelt, sondern ein Gebläse mit langen Rohren gehabt. Natürlich wollte Lukas helfen, die Maschine zu füttern. Um ihn davon fernzuhalten, griff Konrad zu drastischen Methoden: «Do muscht weg! Wenn du z' nooch bist, no chunsch oben als Brootwurst usse.»

Konrad fädelte sich wieder in die Landarbeit ein, und oft nahm er Lukas mit. Beim Kartoffelnauflesen ist er in der Reihe mitgehoppelt, zwischen den Erwachsenen und anderen, größeren und kleineren Kindern. Besonders schön war für ihn die Arbeit, die er «dem Mais den Kittel ausziehen» nannte, die Bauern sagten «Welschkorn abbelze». Man saß auf einem Wagen, links und rechts ein Brett zum Sitzen, in der Mitte ein

Haufen Kolben. Einen geschnappt, ausgepellt, «fffft» nach vorne geworfen, die Schale hinten in den Hof. Alte, Junge, ein Dutzend und mehr Leute machten mit, und dabei wurde erzählt. Das war für Lukas interessanter als jeder Tag in der Kinderschule.

Im Boden wühlen, sagt er heute, ist wichtig gewesen, dabei habe er viel Angst überwunden. Momente wie der auf dem großen Pferd, «ein paar Meter reiten, ohne Sattel». Vier muss er damals gewesen sein, beim Kartoffelsetzen war es, er hat sein eigenes Körble gehabt. Wir haben ihm gezeigt, wie man die Knolle ins Loch legt und ein wenig antritt, damit sie nicht gleich wegkullert. Am Ende erschien das Pferd, und plötzlich saß er oben, jemand sagte: «Wenn das Ross noch ein wenig rumläuft, dann wachsen die Kartoffeln.» Ihm war klar, dass es etwas fallen lässt. Abends fragte er uns besorgt:

«Und sind die Rosspfudle dann in den Brägele?»

«Nein, Lukas.»

«Aber wo bleiben die?»

Wir konnten ihm seine Phantasien nicht ausreden, er glaubte viele Jahre, unsere Bratkartoffeln wären von Pferdeäpfeln durchsetzt.

Wir haben ihm seine Gedanken und Hirngespinste gelassen, freuten uns daran. Vor allem seine Begabung, Wörter und Begriffe zu bauen, hat uns immer wieder verblüfft. Einmal, im Spätherbst, kurz vor Allerseelen, nahm Konrad ihn zum Friedhof mit. Dort wurde gerade jemand beerdigt, Lukas war ganz erschrocken, dass da Menschen weinten. Flüsternd legte ihm Konrad den Vorgang dar. So gut er konnte, beschrieb er ihm den Sarg und dass darin ein gestorbener alter Mann liegt, der nun zu einem großen Erdloch getragen wird. «Mama, stell dir vor», erzählte Lukas bei seiner Rückkehr, «in nem Totenschächtele.»

An diesem Tag führten wir unser erstes philosophisches Gespräch.

«Tod», sagte ich, «ist, wenn die Seele aus dem Leib geht.»
«Was ist die Seele?»
«Seele ist das, was in dir lieb und zornig ist.»
«Und das geht dann fort?»
«Ja, das tut es.»
«Sieht man die Seele?»
«Nein, die ist fast wie Luft.»
Nach einer Weile sagte Lukas zu mir: «Gell, dann ist der Leib eine Seelentüte?»

Daran hab ich manches Mal gedacht, wenn ich ihn strafen musste: Jetzt schüttle ich die «Seelentüte». Im Verhauen war ich nie gut, da hat es in mir eine Sperre gegeben. Ein Kind strafen mit den Händen, mit denselben Händen, die es streicheln, davor hatte ich Scheu. Außerdem habe ich nicht genau sehen können, wo ich hinschlug. Ein Klaps im Affekt, ja, eine verunglückte Backpfeife – er konnte ein Trotzkopf sein, ein richtiger Unhold. Dreimal die Zuckertüte umschmeißen, das geht eben nicht, oder den Klammernsack auf der Wiese ausschütten, bei so was bin ich schon mal ausgerastet. Dann hat mich das Wort «Seelentüte» schnell wieder zur Vernunft gebracht. Mit seinen scharfen Ohren hat Lukas meistens schon an meinem Schritt gehört, dass ich wütend bin. «Du läufst so streng, Mama.»

Im November des Jahres, in dem wir neu anfingen, starb mein Bruder. Mittags klopfte die Nachbarin ans Fenster: «Freiburg ist am Telefon.» Peter habe einen schweren Unfall gehabt, sagte Mutter. «Kommt sofort.» In der Klinik habe ich ihn noch lebend gesehen, er war nicht bei Bewusstsein, Minuten später schoben sie ihn in den Operationssaal. Eine Hirnblutung stellten sie fest, «nichts zu machen». Peter war in seinem Sportclub beim Judotraining gestürzt, nicht einmal bös, Kameraden fanden ihn ohnmächtig in der Umkleide. Sein Tod mit gerade mal dreißig Jahren blieb mysteriös, er war die Fortsetzung einer Familientragik, schien mir. Peter und ich waren uns nie nahe, als Kinder nicht und auch jetzt nicht. Dennoch wusste ich einiges, wusste, wie sehr er unter dem ungeliebten Malerberuf litt, dass seine Braut ihn im Vorjahr, wenige Wochen vor der Hochzeit, verlassen hatte. Nachdem sein Lebensplan zerstört war, hatte er, wie Mutter erzählte, wie besessen Sport gemacht, sich auf diesem Feld beweisen wollen. Und jetzt der Tod.

Wir versuchten, Mutter eine Hilfe zu sein. Sie war untröstlich, und zugleich organisierte sie tapfer das Nötige. Vater rührte sich seit der Unglücksnachricht nicht vom Fleck, er kümmerte sich um nichts. Möglicherweise hat ihn in diesen Tagen ein Schlägle gestreift. Mir fiel etwas später auf, dass seine Stimme zwei Töne höher lief als früher, daraus schloss ich, dass es so gewesen sein könnte.

Auch in dem Schmerz war das Gefühl der Fremdheit, das ich schon in meiner Kindheit hatte – hier gehöre ich nicht hin. Jetzt waren wir noch zwei Schwestern, der Tod des Bruders brachte uns nicht näher. Christel war schwanger, auch das konnte mich nicht rühren. Am Tag nach dem Begräbnis fuhren wir erleichtert nach Hause, in unsere eigene Welt zurück. Lukas, den wir bei Tante Hanna gelassen hatten, fragte nicht viel.

Ein gutes halbes Jahr später trauerte er mit uns, nach kurzer Krankheit starb unsere liebe Kindergärtnerin Hanna, mit einunddreißig Jahren, an Krebs. Er weinte sehr und glühte vor Zorn, weil wir ihm nicht erlaubten, hinter dem «Totenschächtele» herzulaufen.

Im zweiten Sonnenmatter Jahr wurde unser Leben äußerlich ruhiger. Nicht so planmäßig wie bei den meisten Familien. Außer den Mahlzeiten, die wegen Konrad und Lukas pünktlich fertig sein mussten, gab es wenig feste Regeln. Einen Tag in der Woche hielt ich mir ganz frei für Lukas, meistens spielten wir Lego. Inzwischen war er ein sehr geschickter Baumeister geworden, die «Böllele» waren ideal für ihn, anders als die klassischen Holzklötze hielten sie aufeinandergesteckt zusammen, ließen sich gut transportieren. Stundenlang saß er da und tüftelte an Gebäuden, die er sich selbst ausdachte. Wenn wir miteinander «gelegot» haben, stritten wir uns regelmäßig.

«Du hast die größere Platte.»

«Die brauche ich, ich brauche eine blaue.»

«Nein, das Schwimmbad baue ich.»

«Du baust das Sprungbrett.»

Wir stritten uns wie kleine Kinder – in dem Moment, wo wir bauten, waren wir gleichberechtigt. Das Übergewicht des erwachsenen Menschen ist im Spiel total weg gewesen. Für Lukas war Lego das, was für mich früher das Zeichnen war. Es ging darum, die Welt nachzuvollziehen, Gestalt, Proportion, auch Farbe natürlich, soweit der Sehrest es eben zuließ. Architektur war sein liebstes Thema, Kirchen vor allem, Kirchen jeder Art. Sobald eine fertig war, feierte er Gottesdienst. Dann hat er sich theatralisch sein Messgewand umgeworfen, einen Fetzen Stoff, rot mit grüner Borte. Er hatte eine Glocke und ein holzgeschnitztes Altärle, das er von seinem Onkel Peter geerbt hatte und auf das er sehr stolz war. Davor ein Wachskerzle, es musste richtig gerade stehen, anzünden durfte er es leider nicht. Es gab furchtbar viel zu tun: Lukas war Pfarrer, Mesner, Ministrant und Organist in einem. «Mama, sei still! Jetzt ist Wandlung.»

Eines unserer schönsten Sonntagsvergnügen war, irgendwo eine alte Kirche anzugucken. «Hast du auch dein Glotz dabei, Mama?» Inzwischen hatte er sein eigenes. Wir betrachteten alles, Ausschnitt für Ausschnitt, bis hinauf zum Turm. Konrad machte uns auf dies und das aufmerksam, auf die Wasserspeier, Fensterbögen, auf bestimmte Heilige. «Schau, der Evangelist Lukas. Der mit dem Stier.» Mit knapp fünf Jahren wusste unser Sohn, was ist Gotik, was ist Romanik. Dazu beigetragen hat der Bildband «Deutsche Dome», den wir ihm einmal, als er krank und sehr unruhig war, ans Bett gelegt hatten. Offenbar konnte er die Kirchen unterscheiden und sich ihre Merkmale einprägen. Von einem Wochenende im Elsass haben wir ihm eine Postkarte von der Abteikirche Murbach mitgebracht. «Oh, das kenn ich!», rief er und rannte in sein Zimmer, schlug die Seite in dem Bildband auf. «Da!» Es war Murbach.

Immer aufmerksamer spitzte Lukas bei unseren Unterhaltungen die Ohren, begierig lauschte er auf Konrads Geschichten aus der Schule. «Papa, erzähl.»

Mit den Jahren hatte sich Konrad in seinem Beruf eingewirtschaftet, selbst in den Fächern, für die er weniger Talent hatte. Er kriegte es mehr oder weniger gut hin, und er machte die Dinge auf seine Weise. Der Schultag fing wie damals allgemein üblich mit dem Gebet an. Den eigentlichen Unterricht begann er mit Vorlesen oder Erzählen, je nach Jahreszeit oder nach Laune. Im Winter hat er manchmal die Deckenlampe ausgeknipst, sie haben im noch fast dunklen Klassenzimmer gesessen. «So, jetzt warten wir, bis die Sonne kommt. Sie geht rechts vom Kamin auf.» In der ersten Stunde haben sie nichts anderes gemacht, als zu gucken, wie das Licht erscheint und wandert. Kopfrechnen üben hat er auch gern im Halbdunkel gemacht, dann konzentrierten sich die Schüler besser. Ab Frühjahr hat eine getigerte Katze am Unterricht teilgenommen. Sie ist morgens durchs geöffnete Fenster spaziert, hat sich auf ein Pult gelegt, dorthin jeweils, wo es am wärmsten war, und geschlafen. Konrad ist es recht gewesen.

An Tagen, an denen die Schüler besonders unruhig waren, ist er strengen Schrittes vom Pult zu einem gewissen Schrank gelaufen. Sofort war es mucksmäuschenstill. In dem Schrank waren Grimms Märchen und die Kinderbibel, jeder wusste, jetzt liest der Herr Weingartner gleich vor. Sein größter Erfolg in einer zweiten Klasse war mal die Josephsgeschichte. Konrad hat sich damals gerade durch den mehrteiligen Roman von Thomas Mann gefressen und hat das Geschehen so lebendig dargestellt, Palästina, Ägypten, dass niemand in die Pause wollte und alle mittags das Glockenzeichen überhört haben. Ohnehin hielt sich Konrad selten an die vorgegebene Stundeneinteilung. Bis Joseph aus der ägyptischen Gefangenschaft heraus war und wieder sein Haupt erheben konnte, dauerte es viele Tage.

Bereits in Tonberg hatte Konrad damit angefangen, fürs Heftekorrigieren grüne statt rote Tinte zu verwenden. Grün ist nicht so entmutigend, fand er. Jetzt ging er dazu über, nicht die fehlerhaften Worte und Lösungen anzustreichen, sondern die richtigen. Am Ende eines Diktats ließ er die Schüler die Wörter zählen, und später stand dann drunter: «28 richtige Wörter von 32». Oder er schrieb im Heimatkundeunterricht falsche Sachen an die Tafel. «Der Rhein fließt nach Süden.» Oder «Johann Peter Hebel ist im Wiesental geboren.» – «So, jetzt macht ihr es richtig.»

Manchmal kam er nicht umhin, einen Schüler nachsitzen zu lassen. Damit die Eltern es nicht merkten und auch noch böse wurden, hieß es offiziell: «Der muss mir helfen.» Landkarten sortieren war eine klassische Aufgabe. In einem Herbst schickte er mal zwei kräftige Buben mit dem Leiterwägle los, die Reste eines beim Straßenbau beschädigten Wegkreuzes zu bergen.

Jedes Kind hatte sein Plüschtier im Klassenzimmer, das nachts dablieb und morgens wieder freudig begrüßt wurde. Es war da als Trost, zum Zeitvertreib in der Pause, je nach Bedarf. Rollenspiele machte man damals noch nicht, aber so etwas Ähnliches war es wohl, was Konrad erfunden hat. «Dein Bärle soll lesen lernen, zeig es ihm», ermunterte er einen schwachen Schüler. Streithähne hat er aufgefordert, ihre Tiere miteinander kämpfen zu lassen, damit war meistens der Dampf raus. Ihm selbst half es zuweilen, seinen Zorn zu mäßigen. Körperliche Züchtigung jeder Art, auch die kleinste, wurde von den Schulämtern und jetzt zunehmend auch von den Eltern nicht mehr geduldet. «Keinen Schüler berühren», war die neue Devise, «niemals», weder in den Arm nehmen noch strafen. Also streichelte Konrad den Plüschelefanten des weinenden Mädchens, zog Bärle und Meckis am Ohr, deren Besitzer etwas ausgefressen hatten. Das war oft ziemlich komisch. Dem Schulrat, der eines Tages zum Unterrichtsbesuch kam, hat diese Pädagogik überraschenderweise sehr gefallen. Ohne mit der Wimper zu zucken, berichtete Konrad am Mittagstisch, habe er sein Heft aufgeschlagen und grinsend notiert: «Anwesend: Schulrat Krause, Lehrer Weingartner, 24 Erstklässler, 24 Plüschtiere, eine Miezekatze (lebendig).»

September

Auf dem Gartenboden liegen und lauschen, wie es um mich herum krabbelt und knistert – im Mai fängt es an, jetzt ist es fast vorbei. An warmen Septembertagen patrouilliere ich barfuß durch den Garten auf der Suche nach einem trockenen Plätzchen. Heute fand ich eines in der Nähe der Hecke, im lange nicht gemähten Gras. Es war Mittag, die stillste Zeit im Dorf, und ich hörte das Springen der Ginsterschoten, dieses leise Knacken, wie wenn ein Tier springt.

Solche Momente sind rar, der September ist ein lauter Monat, ein richtiger Krawallmonat. Menschen und Vögel streiten sich um die Trauben, unentwegt schimpfen sie aufeinander, tricksen einander aus mit sämtlichen ihnen zur Verfügung stehenden Mitteln. Einige Wochen vor Ernte werden überall die Reben mit Netzen eingesponnen, Konrad macht das bei uns, zusammen mit Freunden. Währenddessen spektakelt das versammelte gefiederte Volk aus den Bäumen. Protest! Protest! Anderntags spätestens hören wir die Ersten unter den Netzen. Sie finden immer neue Schlupflöcher. Die Amseln, dieses Lumpengesindel, sind die größten Spezialisten. Und Konrad flucht, «drecksverfressenes Lumpentier, mistigs, du», und was er so an Grobheiten aus seiner Kindheit im Vorrat hat. «Freche Siech!» Krach hilft, Topfdeckelkonzert, Knisterfolie. Der Mensch muss Präsenz zeigen, sonst kann er seinen Gutedelwein abschreiben.

Unsere neunzig Rebstöcke am äußeren Gartenrand sind im Grunde nicht der Rede wert. Nicht mehr als «ein fruchtbarer Zaun», lästert Lukas, «kauft lieber den Wein.» Was ihn allerdings nicht daran hindert, jedes Jahr zum Rebenschneiden aus München anzureisen, sogar mit seiner Liebsten, Marie. Lukas ist ja schon mit vier, fünf Jahren mitgestöpselt und hat mit dem Scherle rumgefummelt. Wie alle Sonnenmatter Kinder damals, sonst hätte man sie hüten müssen, und wer hätte das tun sollen in diesen Tagen? Solange von Hand geerntet wurde, durfte niemand fehlen, auch gestorben werden durfte tunlichst nicht. «Muss denn der im Gutedelherbst sterben!», das war das Schlimmste, ein Begräbnis kostete das Dorf viele kostbare Stunden.

Sonntag vor Michaelis ist es so weit, schätzt Konrad. Das Laub färbe sich bereits. Ich kann seinen Zustand fühlen, an einer Stelle komme ich ziemlich gut mit der Hand unters Netz. Auf der Oberfläche sind die Blätter jetzt nicht mehr ganz glatt, zwischen ihren noch strotzenden Adern scheint das Welken begonnen zu haben. Es riecht leicht gärig, und ein wenig faulig, das sind die von Wespen angestochenen Trauben.

Meine Aufgabe an diesem Sonntag ist, das Herbstessen vorzubereiten. Schäufele und Brägele, so ist die Tradition in unserer Familie. Neun Arbeitsleute sind voraussichtlich am Steintisch, immer dieselben: Konrad und Lukas, eine Nachbarsfamilie, die Winzerfreunde Edmund und Anna, und dazu die Hausfrau, also ich, das macht zehn, mit Marie, die mir hilft, elf. Viel zu viele Hände für die drei Rebreihen, am längsten dauert das Entfernen der Netze, gelesen ist dann ruck, zuck. Lukas, der am meisten Kraft hat, trägt die vollen Eimer zur Straße und leert sie in die Bütte. Am Ende kutschiert Edmund mit dem Traktor die Trauben samt Mannschaft die hundert Meter zu seiner Kelter. Eimer für Eimer wird in den großen hölzernen Trichter der alten Triebelmühle gekippt, anschließend kommt die Maische auf die Trotte, das Herauspressen des Saftes dauert mehrere Tage. Edmund tut das für uns. «Genau so hat man schon vor viertausend Jahren gekeltert», seufzt er beim Herbstessen, jedes Mal.

«Ausreißen müsste man die Reben», sagen wir zueinander in jedem Oktober. «Nächstes Jahr, Konrad?» – «Nächstes Jahr, Magdalena!»

Dieses eine Mal noch. Die Reben bringen mir Lukas ins Haus, unsere letzte Begegnung vor der Operation. Heute Nacht dachte ich plötzlich, ich würde ihn so gern ansehen. Siebenundvierzig ist er jetzt. Schon lange weiß ich nicht mehr, wie mein Sohn aussieht, spätestens seit ich ihn nicht mehr berühren darf, wir nicht mehr zusammen baden und kalbern. Ich glaube sein Gesicht zu kennen, aber wahrscheinlich ist es eher so, dass meine Phantasie seine Stimme in ein Bild umsetzt. «Gut sieht er aus», sagt Konrad.

Haus mit sieben Zimmern

Wir waren im siebten Jahr unserer Ehe, eine ziemlich lange Zeit jetzt schon verheiratet, so kam es mir damals vor – lang, nicht langweilig. So entspannt war ich in meinem ganzen früheren Leben nie. Ich schlief neben Konrad ein, ich wachte auf, und er war neben mir, und er würde es morgen auch sein, im Frühling, im Herbst, nächstes Jahr. Wir waren nun erfahren in der Lust, nur mit dem Verhüten war es ziemlich mühsam. Wieder Temperaturmessen nach Doktor Knaus, doch mein Zyklus war unregelmäßig, seit der Geburt von Lukas hatte ich immer wieder starke Blutungen. Zwischendurch die Antibabypille, etwas ganz Neues, das die Kirche verteufelte und ich dennoch probierte, aber nicht vertrug. Im Falle einer Schwangerschaft würde ich jedenfalls nicht abtreiben, niemals.

Was wäre, wenn wir ein zweites Kind hätten? Die Sehnsucht nach noch einem Kind überkam mich alle paar Monate.

Kurz vor Ostern, 1968, stürmte Konrad in die Wohnung, schmiss seine Aktentasche auf den Tisch und rief: «Wir bauen!»

«Wirklich? Ich hol das Lego!» Lukas war verwundert, normalerweise spielte sein Vater kein Lego.

«Nein, wir bauen richtig.»

Ich lachte nur. «Konrad, du hast wohl nicht alle Tassen im Schrank.»

In den Osterferien diskutierten wir Tag und Nacht. Konrad hörte nicht auf zu drängen, ich bremste. Obwohl ich von Hause aus eine große Klappe habe, bin ich bei weitreichenden Projekten ein richtiger Hasenfuß. In Gedanken war er schon weit vorausgeeilt, hatte das Für und Wider bedacht und abgewogen. Unser Kapital waren die Tonberger Jahre: kaum Miete, Holz umsonst und keine Gelegenheit zum Geldausgeben, der Schwarzwald war die reinste Sparkasse gewesen, ein Kräftesammeln, «vor dem großen Sprung», so deutete es Konrad jetzt.

Unsere Lehrerwohnung in Sonnenmatt, rechnete er mir vor, sei nicht billig. «Ruck, zuck ist die Miete erhöht, und immer am Gängelband der Gemeinde, Magdalena, das kannst du doch auch nicht wollen.» Sie war wirklich unbequem und verwohnt, in diesem Punkt konnte ich ihm nur zustimmen. Mit den Öfen vor allem kam ich überhaupt nicht zurecht. Renovieren und investieren wollte die Gemeinde erklärtermaßen nicht, der vorige Lehrer hat es auch ausgehalten, hieß es amtlicherseits. «Mehr hen wir auch nit daheim.» Sich mit diesen Bauerndickschädeln weiterhin rumschlagen? Lebenslänglich? Konrad lockte mich, fand andauernd neue Argumente. Kaffee trinken im Garten könnte so schön sein, wenn man einfach von der Küche zur Tür hinaustritt und nicht wie jetzt mit dem Tablett eine Treppe runterturnen muss und dann noch ums ganze Haus herum, und wehe, es fehlt der Zucker!

«In zwanzig Jahren sind wir schuldenfrei», sagte Konrad im Fanfarenton, gefolgt von dem üblichen Papierrascheln. Das Geräusch des Notizblocks, den er ständig mit sich trug, machte mich schier verrückt. «Mit Zins und Zinseszins, Magdalena.»

«Schrecklich.»

«Du kannst doch mehr für die Zeitung schreiben, dann geht es schneller.»

Konrad träumte. Sonntags nach der Kirche packte er uns ins Auto, wir fuhren Kollegen besuchen, die gerade gebaut hatten. Alle Welt baute ja damals, in Sonnenmatt und überall. In den Dörfern rings um uns herum wurde ein Wiesle nach dem anderen zum Baugrund erklärt. Im Briefkasten fand man neuerdings Prospekte für Dachziegel oder Heizungsanlagen, von Versicherungen, die noch gar nicht gebaute Häuser unter ihren Schutz nehmen wollten.

«Neubäule rüssle» war unsere neue Familienbeschäftigung.

Bei flüchtig bekannten und sogar wildfremden Leuten inspizierten wir Häuser, vom Keller bis zum Dach, Terrassen mit Plastikdach, Garagen, Doppelgaragen. Konrad rüttelte übermütig an den Türen, an jedem Fenster, ob sie stabil waren.

«Nein, ich will keine Küche, die direkt ins Esszimmer geht!»

«Doch, aber ich.» Mit einem Mal hatte er mich am Haken, da habe ich mitmischen müssen.

«Das Dach nicht zu flach.»

«Und wie dann? Zu steil aber auch nicht.» Mit dem «Glotz» studierte ich die Dachneigung. Ein Okal-Haus. Wenn, sprach viel für ein Fertighaus, alles aus einer Hand, tipptopp, und ruck, zuck ist es da.

Es war nicht so, dass ich mich nur widersetzt habe. Im Jahr zuvor, im Spätsommer, hatte mich schon mal eine ähnliche Anwandlung überkommen. Das hatte ich Konrad nur verschwiegen, der Gedanke erschien mir allzu verwegen. Eine Bäuerin hatte mir erlaubt, auf dem Grundstück nebenan Fallobst zu sammeln – ein Rübenacker, in dessen Mitte drei Apfelbäume standen. «Am besten, Sie nehmen vom mittleren Baum, das sind Goldparmänen.» Das Gelände war von der Straße durch eine relativ hohe Böschung getrennt, dann kam ein Zaun, wusste ich, es würde für mich nicht leicht sein. Mit zwei 10-Liter-Eimern bin ich losgezogen und hab erst mal Tante Hanna gefragt, die vor dem Haus saß, in eine Decke eingehüllt, es muss wenige Wochen vor ihrem Tod gewesen sein.

«Tante Hanna, können Sie mir zeigen, wie ich auf das Grundstück komme? Ich mag nicht rumtasten und rumtaumeln. Es guckt bestimmt jemand zu.»

«Ganz einfach, da ist ein Loch im Zaun.»

Sie führte mich dorthin. Wir quatschten weiter, setzten uns für einen Moment an die Böschung. In einem unbeobachteten Augenblick nahm sie meine Hand und lenkte sie an die Stelle, wo der Zaun kaputt war. «Jetzt rechts fassen und durch. Das Loch ist groß genug für Sie.» Mit zwei Schritten war ich im Acker, die Rüben dort standen kniehoch. Zwischen den Reihen hab ich gut durchgehen können – ein Pfad, der schnurgerade auf das Objekt meiner Begierde zuführte. Unter meinen Füßen hab ich die Äpfel gespürt, viele, viele, im Nu waren die Eimer voll. Ich lehnte mich an den Stamm des Goldparmänen-Baums, hab ihn zum Dank gestreichelt, meinen Kopf ein wenig an der borkigen Rinde gerubbelt. Was wäre, wenn diese Bäume mir gehören würden, hab ich gedacht, und an die Szene in «Frau Holle»: den Apfelbaum, der sagt: «Schüttle mich!», und an das Mädchen, das im Märchen für seine Liebe und Sorgfalt reich belohnt wird.

Im Jahr 1968 ist Konrad vorgeprescht, als wäre er ein Mir-gehört-die-Welt-Typ. Auf Nachfrage hat sich schnell herausgestellt, das Grundstück nebenan war zu erwerben. Verschiedene Leute hatten es vor uns versucht und waren abgeblitzt. Die Besitzerin ist nämlich mit dem Dorf zerstritten gewesen, deswegen hat sie unbedingt an Ortsfremde verkaufen wollen, das kam uns zugute.

Sparkasse, Landsratsamt, Notariat. Konrad hat immer Lukas mitgeschleift, der Knirps rührte die Herren, das beschleunigte jedes Genehmigungsverfahren und später die Liefertermine. Wir haben uns für ein Fertighaus der Firma «Fritz» entschieden, etwas ziemlich Hochwertiges. Sieben Zimmer, weniger kam für Konrad nicht in Frage, und weil wir alle drei sehr gern badeten, eine großzügige Sanitärabteilung. Zentralheizung natürlich, das war damals das Größte überhaupt, nur ein Knopfdruck, und es war warm. Allerdings sollte in der Küche zusätzlich ein Holzherd eingebaut werden, mit dem wir im Notfall den vorderen Teil des Hauses heizen könnten. So viel Krisenbewusstsein war bei uns Kriegskindern noch vorhanden.

Lukas hat alles mitverfolgt und durfte Wünsche äußern.

«Da tät ich ein Fensterle hinmachen.» Darüber haben wir dann auch wirklich nachgedacht. Mancherlei Flausen mussten wir uns allerdings aus dem Kopf schlagen. Mein Sohn und ich hätten am liebsten eine römische Villa gehabt, wie bei unseren Legospielen, mit einem Atrium, in dem Gras und Blumen stehen, und einem Schwitzbad, wo man auf den Stufen herumlümmeln kann.

Im September 1968 ging es los. Zuerst rückten zwei Leute an, das Baufenster markieren, sie steckten rot-weiße Pfosten auf den Acker. «Wir kriegen einen Bahnübergang!», jubelte Lukas. Zwei Tage lang hat er Schrankenwärter gespielt und imaginäre Züge zwischen den Apfelbäumen durchfahren lassen. Plötzlich brummte es vom Unterdorf her, ein Riesenfahrzeug näherte sich. «Bätsch», hat es gemacht. «Bätsch!» Lukas geriet in Panik und flüchtete ins Haus, zu mir in die Küche. «Ich hab so Angst vor dem Bätschlädenwagen!» Nie zuvor hat er einen Tieflader gehört, das Krachen einer Rampe – für Menschen, die nicht viel sehen, einer der schlimmsten aller Schrecken. «Jetzt fährt der Bagger runter», erklärte ich ihm, «und der baggert das Loch für unser Haus.»

In den nächsten Wochen hingen Lukas und ich oft im Rapunzel-Fenster und guckten mit unseren Glotzis, wie aus einer Theaterloge, was sich da unten tat: auf die Berge von Aushub, die da wuchsen, die Dränagegräben, wie der Kellerunterbau gegossen wurde. Das Tollste war, als Ende Oktober das Haus in einzelnen Teilen angeschwebt kam. Ganze Zimmer, das Bad als fertige Zelle, samt Kacheln und Spiegelschrank. Zuletzt der Giebel, er lag eine Nacht auf dem Acker, andertags hievte der Kran ihn hoch. Das Haus stand nun komplett, und wir feierten Richtfest.

Einer der letzten goldenen Herbsttage in Sonnenmatt. Mit einem Dutzend Bauarbeitern saßen wir zusammen, die meisten waren Italiener, an zwei Tapeziertischen, die ich im großen, noch völlig nackten Wohnzimmer gedeckt hatte. Das

Essen hat eine Nachbarin geliefert, mit ihrer «Agria», dem unvergesslichen Armeleutetraktor dieser Zeit (ein Motor auf zwei Rädern und einem Minianhänger, der zugleich Fahrersitz ist), karrte sie zwei Eimer Gulasch und eine Mordsschüssel Feldsalat an. Und der völlig überdrehte Konrad spendierte Wein, Krug für Krug, «so viel ihr wollt».

Auch nach dem Einzug schaffte Konrad weiter am Bau, sogar bei Dreckswetter. Mit Unterstützung von Nachbarn, denen er seinerseits in den Reben oder auf dem Acker geholfen hatte, setzte er Mäuerle, legte Platten in der Einfahrt. Nachts um elf lief manchmal noch der Betonmischer, und die Dreihunderterlampe leuchtete auf die Vorderseite des Hauses und störte den Schlaf von Lukas. Bis der Frost kam, ungefähr Mitte Dezember, dann war Pause.

Der erste Winter ohne Holzschleppen, Ascheausräumen, Badeofenfüttern. Halbe Samstage verbrachten wir zu dritt im gemütlich dunkelbraun gekachelten, mollig warmen Badezimmer. Ein Schuss Fichtennadelschaumbad in die Wanne, und das Wasser strömte hinein, machte aus dem grünen Gel einen schäumenden weißen Teppich. Heiß, kalt, noch ein bisschen heiß, Lukas prüfte die Temperatur mit dem Finger. Zu dritt hockten wir dann, Konrad zuunterst, ich zwischen seinen Schenkeln, und vor mir Lukas. «Ich römere», juchzte er, «wir römern.» Mal stieg einer aus und holte was zu essen, Kekse oder Würstchen, zwischenzeitlich las Konrad uns etwas vor.

Zu Weihnachten hatten wir wieder einen persischen Studenten bei uns, aus Teheran. Ein reiches, total verrücktes Jahr! Trauriges war auch dabei: Unsere Freundin Galina starb. Wie gern hätte ich ihr unser Haus gezeigt und mit ihr über unsere Gartenpläne gesprochen!! Die großen Ereignisse von 1968 zogen in der Ferne vorüber, wir beachteten die Studentenrevolten in Berlin, Frankfurt und Paris kaum. Selbst ich hörte wenig Radio, nur in den Augusttagen, als in Prag die Panzer herumfuhren und die Freiheit niederwalzten, da durchzuckte es mich. Einige meiner Vorfahren mütterlicherseits haben in Böhmen gelebt, Seite an Seite mit Tschechen, wahrscheinlich sind sie von einem Fürsten dahin verkauft worden. Mit diesem Land fühlte ich mich innerlich irgendwie verbunden. Wirklich erregt hat Konrad und mich in diesem Jahr eine Schandtat ganz in unserer Nähe. Im Städtchen Müllheim wurde die Synagoge abgebrochen. «Eine Affenschande!» Selten habe ich Konrad so toben hören. «Man hätte sie retten können. Und alles wegen einem Parkplatz!»

Gerade hatte er angefangen, sich mit der Geschichte der badischen Juden zu beschäftigen. Er musste sich ja für den Unterricht die Heimatkunde aneignen, dies Thema war für ihn ein besonders wichtiger Teil. Von älteren Einwohnern hat er sich von den jüdischen Viehhändlern und kleinen Geschäftsleuten erzählen lassen. Kleine Geschichten, zum Beispiel von einem Daniel, der auf der Treppe des Gasthauses von Sonnenmatt stand und geweint hat, 1941. «Jetzt kommen wir nicht mehr», habe er zu einigen Bauern gesagt. Hin und wieder hat Konrad auch Dokumente gefunden. Ihm war ein Hauptlehrer namens Salomon Seligmann untergekommen, der um 1900 Gartenbaukurse für Lehrer gab – ein Fundstück aus dem «Frankfurter Israelitischen Familienblatt». Seligmann, ermordet 1941. Dieser Mann, der sich in Sachen Obstbau und Imkerei hervorragend auskannte, war bald wie ein Kollege für Konrad. Er ist in unseren Gesprächen lebendig gewesen, wir vermissten ihn, so, als hätten wir ihn persönlich gekannt.

Etwas Unwirkliches hatte unser neuer Besitzstand. Bis weit in die siebziger Jahre, erinnere ich mich, habe ich es nicht fassen können, bin mir wie eine Hochstaplerin vorgekommen: Haus und Garten, und die gehören uns! Um den Abstand zu den Nachbarn bewahren zu können, haben wir bald noch zwei Ackerstücke dazugekauft, mit Hilfe meiner Eltern, die uns ein Darlehen gaben. Zweitausend Quadratmeter Freiheit hatten wir nun!

Und mir wuchsen Flügel. Fast täglich schrieb ich jetzt, erst für eine Lokalzeitung, dann für zwei. Zeilenhonorar 10 Pfennige, 5 bis 8 Mark am Tag verdiente ich, das reichte fürs Essen und mehr, zu Spitzenzeiten 450 DM im Monat. Morgens, solange Lukas in der Kinderschule war, Recherche, abends schreiben. Der Gesangsverein hat eine neue Vorsitzende. Eine Ziege ist entlaufen. Professor Soundso vom katholischen Bildungswerk spricht über das Weltall: «Im Raum ist der Mensch ein Winziges». Diese neuen, weltbewegenden Themen kamen natürlich auch aufs Dorf. Geburtstage, Brauchtum, Winzerfest, die viel zu kühle Witterung, was gerade kam, von der Redaktion für wichtig erachtet wurde. Unterzeichnet mit «K. W.», und ab in den Postkasten.

Tonband bedienen und abhören, Schreibmaschine schreiben, nicht selten im schnellen Wechsel, das erforderte sehr viel Konzentration. Deswegen durfte Lukas nicht einfach hereinplatzen. «Ich mache jetzt die Tür zu. Wenn du mich brauchst, musst du anklopfen», schärfte ich ihm ein. Erst maulte er, bald aber gefiel es ihm, die Tür seines eigenen Zimmers geschlossen zu halten. «Mama, du musst anklopfen!» Wir gewöhnten uns alle an, vor geschlossenen Türen innezuhalten. Klopf-klopf. Herein! Noch heute reden wir in der Familie von der «Zeit, in der wir das Anklopfen lernten».

Wie lange würde unsere Idylle zu dritt dauern? Lukas musste in die Schule, und er wollte es auch. 1969, im Januar, war er sechs geworden, laut Bestimmung hätte er in die Blindenschule gemusst, nach Ilvesheim am Neckar. Anderthalb Jahre zuvor hatte man uns bereits darauf vorbereitet. An einem trüben Herbstnachmittag waren Leute vom Amt erschienen, ein Lehrer, der Konrektor besagter Schule, Herr Glaser. Ihn begleitete eine Augenärztin, deren Namen unser Sohn als «Frau Rostschraube» gespeichert hat. Lukas, sonst keineswegs ängstlich gegenüber Fremden, hat instinktiv die Gefahr gespürt. Ihm waren diese Gäste vom ersten Augenblick an unheimlich – vielleicht hat er gemerkt, dass Konrad und ich nicht so ungezwungen mit ihnen umgingen. Der Besuch hat sich ihm so eingeprägt, dass Lukas Jahrzehnte später das Bedürfnis hatte, eine Kurzgeschichte darüber zu schreiben. «Mich erinnerte die Stimmung ein wenig an die Nikolausfeier in der Kinderschule: Unmittelbar gab es anscheinend nichts zu befürchten, und doch lag etwas Ungewisses in der Luft.» Konrad hat mir den Text kürzlich noch einmal vorgelesen. Beide waren wir erstaunt, wie genau Lukas sich erinnerte, viel genauer als wir.

«Recht beflissen, mit völlig ungewohnten Worten, einer Art Baby- oder Kindersprache, machte sich die ältlich wirkende Frau mit unangenehmem Geruch über mich her und redete allerhand. Derweil kamen meine Eltern allmählich mit dem Herrn in ein gemessenes Gespräch. Dieser hatte eine sehr angenehme, tiefe Stimme und stellte sich mir später sogar vor: Er sei der Herr Glaser. Das kam mir bekannt vor, davon hatte meine Mutter unlängst gesprochen. Bei uns waren nämlich Scheiben im Frühbeet kaputtgegangen, also brauchten wir einen Glaser. Nein, der Mann heißt so, sagte meine Mutter, er hat einen anderen Beruf, er ist Lehrer bei blinden Kindern. Ich fragte mich, wozu wir den denn bräuchten. Einen Lehrer hatten wir ja in der Familie, und blind war ich für meine Begriffe auch nicht.» Zwei Welten trafen hier aufeinander, das hat Lukas ganz klar erfasst.

«Jemand musste der übelriechenden Frau erzählt haben, dass ich mich für alles, was leuchtet, glitzert und durch das man hindurchgucken konnte, besonders interessierte. Bald kamen winzige Taschenlampen, Lupen, kleine Ferngläser und Brillen zum Vorschein. Die durfte ich ausprobieren, nicht ohne lästige Anweisungen. ‹Tante› sollte ich sie nennen. Ich wurde den Verdacht nicht los, dass sie eine mir nicht als solche angekündigte Ärztin sei. Ich liebte Ärzte nicht, schon gar nicht, wenn sie ungefragt an mir hantierten.»

In diesen Stunden wurden viele Tests gemacht, das ist auch Konrad und mir im Gedächtnis geblieben. Auch das hartnäckige Widerstreben unseres Sohnes, auf einige ließ er sich schließlich ein. «Auf dem Tisch erschienen allerlei mir bis dahin unbekannte Spielsachen. Am meisten faszinierte mich ein gelbes Brett, auf dem man kleine Figuren mit Stielen in Löchern feststecken konnte. So lernte ich an jenem Abend ‹Mensch-ärgere-Dich-nicht›. Auf dem gelben Brett und auch auf einigen Spielkarten, die Frau Rostschraube auspackte, waren ungewöhnlich hartnäckige Krümel zu fühlen. Ich hasste Krümelei am Tisch, schon als Kind, und versuchte, diese Verschmutzungen zu beseitigen. Das wurde energisch verhindert. Ich erfuhr, dass dies Blindenschrift sei, die ich später einmal lernen sollte. In der nächsten Zeit fiel immer wieder das Wort ‹Ilvesheim›, und meine Eltern wurden dabei immer sehr nachdenklich, ich möchte meinen, sogar traurig.»

In gewissen Abständen kamen die seltsamen Gäste wieder zur Kinderbesichtigung, nicht immer angemeldet. Zuletzt waren sie just beim Richtfest erschienen. Sie standen eine Weile auf der Baustelle herum, und wir wechselten ein paar harmlose Sätze. Buchstäblich im letzten Moment ließ sich das Schicksal abwenden. Verzögerungen beim Ausbau der Blindenschule bewirkten, dass Lukas wegen Platzmangels erst einmal doch nicht im September (der Schuljahresbeginn war inzwischen auf den Herbst verlegt worden) in die erste Klasse nach Ilvesheim konnte. Was wiederum der uns gewogene Herr Glaser dazu nutzte, seinen Vorgesetzten gegenüber die Marschroute auszugeben: Die Grundschule kann der Junge am Ort absolvieren. Schließlich ist der Vater ein erfahrener Pädagoge, und die Mutter kann ihm die nötigen Blindentechniken beibringen. Wir hatten vier Jahre Zeit gewonnen!

Mit der Schule ist Lukas gut zurechtgekommen. Wenn

nötig, hat Konrad ihm Hilfestellung gegeben, er schrieb ihm zum Beispiel Dinge, die er auf der Tafel nicht sah, in großen Druckbuchstaben auf einen Zettel, den Lukas dann unters Auge halten konnte. Schönschrift war natürlich *die* Katastrophe, wie früher bei mir in Freiburg, in der Pfeifferschule. Turnen, Zeichnen und Werken schwach, und genau wie ich war mein Sohn schnell von Langeweile geplagt. Etwas schwierig war, dass der Lehrer der Papa war, und der Papa der Lehrer, plötzlich ist Konrad allgegenwärtig gewesen. Lukas konnte nicht wie die anderen auf dem Schulweg mal abzwitschern, Staudämme bauen oder Quatsch machen. Morgens ein wenig trödeln, das ging auch nicht, der Vater ist immer zehn Schritte hinter ihm marschiert. «Der Sohn von Lehrer Weingartner möchte ich nicht sein», sagten seine Kameraden. «Mit dem Lukas ist der Weingartner noch strenger als mit uns.»

Daheim wurden oft Dinge gesprochen, die nicht nach außen gelangen durften. Bei uns am Tisch ist alles verhandelt worden, ob der Pfarrer Mist gepredigt hat oder dass der Ochsenwirt wieder den Nikolaus spielt, ein vor den Kindern gehütetes Dorfgeheimnis. Vertrauliches über Schüler und deren Eltern, die Winzergenossenschaft. Und natürlich kannte Lukas etliche Lehrertricks, zum Beispiel, dass sein Vater, wenn er auf eine Schülerfrage keine Antwort wusste, sagte: «Frag deinen Großvater!» Oder das tolle Rezept bei Ausflügen, wenn er die Pflanze oder das Käferle nicht kannte: «Schmeiß weg, ist giftig.» In Naturkunde war Konrad nicht sehr sattelfest. Über all das musste Lukas schweigen. «Bei Kameraden hältst du gefälligst das Maul.» Das war für ihn nicht ganz leicht zu begreifen, zumal er eine Plaudertasche war und eifrig bei Erwachsenensachen mitredete.

«Der Ratsschreiber hat gesagt, wir täten in der Schule Gruppensex machen.» Eine lustige Affäre, von der Konrad am Mittagstisch genüsslich berichtete.

«Was ist Gruppensex, Papa?»

«In der Dusche am Donnerstag, wenn alle umeinanderspringen.»

«Aha. Und warum muss der Ratsschreiber deswegen schimpfen?»

Donnerstagabends öffnete Konrad immer die Duschen im Keller der Schule. Da kamen viele vom Dorf, denn kaum ein Haus hatte ja damals ein Bad. Eltern mit Kindern, auch junge Paare rückten an. Dabei ging es ziemlich leger zu, möglich und durchaus wahrscheinlich, dass Männlein und Weiblein nicht immer sauber getrennt blieben. Unser Lukas hockte oft am Rande und ließ den roten Walfisch Jonas auf den Wasserlachen gleiten.

Konrads Hände

Unseren Garten haben wir gemeinsam angelegt, nach und nach. Im Frühjahr nach dem Einzug und fast noch ein weiteres Jahr lang lagen Berge von Aushub auf der Südseite, und wir haben am Rande gesessen, auf umgedrehten Eimern, und Pläne ausgeheckt. Ursprünglich wollte Konrad rings um den Garten einen Wandelgang aus Reben haben, wie in einer alten Klosteranlage, er hat die Benediktinerabtei Reichenau im Sinn gehabt. «Nicht praktisch», habe ich eingewandt. Viel zu aufwendig für ein Gärtnertrüppchen, das aus einem Sehenden und zwei fast Blinden besteht. Drinnen und draußen mussten natürlich voneinander abgegrenzt werden. Es sollte kein Zaun sein, bloß nicht, nichts Standardisiertes, auch keine geometrisch klare Linie. Wir entschieden uns für eine stachlige Hecke aus Berberitzen, eine natürliche Wehrmauer. Die pflanzten wir zuerst, damit die Hunde und Katzen uns in Frieden ließen und die Kinder mit ihren Fahrrädle Abstand hielten.

In der zweiten Reihe sollte unbedingt etwas Farbiges stehen. Weil der Boden hier trocken war und von der Straße her ständig Staub hereinwehte, schien Lavendel das Richtige, der robuste mit seinem zarten, langlebigen Blau. Dahinter in der dritten Reihe, im Schutz des Hauses, war ein guter Platz für Pfingstrosen verschiedenster Art – von Weiß bis Rot, eine frühe, klassische Strauchpeonie aus China, die im Februar schon dunkelrote Bollen bekommt, und die späte, edle Sorte «Sarah Bernhardt», von der Galina uns einmal vorgeschwärmt hatte, eine Junischönheit, kirschrot mit silbrigen Reflexen.

«Galina fehlt!»

«Ja, Galina fehlt.»

Wir haben uns mit unseren noch ziemlich jungen gärtnerischen Kenntnissen durchgewurstelt. Was brauchen wir? Eine Obstwiese! Kirschen fehlten, Aprikosen, ein Birnbaum, ohne Birnbaum wäre es kein Garten. Ein Fresswegle mit Johannisbeersträuchern und – Lukas' größter Wunsch – «viele Himbeerle». Seitab Reben für Konrad, auf neunzig Stöcke kamen wir im Laufe der Zeit, das reicht bis heute für ihn und unsere Gäste. Gemüsebeete, große Flächen, mit einer klaren Struktur, wir wollten Selbstversorger sein, möglicht wenig Geld in Lebensmittel stecken müssen. Komposthaufen, selbstkonstruierte Wassertanks, die das Regenwasser aus der Dachrinne aufnahmen, und in deren Schatten sechs Hasenställe. Man braucht eine Idee für einen Garten, gewisse Maximen: Struktur, aber so wenige rechte Winkel wie möglich, Blickachsen in die Landschaft hinein und andererseits Winkel, die uns Geborgenheit gaben. Hängematte, Liegestuhl, möglichst uneinsehbar. Auch Lukas hatte schon allerhand unangenehme Erfahrungen mit glotzenden Leuten gemacht.

«Können die mich jetzt sehen?», fragte er manchmal. Er wusste genau, ab Mai ist zur Straße hin alles zugewachsen, und ab Oktober nicht mehr.

Unsere Mittel waren begrenzt, deswegen und auch aus Pietät haben wir einiges so gelassen, wie es war. Den alten Feldrain zum Beispiel als hintere Begrenzung des Gartens, eine Mixtur aus Holunder, Schlehen, Schwarzdorn und Weißdorn. Für das Mäuerchen an der Terrasse haben wir Steine verwendet, die durch die Flurbereinigung überflüssig geworden waren – jahrhundertelang hatten sie in den Weinbergen Besitzgrenzen markiert. Manches flog uns einfach zu, Nachbarn schenkten uns Stauden oder Rosenreiser, die Konrad dann auf einen Wildling pfropfte. Damals war es noch allgemein üblich, Pflanzen zu tauschen oder einfach übern Zaun zu reichen, gute Ratschläge inbegriffen.

Im ersten Jahr war es besonders viel, Salatköpfe, Blumenkohl, und wir haben gern die Hand aufgehalten. «Ein Salatkopf ist ein Ziegel», haben Lukas und ich immer gerechnet, das Geld haben wir dann übrig.

«Zwei Salatköpfe sind zwei Ziegel, Mama.»

«Und fünf Salatköpfe und zwei Hände Kirschen?»

Vom kleinen Einmaleins, das er bei Konrad lernte, ging sein Leben nahtlos in den Einmachkurs über. Alles habe ich ihm gezeigt in diesem Sommer, putzen, waschen, Gläser reinigen. Von scharfen Messern hielt ich ihn noch fern, und von siedendem Wasser natürlich. «Jetzt bleibst du auf dem Höckerle sitzen.» Dafür hatte er das ehrenvolle Amt, die Kochdauer zu überwachen. Zeit messen, etwas ganz Neues für ihn. «Mittelgroße Gurken brauchen drei Minuten.» Er überwachte die Zeigeruhr, die wir von meinem Nachttisch holten. Ein Ruck, eine Minute. In späteren Jahren hatten wir eine Blindenuhr dafür, die auf einen Pfiff hin die Zeit ansagte: «Es ist drei Uhr und siebenunddreißig Minuten.» Lukas pfiff. Das Wunderding antwortete.

«Ein greller Pfiff?»

«Aus Tel Aviff!»

Wurde unser Code für: «Wie spät ist es?» Bis heute. Wir rufen es uns auch manchmal zur Begrüßung zu, ein vertrautes

Hallo, das kein anderer versteht – Erinnerung an unsere Zeitspiele, damals.

«Drei Minuten sind: einmal zur Dahlienhecke und übers Gewächshaus zurück, in die Küche.»

«Stimmt, Mama.»

«Vier Minuten sind: aus der Kellertür raus über die Straße zum Eingang der Schule und zurück.»

Er rannte. Ich wusste, wie schnell er sich vorwärtsbewegen konnte. Ziemlich schnell. «Stimmt, Mama.»

Mit der Orientierung in der Zeit hat Lukas kaum Probleme gehabt. Im Wohnzimmer schlug die Wanduhr alle viertel Stunde. «Warte, Lukas, ich brauch noch eine viertel Stunde zum Schreiben.» Für ihn eine absolut klare Ansage.

Unterwegs hat er auf die Uhr vom Kirchle geachtet, die ist überall im Dorf gut zu hören. Und auf den Sonnenstand, auch das ist in einem kleinen Ort viel leichter als in Freiburg. Lukas hat viel weniger Markierungen gebraucht, Haus, Baum, Berg, zehn Punkte in den drei Himmelsrichtungen reichten. In der vierten, im Norden, wusste er, steht die Sonne nie, in der Richtung des alten Schulhauses hat er sie nicht suchen müssen.

Einmal nachmittags kam er tiefbetrübt von einem Schulfreund zurück. Dieser hatte ihn, wohl in dem Glauben, dass der blinde Gast nicht wissen könne, wie spät es ist, nach Hause geschickt: «Du musst jetzt gehen, es ist schon halb fünf.» Lukas hatte sofort bemerkt, dass das nicht stimmte. «Gell, Mama, der lügt? Es ist erst halb vier.» Vermutlich hat der Freund Fernsehen gucken wollen, «Schweinchen Dick» oder «Fury», ein Vergnügen, das für Lukas keines war. Es war seine erste große Erfahrung mit dem Getäuschtwerden, dem klassischen Leiden der Blinden.

Unser Garten ist eines der wichtigsten Territorien gewesen, ihn auf das Leben vorzubereiten. Niemand konnte ihm dieses streitig machen, kein Mitschüler, kein Fremder, es gehörte ganz ihm. Neben der Schule, die Konrad hielt, lief meine

Ausbildung. Ich selbst war ja als Kind in vieles nur so hineingestolpert, hatte in Trümmerlandschaften und auf der Alm lernen müssen, vieles hatte ich nur knapp überlebt. Lukas sollte es besser haben, spielerisch und immer ein wenig auch systematisch lernen, wie die Welt aufgebaut ist und er sich sicher in ihr bewegen kann. Pflanzen setzen, harken, gießen. Botanik von Anemone bis Zinnie. Käferkunde. Der Nutzen der Würmer. Es war eines der Mittel, ihn stark und selbständig zu machen, bevor ihm die Gesellschaft einredete, du bist kein vollwertiger Mensch.

«Wenn von einer Blume mehr als drei da sind, darfst du sie nehmen.»

Oft ist er allein an den Rabatten entlanggegangen, hat lange vor den Tulpen und den Iris gestanden. Welche könnten farblich zusammenpassen? Natürlich hat er sein eigenes Stückle Land gehabt, vier Quadratmeter mit Glockenblumen und Levkojen, und mit vielen hohen Stangenbohnen. Seine Hände waren manchmal so rissig und zerkratzt wie meine. In der Hochsaison mussten wir wegen der Gartenarbeit den täglichen Unterricht in Punktschrift ausfallen lassen. Zu unsensibel waren dann unsere Finger, sie haben die Pünktchen auf dem Papier nicht mehr tasten können.

Zu Ostern, da war er sieben, haben wir Lukas ein eigenes Haus geschenkt: ein großes altes Weinfass. Möglichst weit abseits, am oberen Rand des Grundstücks, wollte er es aufgestellt haben. Dazu kriegte er einen Eimer Binderfarbe und drei, vier Farben zum Abtönen und ausrangierte Bürsten aus der Werkstatt meines Vaters. Ganz alleine mischte und malte er. Den ganzen Sommer 1970, der war ungewöhnlich warm, hat er mit dem bunten Fass verbracht, in seinem gemütlich eingerichteten Bauch, oder davor, oder «auf dem Dach». In einer warmen Nacht schlief er schon mal drinnen, abends hat er sein Essen vor der grün verhängten Öffnung eingenommen. Obendrauf hat eine Fahne geweht, von dort guckte er mit dem «Glotz» ins Hügelland – ein Pirat auf See. «Papa, feindliche Schiffe. Mama, Afrika!»

«Eigener»! So froh wir über seine Selbständigkeit waren, sie vergrößerte, für einige Jahre zumindest, unsere Sorge um ihn. Weil ich nicht sicher war, ob er unsere Schutzbefehle wirklich beachtet, habe ich ihn an einem Nachmittag mal verfolgt. Geht er wirklich den verabredeten Weg? Blinde Mutter stellt blindem Sohn nach, später haben wir herzlich darüber gelacht. Das Ergebnis der Observation war niederschmetternd, er ging völlig andere Wege, an einem Rebhang kletterte er auf ein baufälliges Mäuerle. Ich hörte die Steine poltern und bin in fürchterliche Panik geraten. «Du hast im Krieg viel schlimmere Dinge gemacht, Magdalena», versuchte ich mich zu beruhigen. «Lass ihn doch.» Aber gerade dieser Gedanke ließ mich immer verzweifelter werden, schließlich rief ich:

«Lukaaaas!»

«Mama?» Nur ein ganz klein wenig erschrocken klang seine Stimme, mehr staunend.

Es war das erste und einzige Mal, dass ich ihn mit dem Gürtel geschlagen habe. Er musste sich nackt ausziehen und in die Ecke der Dusche stellen, sodass ich seinen kleinen Popo nicht verfehlen konnte.

Seitdem haben wir die Expeditionen ganz genau ausgehandelt.

«Mama, ich schaue morgen den Sonnenaufgang an. Ich stehe um fünf Uhr auf.»

«Wohin geht die Reise?»

«Zum Haldenberg.»

Auf einem Zettel hat er uns den Weg aufgezeichnet, schreiben konnte er noch nicht. Die Skizze war ganz und gar plausibel.

«Gut. Wenn du aber um sieben Uhr nicht zurück bist, müssen wir dich suchen.»

Und wirklich, er war nicht pünktlich. Wir haben ihn auf dem Hügel gefunden, im Gras sitzend, mit dem Rücken gegen einen Holzstoß gelehnt, er schlief.

Es dauerte eine Weile, bis er richtig wach war. «Mama?»
«Und? War es schön?»
«Ooooo.»
Zu seiner Enttäuschung stand die Sonne hoch am Himmel. Er hatte ihren Auftritt verpasst, schon während des Wartens auf sie war er eingenickt.

Sonnenmatt war ein geradezu idealer Platz für uns drei, fast Heimat geworden. Ausgerechnet in dieser Zeit ist bei mir wieder das Fernweh aufgebrochen. Ein Missionar aus Uganda ist zu Besuch gekommen, ein Pater Tauber, er predigte mehrmals in unserer Kirche und sammelte Geld für seine Missionsstation. Oft hat er Kaffee bei uns getrunken und so interessant von Afrika erzählt, von den Bantus und ihren Traditionen, manchmal bis in die Nacht, weder Konrad noch ich wollten ihn gehen lassen. In der Nähe vom Lake Edward war er tätig, wo es Flusspferde und Pelikane gibt, Hunderte von Vogelarten. Auch Lukas hat Pater Tauber gemocht. Ohne dass wir ihn dazu aufgefordert hätten, schüttete er eines Tages sein Taschengeld auf den Tisch. «Kannste haben. Für Afrika!»

Uns waren die unorthodoxen Ansichten von Pater Tauber über das Missionieren sympathisch. Er fühle sich in Gottes Hand geborgen, sagte er, unter seinem Schutz lebe er in diesem nicht ungefährlichen Land. Seiner Auffassung nach muss man nicht die Trommel rühren für den rechten Glauben, sondern einfach da leben, nur leben, Tomaten anpflanzen und den Armen helfen. «Ich seh sie nicht unter mir, nur anders», betonte er. Das hat uns gefallen, im Gegensatz zu vielem, was die katholische Kirche diesbezüglich für richtig hielt.

Bei jeder Deutschlandreise hat Pater Tauber in unserem Haus Station gemacht. Wie ein Landstreicher kam er an, in einem Hemd, das nicht das sauberste war, stellte sein Köfferchen auf die Terrasse und half mir beim Himbeerzupfen oder was gerade anstand. «Das ist für mich interessanter als die ganze Theologie!» Anscheinend hat er Sehnsucht nach einer Familie gehabt.

«Weißt du, Magdalena, du und der Konrad und der Lukas könnten doch mitkommen nach Uganda. Dann hätte ich abends jemanden zum Reden und zum Lachen. Ich komme ja mit den Schwarzen gut aus, aber die verstehen mein Lachen nicht, und ich verstehe ihr Lachen nicht.» Sein Vorschlag ist eine wirkliche Verführung gewesen, selbst für Konrad, so eine Aufgabe hätte ihm Freude gemacht, Landbau und Schule parallel. Allerdings auf Englisch, das wiederum hat ihn abgeschreckt, noch eine Sprache lernen, und noch dazu in einem Land, wo die Bewohner angeblich enorm redselig sind. Mir traute Pater Tauber zu, schnell mit ihnen in Kontakt zu kommen. «Du könntest mit ihnen tanzen.» Etwas, was ihm selbst schwerfiel, als Bergmenschen – er war ein Südtiroler – und weil er unsicher war, ob ein Priester das wirklich tun dürfe. Meine Aufgabe wäre vor allem, den Frauen dort Mut zu machen. Wenn die sähen, dass eine Blinde so viel kann, würden sie mehr an sich glauben.

Nützlich sein – mein großer Traum. In den einfachen Verhältnissen am Lake Edward wäre das leichter als hier, wo alles immer komplizierter und immer unübersichtlicher wurde. Nach Afrika gehen wäre: die Zeit zurückdrehen. Du landest in Kampala, und nach fünfzig Kilometern befindest du dich im Jahr 1950 oder noch weiter zurück. Mich reizte besonders das Gärtnerische in Uganda, das Akklimatisieren von Pflanzen, wovon der Missionar jedes Mal erzählte. «Erbsen geht nicht, die wachsen viel zu schnell. Tomaten klappt jetzt, seitdem ich die Buckelspritze zum Wässern habe.» Die hatten wir im Vorjahr zusammen in Müllheim gekauft. «Was könnte ich noch probieren?», fragte er mich. «Zuckermelonen!» Zuckermelonen, in Sonnenmatt wurden sie nichts, das hat mich interessiert.

«Wenn ich euch nur bei mir hätte!» Pater Tauber hörte nicht auf, um uns zu werben. Wie wir es auch betrachteten, diskutierten, beseufzten, letztlich sind wir immer zu dem Schluss gekommen, dass wir es Lukas nicht zumuten können. Jedenfalls nicht jetzt, er musste erst einmal sicher werden in unserer Welt, und dazu fehlte noch viel. Zudem war seit 1971 Idi Amin an der Macht, ein Tyrann der schlimmsten Sorte, das Risiko, umzukommen, war ziemlich groß. Unser Sohn wäre dann auf Dauer ein Heimkind geworden. Wir gehen nach Afrika, wenn Lukas erwachsen ist, vereinbarten Konrad und ich. «Versprochen?» – «Versprochen!»

Zum letzten Mal ist Pater Tauber in dem Sommer da gewesen, als Lukas vierzehn war. Wir haben mit aller Kraft, in der Gemeinde, in der Schule, Geld für einen Jeep gesammelt, den er dringend brauchte. Etwa zwei Jahre darauf, nach dem Sturz von Idi Amin, hörte ich im Radio, ein Missionar aus Südtirol sei in Uganda erschlagen worden. Und wusste sofort, es handelte sich um unseren braven Freund. Die zurückflutenden Söldner des Diktators wollten seinen Jeep haben, schrieb später einer der Patres aus der Missionsstation, sie hätten ihn einfach rausgeschmissen und ihm mit einem Gewehrkolben auf den Kopf gehauen. Auf der Landstraße sei er langsam gestorben, verblutet, verdurstet, genau wisse es niemand, «und jetzt bei Gott». Pater Johannes Tauber ist einer der allerwichtigsten Menschen in unserem Leben gewesen. Dabei haben wir nicht mehr als dreihundert, allerhöchstens vierhundert Stunden miteinander verbracht. Ich wünsche mir sehr, dass Lukas eines Tages ein Reqiem für ihn schreibt.

Mit acht, neun Jahren war seine musikalische Begabung ganz deutlich erkennbar. Von Noten hatte er immer noch keinen blassen Dunst, alles nahm er mit seinen feinen Ohren auf und behielt es auch. Klassik, Kirchenlieder, die schmalzigsten

Schlager und bitterböse Politsongs, wir beide hörten beinahe jeden Tag Musik. Der größte Hit Anfang der Siebziger war Ulrich Roskis «Schöner Wohnen», ein toller Text, den wir heute noch singen:
 «Ich bin es nun leid
 Beim Durchforsten der Wohnungsmarktanzeigen
 Vorzeitig zu erblinden
 Und doch immer das Gleiche zu finden:
 Keine Hunde, Studenten und Ausländer
 Keine Musikinstrumente, nur ruhiges Ehepaar ohne Kind
 Ich bin es auch leid
 Ins Grüne und Blaue zu reisen
 In besseren Kreisen zu speisen
 Wo in den raffiniertesten Soßen
 Im Ganzen und Großen
 Meist schamlos ein falscher Hase schwimmt
 Ich kenn' einen Ort, wo man nie diese vierziggeschossigen Dinger baut
 Wo man mir nicht auf die Finger schaut
 Für mich gibt's nur eins:
 Ich zieh auf den Müll.»
Das wurde unser Schlachtruf. Wenn uns irgendwas nicht gepasst hat, riefen wir: «Ich zieh auf den Müll.» Das war für uns das wahre Leben! «Kein Wecker, der schellt, kein Köter, der bellt. In meinem Idyll. Und wer mir mal schreiben will, kann», bei dieser Zeile lachte sich Lukas jedes Mal kaputt, «wirf den Brief in den Gully, dann kommt er schon an.» Die Platte ist total verkratzt, weil ich immer probiert habe, an dieser Stelle neu anzusetzen. «Nochmal, Mama, nochmal!»

Selber musizieren wollte er! Und zwar auf Tasten, nichts anderes. In unserem Haushalt aber existierte lange Zeit kein Klavier, bloß das besagte «Organettele». Kein Musiklehrer am Ort, das war das nächste Problem. Konrad hat das Gebiet bis zur französischen Grenze abgegrast, weit und breit keiner, der sich diese Aufgabe zutraute. «Ja, wenn der Bub die Noten sehen könnte ...», denen fehlte das pädagogische Besteck.

Das einzig greifbare Klavier war bei den Großeltern in Freiburg, ein ziemlich verstimmtes, uraltes Ding. Darüber machte sich Lukas, der ansonsten nicht gerade gern dort zu Besuch war, mit Begeisterung her. Nur leider stand es im Fernsehzimmer, und wehe, der Opa wollte was gucken, dann ist der Klavierdeckel auf die Hände des Kindes herniedergesaust. Kein Kommentar, Fernseher an und «Klappe halten!». Es galt das Gebot, Fernsehen ist wie Andacht, da darf man nicht schwätzen. Lukas hat es geradezu gehasst, selbst Kindersendungen. Diese grieseligen Bilder in Schwarzweiß, die er kaum sah, und der scheppernde Ton haben ihn abgestoßen. Der Fernseher war sein Urfeind.

Einmal hat er partout nicht mit den Großeltern spazieren gehen wollen, die Oma lockte ihn heraus mit dem Versprechen: «Wenn du lieb bist, dann kommt danach das Heidi.» – «Jaaaaaaaaaaaa!» Lukas hatte «Haydn» verstanden und freute sich auf das Konzert, wieder mal ins Freiburger Münster zu kommen, wo sonst sollte es sein, und ließ sich willig die unbequemen Sonntagsklamotten umhängen. Wieder angekommen in der Erasmusstraße ist er im Mantel vor der Tür stehen geblieben. «Wir gehen ja gleich zu Haydn.» Mit einem Hähähäää warf mein Vater die Fernsehkiste auf der hohen Kommode an. «Heidi» als Zeichentrickfilm, eine brandneue Serie aus Japan mit viel süßlicher Musik und sehr textarm, weswegen die Oma Lukas hier und da erklärt hat, was gerade passierte. «Heidi pflückt Blumen. Schau, jetzt lacht das Heidi.» Bei seiner Rückkehr nach Sonnenmatt erzählte er uns davon, wutschnaubend. An eine Äußerung im Film erinnert er sich bis heute: «Der Geißenpeter sitzt da und hat ein schlechtes Gewissen.» Ein Satz, der einsam und frei in der Berglandschaft steht, ohne jeden Zusammenhang.

Orgel spielen, darauf lief bei ihm alles hinaus. Bei den heimatkundlichen Sonntagsausflügen hat Konrad das Interesse seines Sohnes im Auge gehabt. Meist waren es Bekannte aus dem Studium, die Konrad besuchte, Lehrer oder Pfarrer. «Wo ist der Schlüssel von der Orgel?», war immer der erste Satz nach der Begrüßung. Um der Sache Nachdruck zu verleihen, hat er eine Flasche Wein dabeigehabt. Während wir uns an die Kaffeetafel setzten, rauschte Lukas in die jeweilige Dorfkirche ab. Er hat jeden noch so versteckten Hauptschalter gefunden, in null Komma nichts die Orgel zum Laufen gekriegt und sie ausprobiert. Tasten, Register. Er suchte nach dem Trompetenregister und holte sich die Posaunen dazu, was eben da war bei diesen ländlich-rustikalen Instrumenten. Stundenlang übte er Lieder. Zwischendurch auch unter Einsatz des Pedals, dass es mächtig dröhnte und hallte. Dazu musste er ein wenig vom Schemel rutschen, denn seine Beine sind eigentlich noch zu kurz gewesen, um an die Klaviatur da unten ranzukommen.

Mit zehn hat er dann seinen ersten Organistenjob gekriegt, wieder mal im Schlepptau von Konrad. Der hatte sich von einer netten Mutter Oberin breitschlagen lassen, in der Hauskapelle des neueröffneten Sanatoriums, unweit von Sonnenmatt, den Messdiener zu spielen. «Als Lehrer sind Sie doch sicher auch mit der Orgel vertraut, Herr Weingartner?» Wie aus der Pistole geschossen antwortete Lukas, der neben ihm stand: «Der Papa nicht. Aber ich.» An einem Donnerstag nach Ostern hat er seine erste Messe begleitet, mit zwei Liedern: «Halleluja, lasst uns singen» und «Wir singen jubelnd, dass er lebt». Ich hab in der vordersten Bank gesessen mit stolzgeschwellter Brust. Diesen 26. April 1973 feiert Lukas heute noch.

Ein besonders wechselhafter, windiger Monat war dieser April, der uns viele Nachtfröste bescherte und in dem Konrad und ich mehr als sonst nachdachten. Auf welche Welt bereiteten wir unseren Sohn eigentlich vor? Ihm zuliebe waren wir nach Sonnenmatt gezogen, in einen zuverlässigen, soliden Zusammenhang. Ein Dorf, dessen Fundament die Landwirtschaft war und darauf aufbauend eine Gemeinschaft, die aber nicht völlig abgeschottet, nicht in erdrückender Enge lebte wie manches Schwarzwalddorf, sondern eine gewisse Offenheit hatte. In angrenzenden Gemeinden gab es ein wenig Tourismus, die Nähe zum Elsass war spürbar. Und jetzt, binnen weniger Jahre, in Lukas' Grundschulzeit, veränderte sich das alles so rasant, dass uns schwindlig wurde. Aus der Distanz heraus würde ich sagen: Vor unserer Nase fand ein Weltuntergang statt.

Es gab Vorboten, die wir zunächst nicht als solche deuteten, sondern einfach nur neugierig begrüßten. Zum Beispiel den ersten Münzfernsprecher im Dorf. Das war ein Trara! Der Bürgermeister redete und zerschnitt feierlich das Band, ein Menschenauflauf wie an Palmsonntag. Jeder wollte anschließend in die Telefonzelle, sie wenigstens kurz betreten. Und natürlich musste ich für die Zeitung darüber schreiben. Da Konrad alle meine Artikel in chronologischer Folge abgeheftet hat, können wir vieles nachschlagen, was und wann, wie die Ereignisse aufeinanderfolgten. Am 13. August 1967 war die Eröffnung der Telefonzelle, Überschrift: «Für eine Mark nach Übersee».

«341 Einwohner in Sonnenmatt», verkündete das Blatt im selben Jahr, kurz nach Weihnachten, «5 Geburten, 4 Tote, 3 Eheschließungen.» Anfang Januar 1968 wurden in der Zeitung die Ergebnisse der Viehzählung bekanntgemacht. Ich erinnere mich, Konrad war einer der beiden amtlich bestellten Zähler, die abends durchs Dorf liefen und hinter die Stalltüren guckten. Vor Pferden, weiß ich noch gut, hatte er interessanterweise Angst – vor ihren großen Zähnen. Und ich machte aus der Statistik ein paar solide kurze Sätze: «11 brave Gäule helfen bei der Feldarbeit, im letzten Jahr waren es noch 14. Der Bestand an Großvieh ist beträchtlich zurückgegangen.

Trotzdem zählte man noch 214 Stück Rindvieh, die Zahl der Schweine ist stark angestiegen, die der Hühner hält sich. Bienenvölker zählt man 31, Truthühner 12, Enten 27, Ziegen 5.» Klingt noch ganz nach alter Zeit. Dass bald das Dorf beinahe ohne Nutztiere sein würde, konnte sich damals wohl niemand wirklich vorstellen. In dem Jahr nach unserem Einzug ins neue Haus, 1969, haben Lukas und ich oft auf der Fensterbank in seinem Zimmerle, das vorn zur Straße rausging, gesessen, und den Geräuschen da draußen nachgelauscht. Wer ist das? Ein Pferdefuhrwerk, zwei Pferde, und einem von beiden fehlt ein Hufeisen? Herr Maier! Ein kleiner tuckernder Schlepper, wer ist das? Die wenigen Traktoren im Dorf kannte Lukas alle am Geräusch, nicht die Marke, nicht den Typ, die Farbe manchmal, die hat er sich gemerkt, aber er hätte auf der Straße zielsicher den Fahrer, den er nicht sah, begrüßen können: «Guten Morgen, Herr Boll!» Lustige Töne haben die motorisierten Zweiräder abgegeben, «petpetpet» machten sie, andere «oioiiiiing-oioiiiiing». Sogenannte «Rossfudlespalter», keine Ahnung, ob das Dorfjargon oder eine Erfindung von Lukas war. Pferdeäpfelteiler, ein herrliches Wort, ich kenne kein anderes, das diese Übergangszeit so bildhaft beschreibt. Die Pferde sind noch da, und der Mensch gerade frisch motorisiert. «Mama, da kommt wieder ein Rossfudlespalter!»

Wir waren heimisch geworden in den Geräuschen von Sonnenmatt, in dem Schnauben und Muhen und Meckern, dem unverschämten Krähen der Hähne mitten im Dorf, dem «Büsi-büsi-büsi», mit dem die Nachbarin ihre Katzen lockte. Vertraut mit den Schritten der Dorfbewohner, vom Postboten angefangen bis zur hinkenden Frau Schmitt, die dienstags beim Bürgermeister putzte und ihr Fahrrad, das mit dem schleifenden Dynamo, bei uns abstellte. Wir kannten, was wir hörten, Menschen, Tiere, selbst die Maschinen, anfangs noch so etwas wie Individuen, gering an Zahl und auch wegen ihrer Macken, der oft tölpelhaften Fahrweise ihrer Besitzer. Noch bevor Lukas erwachsen war, hatten die Maschinen Sonnenmatt erobert.

Ein dramatischer Wandel, der sich beinahe unauffällig vollzog, in einem Zeitraum von zehn, höchstens fünfzehn Jahren. Ackerbau und Viehzucht lohnten sich immer weniger, sie starben aus. Im Weinbau blieben am Ende noch ganze zwei Vollerwerbsbetriebe übrig. «Flurbereinigung» hieß der Vorgang, das Hauptthema vieler Artikel, die ich damals schrieb. Konrad war übrigens – wieder so ein Lehrerjob – einer der beiden Unparteiischen, die bei der Zusammenlegung der handtuchgroßen Stückle mitwirkten. Anschließend das Planieren der Hänge, um sie maschinengerecht zu machen, Anlage von neuen Zufahrtswegen. Jahrhundertealte Wegkreuze wurden kurzerhand auf Tieflader gepackt und versetzt. Lautstark – und seitdem hörte der Maschinenlärm nicht mehr auf.

Wer hier bleiben wollte, musste jetzt woanders arbeiten, mit einem Bein also in der Stadt leben, in Freiburg, in Basel. Von dort wiederum zogen Leute hierher, plötzlich waren viele Fremde in Sonnenmatt: Manager und Ingenieure von Hoffmann La Roche, Ciba, IBM, Ruheständler mit viel Geld und Doktortitel, die Swimmingpools in ihre Gärten bauen ließen und sonntags zur Gottesdienstzeit Rasen mähten. Immerhin verschwand Sonnenmatt deswegen nicht wie andere Dörfer von der Landkarte, es wuchs im Gegenteil auf 650 Einwohner an. Zwischen den echten Sonnenmattern und den Neulingen gab es vielerlei Reibungen. Wer passt sich wem an? Letztendlich siegte die städtische Lebensweise.

Manches lebte noch ein wenig weiter: alte treue Beziehungen, Gewohnheiten wie das gemeinschaftliche Rebholzsammeln. Der Schmerz um das Verlorene natürlich, der vor allem, unstillbar bei manchen, teils mit produktiven, zuweilen sogar kuriosen Folgen. Es entwickelte sich zum Beispiel eine neue, bis heute anhaltende Leidenschaft für ein Nutztier, das es früher im Dorf nicht gab: das Kaninchen. Viele alte Bauern züchten Kaninchen in den aufgelassenen Ställen und vertreiben sich so die Langeweile. Mit einer kleinen Sichel laufen sie in der Landschaft herum, Löwenzahn, Wegerich und Gräser schneiden. Das Füttern, das Misten, das Kümmern überhaupt, sie können nicht davon lassen, Viecher zu haben. Töten, abziehen, ausnehmen. Verkaufen für ein paar Euro, ein Taschengeld, wenn sich denn ein Kunde findet. Wie Konrad sitzen sie stundenlang vor dem Käfig und schauen, was die Tiere da treiben. Springt der Bock, springt er nicht?

In gemilderter Form erlebten wir diesen Verlust auch. Wir hatten uns verkalkuliert, zumindest hinsichtlich des Tempos der Veränderung. Es ging schnell, viel schneller, als wir erwartet hatten. Prognosen für die Welt von morgen? Für Lukas' Zukunft? Hinterherlaufen? Wie denn? Wir waren verunsichert – und haben weitergemacht wie bisher, uns fiel nichts anderes ein als das. Die Liebe ist das Wichtigste, so oder so, was immer passiert, dachten wir. Oder?

Einmal im Oktober sind wir zusammen mit Lukas durch die Weinberge gelaufen. Konrad wollte das Gelände inspizieren, das gerade im Umbau war, schon planiert, aber noch nicht neu mit Reben bestückt. Am Vortag war ein Gewitter niedergegangen, heftig und furchterregend, wie wir in Sonnenmatt noch keines erlebt hatten, mit Überschwemmung im Tal, fast bis zu unserem Haus. Unheimlich viel Wasser ist in kürzester Zeit runtergerauscht, nicht wie früher plopp-plopp, von Terrasse zu Terrasse, sondern wusch, in einem Schwall. Zwei Meter tiefe Gräben hat es gerissen, beschrieb Konrad, fünf oder sechs, über den ganzen Südhang verteilt. Er rannte ein Stück voraus, immer weiter, wir haben schon geglaubt, wir hätten ihn verloren, und dann hörten wir ihn aus westlicher Richtung schreien. «Mein Treppenwegle!» Sein Wegle, das er gern als Abkürzung nahm, ein Rest nur, den die Flurbereinigung übrig gelassen hatte, war von der Flut auseinandergesprengt worden.

Plötzlich ließ sich Lukas auf den Boden fallen. «Mir ist langweilig mit euch.» Ganz unrecht hatte er nicht.

«Na ja. Bald sind wir zu Hause.»

«Warum hab ich keinen Bruder und keine Schwester?»

«Dein Papa hat nur zwei Hände», sagte ich. «Du brauchst eine Hand, und ich brauche eine Hand.»

Mit dieser einfachen, logischen Antwort war er zufrieden. Vielleicht hätte er entgegnen können, der Papa könne ja noch einen auf den Buckel nehmen, ihn oder mich oder das andere Kind. Darauf wäre mir nichts mehr eingefallen.

Gegen den Strom

Kein zweites Kind!

Wir wussten es, und wir wollten es doch nicht wahrhaben, ich vor allem. «Sie dürfen das nicht!», sagten die Ärzte kategorisch. Nicht nur aus dem einen gewichtigen Grund, sondern auch weil durch die schwere Geburt von Lukas Verwachsungen da waren, jede weitere Schwangerschaft wäre «hochriskant» für mich. In einem Winter, wir waren schon im neuen Haus, hab ich sehr viel geblutet. Bei einem Spaziergang im Wald habe ich mich sehr erschrocken, ich musste ganz plötzlich pinkeln, und als ich aufstand, war es unter mir rot, ein tellergroßer roter Fleck im Schnee. Daraufhin bin ich in die Freiburger Universitätsklinik gefahren.

«Sie haben abgetrieben!», brüllte der Gynäkologe mich an. Ich lag auf dem Stuhl, Beine breit. «Geben Sie es doch zu!» Dieser Doktor, der mir nicht einmal die Hand gegeben hatte, führte sich auf wie der Großinquisitor.

«Nein, hab ich nicht!»

«Sie haben abgetrieben!»

Die Diskussion um die Abschaffung des Paragraphen 218 (der Abtreibung unter Strafe stellte) war gerade im Gange. Frauen rebellierten, eine große Bewegung war im Entstehen, ihre Parole: «Mein Bauch gehört mir!» Und Ärzte, männliche zumeist, stellten sich ihnen entgegen. Mit alldem hatte ich nichts zu tun, wirklich gar nichts, und an dem Tag wurde ich von einem Dreckspatz von Doktor hineingezogen in diesen Krieg.

«Sie haben abgetrieben. Leugnen Sie nicht!»

Bloß runter vom Stuhl! Wie ich es geschafft habe, mich aus der elenden Lage zu befreien, ohne zu stürzen, ohne zu stolpern, weiß ich nicht mehr.

Ich durfte keinesfalls schwanger werden. Wir haben uns in allen Verhütungskünsten geübt. Wenn es so weit war: «Ho!» Spritzen, aber daneben. Ich für meinen Teil habe dies nicht so gemocht, dieses Mit-dem-Verstand-ins-Bett-Gehen. Da sind mir die Nebenformen der Leidenschaft lieber, und davon gibt es viele. Oft hab ich in Zeitschriften gestöbert, manches hat Konrad auch gelesen, wir haben gemeinsam die Bilder studiert. Vor allem die «Bravo» war eine große Hilfe. Eigentlich war sie für Jugendliche gedacht, aber wir waren ja so verklemmt und mit fürchterlichen Schuldkomplexen aufgewachsen, zu Hause und im Internat, wir konnten diese Aufklärung wirklich gebrauchen.

Die körperliche Nähe haben wir erst jetzt voll genossen. Dass dieses Lustgefühl, das uns zusammentreibt, nicht Sünde ist, sondern Freude. Dieses große Erstaunen übereinander und auch das Aussprechen-Können, wir mussten ja auch die Sprachlosigkeit überwinden – das war so schön. «Spritzen», das ist ein tolles Wort. «Du! Wart noch a wengele.» Wie alle jungen Paare sind wir in den Sexfilm von Oswald Kolle gerannt, während eines Freiburgbesuchs sahen wir «Das Wunder der Liebe» im Kino – und waren sehr enttäuscht, wenig Wunder, viele Fachbegriffe. Von den Bettszenen hab ich natürlich nicht viel mitgekriegt. Konrad neben mir schien gelangweilt, er schlief zwischendurch sogar ein.

«Geschlechtserziehung» war eines dieser neuen kühlen Wörter, die mir nicht gefielen. Den Gedanken jedoch, dass man Kinder aufklären sollte, und zwar frühzeitig, fand ich richtig. «Wie kommen die Babys?», hat Lukas schon mit sieben gefragt. «Weißt du, das lernst du von selber», habe ich zu ihm gesagt. «Dein Pinkele, das kann noch mehr als Wasser rauslassen.» Wie jeder Bub hatte Lukas Freude an seinem Strahl, daran, einen großen Bogen zu pinkeln. «Wenn das richtig groß und fertig ist, das bleibt nicht so ein Stöpsele, das wird dick und mächtig. Und da gibt es bei der Frau ein Löchle, da passt es genau rein. Und dann, wenn es drin ist, hat man sich arg lieb.» Ihm hat das gereicht, er hat lange nicht weitergefragt. Er konnte ja nicht wie andere Kinder irgendwo zufällig ein Paar beim Küssen ertappen oder, wie auf dem Land üblich, beobachten, wie der Bulle auf die Kuh springt. Trotzdem hat er, soweit ich weiß, das meiste selber entdeckt.

«Eltern müssen ab und zu allein sein.» Wenn Konrad und ich das wollten, sagten wir Lukas das. Für eine Stunde dürfe er jetzt nicht in unser Zimmer kommen. Sein Kommentar: «Ach, ihr macht wieder Nacht.» So nannte er das, weil wir immer die Rollläden runterließen. «Sie sind nicht zu sprechen», sagte er mal zu jemandem, der an der Haustür klingelte, während wir unser Schäferstündchen hielten. «Sie eltern sich.»

«Ilvesheim», der Name des Ortes fiel jetzt immer öfter, bei den regelmäßigen Besuchen von Herrn Glaser, dem freundlichen Botschafter der Blindenschule, und auch sonst. «Fein, du wirst in Ilvesheim keine Probleme haben», sagte Herr Glaser. Er war mit Lukas' Fortschritten im Lesen und Schreiben der Punktschrift sehr zufrieden.

«Wo ist Ilvesheim?»

«Weiter weg als Freiburg. Und weiter als Herrenschwand.»

«Noch weiter?»

«Am Fluss Neckar.»

In den Erklärungsnöten kam uns ein Zufall zu Hilfe. Alle paar Monate erschien in der Schule ein Mann, der die Klos gründlich desinfizierte und aus der Nähe von Mannheim kam, den dortigen Dialekt redete. Über ihn lachten die Schüler, sie verstanden vom Kurpfälzischen kaum ein Wort. «So wie der schwätzt, so klingen sie dort, wo du hinkommst.» Noch nie war Lukas an einem Ort gewesen, an dem eine andere Sprache regierte, und er verstand jetzt, dass Ilvesheim «sehr weit weg» sein musste. Darauf schien er durchaus neugierig zu sein. Vor anderen mimte er den Großkotz, den Jungen, der eine ungewöhnliche Reise tun darf.

«Dort kriegst du endlich Orgelunterricht!» Mit dieser Aussicht köderten wir ihn. «Da ist ein blinder Musiklehrer.» Das war das Beste überhaupt an Ilvesheim.

Weil wegen der Schulzusammenlegungen die dritte und vierte Klasse aus Sonnenmatt in ein benachbartes Dorf verlegt wurden, musste Lukas im letzten Grundschuljahr pendeln. Zehn nach sieben am Bus sein, dreißig Minuten Rumkurverei, denn von überall mussten Kinder eingesammelt werden. Lukas freute sich vor allem, dem Vater entronnen zu sein. Der neue Lehrer war ein alter, herzensguter Mann, der sich auf ihn einstellte.

Der Sommer vor dem Abschied verging ohne besondere Ereignisse. Lukas und ich «oblomowten», das heißt, wir haben haben viel gefaulenzt. Von der Romanfigur «Oblomow», dem russischen Adeligen, der träge und schläfrig die Tage verbringt, hatte ich ihm schon vor langer Zeit erzählt. «Mir ist so oblomowig», war unser Signal zum Mittagsschlaf. «Ich oblomowe, du oblomowst, Papa oblomowt», das schöne Wort ließ sich konjugieren. Noch einmal spielten wir unsere alten Spiele, bis der Tag da war, an dem er weggebracht wurde. Ein kurzes Adieu, niemand von uns dreien weinte.

Alle vierzehn Tage kam er zum Wochenende nach Sonnenmatt. Viel war aus ihm nicht herauszukriegen, er war ziemlich schweigsam. Von einer Erzieherin kam telefonisch ein Alarmsignal: «Ihr Sohn ist Bettnässer!» Lukas habe Zornanfälle, er liege auf dem Boden, und niemand komme dann an ihn heran. Allmählich reimten Konrad und ich uns zusammen, was da in Ilvesheim passierte. Vom Internatsleben war er anscheinend total überfordert. Plötzlich waren lauter Kinder um ihn herum, auch nachts, und keine Rückzugsmöglichkeit. Eine Schulkaserne – Wohngruppen, in den Waschräumen Becken an Becken. So ein Heim ist ein Getriebe, in dem man funktionieren muss, ein selbständiges, freiheitsliebendes Kind, das viel fragt, stört. Leider war der uns bekannte, geschätzte Herr Glaser, an den wir uns hätten wenden können, nicht mehr da.

Im Unterricht wiederum war er unterfordert, denn die Blindenschule war de facto eine Sonderschule. Während Lukas mit den vier Grundrechenarten ankam, waren dort viele Schüler, teils mit Mehrfachbehinderungen, auch geistig schwache, in der Fünften noch immer beim Addieren. Ewig wurde an irgendwelchen Geschichtsereignissen herumgekaut. Heute würde man sagen: Lukas hatte einen Kulturschock. Und wurde vorübergehend fast wieder zum Kleinkind.

«Mamaaaa.» Er sagte es so jämmerlich. Am liebsten hätten wir ihn zu Hause behalten, doch damit hätten wir gegen geltendes Recht verstoßen. Auch Lukas wusste das, er hat uns nie darum gebeten. Montags in der Frühe, Punkt halb fünf, brach er auf, mit seinem Köfferchen voll frischer Wäsche. Konrad brachte ihn mit dem Auto zum Müllheimer Bahnhof. Umsteigen in Freiburg konnte er alleine, das allerdings durfte man in der Blindenschule nicht wissen – Verletzung der Aufsichtspflicht, hätte es sofort geheißen. Offiziell hatten wir der Schulleitung kundgetan, Lukas werde nach Basel gebracht in den durchgehenden Zug bis Mannheim. Dort holte ihn jemand von der Blindenschule mit dem Auto ab. Sein höchstes

Glück: Zugverspätung, Anschluss verpasst. Ein Montag ohne Punktschrift, mit mehr Glück sogar ohne Sport.

Nach einiger Zeit konnte er darüber reden, am Wochenende ließ er bei uns gehörig Dampf ab. Dauerthema und ständiges Ärgernis war, dass er nicht rausdurfte, ohne Genehmigung eines Erwachsenen durfte kein Schüler das Gelände verlassen. Gepunktete Armbinden waren Pflicht, an jedem Arm eine, der weiße Stock auch. Man musste erst mühsam eine Erlaubnis erwerben, also mit einem Mobilitätstrainer in der Ortschaft Ilvesheim diverse Wege üben, Straßen, Ampelübergänge, die Bushaltestelle finden. Eine kleine Prüfung absolvieren, für Lukas läppisch, er konnte längst in jeden beliebigen Laden gehen, Briefmarken oder Süßigkeiten kaufen. Wie benimmt er sich, wurde begutachtet. Kann er mit der Bedienung klar und höflich reden? Ausgangserlaubnis B kriegte er schließlich, für Ilvesheim. Keine Chance für Ausflüge ins Umland, per Straßenbahn nach Mannheim zu gelangen, was für ihn ein Leichtes gewesen wäre. Tatsächlich konnten das viele Mitschüler nicht, die waren so gehemmt oder unterm Deckel gehalten, die bewegten sich möglichst nicht vom Fleck. Von «armen Kinderle» berichtete Lukas, die den ganzen Tag nichts anderes taten als Musik aus dem Kassettenrecorder hören.

Alleinsein war auch so ein Thema. «Ich geh noch eine Stunde in den Biogarten.» Ordnungsgemäß hatte er sich bei seiner Erzieherin abgemeldet, der Biogarten war die entlegenste Stelle auf dem ganzen Gelände, dort konnte er die ersehnte Ruhe finden. Kaum war Lukas fort, ging in der Schule Ringalarm los. Wo ist der Weingartner schon wieder? Danach wurde er zur Schulpsychologin zitiert, die ihn fragte, ob er denn Selbstmordgedanken habe. Bei uns in Sonnenmatt rief sie auch an: «Ihr Sohn ist suizidgefährdet.» Vorsichtig versuchte ich ihr zu erklären, dass Lukas darunter leide, dass er dauernd beobachtet werde.

«Stellen Sie sich doch mal vor, bei Ihnen würde jeder Pups registriert.»

«Frau Weingartner, Sie haben Ihren Sohn falsch erzogen.»

Von da an war ein Graben zwischen uns und der Schule. Tun konnten wir nichts, außer Lukas ein wenig zu helfen, dort auszuhalten, indem wir selbst an den Wochenenden die Fassung bewahrten und sie so unaufgeregt und angenehm wie möglich gestalteten. Wir ignorierten, wenn er maulig war, seine Internatsmarotten.

Am bittersten für ihn ist die Orgelgeschichte gewesen. Der Lehrer ließ ihn «Hänschen klein» üben, lauter kindische Sachen. Dabei hatte Lukas, wie der Lehrer wusste, zu Hause schon ganze Gottesdienste begleitet. Wenn er wenigstens außerhalb des Unterrichts mal in die Aula gedurft hätte zum Spielen! Verboten, alles verboten. Klar, dass er Blindennotenschrift lernen musste, das war neu und schwierig, die Hand, mit der er auf dem Papier herumtastete, konnte er ja nicht zum Spielen nutzen. Diesem alten Haudegen von Lehrer schien es an pädagogischer Phantasie zu fehlen. Nach Gehör spielen? Nein! Lukas hätte mit seinem kleinen Sehrest durchaus noch gedruckte Noten lesen können. Nein!

Ohne Lukas zu leben war schwer. Anfangs war diese Leere im Haus schrecklich, wir waren einsam, und tageweise richtiggehend zornig. Warum so früh ein Kind hergeben? Konrad hatte wenigstens seine Schule, begegnete täglich Kindern. Mittags wartete ich darauf, dass er Geschichten mitbrachte. «Mehr, Konrad! Das kann doch nicht alles gewesen sein!» Mit der Zeit wurde das ausführliche, vertraute Gespräch über seine Schüler zur schönen Gewohnheit.

«Der Weingartner will immer die Kleinen unterrichten!», hatten früher einige im Dorf gelästert. «Kann der den Stoff für die Großen nicht?» In der Tat waren für Konrad die ersten Jahre die wichtigsten, er konnte die Schüler noch erziehen, Disziplin, Sorgfalt, meinte er, lerne man am Anfang oder nie.

Jetzt waren nur noch die erste und die zweite Klasse in Sonnenmatt übrig, die höheren waren im Nachbarort. Ihm war es gerade recht.

Weiterhin machte er Unterricht im breitesten Alemannisch, sogar Rechenaufgaben hat er im Dialekt erklärt. Völlig ungekünstelt, oft ohne Bücher, bewegte er sich durch den Lehrstoff. Er holte biblische Geschichten ins Markgräflerland. Die Trompeten von Jericho? Stellt euch vor, wenn das Sonnenmatter Musikorchester um die Winzergenossenschaft herummarschiert und so laut spielt, dass die Mauern umfallen. In vielen Gleichnissen des Neuen Testaments kamen Reben vor, also begann Israel gleich an den Rebhängen, hinterm Dorf.

In den Siebzigern fing es an mit den Tests: Einschulungstests, Legasthenikertests, IQ-Tests. Konrad wurde dazu vom Schulrat verdonnert, «Sie machen das, Weingartner!» Purer Blödsinn war das, man kannte doch die Kinder im Dorf persönlich, die Frechen, die Neunmalgescheiten, die Linkshänder, die Langsamen, und langsam waren viele, die Angsthasen. Man wusste, wer hinkte und wessen Vater soff. Jeder Sechsjährige, der allein aufs Klo gehen kann, wird eingeschult, «fertig ab», war Konrads Devise. Die Testbogen ausfüllen zu lassen, darum kam er nicht herum. Einige Mädle und Buben hatten solche Angst davor, dass sie nicht mal den Stift in die Hand nahmen. Die besuchte er dann zu Hause. Einen Franz, der sich mit seinem Hund unter den Tisch verkrochen hatte, hat er mal zwei Stunden gelockt, bis der überhaupt rauskam. Die ausgefüllten Bogen wertete Konrad allerdings nicht aus. «Sie liegen dahinten auf der Bank», sagte er zu der Ärztin vom Gesundheitsamt, «wenn Sie wollen, gucken Sie rein. Ich tu es nicht.»

Sie war erschienen, um die Schulanfänger zu untersuchen, stehen sie gerade, lispeln sie vielleicht, und gegebenenfalls auszusortieren. «Sag mal ‹Schüssele, Schüssele›. Sag mal

‹Sternle›. Kannst du das?» Derweil haben die Mütter draußen vor der Tür gestanden und sich gesorgt. Sie sind so aufgeregt gewesen, dass Konrad mich bat, beim nächsten Mal in die Schule zu kommen und die Wartenden ein wenig abzulenken. Jedes Kind, das rauskam, wurde bestürmt. «Was hett sie gsagt? Hesch du's au richtig gemacht?»

Bei schwachen Schülern bestand Gefahr, dass sie, wenn nicht jetzt, dann später, auf die Sonderschule mussten. Sehr schnell hat Konrad einen praktikablen Weg gefunden, wie man sie davor bewahren konnte: indem man bei den betreffenden Kandidaten, die entweder zu langsam oder nicht helle genug oder verhaltensauffällig waren, einen gewissen Intelligenzquotienten eintrug, er musste unbedingt über 95 liegen, und zugleich eine Schwäche im Lesen und Rechtschreiben bescheinigte. «Legasthenie» war die rettende Diagnose. Diese Schüler durften nämlich im Dorf bleiben, sie kriegten lediglich Förderstunden. Sonnenmatt dürfte in den siebziger und achtziger Jahren, dank Konrad, die höchste Legasthenierate Badens gehabt haben. Einer seiner «Legastheniker», ein Mädle, ist später übrigens Chefin der Malerinnung in einer großen Stadt in Norddeutschland geworden.

Dann kamen die Türken. Durch die Erfahrung mit Lukas und mir hatte Konrad besonderes Verständnis für Schüler mit Handikaps, und er hatte viele Möglichkeiten, sie zu unterstützen. Vom Sommer bis zum Herbstanfang hat er die Familie jedes Erstklässlers besucht, meistens hat er bei den Türken angefangen, die ersten waren gerade in Sonnenmatt angekommen. «Der hat die Türken lieber als uns», hieß es im Dorf.

Der erste Schultag wurde groß gefeiert, mit einem Ritual, das ich mir ausgedacht hatte. Morgens wurden die Schüler der zweiten Klasse mit Sonnenblumen ausgestattet, und wir zogen durchs ganze Dorf und holten die neuen Erstklässler ab. «Komm raus, komm raus zu uns!», wurde vor der Tür gesungen und das Kind in den Kreis aufgenommen, sein Ranzen mit einem Sträußle geschmückt. Es bekam sein Lesebuch überreicht, und weiter ging der Umzug.

Immer mehr Neues strudelte in die Schule. AGs, Arbeitsgemeinschaften, sollten gegründet werden. Heimatkunde-AGs, Gartenbau-AGs. «Machen Sie doch eine Theater-AG», riet der Schulrat dem völlig überlasteten, murrenden Konrad. «Ihre Frau kann doch Theater spielen. Und Sie kriegen dafür Stundenermäßigung.» Damit war ich auch offiziell so etwas wie eine Nebenlehrerin. Mit dem Segen des Schulrats, versicherungsrechtlich wohl kaum. Wehe, wenn was passiert wäre! «Ich bin immer mit einem Bein im Gefängnis», sagte ich vor jedem neuen Projekt. «Ihr müsst gut aufpassen, Kinder.»

Als Erstes haben wir den «Kalif Storch» gespielt. Ein Mädle, das an den Folgen einer Hirnhautentzündung litt und sich schulisch schwertat, sollte den Gelehrten Selim spielen. «Was ist, wenn ich steckenbleibe?» Also habe ich eine neue Rolle geschrieben, Selim kriegte einen Diener an die Seite, der notfalls soufflieren konnte, und der war ich. Im Herbst haben wir gräusliche Vogelscheuchen gebastelt, im Januar und Februar Kostüme für die Fasnet. Dreizehn Jahre hab ich die AG gemacht, immer gemeinsam mit Konrad überlegt, wer, wie, was. Ein «Husband-and-wife-team» sagt man in Amerika, dies Wort passt gut auf das, was wir machten.

Auf manche Veränderungen reagierte Konrad nur genervt. Eine Reform jagte die nächste – seit in Deutschland die «Bildungskatastrophe» ausgerufen worden war, wurde beinahe jedes Jahr alles umgekrempelt, von der Hauptstadt bis in die entferntesten Dörfer im tiefsten Hotzenwald. Mengenlehre! Statt Zählen und Rechnen lernten die Kinder, bunte Klötzchen zu verschieben. «Wie geht es denn so damit, Herr Weingartner?», erkundigte sich der Schulrat. «Na, kommen Sie mal, Herr Krause, und schauen Sie sich das an.» Wie immer erschien Krause unangemeldet. Achtundvierzig Kinder haben brav ihre Klötzchen auf die Pulte gepackt, sie fielen runter, wurden aufgehoben, klack, klack, bums. Die Schüler, wohlerzogen, halfen sich gegenseitig dabei. Bums, klack, das dauerte, ein Höllenlärm. Nach einer Viertelstunde hat der Schulrat fluchtartig die Klasse verlassen. Beim nächsten Besuch auf dem Schulamt in Lörrach fragte die Sekretärin Konrad: «Was haben Sie denn mit dem Krause gemacht? Er hat mich beauftragt, die Klasse sofort zu teilen.»

Umbruchzeiten – und wir hatten gleich zwei Fronten. Wochentags Sonnenmatt, Samstag und Sonntag Lagebericht aus Ilvesheim. «Die Frau Kienle verspottet mich, weil ich weiße Unterwäsche hab. Du hast wohl bürgerliche Eltern.» Das Wort «bürgerlich» sagte Lukas nichts, er war schlicht und einfach beleidigt. Ein Mitschüler hätte aus Verzweiflung seine weißen Unterhosen zerschnitten und in den Müll geschmissen. Ich besänftigte ihn: «Dann kaufen wir halt ein paar farbige. Die sind auch schön.»

Von dieser jungen Erzieherin, die frisch von der Uni kam mit lauter revolutionären Gedanken, war oft die Rede. Ihr müsst den Eltern nicht folgen, impfte sie den Kindern ein. Ordnung ist spießig! Eigentum ist Diebstahl! Zu klauen gehörte jetzt zum guten Ton. Ein Kind durfte dem anderen den Recorder wegnehmen, der ging kaputt, daraus entstand Streit, und dann schmissen sie, ohne dass jemand eingriff, mit Gegenständen um sich. Am allerliebsten mit Knautschsäcken, das waren die Sitzmöbel jener Tage, zum Kämpfen prima geeignet. Wer nicht sieht, kann andere böse verletzen. An einer Blindenschule war diese neue antiautoritäre Pädagogik, die sicherlich auch ihre guten Seiten hatte, völlig absurd. Ein blindes Kind anstiften, in einem Laden Bonbons zu klauen?

Wir waren ganz bestimmt keine Reaktionäre, mit einer freieren Erziehung waren wir sehr einverstanden, aber die Schlampigkeit haben wir abgelehnt, vor allem auch die Großmäuligkeit der Jungen. «Was ihr mit den Kindern macht, ist Vergewaltigung», solche Worte fielen immer wieder. «Ihr seid aus dem vergangenen Jahrhundert!» Der Lieblingssatz besagter Erzieherin. «Antiquiert», kurz gesagt. Dagegen haben wir uns gewehrt. Zu viel einmischen durften wir uns allerdings in Ilvesheim nicht, das hätte Lukas geschadet.

Zumal zwei Erzieherinnen für ihn zuständig waren, die eine das Gegenteil der anderen. Die junge revolutionäre und eine ältere, sehr strenge, «wie ein Kleiderschrank», die selber Mutter von sechs Kindern war und die Wohngruppe wie eine größere Familie regierte. Mittags um zwölf war Schichtwechsel, sprich Regimewechsel. Man müsse sich genau merken, wer wann dran sei, berichtete Lukas. Bei der einen sich möglichst nicht waschen und kämmen, damit man kein «Spießer» war. Bei der anderen besonders gründlich waschen und jederzeit auf Kontrolle gefasst sein. «Ihr habt ja noch Gries in den Augen!» Mit der konservativen Erzieherin kam er letztlich besser aus, bei ihr fühlte er sich ganz gut aufgehoben. Einmal hat sie gewagt, mit zwölf Kindern einen Ausflug zum Mannheimer Maimarkt zu machen. Jedes, das noch ein kleines bissle sah, bekam links und rechts ein vollblindes angehängt, zu Fuß marschierten sie zur Bahn. Die Kleiderschrankmama vorneweg, einsteigen, aussteigen, umsteigen. Die hat natürlich Blut und Wasser geschwitzt, aber das hat sie sich zugetraut, so eine Rasselbande durch die Menschenmenge auf dem Jahrmarkt zu lotsen.

Damals, in den Siebzigern, steigerte sich meine alte Angst vor Ärzten zu einer regelrechten Panik. Immer noch blutete ich, es hörte nicht auf. Wenn ich nicht sterben wollte, musste ich etwas unternehmen. Auf den Rat einer Freundin hin wandte ich mich schließlich an das Spital in Basel. Dort erzählte ich bewusst nichts von meinem blinden Kind, die genetische Frage sollte außen vor bleiben.

«Wir empfehlen Ihnen eine Gebärmutterresektion.»

«Bin ich schwanger?», war meine erste Reaktion, ich wollte nicht zu einer Abtreibung genötigt werden.
«Nein. Aber Sie sollten kein Kind mehr bekommen.»
Ein schrecklicher Gedanke, die Gebärmutter herausgerupft zu bekommen. In der Klinik drängten sie mich nicht. «Reden Sie in aller Ruhe mit Ihrem Mann.» Es war tröstlich, wie sie uns dann auf dem schweren Weg zur Entscheidung begleitet haben. Einzelgespräche, Paargespräche mit einem Psychologen und zusätzlich mit einem Geistlichen, um die moralischen Dinge auszuloten. Hart war diese Zeit, die größte Prüfung unserer Ehe seit der Entdeckung des Augenschadens von Lukas. Wie geht es weiter mit uns? Manchmal, sagten die Ärzte, liefen Eheleute danach auseinander. Sie sind besonnene, in jeder Hinsicht pingelig genaue Leute, diese Schweizer.

Wir begruben die Hoffnung auf ein weiteres Kind.

Oktober

Herbst 2010. Noch einmal richtig genießen: späte Äpfel, Pflaumen, die in den Wipfeln trocknen und als Dörrobst herunterfallen. Traubenmost. Saust er schon im Fass? Er saust! Und hat ein bitzele Alkohol, für meinen bescheidenen Rausch langt es.

Walnüsse sind das Beste im Oktober. Wir haben keinen eigenen Baum, für Gärten sind sie im Grunde zu groß. Im Markgräflerland wachsen sie überall am Wegrand und an kleineren Straßen. Einzeln stehen sie da, höchstens zu zweit, mit ihrem ungewöhnlich dunklen, giftig grünen Laub und ausladender Krone. Frisch sind die Nüsse besonders lecker. Die Kinder von nebenan bringen sie mir, früher hab ich sie selbst aufgelesen. «Magdalena jagt», hat Konrad gewitzelt. Ja, es ist wie ein Jagdfieber, eine Pirsch auf allen vieren, anschließend hat man gelbbraune Pfoten.

Was dann kommt, ist Sitzarbeit. Erst den grünen schmierigen Panzer lösen, die feste braune Schale knacken, auspulen, als Letztes, eine beinahe meditative Tätigkeit: die ganz feine bittere Haut um den Kern abzwirbeln, dass kein Fitzele dranbleibt, bis die Nuss wirklich nackt ist. Schon den dritten Tag sitze ich so am Steintisch, derweil Konrad im Garten die groben Oktoberarbeiten erledigt.

Abräumen, alles winterfest machen, bis Allerheiligen sollte es geschehen sein, das ist Brauch. Staudenbeete, Gemüsebeete. Die Gelben Rüben und Roten Beeten müssen eingemietet werden, Kraut hobeln und einlegen. Noch einmal alles durchjäten, auch zwischen den Reben. Arbeit für den Mann, Arbeit für die Frau, und so viel, dass du den Garten am liebsten abschaffen würdest. Ob es neblig ist, ob Matsch, man muss sich sputen. «Ach, die Tomaten sind noch nicht ...», immer ein schlechtes Gewissen, «jee, 's Dahlienbeet!»

Für die Dahlien hat Konrad immer das Signal gegeben. «Heut noch nicht!» Entweder er fühlte sich nicht gut, oder er meinte, ich schaffe es nicht an dem Tag. Zwanzig Meter ist die Reihe lang, Dahlien abräumen ist die reinste Schlacht. «Heut Mittag!»

Die Schubkarre quietscht, Spaten drauf, peng – die klassische Ouvertüre, schleppende Stiefelschritte, ssschu, ssschu, ssschu, Richtung Südwest, Zwischenstopp am Komposthaufen. Er muss gucken, ob noch genügend Platz ist für die Unmengen von Blattwerk.

Konrad geht wirklich allein, ohne mich, das hat es in vierzig Jahren Sonnenmatt noch nie gegeben. «Konraaaad!» So rasch es geht, mache ich mich auf den Weg. Eine Schere brauche ich, im Gewächshaus müsste sie sein, für eine Schürze ist es zu spät. Der erste Akt ist traditionell meine Aufgabe, die letzten Dahlien werden geschnitten, um sie in der Nachbarschaft zu verschenken. Konrad wartet, bis ich bei ihm bin, er protestiert nicht, sagt nicht: «Pass auf dein Herz auf.» Ohne zu reden, folgt er mir, von einer Staude zur nächsten, nimmt mir zwischendurch die Blumen ab.

Büsche, von denen manche größer sind als ich, herb duftend, nicht ganz so streng wie Chrysanthemen. «Siehst du noch eine Blüte, Konrad?» Er knurrt von links, anscheinend ist er schon beim zweiten Akt. Ein leichtes metallisches «tick» eröffnet ihn, der Spaten setzt auf. Und Schwung! Konrad gräbt immer noch wie ein Junger, rasch hat er das ganze Trumm aus der Erde gehebelt, zwei Stiche auf den Ansatz, kräftig und zielsicher trennt er die Knolle vom Blattwerk. «Da! Guck sie dir an!» Mit den Händen klopfe ich die Erde ab, nicht zu viel, zum Überwintern braucht die Knolle einen leichten Erdmantel. Abtasten, wo sind faule Wurzelteile, die entfernt werden müssen, nach einem enorm heißen Sommer wie diesem ist auch viel Schrumpliges da.

Konrad voran, ich hinterher – zwei alte Esel, die ihren Trott gehen. Links türmen sich die Berge von grünem Kraut, rechts auf dem Acker die schon untersuchten Knollen, die am Ende auf die Schubkarre müssen, Akt 3, und ab ins Winterquartier, in Nachbars Erdkeller, Akt 4. Die Hände sind schon kalt, der Körper ist müde, wir müssen weiter, noch lange sind wir nicht fertig. Fünf Schubkarrenladungen sind es in der Regel, wir sind gerade erst auf der Hälfte. «Da! Guck sie dir an, Magdalena!»

In den Dahlien das Zeitliche zu segnen wäre nicht das Schlechteste.

Ein Hut voll Welt

Wer kann am weitesten im Tanzen Wasser spritzen? Eines der schönsten Spiele, die ich in unserem Garten erlebt habe. Fünf oder sechs Kinder, jedes mit einer Gießkanne voll Wasser, sie kreiseln, so schnell sie können, drehen sich um ihre eigene Achse. Ein Juchzen, ein Quieken. Und das Wasser spritzt um sie herum, es blinkt in der Sonne.

So haben wir Kindergeburtstage gefeiert, den von Lukas – als Januarkind ließen wir ihn in der schönen Jahreszeit, im Mai, nochmal hochleben – und den von Nachbarskindern, Freundeskindern. Auf dem Land, unter Katholiken, wurde das damals noch nicht groß begangen. Namenstag ja, alle Josefe, alle Veronikas, alle Ursulas am selben Tag, man traf sich im Kollektiv, sozusagen, unter der Führerschaft des jeweiligen Heiligen. Der Tag der Geburt, wo der Einzelne im Mittelpunkt steht, hatte noch wenig Bedeutung. Das hab ich in Sonnenmatt propagiert, über die Kinderfeste in Umlauf gebracht.

Spielen! Wettrennen, barfuß, mit Farbe an den Füßen. Vorher rührte ich große Mengen Wasserfarbe an, jeder von uns tunkte seinen rechten Fuß hinein, oder auch den linken, und wir hüpften auf einem Bein auf dem Plattenweg, vom Haus bis zur Dahlienhecke. Anschließend begutachteten wir ausgiebig die roten, blauen, grünen Spuren. Auf allen vieren. Ich auch, mit der Nase nahe drauf. «Nasenbär!», rief ein Bub. Solche Freiheit und wirkliche Gleichberechtigung habe ich im Erwachsenenalltag kaum je erfahren.

Mit dreiundvierzig Jahren wäre mein Leben beinahe zu Ende gewesen. Gerade war mein Vater gestorben, März 1976. Meine Mutter war froh, endlich einmal aufatmen zu können, sie brauchte Zeit für sich, weswegen sie mich gebeten hat, ihr «die Engländer» abzunehmen, John und Mary, ein Ehepaar, das regelmäßig alle zwei Jahre in Freiburg aufkreuzte.

Johns Vater war vor Urzeiten bei meinem Großvater Daniel Eisele Lehrling gewesen, daher die Freundschaft. Sie reisten immer mit dem Campingbus an, eigentlich ein zum Wohnen umgebauter Lieferwagen, in dem sie unter anderem die aberwitzigsten Geschenke für uns transportierten, wie Keksdosen mit dem Konterfei der Queen, bemalte Teller mit königlichen Schleppjagden und dergleichen. In den ersten Jahren, kurz nach Kriegsende bis etwa Anfang der Sechziger, hatten sie noch zwei, drei Kinder an Bord. Keine eigenen, sondern fremde Kinder aus den Vorstädten von Portsmouth, die etwas von dieser seltsamen Subkultur der Piers und frivolen Tanzlokälchen mitbrachten. Von alldem sollten sie sich im «black forest» erholen.

Dienstag vor Fronleichnam war es, ein entsetzlich heißer Tag, an dem die Engländer und ich aufbrachen mit dem vollbetankten Campingbus, Richtung Waldkirch, um Lukas, der inzwischen dort zur Schule ging, zu besuchen. Ich trug ein elegantes Kleid aus orangeroter Kunstfaser, darunter eine enge Korsage. Stolz wie Oskar, mich meinem Sohn und seinen Kameraden so präsentieren zu können, stolz, dass er durch mich die Möglichkeit hatte, zu zeigen, er kennt Menschen aus England. Ein stilechtes englisches Teepicknick wollten wir machen. Wegen der Hitze hatte John, der am Steuer saß, vorne das Fenster geöffnet. Mein Platz war hinter ihm, neben dem Kühlschrank und den drei Gasflaschen. Dort hatte ich es mir mit meinem Punktschriftbuch gemütlich gemacht, mit Flauberts «Madame Bovary». Die Buchstaben wackelten kaum, denn die Autobahn war schnurgerade und der Linksverkehr gewohnte John fuhr Schneckentempo. Auf einmal ein «zszszszssssssssssssssssss». Sofort machte ich die Augen zu, ich spürte das Feuer nur. Die Gasflaschen, dachte ich, und ich hörte noch, wie die beiden vorn mit den Gurten kämpften, das Aufklappen der Türen, das Zuklappen. Die lassen mich hier verbrennen!

Wie ich es geschafft habe, über die hohe Rückenlehne zu klettern, weiß ich nicht. Ich ließ mich seitlich durchs Fenster fallen, einfach in die Tiefe, und hab mich im staubigen Autobahngras gewälzt. Lief dann kopflos auf dem Grünstreifen irgendwohin, mein verschmortes Kleid mit den Händen suchend, und landete schließlich in einer Sanddornhecke. Dort klaubten mich zwei Lastwagenfahrer heraus, die angehalten hatten, sie erstickten die letzten Flammen mit einer Decke. John und Mary waren auf einmal neben mir. Soweit ich das mitkriegte, spekulierten sie darüber, ob der Caravan explodieren würde. «Don't worry, gentlemen», schrie ich, «wir leben, wir leben!»

Mit Gewalt betteten mich die zwei Helfer ins Gras. «Mir geht es gut, ich hab doch nix.» Erst als das Tatütata des Krankenwagens sich näherte und sie mich einluden, begriff ich, dass ich in Lebensgefahr war. Unterwegs hätte ich die ganze Strecke bis Müllheim gesungen, erzählten die Rotkreuzmänner später, «We shall overcome», nicht wirklich gesungen, geröchelt, und Gebete gekrächzt: «Lieber Gott, danke, dass ich Licht sehe. Danke, ich lebe!» Mein Mund, der im Feuer geschrien hatte, war innen versengt, das Gesicht überhaupt nicht, auch der Nacken nicht, der Hals nicht, nur der Mund. In der Klinik stellten die Ärzte fest, die ganze linke Seite war verbrannt, der Arm bis zum Ellbogenknochen durchgeschmort, meine Brust, Hüfte und Schenkel, das Bein bis zum Rand der Baumwollsöckchen – 34% der Körperoberfläche, bei 33% stirbt der Mensch normalerweise.

Vierzehn Tage lang habe ich mit dem Tod gekämpft. Gebirge von Brandblasen haben sich aufgeworfen, riesige und viele kleine. Weder Hemd noch Leintuch habe ich vertragen können, ich lag nackt, auf der rechten unversehrten Schulter und Hüfte, auf einer Art Bügelfolie, die zwei Mal am Tag gewechselt wurde, weil der Wundsaft nur so von mir weglief. Täglich kriegte ich Spritzen zur Desinfektion, gegen die Sepsis, die drohte. Verbände hatten keinen Sinn, das einzig Lindernde: eine Art Öllappen, die legte man auf die schlimmsten Stellen. Im Schmerz und im Fieber habe ich viel geschrien, die meiste Zeit habe ich still vor mich hingedämmert. Der Chef der Müllheimer Klinik hat jeden Tag geguckt, ob ich noch weiterlebe.

Ganz bewusst haben mich die Ärzte nicht isoliert, ich sollte um mich herum andere Menschen hören. Anfangs lag eine alte Frau mit mir auf dem Zimmer. Wenn ich lange nicht gepiept habe, fragte sie: «Frau Weingartner, schlafen Sie?» Täglich ist Konrad gekommen, später auch Lukas. «Hört uns Mama noch?» Sein angstvolles Fragen habe ich nicht wahrgenommen. «Lebt Mama?» – «Ja, sie atmet.» Die beiden müssen fürchterliche Not gehabt haben.

Lange noch hatte ich Dreck in mir. Nach drei Wochen sind aus dem Schenkel fingerlange Dornen, vom Sanddorn an der Autobahn, herausgekommen. Daraufhin haben mich die Schwestern in ein Kamille-Bad gesteckt, und dann war ich nochmal bei 41 Grad Fieber. Viele Monate dauerte die Genesung. Monate, in denen ich viel Musik hörte. Immer griffbereit waren die georgischen Lieder, die tiefen, miteinander verwobenen Männerstimmen, die noch im Summen voll tönen. An guten Tagen holte ich mir die Welt aus dem Radio. Im August berichteten sie regelmäßig über den Unfall von Niki Lauda auf dem Nürburgring, in letzter Sekunde hatte man ihn aus dem brennenden Ferrari gezogen. Ganz Europa schien ihn zu bedauern. Was macht er für Fortschritte? Bei ihm schien es weniger schlimm gewesen zu sein als bei mir; er konnte nach sieben Wochen wieder sein Training aufnehmen, während ich ans Bett gefesselt blieb. Mit den Zehenspitzen klopfte ich manchmal ans Fußende, die Zehen waren unverletzt, und ich stellte mir vor, ich tanzte Rumba.

So heiß wie dieser Sommer war kaum einer. Lukas erzählte von Hitzefrei, von Schulausflügen ins Grüne. Er hatte jetzt einen Kassettenrecorder und nahm ihn, obgleich er ziemlich schwer war, im Rucksack mit, um für mich kleine Reportagen zu machen. Die allerersten Töne, die er schickte, stammten aus dem Basler Zoo. Ein Vogelgekrächze war drauf, man hörte einen Eismann bimmeln, und «schmatzende Löwen. Aber da musst du ganz genau hinhören, Mama», sagte er ins Mikrophon.

In den Ferien schlugen Konrad und Lukas sich zusammen in Sonnenmatt durch. Bei ihren Besuchen erzählten sie, was sie zu Hause taten und miteinander erlebten. Keiner von beiden konnte kochen, es war außerdem Einmachsaison, lauter neue Dinge, die sie bewältigen mussten. Wer zuerst aufwachte, weckte den anderen, beim ersten Sonnenstrahl waren sie oft schon draußen. Pflanzen wässern, den ganzen Tag schufteten sie wie verrückt, der Garten verlangte alle Aufmerksamkeit, sodass sie nicht zum Nachdenken kamen. Spätabends haben sie noch Bohnen abgezipfelt, blanchiert und in Gefrierbeutel gefüllt. «Nicht warm einfüllen, Papa.» Lukas erinnerte sich, was er bei mir gelernt hatte. Er führte in Haushaltsdingen meist die Regie. Dreizehn Jahre war er, in der Ilvesheimer Zeit war er eher ein Mama-Kindle gewesen. Ohne diesen besonderen Sommer wäre Konrad vielleicht nicht der Mentor für ihn geworden, der er später wurde.

«Ich lerne richtig Orgel, Mama!» Immer wieder sprach er davon, nach den Sommerferien sollte es endlich losgehen. Seit Lukas in Waldkirch war, einem Kreisstädtchen im Elztal, nordöstlich von Freiburg, war er aufgeblüht. Er wohnte im dortigen Sehbehindertenheim, das unter Aufsicht des liebenswürdigen Herrn Glaser stand, und lernte auf einem ganz normalen Gymnasium. Gleich zu Anfang hatte er den Schlüssel zur Orgel der Stadtkirche erobert, dort durfte er so lange und so oft, wie er wollte, spielen. Jetzt also, im September, sollte seine Zeit als Autodidakt enden und der Unterricht beginnen: Privatstunden bei einem jungen Musikamateur, einem begnadeten, wie es schien. Bei seinen nächsten Wochenendbesuchen in der Müllheimer Klinik schwärmte er von ihm.

«Der lässt mich improvisieren!»

«Was spielst du?»

«Bach, natürlich Bach, Mama.» Bach war das Größte für ihn, ist es noch.

«Nach Noten?»

«Ja, auch.»

Anscheinend entwickelte sich alles wie von selbst. Ziemlich schnell hat er ganz normale gedruckte Notenblätter lesen können. Mit Hilfe seines Lehrers tüftelte er ein schwenkbares Gestell aus, das wir dann von unserem Sonnenmatter Dorfschlosser ausführen ließen. Damit konnte er sich die Noten ganz nahe ans Auge führen, bis auf zwei Zentimeter, wie er es brauchte. Er war wieder der selbständige, vorwärtsdrängende Bub, den wir kannten. Sogar Jobs hatte er, mit seinen noch nicht ganz vierzehn Jahren. Mittags nach der Schule fand er kleine Zettel an seinem Platz im Speisesaal, die ihn zu Organisten-Diensten riefen. «Leichenhalle 1, 13.45». Um 17 Uhr hatte er in der Leichenhalle 2 zu sein oder zur Abendandacht in der Stadtkirche. Zwischendurch büffelte er Lateinvokabeln oder Mathe auf der Empore.

«Sankt Martin hat vielleicht eine tolle Orgel!» Wieder war von einer anderen Kirche die Rede, auf einem Dorf. «Und Sankt Georg erst.» Mit seinem Lehrer, erzählte Lukas, grase er das ganze Elztal ab und klettere auf Orgelemporen herum. Ihn interessierte jetzt, wie Orgeln gebaut werden, das Gehäuse, Pfeifen, Pedalwerk, und warum sie so klingen, wie sie klingen. Manchmal hatte er eine auf Kassette und spielte die in meinem Krankenzimmer ab.

«Ich darf zur Gesellschaft der Orgelfreunde, ab vierzehn nehmen die mich auf.»

Mit Spannung wartete ich, Woche für Woche, auf Neuigkeiten. Wie geht es weiter? Das durfte ich nicht verpassen, sterben konnte ich immer noch. Lukas' Orgelgeschichten waren ein Zaubertrank, auch in späteren Jahren und heute noch. Wo spielt er? Was forscht er? In seiner Studienzeit in München hat er am bayrischen Orgelatlas mitgewirkt, bei seinen Besuchen in Sonnenmatt schilderte er uns begeistert, was er gerade beim Herumturnen auf Dorforgeln erlebt hatte, was er in den Archiven über sie gefunden hat. Im Laufe der Zeit hat er Hunderte von Orgeln kennengelernt, gehört vor allem, zum Teil auch gespielt, viele auf Reisen mit der Orgelgesellschaft.

Von unterwegs schickte er meist eine Kassette mit Impressionen: «Hey, Magdalena, das sind die Glocken von Uppsala. Und jetzt sind wir auf dem Schiff, Richtung Oslo. Hör mal, die Wellen.» Zwischendrin Fachsimpeleien der Orgelfreunde, die er mitschnitt, oder ein Gespräch mit dem Kapitän. Briefe für die Ohren – von Liverpool, San Francisco, Rom. Orgelmusik, Straßenbahngeräusche. Für mich hängte er ein Mikro aus dem Hotelfenster, damit ich New York bei Nacht hörte. New York oder Philadelphia? In einer verlassenen Dorfkirche in Südfrankreich ließ er mal eine halbe Stunde das Gerät mitlaufen, in allen Einzelheiten konnte ich mitverfolgen, wie er und ein Kollege sich zur Orgel durchkämpften, «Spinnweben! Magdalena, das hast du noch nicht gesehen. Mann, hier liegt der Staub zentimeterhoch.» Am Ende hörte ich eine etwas verklemmte Orgel und den mächtig stolzen Lukas schnaufen: «Die hat aber lang keiner mehr gespielt.»

Solange meine Neugier nicht aufhört, lebe ich. Würde mich ein Reporter fragen, wer ich bin, wäre die zutreffendste Antwort: Eine, die mit dem Hut herumgeht und sagt: «bitte, einen Schlag Welt! Noch einen Schlag Welt, bitte!» Nach dem Brandunfall damals ist dies Verlangen noch heftiger geworden.

Ende 1976, kurz vor den Feiertagen, kehrte ich nach Sonnenmatt zurück. Noch lange waren die Narben sehr empfindlich. Hosen, Röcke, alles scheuerte, schmerzte. Am besten ertrug ich diese dünnen indischen Baumwollstoffe, jahrelang bin ich in bodenlangen, weiten Hippiekleidern herumgelaufen. Im Dorf machten sie lange Hälse. Wie kann eine Lehrersfrau von Mitte vierzig sich bloß so anziehen? Es kümmerte mich nicht, ich fühlte mich nach alldem wirklich frei.

Zu Weihnachten oder kurz danach kriegte Lukas einen Fotoapparat. Zur Hälfte bezahlte er ihn selbst, von seinem Lohn für Orgeldienste, die andere Hälfte schoss Konrad zu. Tausend Mark ungefähr kostete die ganze Ausrüstung, Spiegelreflexkamera, Stativ, Blitz, der nackte Wahnsinn und genau richtig für ihn. Sein Orgellehrer, der auch gern fotografierte, hatte ihn dazu ermutigt. Zunächst ging es dabei vor allem um Orgeln, darum, sie in ihrer ganzen Größe und in bestimmten Ausschnitten, die er gern näher studieren wollte, abzubilden im Postkartenformat. Der alte Zigarettenbildertrick, der mir als Kind so viel geholfen hat, nur dass Lukas seine Bilder selbst herstellte. Unter Anleitung seines Lehrers experimentierte er mit Schärfe, Blende, Filtern. Bei großen Objekten wie Kirchen hielt er beim Einrichten des Bildes zusätzlich das Monokular vor die Optik. Nur statische Dinge kamen als Motiv in Frage, keine beweglichen. Im Frühjahr hab ich gesehen, wie er im Garten mehrere Tage immer wieder um eine persische Lilie herumgeschlichen ist. Er beobachtete das Licht und fotografierte sie in verschiedenen Stimmungen.

Ich konnte nun wieder an Konrads Arbeit teilnehmen, an den neuen Herausforderungen, die ihm das Schulamt vor die Füße legte. «Herr Weingartner, Sie sind mit den Legasthenikern fertiggeworden, Sie werden das auch mit den Türken schaffen.» Förderkurse sollte er geben – für Türken, Griechen, Libanesen, Kinder zwischen sechs und fünfzehn, die meistens kein Wort Deutsch sprachen. Am ersten Tag hat er ein altgriechisches Wort an die Tafel geschrieben, mit einem Fragezeichen dahinter. «Wer kann das lesen?» Ein älteres

Mädchen meldete sich: «Ökumene.» Da wusste er, aha, eine Griechin. Er malte ein Haus und schrieb «Haus» darunter, bald stand das Wort in fünf Sprachen an der Tafel. So wurstelte Konrad sich von einer Stunde zur anderen durch, ohne die vom Kultusministerium gelieferten Bücher für den Ausländerunterricht. «Damit kann man nicht schaffen!» Dafür waren die Schüler viel zu verschieden, da war alles dabei, zwölfjährige Analphabeten aus Kappadokien, Superschüler aus Beirut, die Konrad Löcher in den Bauch fragten, was die Reformation ist oder warum es zwei Deutschlands gibt.

Konrad schleppte die alten Kinderbücher von Lukas mit in die Schule. Sie spielten «Mensch-ärgere-Dich-nicht», Steine setzen, zählen «eins, zwei, drei, vier, fünf, sechs». Besser ging es, nachdem er die Gruppe geteilt hatte, die Kleinen kamen zu mir, die Großen blieben bei ihm, nach einer Stunde Wechsel. Oder wir teilten nach Geschlechtern, Konrad ist mit den Buben durch die Reben marschiert, derweil ich mit den Mädle die «Burda» oder die «Bravo» angeguckt habe. Sie begannen zu erzählen, allmählich tauten sogar die Schweigsamsten auf. Bikinis war ein wichtiges Thema, «die dürfen wir nicht tragen», ein anderes die strengen Großmütter in Anatolien. Das waren Kulturkonflikte, von denen wir bis dahin kaum eine Ahnung gehabt hatten. Auch mit den Eltern sprachen wir, da war unser Zweierteam besonders nützlich, denn an die Frauen wäre Konrad niemals herangekommen.

Im Dorf und in der Kultusbürokratie machte man sich damit nicht unbedingt Freunde. Gegen teilweise heftigen Widerstand seiner Vorgesetzten verschaffte Konrad vielen fremden Kindern Sonderunterricht in Kleingruppen, notfalls mit List. War die vorgeschriebene Teilnehmerzahl dafür nicht erreicht, füllte er die Listen auf, indem er die zungenbrecherischen Namen nochmal in umgekehrter Reihenfolge eintrug, Nachname zuerst, Vorname dahinter, oder Mädchenvorname kombiniert mit Jungennachname. «Wenn ich Türken brauche, mach ich mir welche!», erzählte er mal einem entgeisterten Kollegen.

So skeptisch wir gegenüber den Segnungen des Fortschritts waren, diese Veränderung mochten wir. Neue Leute! Ohne die immer neuen Schüler wären Konrad sein Beruf und die Sonnenmatter Dorfschule auf Dauer ziemlich langweilig geworden. Ich erinnere mich noch genau, wann es damit anfing, Frühling 1969. Beim Mittagessen erzählte Konrad, in der Schule habe ein Bub seine Ankündigung «Morn z' morge isch schulfrei» nicht verstanden. «Was ist ‹mornsmorge›?» Da ist ihm schlagartig klargeworden, dass in der Klasse nicht mehr nur Alemannen sitzen. Zuerst Nicht-Alemannen, dann Türken und Griechen, dann Aussiedler aus der Sowjetunion, die wiederum sehr, sehr unterschiedlich waren. Schlag auf Schlag ging es, und wir mussten lernen. Jetzt hätten wir Galina als Dolmetscherin gebraucht. Wo liegt Karaganda? Kak tibja sawut? Diese Zuwanderung hat sich in gerade mal zwanzig Jahren vollzogen – zuletzt, 1989, erschienen in Sonnenmatt die DDR-Bürger.

Bereits Monate vor dem Mauerfall hatten wir einige Familien mit Kindern im Dorf, die über Ungarn geflohen waren. «DDRler» schimpfte man sie, auf dem Schulhof gab es mal Zoff, weil sie aus Spenden schönes Spielzeug bekommen hatten und die Hiesigen nicht.

Am Abend des 9. November habe ich am Rausch der Menge nicht teilgenommen, die sensationellen Fernsehbilder fehlten mir nicht. Aus dem, was ich hörte, schien mir, dass die Gefühle der Menschen zu sehr zur Schau gestellt werden. Vor allem war ich erleichtert, sehr erleichtert. «Kein Krieg», dachte ich, wie gut, das alles geht ohne Krieg. Diesmal hätte ich wirklich nicht gewusst, wohin ich rennen sollte. Während ich im Radio die Nachrichten verfolgte, erinnerte ich mich plötzlich an das Rascheln im Erbsenbeet, im Sommer. An dieses ganz, ganz leise Tappen, das vorsichtige Zupfen – ich saß am Steintisch und hatte mein Hörbuch «Die Reise nach Sachalin» beendet, war noch in Gedanken halb bei Tschechow, meine Ohren stellten sich gerade wieder auf die Geräusche des Gartens ein. Und in dem Lärm der Grillen, dem geschäftigen, flinken Rascheln der Amseln im Erbsenbeet hörte ich ein menschliches Rascheln. Ein Kind?

«Warum fragst du nicht, wenn du Erbsen willst?»

«Wir hatten zu Hause auch Erbsen», hat eine Jungenstimme in sächsischem Dialekt gesagt.

Ronny hieß der kleine Dieb, einer von Konrads Schülern aus der zweiten Klasse. Jetzt verlieren viele Millionen Leute ihre Heimat, dachte ich am Abend des Mauerfalls, und so war es dann ja auch.

Über Lukas konnte ich ein wenig an der Entdeckung des Ostens teilnehmen. Kaum waren die Grenzen offen, fuhr er mit den Orgelfreunden nach Moskau und Saratow, im Dom von Riga waren sie. Von überall schickte er Hörbriefe. «Blindensendung» schrieb er auf den Umschlag, in der jeweiligen Sprache erfragte er das Wort, warf sie in den Kasten, im Vertrauen, dass sie kostenfrei befördert würden – sie kamen tatsächlich an. Er berichtete von Gotteshäusern, die in kommunistischer Zeit Museen geworden waren, Garagen oder Getreidesilos. Abenteuerreisen, die er bei aller Unbequemlichkeit sehr genoss. «Guten Morgen, Magdalena», sprach er in einer Dorfkirche in Tschechien auf Band, «stell dir vor, wir haben im Schrank der Sakristei ein Kollektenbuch aus dem Jahr 1938 gefunden, und die Kollekte dazu.» Allein in Tschechien gebe es Hunderte von alten, wertvollen Orgeln, die dringend instand gesetzt werden müssten, und «wieder gespielt werden. Magdalena, die muss man doch spielen!» Es reizte ihn, dabei mitzumachen, mit seiner reichen Erfahrung wäre er ein guter Berater für die Restaurierungen gewesen. Aber diese Länder hatten andere Sorgen, um die meisten Orgeln kümmert sich bis heute niemand.

Das Wichtigste an der Wende von 1989 war: Jetzt konnte ich endlich nach Auschwitz fahren, etwas, was ich schon lange, seit Marburger Zeiten eigentlich, vorhatte. Eine Art Wallfahrt, wie fromme Katholiken nach Rom fahren – «Was nützt mir Rom», habe ich zu Konrad gesagt, «erst muss ich dahin, wo ich hingehöre.» Er wollte nicht mit. Im Sommer 1993 schloss ich mich einer Gruppe an, drei Wochen Krakau, mit Abstecher zu den Konzentrationslagern. Etwa vierzig Grad Hitze hatten wir an dem Tag, der für Birkenau vorgesehen war. Hinter dem Eingangstor entfernte ich mich von den anderen. Eine Stunde brauchte ich ungefähr, um mit dem Monokular die Topographie zu erfassen, die grauen Baracken, den Schienenweg bis zu dem gesandeten Platz, wo die Selektionen stattgefunden haben. An den Rändern des Geländes war ein Streifen Ödland, dahinter erspähte ich reifende Felder, das normale Leben war also nah. Dann bin ich zum Stacheldraht und habe lange dort gesessen und an meine Mutter gedacht und an Fräulein Pfeiffer, die mich vor der Blindenschule bewahrt haben, an die Zitronenblatt-Fleißkärtchen, an Klaus. Und an die weinende Anita aus der Angell-Schule, wie wir nebeneinander vor Zimmer 8 gewartet haben. Wie hat sie ausgesehen? Blond, nicht sehr kräftig, schmaler als ich auf jeden Fall. Sie trug ein rotes Kleid, erinnerte ich mich, weitere Einzelheiten fielen mir nicht ein, nur dass wir gewettet haben: Ruft der Rex dich zuerst rein oder mich? Vielleicht hat man sie nach Birkenau gebracht.

Ich befand mich in der Endphase des Sehens, nach der Polenreise ging es steil bergab. Im Alltag wurde es jetzt schwierig. Alles und jedes ertasten und erhorchen müssen, ohne optische Anhaltspunkte. Hausarbeit im Zeitlupentempo. Kleine Unfälle, die sich häuften. An einen erinnere mich besonders: Meine Hände fahren über den Schrank, ein wenig zu schnell – plumps, überall in der Küche verteilt schwarzer Kaffeesatz und gelbe Scherben. Es hat unsere kleine Melittakanne erwischt, ein Teil aus der Frühzeit unserer Ehe, an dem mein Herz hängt. Konrad liegt zwei Stunden auf den Knien, kehrt und wischt, verzieht sich dann brummelnd in den Garten.

Eine Weile habe ich mich noch bemüht, es vor Außenstehenden zu verheimlichen. In der Fasnet, beim «Schissdreckzügle» in Freiburg, einem familiären Umzug, den wir nie ausgelassen haben, bin ich als Tanzbär gegangen. Ich brauchte jemanden, der mich führt, ohne dass die Freunde und Bekannten merkten, wie schlimm es um mich stand. Konrad, als Zirkusdirektor verkleidet, hielt mich fest an der Leine.

Das große ferne Blau

Ein Mensch mit gesunden Augen kann sich kaum vorstellen, wie es ist, die letzten zwei Prozent Sehkraft zu verlieren. Wie gewaltig der Unterschied ist zwischen zwei Prozent und nichts oder fast nichts – eine dramatische Veränderung des Lebens, vergleichbar mit der Eroberung des Sehens als Kind, nur eben umgekehrt. Alles geht zurück, Schritt für Schritt, und jeder ist eine Etappe, ein Kampf gegen Tatsachen, ein Kampf mit den immer wieder aufkommenden Illusionen. Morgens bin ich aufgewacht mit dem Gedanken, ich schlage die Augen auf und sehe wieder das Braun der Kommode und den Umriss von Konrad, der den Kaffee ans Bett bringt.

«Wird der Tag hell, Konrad?»

Bei hellem Wetter sind die Chancen größer, noch ein Stück Welt zu sehen. Am ehesten kann ich das Lesen missen, man kann es ersetzen durch Hören. Konrad liest mir jeden Tag vor. Über die Marburger Blindenbibliothek kriege ich Hörbücher, so viel ich will, nicht immer genau das, was ich will, aber dann kommt eben statt Anton Tschechow ein anderer, Iwan Bunin oder Andrej Bitow.

Schrecklich ist hingegen das Verschwinden der Farben. Nicht mehr malen zu können, nicht mehr mit Farben auf dem Papier herumtoben. An dem Tag, an dem ich meine Pinsel verschenkt habe, fühlte ich mich ganz und gar von Gott verlassen. Dass er mir meine liebste Beschäftigung genommen hat, habe ich Gott übelgenommen. Eine der ersten Farben, die sich verflüchtigten, kurz nach der Polenreise, ist das Lila gewesen. Sosehr ich es auch suchte, es war weg, das Lila in dem grellbunten Kleid aus Krakau, es fehlte, auch das dunkle, samtige Violett der Clematis, das dumpfe Lila des Rotkrauts, einfach nicht da, und sie kamen nicht wieder. Andere Farben blieben länger, zeigten sich bei gutem Licht hier und da, das Rot, das Grün, machten sich als große Fläche bemerkbar, wenn auch nicht so intensiv und leuchtend wie früher – das Tulpenfeld blasser, die besonnte Wiese wie mit einem Schleier überworfen.

Wo ist das Gelb? Gelb, meine liebste Farbe, ist mir untreu geworden, auch das Gold. Aber selbst wenn mein Auge die Osterglocken am Rande der Terrasse nicht aufstöbert, im Kopf ist es trotzdem da, in allen Nuancen. Ich habe nie aufgehört, in Farben zu denken, darauf zu achten, wie sie zueinander stehen, ob sie harmonieren. Nach wie vor würde ich Rotkraut nie in eine rote Schüssel füllen. Welches Kleid passt zu welcher Kette, zu welchen Schuhen?, überlege ich jeden Morgen, genau wie früher. Das grüne, durchgeknöpfte aus Bourette? Es im Schrank zu finden ist keine große Affäre, ich muss nur mit der Hand die Abteilung der Alltagskleider durchgehen, ihre Stoffe befühlen – Bourette fühlt sich warm an wie alle Seiden und hat eine unregelmäßige, leicht noppige Struktur: ein Kleid aus den neunziger Jahren, als ich die Farben noch hatte, Grün mit viel Braun und Schwarz drin, das ich mal «Gießkanne in Trauer» getauft habe.

Ein ganz klein wenig Sehen ist jetzt noch übrig. In jedem Frühjahr, wenn das Wiesengrün so richtig knallig ist, mache ich einen Test an einer bestimmten Stelle, am Dorfrand von Sonnenmatt. Da ist ein Sandweg, der eine Wiese durchteilt. Am besten geht es gegen vier Uhr nachmittags, bei Seitenlicht. Kann ich den hellgelben Sandweg vom Grün unterscheiden? Mit den Füßen ertaste ich den Übergang der beiden Zonen und richte mein linkes Auge dorthin, wo die Grenze zwischen Weg und Wiese verläuft. In diesem Jahr war es rechts ein wenig heller, das heißt, ich sehe noch.

Große Angst habe ich davor, dass sich durch das Nicht-Sehen, indem ich nichts mehr anschaue, mein Gesicht verändert. Ab und zu frage ich Konrad: «Wie ist mein Gesicht?» Ich muss wissen, ob es noch lebendig ist oder ob es sich verschließt.

«Hab ich schon dieses verlassene Gesicht?»

«Nein, alles in Ordnung.»

Konrad hat mir mal beschrieben, wie die Gesichter mancher Blinder aussehen. Sie seien «in sich gekehrt», beinahe ohne jede Mimik. Ich glaube zu wissen, was er meint. In meiner Marburger Zeit, beim Tanzkurs, bin ich einem vollblinden Kameraden mal so nahe gekommen, dass ich sein Auge und ein Stück Wange betrachten konnte. So ein verlassenes Gesicht will ich nicht haben, dachte ich damals.

«Konrad, bin ich wirklich so wie früher?»

«Ja.»

«Wirklich?»

Immer noch gibt es Tage, da bin ich besessen vom Sehen. Mehr als ein halbes Jahrhundert lang habe ich gesehen, etwas davon muss doch noch da sein! Ein Stück Himmelsblau, es könnte ein Lichtfleck auf dem Steintisch sein. Ich mache regelrecht Jagd im Garten, durchforste die vertrauten Areale. Letzten Sommer war ich total verblüfft, ich sah vor mir etwas blitzen, ganz kurz erschienen die Farben des Spektrums von

Dunkelblau bis Purpurrot, wie ein kleiner zittriger Regenbogen. Zack, war er weg, und zack, wieder da, erst beim dritten oder vierten Auftauchen wusste ich, was ich vor mir hatte. Es war eine dieser glänzenden Computer-CDs, die Konrad zur Abwehr der Vögel in die Reben hängt. Sie bewegen sich lebhaft im Wind, und wenn ein Lichtstrahl darauf trifft, dann entsteht für einen Augenblick dieses Farbenspiel.

Ich brauche das Sehen so sehr, auch als Ablenkung vom Grübeln. Den Kopfwelten zu entrinnen, diesem Toben da drinnen, wird mit dem Alter schwieriger. Sehende können das leichter, sie müssen nur einen Vogel anschauen, oder den Liebsten, und der Spuk ist unterbrochen. Früher hab ich mich häufig befreien können, indem ich jemandem etwas erzählte oder mir etwas erzählen ließ. Doch das ist heute kaum noch zu haben, das Zuhören wie das Erzählen. Selbst die Wörter werden weniger. Laufen ist laufen, es gibt nicht mehr rennen, springen, marschieren, stürmen, hetzen, all die vielen Ausdrücke. Und wenn ich mich ausmäre mit meinen Wörtern, denken die anderen, was für eine geschwätzige Alte. Und wenn die anderen so einsilbig oder zerstreut antworten oder auch gar nicht, rede ich noch mehr, weil ich unsicher bin, ob ich mich verständlich gemacht habe oder nicht, oder ob dieser Jemand, der zuhört, möglicherweise nicht schon längst heimlich verschwunden ist und ich ins Leere rede. Manchmal schäme ich mich, dass ich so bin, und komme mir vor wie ein plärrendes altes Radio, das man in der Wüste abgestellt hat.

Am besten versteht Lukas meine Bedürfnisse. Ein Tag mit Lukas ist wie ein warmes Bad, dann aale ich mich in Geschichten. Er berichtet von Tandemfahrten, die er mit seiner Freundin Marie unternimmt, sie radeln oft, von München bis zum Chiemsee, sogar bis Salzburg. Die Natur unterwegs, wie waren die Betten im Gasthaus, auf welchem Stück der Strecke hat es geregnet, und wie lange, alles farbig und ausführlich. Die Glocken von irgendeinem Kuhdorf, wie haben sie geklungen? «A – cis – e – fis, so ein schönes Salve-Regina-Geläut hast du noch nicht gehört, Magdalena.» Und immer wieder Orgelgeschichten, den ganzen Prozess der Rekonstruktion einer Silbermannorgel hat er mir letztes Jahr haarklein erzählt.

«Und wo kriegt ihr das Holz für das Gehäuse her?»

«Das genau ist das Problem. Heute ist das Tannenholz anders als das in der Barockzeit.»

«Wer macht diesmal die Pfeifen?»

Tausend Dinge spielen eine Rolle. Lukas' Leidenschaft ist ansteckend, ich lasse mich gern von ihm überallhin führen und, wenn nötig, auch überzeugen. Er ist der Meinung, man könne eine zweihundertfünfzig Jahre alte Orgel zwar rekonstruieren, aber zu behaupten, sie ist genau wie die von Silbermann seinerzeit, sei purer Blödsinn. «Dann müssten wir ja auch Petroleumlampen anzünden.» Er kann sich richtig schön ereifern. «Und den sauren Wein trinken, den der Silbermann getrunken hat.» Leider hat er viel zu selten Gelegenheit, einen Orgelbauer zu beraten. In seine Begeisterung hat sich über die Jahre der Zorn eingenistet. Schon länger ist er – als promovierter Musikwissenschaftler – ohne feste Stelle. Auch wenn er seine Traurigkeit und die finanziellen Nöte vor uns verbirgt, spüren Konrad und ich natürlich, was los ist.

Einmal in meinem achten Lebensjahrzehnt bin noch verreist. Ich wollte unbedingt einmal fliegen, etwas, was ich mir als Mädchen schon vorgenommen hatte. Letztes Jahr, an einem Sonntag im Mai, bin ich von Basel nach Berlin geflogen.

Fliegen! Whoawhoawhoawwhoah, mit einem Dröhnen fängt es, das Fliegen. Was für eine gewaltige Kraft so eine Maschine hat, unverhofft steht sie fast senkrecht über der Landschaft, die Schnauze nach oben. Komischerweise habe ich keine Angst, ich stemme meine Füße fest in den Boden, breitbeinig wie eine Bäuerin, bis unser Airbus in der Waagerechten ist. Links von mir ist eine verglaste Luke, durch die ich in den Himmel schaue. «Unsere Reisehöhe beträgt 6000 Meter» sagt jemand durch, ein lässiger Typ, der Pilot wahrscheinlich. Als wir durch die Wolkendecke stoßen, ist da oben alles mit einem unheimlich reinen Blau bedeckt. Ich beobachte, wie das Weiß zurücksinkt und das Blau immer stärker wird. Sagenhaft schön ist das! Und ich denke, du lieber Gott, ich sehe genauso viel wie die Sehenden, nämlich Weiß und Blau. Kurz vor Berlin ist alles vorbei, die Häuser im Anflug kann ich nicht mehr erkennen, nicht mal, als wir direkt darüber sind.

So wie es jetzt aussieht, wird Blau meine allerletzte Farbe sein. Zum Blau habe ich seit meiner Jugend immer ein zwiespältiges Verhältnis gehabt. Ritterspornblau liebe ich sehr, das kräftige, kompakte, der Kornblume ähnlich. Vergissmeinnichtblau hingegen gar nicht, es ist mir zu lieblich. Blau ist im Garten die Farbe, die alles zum Leuchten bringt. Es bedeutet Treue, insofern ist es für mich wichtig, und als Farbe der Mariengewänder ist es Symbol der Reinheit. Der Himmel ist blau. Und weil dieser selten so war, dass ihn mein Auge erfassen konnte, und weil er fern ist, man ihn nicht an sich ranholen und berühren kann wie ein Blatt oder eine Orange, war Blau für mich vor allem das Unerreichbare.

Jetzt ist schon Oktober, es geht auf Monatsende zu. Die Dahlienknollen sind bereits eingewintert, diesmal haben Konrad und ich es sogar rechtzeitig geschafft. Heute ist ein grauer Tag und für mich ein besonders schöner Tag – ich war in der Sonnenmatter Schule, wie jedes Jahr um diese Zeit. Kurz vor den Herbstferien bin ich immer dort eingeladen, um den Kindern der zweiten Klasse im Rahmen einer Unterrichtseinheit über die «Die Sinne» zu erzählen, was Blindheit bedeutet. Gegen meine Gewohnheit habe ich es aktuell gemacht und mit der Fußballweltmeisterschaft angefangen.

«Leute, ihr habt fünf Sinne, wenn einer wegfällt, brauchen wir einen Ersatzspieler. Wer ist der Ersatzspieler fürs Auge?»
«Das Ohr!», schrien drei bis fünf Kinder sofort.
«Und wen kann man noch als Ersatzspieler einstellen?»
«Die Händ!» Und das nächste Mädle: «Die Füß. Das merkt man beim Barfußlaufen.»
«Richtig, und wen noch?» Nachdem sich niemand meldete, erklärte ich ihnen, dass man die ganze Haut zum Fühlen nehmen kann. «Ihr habt zwei Quadratmeter Haut.»
«Nee, das kann nicht sein.»
«Na, dann wickel sie mal ab, jeden einzelnen Finger. Der Versuch lohnt sich.»
Später habe ich ihnen die Blindenschriftmaschine gezeigt. Den größten Spaß hatten sie mit der Uhr, jeder wollte sie mit einem Pfiff zum Reden zu bringen. «Ein Pfiff aus Tel Aviff», haben wir gegrölt und am Ende mit der sprechenden Waage die Vesperbrote abgewogen.
«Aber Reibekuchen backen kannst du nicht?»
«Doch, kann ich. Man muss den Teig nur ordentlich in die Pfanne geben, von links nach rechts. Stellt euch vor, die Pfanne wäre eine große Uhr. Ein Löffel auf drei Uhr, ein Löffel auf sieben Uhr, ein Löffel auf elf Uhr.»
«Und Grießbrei kochen? Du siehst doch die Klumpen nicht.»
«Du musst den Grieß nur ganz langsam und vorsichtig einstreuen. Haferbrei kochen ist ein bissle einfacher.»
«Aber du kannst kein Verkehrspolizist werden.»
«Richtig.»
«Lehrerin kannste auch nicht werden.»
«Wieso? Das bin ich doch gerade.»
Wir lachten.
Konrad hat es sich nicht nehmen lassen, mich abzuholen, obwohl ich die fünfzig Meter von der Schule bis nach Hause gut allein gehen kann. Es regnete ein wenig. Ich fühlte mich

kräftig. «Ich brauche deinen Arm nicht.» Er führte mich am kleinen Finger, so, wie ich es gern habe.

Dass ich so gut durchs Jahr kommen würde, damit konnte ich im Januar nicht unbedingt rechnen, nach dem großen Zusammenbruch damals. In der Nacht vom Sechsten auf den Siebten träumte ich, mein Bett stünde in Richtung Fenster, und ich sah den Himmel draußen, tiefblau, und auch die Wände im Zimmer waren blau, und ich dachte, ich sterbe. Jetzt ist es so weit, ich sterbe! Ich bin im Krankenhaus aufgewacht, an Schläuchen und verschiedenen fiependen und schnaufenden Apparaten. Ich bräuchte eine neue Herzklappe, sagten die Ärzte, ein wenig Zeit hätte ich allerdings noch. «Vielleicht, wenn Sie Glück haben. Sie sollten sich erholen, Frau Weingartner. Ende Oktober haben wir einen Termin für Sie.»

Zehn Monate. Beinahe vier Jahreszeiten im Garten, das ist nicht viel, aber auch nicht so wenig, dachte ich. Würden sie auch reichen, die Wege meines Lebens noch einmal abzugehen und meine Geschichte zu erzählen?

Nachwort von Ulla Lachauer

Magdalena Weingartner, geborene Eglin, heißt im wirklichen Leben anders. Den letzten Schritt, ihren Namen zu nennen, wollte sie, bei allem Mut, sich zu zeigen, dann doch nicht tun. Ihr Mann heißt nicht Konrad, ihr Sohn nicht Lukas, die meisten Personennamen in dem Buch sind Pseudonyme. Auch einige Ortsnamen wurden verändert, zum Teil sind sie erfunden – Tonberg im Schwarzwald und Sonnenmatt, den langjährigen und heutigen Wohnort, gibt es nicht, ebenso wenig Märlingen. Nur Magdalenas Heimatstadt Freiburg und Marburg mit seiner Blindenschule tragen keine Tarnkappe.

Ich schreibe dies im Dachstübchen des Weingartner'schen Hauses, an einem winzigen Tisch, vis-à-vis ein niedriges Bücherregal, aus dem ich mir in den letzten zwei Jahren immer mal wieder eine Nachtlektüre gefischt habe, Maupassant, Tschechow, alte Hefte von «Reader's Digest». Auf dem Regal steht eine hölzerne Gans mit vorgerecktem Hals und roten Rädern, ihr rechter Flügel ist abgebrochen – ein Spielzeug, das Magdalenas Vater Johann Eglin 1943 aus Russland mitgebracht hat. Wie immer im März riecht es streng-würzig nach Tomaten, das Gästezimmer ist die Kinderstube der Setzlinge. Und wie immer, wenn ich hier ankomme, habe ich das Gefühl, aus meiner eigenen Welt herauszufallen, eine Zone zu betreten, in der das Leben langsamer läuft, anders gedacht, vielleicht auch anders geträumt wird.

Magdalena Weingartner ist eine Erzählerin – das zuallererst hat mich angezogen, ihre Freude und ihr gewaltiger, manchmal auch unheimlicher Drang, zu erzählen. Menschen erzählen, weil es ihr Naturell ist, aus Vergnügen an der Sprache, aus Eitelkeit, Rachsucht, um Rechenschaft abzulegen und Denkmäler zu schaffen, sie erzählen, um böse Kränkungen zu überwinden, um die Welt anzuklagen oder sie zu erlösen, aus Langeweile, weil die Tage sonst stumpfsinnig und trostlos wären. Erzählen ist eine Hommage an das Leben und eine bewährte Methode, dem Tod davonzulaufen, und vieles, vieles mehr. Fast alles, glaube ich, kann man bei Magdalena Weingartner finden. Erzählen ist ihr Lebenselixier, das auf jeden Fall ist wahr, und es hat viel mit ihrer Blindheit zu tun.

Als Sehende können wir uns unter Blindheit meist wenig vorstellen. Allein der Gedanke, nicht zu sehen, hat etwas Beängstigendes, ja Entsetzliches für uns. Wenn ich probeweise die Augen schließe, fühle ich mich sofort hilflos. In den Begegnungen mit Magdalena Weingartner habe ich verstanden, dass Blindheit etwas ganz anderes ist, und wie vielfältig sie ist, nach Ursache, Art, Zeitpunkt ihres Eintretens sehr verschieden, vor allem auch in der Weise, mit ihr zu leben. Jorge Luis Borges, der argentinische Dichter, der wie Magdalena «blind» geboren ist, das heißt mit einem winzigen, im Laufe des Lebens immer weiter abnehmenden Sehrest, schrieb: «Die Blindheit war kein totales Unglück, man darf sie nur nicht pathetisch verstehen, man muss sie als eine Lebensform verstehen, als einen Stil des menschlichen Lebens.»

Oliver Sacks, der Neurologe und Schriftsteller, würde das ähnlich sehen, in seinen Büchern beschreibt er viele Varianten der Blindheit. Auch den Typ des «visuellen Blinden», dazu würde er Magdalena Weingartner zählen: jemand, der seinen Sehrest sehr gut nutzt und noch in der völligen Blindheit eine visuelle Vorstellung der Welt behält. Möglicherweise, meint Sacks, gibt es auch ein «inneres Auge»? Das Interessante daran ist, dass wir aus den Geschichten solcher Menschen etwas verstehen können, was wir normalerweise nicht bemerken und nicht voll erleben, weil es so selbstverständlich ist: Was eigentlich ist Sehen? Dazu brauchen wir eine Magdalena Weingartner. Mit ihrer Hilfe, an ihrer Hand, bin ich eine Zeitlang wie eine Fremde durch meine eigene Welt spaziert.

Ich lernte, wie fein und kultivierbar die anderen Sinne

sind, das Gehör, der Geruchs- und der Tastsinn, das Schmecken, ihre Möglichkeiten und ihr Wechselspiel. Freiburger ihrer Generation werden überrascht sein, in diesem Buch ihre Stadt noch einmal als Topographie der Geräusche und Gerüche zu erfahren. Wer den Bombenangriff vom 27. November 1944 erlebt und viele Augenzeugenberichte darüber gelesen hat, dem wird Magdalena Weingartners Erzählung bekannt vorkommen, und doch ist sie ganz anders.

Diese andere «Sicht», die sie uns ermöglicht, zieht sich durch beinahe acht Jahrzehnte, von der Nazizeit in die Bundesrepublik, bis in die unmittelbare Gegenwart. Sie ist naturgemäß kritisch – eine, die von der immer weiter sich beschleunigenden und zunehmend aufs Sehen fixierten Welt ausgeschlossen ist, kann nur kritisch sein. Magdalena Weingartner «sieht» schärfer als andere die damit verbundene Entfremdung, den Irrsinn dieses Wandels. Sie und ihr Mann, ein bäuerlicher Mensch, der sich in diesem schwierigen Leben als idealer Bundesgenosse erweist, suchen sich ganz bewusst einen Flecken im Abseits, wo sie möglichst selbständig, in dem ihnen eigenen Tempo, existieren können. Natürlich verwandelt sich auch dieser, und zwar dramatisch. Magdalena Weingartner registriert die Veränderungen des ländlichen Mikrokosmos, sie wird zu einer aufmerksamen Chronistin ihres oberrheinischen Dorfes, ähnlich wie Geert Mak im friesischen Jorwerd oder Jean Egen im elsässischen Lautenbach. Das wunderbare Paradox ist, dass sie in der Auseinandersetzung mit dem Neuen, dem sie grundsätzlich skeptisch gegenübersteht, lebendig bleibt. «Und nicht verblödet», wie sie meint, «eine der größten Gefahren auf dem Dorf.»

Die Biographie der Blinden und die Chronik der Gesellschaft der Sehenden ist die Geschichte ein und derselben Welt. Darin geht es nicht zuletzt um den Skandal der Ausgrenzung, um verschiedene Weisen der Diskriminierung und die Schwierigkeiten der Weltorientierung. Der Garten ist hier ein wichtiger Platz – ein schöpferischer Ort, in dem Magdalena lebt, was sie anderswo nicht kriegen kann, ein großer Laufstall, der bleibt und immer bedeutsamer wird, je weniger sie sich außerhalb davon zurechtfindet. Wir staunen darüber, mit Fug und Recht, eine blinde Gärtnerin ist heutzutage eine absolute Ausnahmeerscheinung. Bis vor nicht allzu langer Zeit war es ganz normal, dass Blinde im Garten wirkten, sie taten es einfach, und niemand störte sich daran oder fand es seltsam.

Magdalenas Blindheit ist erblich, und ihre Lebensgeschichte führt uns auch auf das heikelste Terrain: Darf ich ein Kind haben? Mit bewundernswürdiger Offenheit spricht sie über ihre Not, herzzerreißende Passagen. In der mündlichen Äußerung sind sie noch härter gewesen, unterbrochen von Weinen und Zornesausbrüchen. Leserinnen und Leser können das Drama durch die Zeitgeschichte verfolgen: 1. Akt: «Du bist die Strafe Gottes!» 2. Akt: «Rassenhygiene» und Zwangssterilisation. 3. Akt: «Verantwortliche Elternschaft», das heißt: kein Kind.

Im Glauben an ihre Liebe und im Vertrauen auf Gott, und in dem Halbwissen, das ihnen die damalige Genetik anbot, haben sich Magdalena und Konrad Weingartner für ein Kind entschlossen. Heute gehen kaum noch Eltern dieses Wagnis ein. Die Generation von Lukas Weingartner hat sich dies in aller Regel schon nicht mehr zugetraut, und diese «durch genetische Beratung» forcierte Kinderlosigkeit ist ein großes Tabu. Kinder zu haben und Erwerbsarbeit, zwei wesentliche Bereiche eines Menschenlebens, bleiben den allermeisten Blinden verschlossen. Über 70 % der Blinden sind gegenwärtig arbeitslos, trotz neuer technischer Hilfsmittel und intensiver Ausbildungsförderung, bei Akademikern über 90 %.

«Bei einem Aprikosenbaum, der blüht, weißt du ja auch nicht, was daraus wird», sagte Magdalena Weingartner zu Beginn unseres Projekts. Alles war noch sehr vage. Wie viel Zeit würde ihr bleiben? Die Herzoperation stand schon im Raum.

Wie könnte unsere Zusammenarbeit aussehen? Vorsichtshalber haben wir unsere Zuständigkeitsbereiche festgelegt, sie sollte uneingeschränkt Herrin über die Inhalte sein, ich die Regie im Erzählerischen haben, mit gewissen Freiheiten. Eine etwas künstliche, dennoch hilfreiche Trennung, in der Praxis war es dann eher wie ein Pingpong-Spiel.

Viele unserer Gespräche haben im Garten stattgefunden. Draußen zu reden fiel ihr leichter, und auch das Zuhören war dort für mich leichter und besonders reizvoll. Ihre bildreiche, lebendige Sprache, Vogelgezwitscher, Wind, die Arbeitsgeräusche von Konrad, das ergab eine ganz eigene Melodie. In gewisser Weise war der Garten ein Mitspieler, der Dritte im Bunde, in kritischen Momenten auch eine Autorität. Hey, verbeißt euch nicht! Er half uns, die Nähe zu finden, die für eine Beziehung dieser Art nötig ist, und bot, mindestens ebenso wichtig, Raum für Distanz. Das Schwierigste für mich war, dass Magdalena Weingartner nicht still sein konnte. Mir fehlte zwischen dem Reden das Schweigen, ich brauche, gerade in solch langen Interviews, diese Momente des Schweigens sehr. Es habe mit der Blindheit zu tun, dass es nicht gehe, erklärte sie mir: Für den, der nicht sehe, sei die Pause im Gespräch eine Leere.

Unsere Arbeit hat anderthalb Jahre gedauert, sie vollzog sich in zwei Etappen: Die Interviews und kleinen Ausflüge zu Schauplätzen ihres Lebens haben wir vor ihrer Herzoperation gemacht, mein Schreiben und unsere Gespräche über den Text fanden danach statt. Für den Fall, dass sie den schweren Eingriff nicht überleben würde, hatte Magdalena Weingartner ihren Mann und ihren Sohn ermächtigt, mit mir das Manuskript durchzugehen. Hilfreich war eine achtzigseitige Aufzeichnung über ihre Kindheit, die Magdalena Weingartner 1980 verfasst hat und die ich benutzen durfte. Ergänzend habe ich Magdalenas Mann und ihren Sohn interviewt. Da sie den Text nicht lesen kann, habe ich ihn für sie Kapitel für Kapitel gesprochen und auf CD gebrannt. Zum Schluss habe ich ihr das Manuskript in Sonnenmatt noch einmal komplett vorgelesen. Lukas Weingartner hat es gegengelesen – mit seinen zwei Prozent Sehkraft bewältigt er noch Gedrucktes – und manches präzisiert. Konrad Weingartner hat die Dialekt-Passagen verbessert. In den letzten Tagen war das Buch ein Familienunternehmen, sie haben uns viel abverlangt, besonders Geduld.

Ich danke den Weingartners für ihren Mut und für ihr Vertrauen, für ihre Gastfreundschaft in Sonnenmatt und die Körbe voll Obst und Gemüse, die sie mir nach Stuttgart mitgaben: vor allem natürlich Magdalena. Doch ohne die beiden Männer, die Großzügigkeit und vielfältige Unterstützung von Konrad Weingartner, dem pensionierten Dorfschullehrer, und von Lukas Weingartner, dem Publizisten für Musikwissenschaft und großartigen Organisten, wäre unser verrücktes Unternehmen nicht möglich gewesen.

Mein Dank gilt meiner Freundin Barbara Duden, aus deren Vorlesung «Der Blick», von der Geschichte des Sehens, ich viel gelernt habe. Den Freiburger Freunden Gunhild Pörksen und Uwe Pörksen für ihre Anteilnahme und Inspiration; Annelen Kranefuss für den vergnügten Sommer in Niederweiler. Die Forschungen und Gedanken von Oliver Sacks waren wichtig für mich, ebenso die von Silja Samerski über die Entmündigung durch genetische Aufklärung. Uwe Naumann, mein Lektor, hat mich mit Büchern und Geschichten zum Thema überrascht, mein «Angelus» hat mich darüber hinaus wieder mal über alle Klippen getragen.

Von Herzen danke ich Marianne Demes für ihre Ermutigung und ihre Auskünfte in gärtnerischen Dingen. Johanna Lachauer, die wieder eine der ersten Leserinnen war. Und Winfried Lachauer; er ist bei einigen Begegnungen mit den Weingartners dabei gewesen, hat sie beflügelt mit seiner Freundlichkeit und seinem Humor. Seine männliche Sicht der «Heldin» hat meine Fragen an sie und meinen Text bereichert.

Nachwort von Magdalena Weingartner

Bald wird aus dem, was ich in vielen Interviews Ulla Lachauer erzählt habe, nämlich mein ganzes bisheriges Leben, ein Buch werden. Danke möchte ich dieser klugen und einfühlsamen Autorin sagen, von der die Idee dazu kam, danke für das Glück und den Ernst der gemeinsamen Arbeit. Von mir aus hätte ich es nie gewagt, mit meinen beinahe achtzig Jahren ein so großes Vorhaben in die Tat umzusetzen. Und ohne die aufmerksame Hilfe meines Mannes und unseres Sohnes wäre es niemals möglich gewesen.

Jetzt hoffe ich, dass sich der Sinn unserer Zusammenarbeit erfüllt: anderen Menschen Mut zu machen.

Drei Wörter, die mir im Leben halfen, sind mir in diesen Monaten noch einmal bewusst geworden: danken, lernen, lächeln.

«Sag schön danke!», mahnte mich meine Mutter oft. Als kleines Mädchen fand ich das nicht immer nötig, aber sie war darin sehr genau.

Lernen war keine Kleinigkeit für mich, oft musste ich dafür mehr Kraft einsetzen als andere, und es hört niemals auf.

Lächeln ist die Brücke zu anderen Menschen. Zwar sehe ich ihr Lächeln nicht, auch nicht mein eigenes im Spiegel. Ich weiß noch nicht einmal, ob ich wirklich lächeln kann, ich glaube dennoch ganz fest: Ich tue es.